浙江文化研究工程成果文库

钱英才 刘杨 著

巴人年谱

浙江大学出版社·杭州

ZHEJIANG UNIVERSITY PRESS

图书在版编目（CIP）数据

巴人年谱 / 钱英才，刘杨著. -- 杭州 : 浙江大学
出版社，2024. 10. -- ISBN 978-7-308-25548-6

Ⅰ. K825.6

中国国家版本馆CIP数据核字第2024EN5075号

巴人年谱

钱英才　刘　杨　著

责任编辑　周挺启

责任校对　蔡　帆

封面设计　周　灵

出版发行　浙江大学出版社

　　　　　（杭州市天目山路148号　邮政编码310007）

　　　　　（网址：http∶//www.zjupress.com）

排　　版　杭州林智广告有限公司

印　　刷　杭州宏雅印刷有限公司

开　　本　880mm×1230mm　1/32

印　　张　19.25

字　　数　432千

版 印 次　2024年10月第1版　2024年10月第1次印刷

书　　号　ISBN 978-7-308-25548-6

定　　价　138.00元

浙江省文化研究工程指导委员会

浙江现代文学名家年谱
编纂委员会

浙江文化研究工程成果文库总序

　　有人将文化比作一条来自老祖宗而又流向未来的河,这是说文化的传统,通过纵向传承和横向传递,生生不息地影响和引领着人们的生存与发展;有人说文化是人类的思想、智慧、信仰、情感和生活的载体、方式和方法,这是将文化作为人们代代相传的生活方式的整体。我们说,文化为群体生活提供规范、方式与环境,文化通过传承为社会进步发挥基础作用,文化会促进或制约经济乃至整个社会的发展。文化的力量,已经深深熔铸在民族的生命力、创造力和凝聚力之中。

　　在人类文化演化的进程中,各种文化都在其内部生成众多的元素、层次与类型,由此决定了文化的多样性与复杂性。

　　中国文化的博大精深,来源于其内部生成的多姿多彩;中国文化的历久弥新,取决于其变迁过程中各种元素、层次、类型在内容和结构上通过碰撞、解构、融合而产生的革故鼎新的强大动力。

　　中国土地广袤、疆域辽阔,不同区域间因自然环境、经济环境、社会环境等诸多方面的差异,建构了不同的区域文化。区域文化如同百川归海,共同汇聚成中国文化的大传统,这种大传统如同春风化雨,渗透于各种区域文化之中。在这个过程中,区域文化如同清溪山泉潺潺不息,在中国文化的共同价值取向下,以自己的独特个性支撑着、引领着本地经济社会的发展。

从区域文化入手,对一地文化的历史与现状展开全面、系统、扎实、有序的研究,一方面可以藉此梳理和弘扬当地的历史传统和文化资源,繁荣和丰富当代的先进文化建设活动,规划和指导未来的文化发展蓝图,增强文化软实力,为全面建设小康社会、加快推进社会主义现代化提供思想保证、精神动力、智力支持和舆论力量;另一方面,这也是深入了解中国文化、研究中国文化、发展中国文化、创新中国文化的重要途径之一。如今,区域文化研究日益受到各地重视,成为我国文化研究走向深入的一个重要标志。我们今天实施浙江文化研究工程,其目的和意义也在于此。

千百年来,浙江人民积淀和传承了一个底蕴深厚的文化传统。这种文化传统的独特性,正在于它令人惊叹的富于创造力的智慧和力量。

浙江文化中富于创造力的基因,早早地出现在其历史的源头。在浙江新石器时代最为著名的跨湖桥、河姆渡、马家浜和良渚的考古文化中,浙江先民们都以不同凡响的作为,在中华民族的文明之源留下了创造和进步的印记。

浙江人民在与时俱进的历史轨迹上一路走来,秉承富于创造力的文化传统,这深深地融汇在一代代浙江人民的血液中,体现在浙江人民的行为上,也在浙江历史上众多杰出人物身上得到充分展示。从大禹的因势利导、敬业治水,到勾践的卧薪尝胆、励精图治;从钱氏的保境安民、纳土归宋,到胡则的为官一任、造福一方;从岳飞、于谦的精忠报国、清白一生,到方孝孺、张苍水的刚正不阿、以身殉国;从沈括的博学多识、精研深究,到竺可桢的科学救国、求是一生;无论是陈亮、叶适的经世致用,还是黄宗羲的工商皆本;无论是王充、王阳明的批判、自觉,还是龚自珍、蔡元培的开明、开放,等等,都展示了浙江深厚的文化底蕴,凝聚了浙江人民求真务实的创造精神。

代代相传的文化创造的作为和精神,从观念、态度、行为方式和价值取向上,孕育、形成和发展了渊源有自的浙江地域文化传统和与时俱进的浙江文化精神,她滋育着浙江的生命力、催生着浙江的凝聚力、激发着浙江的创造力、培植着浙江的竞争力,激励着浙江人民永不自满、永不停息,在各个不同的历史时期不断地超越自我、创业奋进。

悠久深厚、意韵丰富的浙江文化传统,是历史赐予我们的宝贵财富,也是我们开拓未来的丰富资源和不竭动力。党的十六大以来推进浙江新发展的实践,使我们越来越深刻地认识到,与国家实施改革开放大政方针相伴随的浙江经济社会持续快速健康发展的深层原因,就在于浙江深厚的文化底蕴和文化传统与当今时代精神的有机结合,就在于发展先进生产力与发展先进文化的有机结合。今后一个时期浙江能否在全面建设小康社会、加快社会主义现代化建设进程中继续走在前列,很大程度上取决于我们对文化力量的深刻认识、对发展先进文化的高度自觉和对加快建设文化大省的工作力度。我们应该看到,文化的力量最终可以转化为物质的力量,文化的软实力最终可以转化为经济的硬实力。文化要素是综合竞争力的核心要素,文化资源是经济社会发展的重要资源,文化素质是领导者和劳动者的首要素质。因此,研究浙江文化的历史与现状,增强文化软实力,为浙江的现代化建设服务,是浙江人民的共同事业,也是浙江各级党委、政府的重要使命和责任。

2005年7月召开的中共浙江省委十一届八次全会,作出《关于加快建设文化大省的决定》,提出要从增强先进文化凝聚力、解放和发展生产力、增强社会公共服务能力入手,大力实施文明素质工程、文化精品工程、文化研究工程、文化保护工程、文化产业促进工程、文化阵地工程、文化传播工程、文化人才工程等"八项工程",实施科教兴国和人才强国战略,加快建设教育、科技、卫生、体育等"四个强省"。作为文化建设"八项工程"之一的文化研究工程,其任务就是系统研究浙江文化的历史成就和当代发展,深入挖掘浙江文化底蕴、研究浙江现象、总结浙江经验、指导浙江未来的发展。

浙江文化研究工程将重点研究"今、古、人、文"四个方面,即围绕浙江当代发展问题研究、浙江历史文化专题研究、浙江名人研究、浙江历史文献整理四大板块,开展系统研究,出版系列丛书。在研究内容上,深入挖掘浙江文化底蕴,系统梳理和分析浙江历史文化的内部结构、变化规律和地域特色,坚持和发展浙江精神;研究浙江文化与其他地域文化的异同,厘清浙江文化在中国文化中的地位和相互影响的关系;围绕浙江生动的当代实践,深入解读浙江现象,总结浙江经验,指导浙江发展。在研究力量上,通过课题组织、出版资助、重点研究基地建设、加强省内外大院名校合作、整合各地各部门力量等途径,形成上下联动、学界互动的整体合力。在成果运用上,注重研究成果的学术价值和应用价值,充分发挥其认识世界、传承文明、创新理论、咨政育人、服务社会的重要作用。

我们希望通过实施浙江文化研究工程,努力用浙江历史教育浙江人民、用浙江文化熏陶浙江人民、用浙江精神鼓舞浙江人民、用浙江经验引领浙江人民,进一步激发浙江人民的无穷智慧和伟大创造能力,推动浙江实现又快又好发展。

今天,我们踏着来自历史的河流,受着一方百姓的期许,理应负起使命,至诚奉献,让我们的文化绵延不绝,让我们的创造生生不息。

2006年5月30日于杭州

浙江文化研究工程成果文库序言

易炼红

国风浩荡、文脉不绝,钱江潮涌、奔腾不息。浙江是中国古代文明的发祥地之一、是中国革命红船启航的地方。从万年上山、五千年良渚到千年宋韵、百年红船,历史文化的风骨神韵、革命精神的刚健激越与现代文明的繁荣兴盛,在这里交相辉映、融为一体,浙江成为了揭示中华文明起源的"一把钥匙",展现伟大民族精神的"一方重镇"。

习近平总书记在浙江工作期间作出"八八战略"这一省域发展全面规划和顶层设计,把加快建设文化大省作为"八八战略"的重要内容,亲自推动实施文化建设"八项工程",构筑起了浙江文化建设的"四梁八柱",推动浙江从文化大省向文化强省跨越发展,率先找到了一条放大人文优势、推进省域现代化先行的科学路径。习近平总书记还亲自倡导设立"文化研究工程"并担任指导委员会主任,亲自定方向、出题目、提要求、作总序,彰显了深沉的文化情怀和强烈的历史担当。这些年来,浙江始终牢记习近平总书记殷殷嘱托,以守护"文献大邦"、赓续文化根脉的高度自觉,持续推进浙江文化研究工程,接续描绘更加雄浑壮阔、精美绝伦的浙江文化画卷。坚持激发精神动力，围绕"今、古、人、文"四大板块，系统梳理浙江历史的传承脉络，挖掘浙江文化的深厚底蕴，研究浙江现象、总结浙江经验、丰富浙江精神，实施"'八八战略'理论与实践研究"等专题，为浙江干在实处、走在前列、勇立潮头提供源源不断的价值引导力、文化凝聚力、精神推动力。坚持打造精品力作，目前一期、二期工程已经完结，三期工程正在进行中，出版学术著作超过1700部，推出了"中国历代绘画大系"等一大批有重大影响的成果，持续擦亮阳明文化、和合文化、宋韵文化等金名片，丰富了中华文化宝库。坚持砥砺精兵强将，锻造了一支老中青梯次配备、传承有序、学养深厚的哲学社会科学人才队伍，培养了一批高水平学科带头人，为擦亮新时代浙江学术品牌提供了坚实智力人才支撑。

文化是民族的灵魂，是维系国家统一和民族团结的精神纽带，是民族生命力、创造力和凝聚力的集中体现。在以中国式现代化全面推进强国建设、民族复兴伟业的新征程上，习近平文化思想在坚持"两个结合"中，以"体用贯通、明体达用"的鲜明特质，茹古涵今明大道、博大精深言大义、萃菁取华集大成，鲜明提出我们党在新时代新的文化使命，推动中华文脉绵延繁盛、中华文明历久弥新，推动全党全国各族人民文化自信明显增强、精神面貌更加奋发昂扬。特别是今年9月，习近平总书记亲临浙江考察，赋予我们"中国式现代化的先行者"的新定位和"奋力谱写中国式现代化浙江新篇章"的新使命，提出"在建设中华民族现代文明上积极探索"的重要要求，进一步明确了浙江文化建设的时代方位和发展定位。

文明薪火在我们手中传承，自信力量在我们心中升腾。纵深推进文化研究工程，持续打造一批反映时代特征、体现浙江特色的精品佳作和扛鼎力作,是浙江学习贯彻习近平文化思想和习近平总书记考察浙江重要讲话精神的题中之义,也是浙江一张蓝图绘到底、积极探索闯新路、守正创新强担当的具体行动。我们将在加快建设高水平文化强省、奋力打造新时代文化高地中,以文化研究工程为牵引抓手,深耕浙江文化沃土、厚植浙江创新活力,为创造属于我们这个时代的新文化贡献浙江力量。要在循迹溯源中打造铸魂工程,充分发挥习近平新时代中国特色社会主义思想重要萌发地的资源优势,深入研究阐释"八八战略"的理论意义、实践意义和时代价值,助力夯实坚定拥护"两个确立"、坚决做到"两个维护"的思想根基。要在赓续厚积中打造传世工程,深入系统梳理浙江文脉的历史渊源、发展脉络和基本走向,扎实做好保护传承利用工作,持续推动优秀传统文化创造性转化、创新性发展,让悠久深厚的文化传统、源头活水畅流于当代浙江文化建设实践。要在开放融通中打造品牌工程,进一步凝炼提升"浙学"品牌,放大杭州亚运会亚残运会、世界互联网大会乌镇峰会、良渚论坛等溢出效应,以更有影响力感染力传播力的文化标识,展示"诗画江南、活力浙江"的独特韵味和万千气象。要在引领风尚中打造育德工程,秉持浙江文化精神中蕴含的澄怀观道、现实关切的审美情操,加快培育现代文明素养,让阳光的、美好的、高尚的思想和行为在浙江大地化风成俗、蔚然成风。

我们坚信,文化研究工程的纵深推进,必将更好传承悠久深厚、意蕴丰富的浙江文化传统,进一步弘扬特色鲜明、与时俱进的浙江文化精神,不断滋育浙江的生命力、催生浙江的凝聚力、激发浙江的创造力、培植浙江的竞争力,真正让文化成为中国式现代化浙江新篇章中最富魅力、最吸引人、最具辨识度的闪亮标识,在铸就社会主义文化新辉煌中展现浙江担当,为建设中华民族现代文明作出浙江贡献!

2023年12月

凡　例

一、本丛书之谱主均系公认的浙籍作家。其主要标识为出生于浙江,或童年、少年时期在浙江度过,或长期与浙江保持密切联系,其家世影响、成长经历、文学素养的形成,受到浙江地域文化的浸染,其文学观念、文学创作留有鲜明的浙江文化印记。浙江“身份”尚存争议的作家,暂不列入。

二、本丛书之谱主的主要文学成就,均在“中国现当代文学”时期(包括1949年以前的“现代”期和中华人民共和国成立后的“当代”期)产生过广泛影响的各种文学创作、文学活动及其他相关文化活动。其他历史时段与谱主相关的活动,从略记述。

三、每位谱主之年谱为一册,以呈现谱主之文学创作、文艺思想、文学组织、文学编辑等成就为重点,相关背景呈示多侧重其与文学的关联性;年谱亦涉及谱主在中国革命史、思想史、文化史上的成就与贡献,充分展示谱主在建构我国20世纪新文化中的特殊贡献。

四、每部年谱共由三部分组成。第一部分为家世简表、谱主照片等有关材料;第二部分为年谱正文和少量插图,图片配发在正文相应部位,以便文图互证;第三部分为谱主的后世影响,主要包括正文未及的谱主身份、价值的确切定位及相关悼念、纪念活动,以及谱主的全集出版、著作外译、谱主研究会的成立、重要研究成果等,均予以择要展示。文后附参考文献。

五、年谱使用规范的现代语体文。直接引用资料采用原文文体;人名、地名、书名、文章篇名及引录的原著繁体字或异体字文句,凡可能引起歧义、误解者,仍用原繁体字或异体字。

六、年谱以公历年份作为一级标题,括号内标注农历年份。谱主岁数以"周岁"表述,出生当年不标岁数,只标为是年"出生"。为便于阅读,按通行出版惯例,年、月、日及岁数均采用阿拉伯数字。

七、年谱在一级标题下,以条目形式列出本年度与谱主的文学(文化)活动密切相关、对谱主产生重要影响的若干条"年度大事记"。

八、年谱以公历月份作为二级标题。在二级标题之下,以日期标识谱主相关信息。所有日期均为公历;若农历涉及跨年度等特殊情况,则换算为公历将所述内容置于相应年份,以利于读者识别。

九、年谱中部分具体日期不明的重要信息,均置于当月最后位置,以"本月……"说明之;若有关信息只能确定在"春季""夏季"之类时间段内,则置于本季度末,以"春……""夏……"等加以说明;若有关信息只能确定在本年度的,则亦置于本年度末,以"本年……"进行表述。

十、中华人民共和国成立前国家、民族、地名、组织、机构、职官等名称,除明显带有歧视、污蔑含义者须加以适当处理外,原则上仍用文献记载的原名称。

十一、鉴于资料来源多元和考证繁杂,年谱中若观点出现有待考证或诸说并存的,借助"按……"的形式,简要表述编撰者的考辨,或者以注释形式加以说明。

十二、凡有补充、评述等特别需要说明的内容,皆以注释形式说明。对以往诸家有关谱主传记文字的误记之处,在录入史实后,均用注释的方式予以纠正。

十三、年谱正文原则上不特别标识信息来源;若确需说明的,则以分门别类的方式,在正文表述中进行适当处理。

十四、年谱注释从简。确需注释的,统一采用当页脚注。发表报刊一般不注,用适当方式通过正文直接表述;其中,民国时期报刊之"期""号"等,原则上依照原刊之表述。

十五、因时代关系,部分历史文献之标点符号不甚规范,录入时已根据现时标点符号规范标点。以往相关书籍史料中收录的谱主文献,不同版本在部分文献上有不同的断句,本年谱所录之文系在比对各种资料后基于文意定之。

十六、谱主已知的全部著述,均标注初刊处、写作日期、初收何集、著述体裁(如小说、散文、漫画、艺术论述、童话、诗词、评论、译文、书信、日记、序跋等)。若谱主著译版本繁多,一般仅录入初版本。若该作品有多处重刊、转载或收入作品集,则在正文中进行说明,以表明作品的重要性和社会影响。未曾发表的作品注明现有手稿及作品的现存之处。

十七、谱主的主要社会评价,既反映正面性评价,也反映批评性评价,以体现存真的目的,尽可能体现年谱对谱主的全面评价意义。有代表性的评价文字,节录原文以存真。社会评价文字根据原文发表时间,放在相应的正文中表述;若无法确定时间,则放在相应的月份末尾或年份末尾予以恰当叙述。

十八、年谱若遇历史文献中无法辨认之字,则用"□"表示。

十九、年谱中有关谱主的后世影响,根据不同谱主状况,依照类别和时间顺序，在谱后进行详略有别的叙述。

《浙江现代文学名家年谱》编纂委员会

2020年8月

家世简表

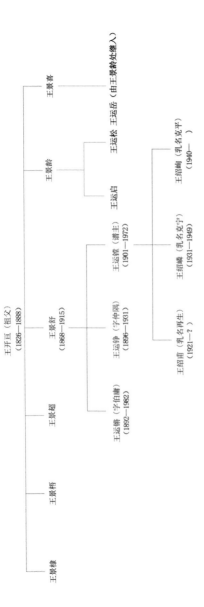

中年时期的王任叔（巴人）

晚年时期的王任叔（巴人）

1941年全家合影。从左至右为妻子王洛华、幼子王克平、
王任叔（巴人）、王克宁

目　录

1901年（辛丑，光绪二十七年） 出生

▲5月10日，由留日学生编辑的《国民报》（月刊）在日本东京创刊。

▲9月7日，清政府全权谈判大臣奕劻、李鸿章，与英、美、俄、德、日、法、意、奥、西、荷、比11国公使在北京签订《辛丑条约》。

▲本年，林纾翻译斯托夫人的《黑奴吁天录》出版。

▲本年，八股被废除，改全国书院为学堂。

巴人，姓王，乳名朝伦，字任叔，号愚庵，官名士侠，又名子虔，谱名运堂。巴人是他192个笔名中最常用的一个。[①]巴人出生于1901年（清光绪二十七年）10月19日（农历九月初八）丑时（1点至3点），浙江奉化（今宁波市奉化区）大堰村人。

关于出生，巴人自述为："清政府李鸿章、奕劻和各国公使订立辛丑条约的那一年，我在浙江一个偏僻的山乡里出世了。'天不仁兮降乱离，地不仁兮使我逢此时。'在我呢，真可谓带着一身国耻以俱来的。"[②]并在《关于"巴人"》中言道：

---

① 巴人笔名数说法不一。钱英才在主编《巴人全集》时专门研究了这个问题，从十个方面论证，保守定为192个笔名。

② 王任叔：《自传》，《文化新闻》，1936年第4期。

"我据说生下七日，曾经死去，母亲已给（我）放在角桶上，丢在后门，让一个善埋孩子听说还在坟地上偷偷烹吃孩子的'堕民'来拿去埋掉，但不幸却在他翻弄之间，这个婴儿竟哇地叫出声来，于是有了活到现在的我。为了击退以后的灾害，父母把我取名'和尚'。意思是已经'出了家'，阎王也想不起叫无常来捉我了。"[①]因为乳名朝伦，家里人也叫他"伦和尚"。

大堰原是一个偏僻的小山村，如今已成为大堰镇。该村四面环山，东有石头岭，风水比喻青龙；西有后门山，风水喻称白虎；北有筛公坪，风水喻称玄武；南有自来山，风水喻称案山，而村前有一条四五十米宽的溪水环抱村子，是一个藏风聚气的好地方。关于巴人的故乡，他父亲曾告诉他说："昔者尚书太公与崇祯皇帝闲谈，皇帝询及吾乡情况，尚书太公以十四字作答：'干柴白米岩骨水，嫩笋绿茶石板鱼。'是这样世外桃源的故乡。"[②]

村中最为显赫的是尚书第，俗称"狮子阊门"，即明嘉靖二年进士王钫的府邸。他是明朝工部尚书，曾得御赐"望重朝野完名全节"八个金字。按照《王氏宗谱·世达篇》称：自周、秦以来，不少人为官。一世祖是周灵王的太子姬晋，十世祖是大将王翦，而晋代的二十五祖书圣王羲之也是本家。奉化王氏家族远祖郡望是山东琅琊，西晋末才南渡浙江，到了明代，王氏家族的五十四祖至六十四祖共有十九人为官。把老祖宗一代代地列出，这是一般族谱的惯例。工部尚书王钫确实是巴人的祖辈，巴人的家族就在尚书第内合族而居。巴人在小说《姜尚公老爷列传》有这样的描述：

---

① 巴人：《关于"巴人"》，《文汇报》，1956年11月19日。
② 巴人：《说笋之类》第5期，1939年2月8日。

大牯乡的狗窦村，直到现在还有个高大巍峨的门第。第柱合抱，三开间门面，一字形敞开。三间的门第上有一块两丈阔的横额，上写着"旌表尚书之门"。第门前，有一对精刻细雕的石狮……两边间的阶前，又有一对石鼓，年远日久，人们已把它们摩（引者注：原文如此）得黄澄澄的像两面金铸的鼓似的了。仅照这些气势看，已可想像尚书公当年的威风煊赫。

巴人除了描写尚书府邸的门第外，还写了中堂、后厅。如今，当地还保留着完好的尚书门第，且在门第两旁按照当年模样，立起两根旗杆，呈现家庭之煊赫。巴人未曾从这位先祖那里得到什么物质财富，但"狮子阊门"不仅给了他丰富的精神想象空间，还成了他日后创作取之不尽的源泉。"狮子阊门"是当年大堰村一带农民聚会、交谈的场所。他们从几百年前的光荣的追怀谈起，谈到不久的过去，谈到贴近的眼前。巴人幼年，常在这里听农民讲述这些故事，甚至听到带有神奇色彩的狐鬼故事。他后来在小说《捉鬼篇》中这样写道："他们底谈话里，大都是些狐和鬼。他们构思出一个很有道德，很守一切人类礼节的狐鬼社会，通过他们那种原始的野蛮性，又把某一种狐鬼的作恶行为，着上很浓的色彩。他们就那么陶醉在超脱现实的快乐里，仿佛自己活在狐鬼社会里。"不过，巴人听得最多的是现实的血和泪，堕民低贱、悲惨的境遇，地主的残恶和凶狠等等，而这一切给巴人幼小的心灵留下了不可磨灭的印象。

其中，有两件事给他印象特别深刻，即"长毛"和宁海平洋党反洋教斗争的故事。他在《自传》中说："村中老农民，每在夏秋之夜，为我讲'长毛'故事，为我讲邻县秀才王锡彤造反的故事……这些人给我的思想感情的影响，现在分析起来是有决定性作用的。我之所以爱好文学，和我一开始写小说，总是写农民，是和小时候这段生活有关的，而且一直到现在，我还没有放弃写王锡彤造反的故事的计划……也是和这种影响有关的。"其中，王锡彤造反的故事被他后来写成长篇小说《莽秀才造反记》。不难看出，巴人从小和农民一起生活、长大，熟悉他们的心理和生活。农村中各类人物都深深地埋在他童年的记忆中，所以我们今天读他写农民的乡土小说，几乎可以找到当年村上农民、地主的影子。可以说"狮子阊门"现象，却成了巴人后来从事文学的动因、写作素材的仓库。

祖父名开亘，官名汝荣，字启华，钦加旦千总，一说武举人，恐不确。生于1826年（清道光六年），卒于1887年（清光绪十三年）。他为人刚直，宽以待人，为乡里百姓解纷排忧，口碑较好。开亘共有六子：长子景棣，次子景梧，三子景超，四子景舒，五子景龄，六子景喜。四子景舒是巴人的父亲。

父亲景舒，字淡水，号质夫，官名毓彬。生于1868年（清同治七年），卒于1915年（民国四年）。其家族大多是读书人，有些人还有过功名。二伯父、三伯父是秀才；堂兄中也有人是清朝官派赴美留学生。对此"书香传家"的风气，巴人在《自传》中言道："这使我这幼小的灵魂，也以求学上进为荣。"这是家族对他"另一思想影响"。不过巴人父亲没有进过学堂，他跟随兄弟学习读书，粗通文墨，能讲《西游记》《三国演义》，既管理村中族务、庙事，又在家务农兼做竹木生意。关于父亲，巴人在《说笋之类》中回忆时说："我是不大明白父亲那种爱竹心理的。但每当秋夏之交，父亲又率长工上山去了，将竹山上的老竹删去一批，背到村前溪滩，唤筏工，锁竹成筏，专等老天下雨，溪水高涨。……不到一月左右，也就捎着'凤仙袋'喜气洋洋地回来了。母亲自然是慰劳备至，首先为他招呼面水脚水。父亲本不喝酒，但在这次餐桌上，母亲总为他烫下几两黄酒，姑且小饮几杯，说是赶赶寒气。"可见巴人家庭和睦，父亲勤劳本分。

　　巴人在《自传》[①]中说："家庭中给我的思想影响最深的，是父亲。十岁时，父亲生肺病，从此即经常卧床不起，我随侍左右。父亲常以他少不好学又不劳动作榜样来教训我，故一到他分居之后，不得不自己劳动；在劳动中如何受苦，如何支撑，并在后来如何挣得一份较好的家业，都一一现身说法似的教训我，这使我至今还保存着爱劳动的习惯。父亲给我的另一种思想影响，是他正直骨硬的性格（自然是那种封建阶级的正直和骨硬）。我十一二岁时，满清推翻，民国成立，县中厉行戒大烟，父亲为治疗吐血肺病，开始抽大烟，一听到县中禁大烟法令，他不愿授人以柄，便将烟盘投入诸溪水，从此誓不抽大烟。"他在另一篇《无实践即无文学》一文中也说到父亲"是个不能执笔写封通顺的信的人，但他却时能背诵些古圣先哲的格言，搀和着自己青年时力耕的苦况"，并现身说法以教诲自己的儿子。

　　母亲徐氏，生于1873年（清同治十二年），卒年不详，是

　　① 王任叔：《自传》（现存于中联部巴人档案），收入《巴人全集》第9卷，标为《自传二》。1936年第4期《文化新闻》上发表了署名王任叔的《自传》，收入《巴人全集》第9卷时，标为《自传一》。本书后来所述的《自传》除特殊注明"在《文化新闻》发表"外，均出于中联部巴人档案，不再重复注释，读者可在《巴人全集》中查阅。

一位有主见、坚强的妇女。辛亥革命时政府下令剪辫子，巴人母亲"强迫自己的孩子，一定要拿着香烛向祖庙的神像磕头礼拜之后，才允许剪下辫子来"。她就是这样一个固执而信神佛的妇女。1927年大革命后，她的孩子大多卷入砸菩萨、赶和尚、嫁尼姑等运动，引起了全村人的责难。母亲为了支持孩子革命行动抵制责难，"把自己祈神礼拜的香烛筒，用斧子给劈碎了！立誓一生不再念佛吃素！"[①]巴人后来上师范学校读书，乃至和二哥参加革命，都得到母亲的理解和支持。

巴人兄弟姐妹六人，长兄王伯庸（1892—1982），谱名运锵，学名士英。早年在上海交通专科学校肄业，后来在家务农，兼管族中事务，恪守封建之道。二哥王朝焕（1896—1931），谱名运铮，字仲隅，号劳尼，省立第四师范学校（宁波）毕业，浙东地区早期共产党人，是巴人人生道路最初的引路人，对巴人有重要的影响，被他称之为"第二父亲"[②]。兄弟俩亲密无间，志同道合，生死与共。关于二哥的情况，巴人在《一个平凡人的传略——为二兄明平祭而作》[③]一文中，对他二哥的一生有简要介绍。此文特别强调身为二哥对弟弟成长的关怀："三弟的一切困难，经济上的困难，家庭上的困难，他都受当了去。三弟的一切毁谤，三弟的一切屈辱，他也都受当了去。别人把三弟看作不肯定的人，他却把三弟看作先走一步的人。"二哥为革命操劳过度，胃病发作又遇庸医误病、无人看护，死于上海医院。巴人在文中总结他的一生时说：

---

① 《读〈农村散记〉》，《人民文学》，1950年第1期。
② 王任叔：《自传》，《文化新闻》，1936年第4期。
③ 《武汉文艺》，1932年第2期。

他的墓碑上将写上二句：

他活着的时候，没有人知道，

他死了以后，只长着一墓荒草，

他的名字叫做王仲隅，而今是

撇下了啼饥号寒的妻儿，在暮云深处。

另有姐姐王朝彩，妹妹王文彩，四弟早夭。

1903年（癸卯，光绪二十九年） 2岁

▲2月17日，中国留日学生浙江同乡会在东京创办《浙江潮》，孙翼中、蒋方震、蒋智由、马君武、王嘉榘等担任主编。

▲5月，邹容在上海发表《革命军》一文，提出建立"中华共和国"主张。

▲5月，李伯元等在上海创办《绣像小说》。

▲本年夏，著名反清政治案件"苏报案"在上海公共租界发生，邹容、章太炎被捕入狱。

本年 宁波平洋党王锡彤起事，后被巴人写入小说。

开始祭祖，讨压岁钱。

1904年（甲辰，光绪三十年） 3岁

▲1月13日清政府颁布了《奏定学堂章程》。因制定颁布于旧历癸卯年，故又称"癸卯学制"。

▲1月下旬，以宣传革命排满为宗旨的报刊政论文集《黄帝魂》由东大陆图书公司出版。

▲3月11日，大型综合性学术刊物《东方杂志》由商务印书馆开始出版发行。徐珂、孟森、陈仲逸、杜亚泉、钱智修等先后担任主编。

▲9月24日，秋瑾在日本创办《白话》月刊，以鼓吹推翻清政府为宗旨。刊物共出6期。

本年 参加祭祖，得压岁钱。

1905年（乙巳，光绪三十一年） 4岁

▲3月10日，俄国在日俄战争中战败。9月5日，日俄签订《朴茨茅斯条约》，俄国势力退至东北北部。

▲8月20日，中国同盟会在日本东京正式成立，推举孙中山为总理，黄兴为协理，蔡元培任中国同盟会上海分会会长。

▲9月2日，清廷下诏："著即自丙午科为始，所有乡会试，一律停止；各省岁科考试，亦即停止。"延续了一千三百多年的科举制度正式终结。

▲11月26日，同盟会机关刊物《民报》在东京创刊，孙中山撰写《发刊词》，提出"三民主义"主张。

本年 参加祭祖，三跪九叩。

幼年时 除了受父母的爱抚外，还受三伯父和三伯母的疼爱。巴人在《晚霞》中写到幼年时和三伯父做游戏时说："人家说，我那时十分聪颖，这样和三伯伯解起树来以后，我必定要自己立在地上，起先两脚前后分叉着；解到后来，慢慢蹲下去，最后却坐在地上；以表示树已解到下段了。——这样。三伯母。坐在小竹椅上，笑得仰转腰去了。"①

1906年（丙午，光绪三十二年） 5岁

▲6月，《时报》在上海创刊。

▲9月1日，清廷发布仿行立宪的上谕，宣布预备立宪原则：

---

①　王任叔：《监狱》，光华书局1927年版，第75页。（引注：原文标点符号使用不规范。）

"大权统于朝廷，庶政公诸舆论。"

▲11月，吴趼人等在上海创办《月月小说》。

▲本年，中国同盟会机关报《民报》与梁启超主办的《新民丛报》围绕要不要进行民族革命、民权革命、实行土地国有、平均地权等问题展开大论战。

本年 入村中的务本小学，该学堂为其二伯父所创。关于入小学，巴人自己有两种说法。六岁和七岁入学的说法（二者均为虚岁，本年谱采信前者）。据中联部档案中所存巴人作《自传》中记载：

> 六岁（引按：虚岁）上学后一直到十五岁，仍在村中小学念书，未经过高小。但所学已远超过小学课程。小学四年后，读完了课本，老师即教我们《论说文范》之类的书，其中文章大都是辛亥革命之前的革命党人的论文。这给我以民主主义和爱国主义的思想种子。最后两年，则又读《孟子》、《论语》、《中庸》、《大学》和《左传》。《孟子》给我以"民为贵，社稷次之，君为轻"的思想，《左传》使我对郑庄公那样封建帝王产生阴险可怕的印象（那时，我们就写论文，评历史人物），但最使我有深刻印象的，是死于绵山的介之推，认为介之推那样跟随晋文公流外国亡十余年，回国后群臣论功争赏，而他独退隐绵山，文公求之出山不得，致焚死绵山，这种清高亮节是值得钦佩的。至今在我思想里还有那种非集体主义的清高思想，不大愿意接近上级，是因为这个人物给

我的印象太深了。①

而七岁入学的说法，源于其文章中的自述：

> 我是读书人，也拜过孔夫子，那时恰巧三分之一的世纪以前。我七岁，父亲陪我上学堂去。学堂名字叫"务本"。"君子务本，本立而道生，孝悌也者，其为人之本与。"这学堂也是很合孔子之道的……到现在，我知道：中国原来是"牌位治天下的国家"②。

除上述两文外，巴人还在《出卖伤风》一文中写道：我的学历里，就没有"高小"这一阶段，在乡下小学里，一登就登上七年。读些《左传》、四书之类。③

关于巴人入读小学，他还在其他文章中提到，比如1925年3月作的《自叙》（未发表）一文中，他说："迨至我束发入学，'天地日月'便是我们的教本。我也没有读《千家诗》、《神童诗》、《唐诗三百首》等等的机会。"他在这里没有提年龄，但讲到"束发入学"，束发五六岁开始，故与六七岁入学相近。

---

① 王任叔：《自传》（中联部档案），收入《巴人全集》第9卷，本书后来所引《自传》除特殊注明外均出此处。

② 剡川野史：《孔子论》，《大陆》第1941年1卷第5期。笔者认为这一说法有一道理，可以此推断他八岁（虚岁）入学，读小学课程四年，读《论说文范》一年，读《孟子》之类的书二年，合计七年，十五岁上半年结束小学阶段学习。但是，考虑到中联部所存巴人档案的真实性和严肃性，本书仍采用巴人在《自传》中的说法，认为其5岁（虚岁6岁）入学。

③ 巴人：《出卖伤风》，《巴人全集》第10卷，第242、243页。

1907年（丁未，光绪三十三年） 6岁

▲2月，《小说林》在上海创刊。

▲6月1日，话剧《黑奴吁天录》在日本东京公演。

▲7月6日，光复会徐锡麟刺杀安徽巡抚恩铭，起义于安庆，事败后遭残杀。随后，秋瑾在绍兴响应，事泄，就义。

本年 继续在本村务本小学读书。

巴人在《晚霞》中曾回忆："在社会给我影响最深的是木匠、竹匠和村中的老农民。我自小欢喜学锯木，补箩篝。木匠都叫我好孩子；家里人叫我'五通'，意思是路路通也。"他又说："其实哥哥们叫我五通是因为我和什么人都凑队得拢，路路通的，也会和庆寿老司务补篝，也会和阿才小木匠解树。"[①]

说到农民对他的影响，他曾提出：

> 童年的时候，我接触到两个老农民，都是中农，是伯父辈，一个我叫他景瑞伯，另一个我叫他和尚伯。两个中农都是插秧种田的好把式，村里有名的。和尚伯就只知种自己的田，做自己的工，景瑞伯则在忙种时候为别人带头插秧。农闲时，农民们总是常在尚书车门的石凳上坐着聊天。景瑞伯

---

① 王任叔：《晚霞》，《巴人全集》第1卷，第35页。

很健谈，能聊张飞、赵云之类，也能聊牛皋、岳云。听来头头是道，十分有趣。他不识字，但能聊。有时候，还聊我们邻县王锡彤造反的故事。这是一场反洋教的斗争。和尚伯可愣愣地在一边听，用猫头鹰似的眼睛看人。有时，则用吐口沫，来表示讥笑景瑞伯的"瞎开口"。他有一句口头语："自己还管不过来，你可别管人。"他生活在自己的"生活天地"里。①

这些都为他后来从事乡土/农村题材小说创作提供了丰富的生活经验。

1908年（戊申，光绪三十四年） 7岁

▲2月25日，杭州各界在凤林寺召开秋瑾的追悼大会，到会者达400余人。革命党人借此秘密集会，商议革命策略，决议注全力于军队，掌握革命实力。

▲7月22日，清政府批准颁布《各省咨议局章程》和《议员选举章程》，限令各省于一年内将咨议局"一律办齐"。

▲8月27日，清廷颁布了中国历史上第一部宪法性文件《钦定宪法大纲》。

---

① 巴人：《也谈学点文学》，《点滴集》，浙江人民出版社1982年版，第44页。

▲11月14日，光绪帝逝世。次日，慈禧太后逝世。溥仪继位，改年号宣统。

本年 继续就读于本村务本小学。

巴人在《辛苦与血汗》(收入《边鼓集》)中回忆小时读诗的影响，曾自述：

> 八九岁时候，读了这样的诗：
>
> 锄禾日当午，汗滴禾下土；谁知盘中餐，粒粒皆辛苦。
>
> 诗句记不清了，也许有几个错字。但这诗给我的印象非常之深刻。每次捧起碗来，总觉得羞惭无地。吃的不是"白饭"，而是"辛苦"，而是农人的"血汗"，像我们这种背不能驮肩不能挑的文人，大都是农民们的腥血所喂大的。我们之生于天地之间，实在有点对不住"人"！

这种童年经验与巴人后来参加革命，及知识分子自省意识的形成密切相关。

1909年（己酉，宣统元年） 8岁

▲2月15日，《教育杂志》创刊于上海。

▲10月14日，浙江咨议局召开成立大会，出席议员112人，

陈黻宸当选为议长，陈时夏、沈钧儒当选为副议长。

▲11月13日，革命文学团体"南社"成立于苏州。

本年　继续在务本小学就读。

务本小学有两位先生一是董肇昌，另一个是炭先生，其实姓蔡。据巴人的《晚霞》所述：

> 那一年我们学校本有二个先生，正教员是董肇昌先生，副教员就是炭先生——的确，我要向维持师道的先生们前求恕，炭先生，我并不知道他的尊号，我只好这样称呼——肇昌先生听说他先前在奉化县里做过警察所长的。
>
> ……
>
> 炭先生真是能文，他做一首诗叫我读，内中的话，句句是讽刺我们的。自然炭先生的诗毕竟不错，他以前也给我们看过一首说是他做的雪和尚诗。

1910年（庚戌，宣统二年）　9岁

▲1月，《南社丛刻》开始出版。

▲2月20日，《国风报》（旬刊）在上海创刊，发行人为何国桢，实际由在日本的梁启超遥控。

▲8月29日，商务印书馆《小说月报》创刊，该刊以"多译名作，缀述旧闻，灌输新理，增进常识"为宗旨，由南社社员王蕴章主编。

　　▲11月4日，清政府宣布缩短预备立宪期限，决定于宣统五年，即1913年开设议院，同时下令各省请愿代表即日散归，不得再行请愿。

　　本年　继续在务本小学就读。上半年读完小学课本，从下半年开始读《论说文范》。学校里的"炭先生"走了，又来了一位唐先生。据《晚霞》所述：炭先生走了以后，第二年仍是熟上加熟的唐先生来。当唐先生有一天念出："叶似南瓜茎似麻，今朝次第开红花"（《咏一丈红》）以后，巴人才知道原来诗是不能随便写的，故而说："小诗翁被这样一吓，此后誓不做诗了。一直到十八岁，小诗翁终于做了老诗翁第二，日夜苦吟起来。"

　　另据《自传》载，其父自本年生肺病，从此即经常卧床不起，巴人随侍左右。另据《出卖伤风》所载，其父突然吐血病倒了，医生治疗未果。"母亲想出一个法子，叫人画了一块虎头牌，挂在父亲的卧室门外。"

1911年（辛亥，宣统三年） 10岁

▲4月26日，清华学堂（清华大学前身）正式开学。

▲4月27日，由同盟会领导的广州起义爆发。

▲8月，《申报》副刊《自由谈》创刊。

▲10月10日，武昌起义爆发。革命军首先在武汉三镇取得胜利，成立湖北军政府。11月，各省代表在南京举行临时大总统选举，孙中山被推选为临时大总统。改国号为中华民国。

本年 就读务本小学，继续读《论说文范》。二哥仲隅失学后在家开小店，以维持在上海交通专科学校念书的大哥伯庸的学费。

另，父亲仍生肺病卧床，开始抽鸦片。

1912年（壬子，民国元年） 11岁

▲1月1日，孙中山宣誓就任临时大总统，中华民国成立，改用阳历。

▲2月12日，清帝退位。孙中山辞职，袁世凯接任中华民国临时大总统。

▲6月8日，中华民国临时大总统袁世凯公布：以五色旗为中华民国国旗，另以武昌起义革命军使用的18星旗为陆军旗，以青天白日旗为海军旗。

▲8月，同盟会联合统一共和党等4个政团合并组成国民党，孙中山任理事长。

本年　就读务本小学。二哥带头在全村剪了辫子，巴人也剪了辫子，遭到村上人的讥讽。

另，父亲仍卧床不起，因全县禁种罂粟、禁食鸦片，为此父亲下决心戒烟，病加重。

1913年（癸丑，民国二年）　12岁

▲7月，爆发"二次革命"，孙中山随后流亡日本。

▲9月24日，章太炎驳斥建立孔教，称将孔子与耶稣等并论，实为亵渎。

▲10月10日，袁世凯宣誓就任中华民国大总统。

▲11月23日，康有为任孔教会会长。

本年　就读村务本小学，开始学习《孟子》《论语》《大

学》和《左传》等古籍。

另，参加奉化县会考，名列甲等。巴人在《晚霞》中回忆："在柏溪那一会会考以后，说是都被知县老爷赏识过，名列甲等，领到八角小洋，在一乡中，名誉早已从山谷底跳到山峰顶，先生们有告假的时候，我们也俨然做个小先生教起书来了……志康、饶意和我便这样做了'三头'，有左右学校中一切事情的势力……因为是特别班的老学生，不必上课，只要坐在自修室里自修。"

1914年（甲寅，民国三年） 13岁

▲5月，章士钊在日本创办《甲寅》月刊。

▲5月，徐枕亚在上海创办《小说丛报》。

▲6月，《礼拜六》创刊于上海，为鸳鸯蝴蝶派发源地。

▲本年，第一次世界大战爆发。

本年 就读务本小学，读《孟子》《论语》《大学》和《左传》等。

另，二哥仲隅，考取浙江省省立第四师范学校（在宁波）。

1915年（乙卯，民国四年） 14岁

▲5月9日，袁世凯政府承认日本提出的"二十一条"。

▲9月15日，陈独秀在上海主编的《青年杂志》创刊（从第二卷起改名《新青年》），反对旧思想，提倡科学与民主。

▲12月12日，袁世凯通电全国，正式宣布接受帝位，改国号为"中华帝国"，以1916年为洪宪元年。唐继尧、蔡锷等组织护国军讨袁。

6月

投考宁波省立第四师范学校，因务本小学无毕业文凭，由二哥仲隅借王祈的文凭报考。

上半年 结束务本小学学业。大哥伯庸因父病后家庭经济困难，无法支持他在上海交通专科学校继续学习，辍学回家。

8月

16日 父亲去世。据其《自叙》①说："我从隔冈分割归来，族嫂说他儿子从师范有来信，说我可以入。"即投考被录取后，父亲病情十分严重，不久病逝。父亲弥留之际，"只是嘱大哥

---

① 该文谱主生前未发表，收入《巴人全集》（第8卷）。

毋使二哥在师范中辍",而对巴人的前途"一句也不曾提到"。鉴于父亲生病后日益穷困的家境,母亲把巴人被录取的事瞒下来。

9月至11月

与家人关于前途事宜纠缠。巴人在《自传》中说:"九月间,父亲死后,又遭大嫂反对,母亲不敢作主使我入学,直到二兄再次来信催促,我再次请求,母亲始下决心,让我跟一鱼贩上宁波去,而我那时则是带着一颗创痛的心走进了师范学校,这已是一九一五年十一月的时候了。"另据《出卖伤风》所记载:"父亲的病,足足绵延了五个年头,终于在我十五岁那年八月十八日早上死去了。其间,时愈时发,大半是靠鸦片支持的。……作为父亲的遗言,是叫大哥让二哥在师范毕业,对于我,他仿佛不能再有所打算了。"从中可见巴人对其父的感情和态度。11月去就读师范,距开学已过去两月。巴人回忆此事时曾说:

> 十五岁(引按:虚岁)那年,我总算和这"老死不相往来"的故乡告了别,到府城一家师范学堂里去读书。乡下人上城,据说应该对城门行"三跪九叩首"大礼。我虽没有这么办,但有鉴于航船登陆,那里濠河一带小饭店拉客之热劲,我确实立下"一入校门,足不出户"之心愿。①

冬　进入师范学校,用二哥读过的书本,穿二哥穿过的

---

① 巴人:《略论叫化之类》,《鲁迅风》第2期,1939年1月18日。

制服。据《自传》所言："师范是免费的，膳食半费，每学期十五元……在夏季秋季日子较长，二兄他们也经常为我送来一副大饼油条当点心，直到今天，我还不善于购买日用，不会管理钱，怕也是那时养成的习惯。"

本年　多位亲人去世，据未发表的《自叙》所载："家族中祖母、小叔、姑母和父亲相继亡，这给我以忧郁的性格。"

1916年（丙辰，民国五年）　15岁

▲1月，北京汇文大学、通州华北协和大学、北京华北女子协和大学等学校合并为燕京大学，司徒雷登任校长。12月26日，黎元洪总统任命蔡元培为北京大学校长。

▲1月，邵力子、叶楚伧在上海创办《民国日报》，后成为国民党机关报。

▲本年，袁世凯死，黎元洪继任大总统，段祺瑞任国务总理。各系军阀争权夺利，中国陷入军阀混战。

▲本年，黑幕小说开始风行。

本年　在省立第四师范学校学习。关于进入师范学校学习的情况，巴人在《自传》中说："我在学校的前三年，主要就受的桐城派古文的教育，满脑子是孝子、节妇、烈女等等的伦理道德的观点。自然科学只学得一些常识，英文只学得

些ABC。我在学校中是个中等生，不论学业与品行，都列入乙等。其实我前三年是一个最守本分，最少活动，也最少朋友的孤独的学生。"

1917年（丁巳，民国六年） 16岁

▲1月，胡适在《新青年》发表《文学改良刍议》。

▲2月，陈独秀在《新青年》发表《文学革命论》，正式举起文学革命的旗帜。

▲11月7日，俄国十月革命爆发。

春 到杭州参加全省中等学校学生运动会，在《略论叫化之类》中回忆道：大概在二年级那年，据说是我们省长吕公望，为要提倡体育，召开全省中等学校运动会了。

参加运动会期间，游览杭州。据《略论叫化之类》所载：

> 游了灵隐，返归逆旅，与同为"奉师"兼是"宗族"又复"同学"的绍衣，谈及此事，绍衣却说我上了大当；那些腿上的浓血，全是蜡烛油渣上去的。于是我始恍然于以欺骗求怜悯者之恶。"在山泉水清，出山泉水浊"，乡曲的"讨饭"一变作城市的"叫化"，也就其不可问闻了。

学校教师中对巴人影响最深的是历史老师洪佛矢，他曾是《商报》编辑。巴人在这位老师的影响下开始作旧体诗和读课外书。他在《自传》中说：

> 在第三年后（即在二年级时），我开始读课外书，点《纲鉴易知录》，抄《李太白集》，读《杜甫全集》。进而读《红楼梦》等小说。学做旧诗使我的性格更迂腐起来。一方面，我把自己的诗，去求教一个族姐王慕兰（奉化名诗人），获得她的奖励，指称为"吾家千里驹"，而益自奋勉；另一方面，暑假回家，也以徜徉山水，吟诗自得，成为一个孤芳的"读书人"了。[①]

本年　与比他大四岁的姑妈独养女儿结婚。这一结合造成巴人极大的痛苦，他在《给梦蕙》中说："然而你的父亲是这样的怯弱，含泪地哭了三天，也就屈服所谓命运下了。"[②]又在《自传》中写道："但这种孤僻加迂腐，还有一个原因。十七岁我和一个比我大三四岁的姑母的独养女结了婚我还不晓得反抗买卖婚姻，但我不满意这婚姻，而学做诗成为我逃避苦闷的渊薮了。"

妻子张福娥，生于1897年，比巴人大四岁，1980年去世，享年84岁。关于巴人与妻子不和，其在《我想起了自杀》和自传体小说《凤子》《这样的一个晚上》中都有具体描述。其中有一次妻子以喝盐卤自杀相威胁。巴人后半生在特殊年代，被

---

① 巴人在《论诗》一文中曾详细记叙洪老师的教学和诗歌观念，本处不再摘引。

② 《白露》，1928年5月1日。

遣送到老家大堰，据当地人说，妻子还数落他。不过人生总是多面的。毛裕俭提供了他们夫妻的另一面信息：

> 她没上过学，但聪明贤淑而又深明大义，一手飞针走线的绣描工艺，闻名村里。1918年，巴人17岁那年，他们结婚了，当时巴人的父亲病殁不久，债主纷至，家道衰微。而巴人这时还在宁波四师求学，为了支持丈夫读书，为了维持飘摇中的家庭的日常生活，张福娥变卖了婚装饰物，勤俭持家，使丈夫得以完成四师五年漫长的学习生活……每年寒暑（假回）家，巴人回到乡间，白天，丈夫耐心教妻子学文化，讲外界的新鲜事；晚上，妻子一面绣花，一面默默陪丈夫夜读。又是夜深了，做妻子的难免要嗔怪几句，丈夫马上用恳求的口吻说：
>
> "嘘，轻点，小心叫隔壁母亲听见。"[1]

另，巴人在《晚霞》中有两节，"亚利妹妹""小丈夫"，前一节是写姑母要女儿许给巴人一家兄弟，而"我"也喜欢这位亚利妹妹。但许给谁未定。"过后，瞎子先生嘴中，姑母求决了她的囡囡的命运，我终承受了这个女王。"原来小姑母要把女儿嫁给谁，当时之所以决定不下来，是因为要瞎子算命先生排八字，结果巴人被选中了。按照中国传统婚嫁要排八字，巴人是辛丑年生是属牛，而张福娥是丁酉年（1897）属鸡，按照三合，酉丑巳相合，那么巴人可以娶属鸡、属蛇（巳为蛇）的，还可以按六合娶妻，子丑相合，则取属老鼠的为妻。而巴

---

① 毛裕俭：《巴人和他的夫人张福娥》，《经济新闻报》，1989年10月7日。

人大哥士英壬辰年（1892）出生，故不合传统婚配。不过，他已结婚。二哥仲隅丙申年出生，属猴，也不合婚配，可见整个婚姻是由瞎子算命按照八字来定的。福娥生二女：长梦慧，适本村毛家毛燕恒；次亚利，未字。

1918年（戊午，民国七年） 17岁

▲5月，鲁迅在《新青年》发表《狂人日记》，为中国现代文学史上第一篇白话小说。

▲7月1日，李大钊发表《法俄革命之比较观》，介绍俄国十月革命。

▲11月11日，第一次世界大战结束。李大钊发表《庶民的胜利》和《布尔什维主义的胜利》，歌颂十月社会主义革命。

▲12月，《晨报》在北京创刊。

本年 课余，喜欢划船。巴人在《再论"没有法子"》中曾提及："说起划（船），我虽不是叶澄忠，以划船起家，但也划过不少次船。自然是'旧账'。在中学读书时候，我们的监学，阎王陈俊明先生，有一次，忽然心血来潮，提倡划船运动。学校地位落得好，月湖旁边，竹洲邻近。月湖十景，已经湮没无闻，惟竹洲却巍然独存。这足见竹洲之可贵了。学校就此打了一双白瓜艇儿，让学生课余饭后，划船逍遥。"

关于读书期间的经历，比较重要的回忆还有：

> 第一个跑上我的记忆里来的，是我在师范学院里那位舍监先生。真实姓名不必宣布了，总之是有那样一位舍监先生，是被我们谥之谓"五色旗"的。五色的顺序是红黄蓝白黑。师范学校的年级，照那里的编制，四年正科以外，还有一年预科。据我们的同学考察，那位舍监先生就有五种脸谱，各随年级不同而转换：对四年级同学，我们的舍监先生是脸子"红闪闪"的说不出话；对三年级同学，则"黄牙牙"的"阿难为情"；然而，一到对付二年级和一年级的同学，我们的舍监先生则蓝着脸子发狠，白着脸子怒骂了。而预科同学最晦气，每天总看他黑下脸子，仿佛要吃人。以一人而兼有这五种脸谱，那确是"是不多觏"的。然而我却在这样的脸谱下，足足领教了五年。人世的甘苦与辛酸，确也尝得够了。[①]

在师范读书时有两位要好的同学，周仲陶和毛信望。巴人在《自传》中回忆说：

> 在学校中只有二位同学是我比较亲密的。其一是周仲陶，他是一个非常聪敏的、数理化有特长的同学。我在理化方面，也曾为同乡的教师所道，曾在我毕业那年，劝说我大兄，让我进高等学校而不果。我从周仲陶那里获得钻研理化的苦思精神。同时，对婚姻问题上，又是同病相怜的，感情

---

① 弈矢：《脸谱主义者》，《鲁迅风》第15期，1939年6月5日。

上也就接近了。但他在三年级时就吐血病死了，这使我深感人生的渺茫，逐渐有了厌世观点。其二，是毛信望，这是一个有丰富的社会知识的人。我从他那里知道了社会上的黑暗面，官僚的拍马、钻营等等手段；还有所谓乡间妇女无以为生被逼出卖为妓等等的社会生活。这使我仿佛另开了一只眼睛，要去看看这社会到底有多少黑暗。

同班同学中有后来的著名教育家张崇麟、著名生物学家张孟闻、著名数学家毛路真。巴人此时在课余，热衷于作旧体诗。他在《自叙》中说："在这样贫苦境中的我要读一点书，求得一点普通知识还不可得，居然要求得一个余暇时间来吟咏诗篇，我自己也觉得太僭越了。然而在十八岁那年起，我竟然要在我梦的一角上组起花圈来了。"但真正使他对作诗发生浓厚兴趣，并且决心从事诗的创作，是十八岁时。《自叙》中称：

> 那昔日同学盛沛淞君，他的父亲是会作诗的。在六十岁寿日，他作了些诗，寄给他儿子看。那时我们接读之下，颇感到一种油然的兴趣。同学张宗麟君，又述说作诗的法子……但是他们说过也就算了，而我却因之引入业道……去请教从兄任安。

任安，是他三伯父的儿子，美国留学生。巴人向他请教作诗，"他也很热心地教"，"最后他又介绍族姐慕兰给巴人"。王慕兰是奉化女子小学校长，有名的女诗人，著有诗集《岁寒堂诗钞》。巴人对她十分钦佩。"她看到我的诗，写信来称赞我是

千里驹。我因之益发沾沾自喜了。"从此写了不少诗，有了长
足的进步。可惜未能留下一二，现见到的五首古体诗，不知是
否那时写，即《侧闻》《横山路中口占》《悲命》《残灯》《调寄
菩萨蛮·怀旧二阕》。

1919年（己未，民国八年） 18岁

▲1月，《新潮》在北京创刊。

▲1月5日，李大钊在《每周评论》发表《新纪元》，称俄国
革命是世界革命的新纪元，是人类觉醒的新纪元。

▲5月4日，北京学生举行爱国游行示威，抗议巴黎和会的
强权和北洋军阀政府的卖国行径，揭开了中国新民主主义革命的
序幕。

▲5月15日，《新青年》发表李大钊的《我的马克思主义观》。

▲7月，毛泽东主编的《湘江评论》创刊。

▲10月，孙中山宣布改组中华革命党为中国国民党。

5月

7日 五四运动消息传至宁波，首先响应的是省立第四师
范学校。

9日 省立第四师范学校和部分中学举行集会、游行。

19日 宁波各中学在城内乐园（今宁波中山公园）集会，

宣布成立"宁波学生联合会"，毛信望被选为学生联合会评议部议长，巴人被选为执委会秘书长。后来成为中国共产党浙江省早期领导人的卓恺泽等都是当时的学生领袖。巴人在《自传》中说：

> 在我十九岁和二十岁的时候，五四运动的波浪也冲入了我们这中古城市宁波了。首先扬起学生运动大旗的，还是我们这个穷苦子弟集中的师范学校，而这时，四年级的我们，又打了先锋。十九岁的上半年，正是三年级的下学期，由我们这一班倡议，在校设立学生会(自觉会)，以要求改革校政，展开反监学的斗争；在校外，组织了"学生联合会"，联合宁波中学生，实行抵制日货。毛信望在这一斗争中，打了先锋，我们也成为共同战斗的伙伴了。毛信望被选为评议部议长，我当了他的助手，任秘书长。查日货，烧日货的运动不断展开。之后，又与城市贫民爱国组织"十人团"联合行动起来，闹得满城风雨。奸商们开始向我们进攻了，雇人暗杀师范生的谣言不断放出来，收买某些中学校长来阻止抵制日货运动也出现了。[①]

上半年 学校成立自觉会后，常举行星期演讲，有一次挨着名册轮到巴人演讲，题目是有关讲卫生。巴人自述：

---

① 笔者注：浙江省当时普遍展开抵制日货、提倡国货的斗争。宁波是日货倾销较多的城市，斗争也特别激烈。最为引人注目的事是"新章事件"。宁波学生和救国的"十人团"因焚烧新章洋货店的日货后，老板怀恨在心，设下圈套，诱使学生再去查抄，他便雇人伺机毒打学生。

还在中学的时候，学生自觉举行星期演讲，挨着名册轮到了我，我竟不推病请人代庖，讲了一次《卫生不必要论》，论旨仿佛是侧重于生活的自然发展，而反对矫揉造作讲摄生之道。论证则以江北人的小划子上的产妇为例；生产了，自己收产，把婴孩包扎起来以后，仍旧平安无事摇她的船桨。于是，结论："不讲卫生的人，还是活下来，又何必讲卫生。"缘（引按：原文如此）这样的翻案文章的作法，我不很知道是从那里书上偷来的。但我却据为己有，在公众面前，指手画脚地讲了一通。这使我直到现在想起还感到羞惭。[①]

　　巴人在《五四杂忆》一文中追叙："当权者是个监学。恶鬼监学，这回也不再'恶'了。忽然开明，让我们组织个学生会，而且钦定一个名目：'自觉会'——于是也真个自觉了。冲出校外去……事情大半还是那时由一家报馆的主笔领导的'救国十人团'作外应的。查到有家洋布庄，进了大批日货，叫我们去搜查……而代表们却在'群英楼'喝着茶、开会。议论纷然了。"[②]

　　① 巴人：《论鲁迅的杂文·后记》，上海远东书店1930年10月版。
　　② 屈轶：《五四杂忆》，《文汇报·世纪风》，1938年5月5日。

1920年（庚申，民国九年） 19岁

▲3月，李大钊、邓中夏、高君宇、罗章龙等在北京大学秘密组织马克思学说研究会。

▲3月，胡适《尝试集》由上海亚东图书馆出版，为中国现代文学史上第一部白话诗集。

▲4月，马克思、恩格斯《共产党宣言》（全译本）由上海社会主义研究社出版。

▲8月，上海共产主义小组成立，并秘密创办了刊物《共产党》。

▲9月，毛泽东在湖南建立共产主义小组，并组织马克思主义研究会。

春 学校组织去无锡春游。

上半年 由于奸商的收买、分化，宁波学生运动处于低潮。到1920年上半年，巴人所在学校监学压制学生，致使这场运动被扼杀。据其《自传》中说：

> 我们学校里的阎王监学，则又利用三年级生的投机分子，借故把我们四年级驱逐出校，使同学们不得不分散回家。那时，我和张宗麟等就成为代表，驻居宁波，跟教师们联络。

最后，我们四年级就以考察教育为名，到苏州、无锡等地去了。考察回校后，匆匆举行考试，就算毕了业，——这是我第一次参加了社会活动和斗争。最初，是毛信望带我上路的，但之后，毛信望不再关心社会活动和斗争，在他做了两年小学教员以后，也就吐血（肺病）死了。而我似乎因此引起了对社会的关心。

巴人在五四运动中，充分表现了爱国反帝的精神和领导才能，使原先孤独而沉默的青年走上反抗黑暗现实，初步确定自己生命的航向。毕业回到家后，大哥王伯庸在舅父的主持下开始分家析产。此事对他思想形成影响较大，其在《自传》中说："毕业后，暑期回家，发生了一件对我一生生活极有影响的事。兄弟分了家，我分得十石（三亩多）田地，二间屋子，二兄因妻子死去，乃与我暂时同住。家务由我的女人操持，另雇一族姑帮工。女人对族姑颐指气使，斥骂随之，为我所不满，因为之劝导，反遭白眼。因而相赌气，一个多月，女人竟以自杀相威胁。……不久，离家就第一个职业。"

下半年　去镇海港口李氏义庄学校当小学教师。具体情况据《自传》中说："自我当小学教员以后，思想发展，极为曲折。第一学期，在镇海港口李氏义庄学校。首先碰到师范毕业生与原校长争夺职位斗争，使我深感教育神圣职业也是极不神圣的。我乃逃避斗争，钻入于古书堆中。读起《庄子》、《老子》这些书来了。庄子的颓废思想，给我一生的影响很深。但庄子的否定一切的精神，和他某些辩证法的理论，也使我敢于否定旧社会的一切。"

巴人此时对社会深感失望，"他开始怀疑书本上的真理，教师的说教，同时又进而怀疑这世界，这社会，这人生。""因怀疑，我感到苦闷；因苦闷，我又想找书消遣。无意中，我看到一册《庄子》。"①

本年 开始读《红楼梦》。据其回忆：

> 二十岁（按：虚岁）的时候，我开始读《红楼梦》，知世间尚有宝玉其人，而且被称为"无事忙"的。据说青年男女，一读《红楼梦》便而发昏入迷者，不在少数。海宁蒋瑞藻作《红楼梦考证》，且举实例，谓有一女子因读《红楼梦》得病，而大呼宝哥哥以死者。然则男子之间，因读《红楼梦》而大呼林妹妹得病以死者，想亦不乏其人。此种尤二姐、贾瑞行径，我并不同意。我本来自田间，并不企望宝玉那样艳福，倒是偶读《聊斋志异》，颇觉狐仙着实可爱，因她无门阀之分，颇肯下怜贫士。②

———————

① 王任叔：《无实践即无文学》，《文艺报》，1986年9月26日。
② 巴人：《杂家，打杂，无事忙，文坛上的"华威先生"》，《鲁迅风》第6期，1939年2月15日。

1921年（辛酉，民国十年） 20岁

▲1月，文学研究会成立，主要发起人有沈雁冰、叶绍钧、郑振铎、王统照、周作人、许地山等12人。

▲7月23至31日，中国共产党召开第一次全国代表大会。

▲7月，郭沫若、郁达夫、田汉等组织的创造社成立。

▲8月，郭沫若《女神》由上海泰东书局出版。

▲10月，郁达夫小说集《沉沦》出版，为中国现代文学史上第一部白话小说集。

年初 奉化成立"剡社"，是一个进步的群众团体。该社以奉化王仲隅、胡颖之、严作书和张乐尧等新派人物为中心，依靠一批进步的开明士绅，如庄崧甫、孙表卿等人。巴人在《旅广手记》中说："发起组织剡社的是在宁波当小学教员和日报记者的奉化小知识分子……接受了五四新风气的一些青年就想起了这个光荣传统，要来一次对奉化社会的改革，但他们并没有明确的目标，只是从自己所从事的事业出发，想用教育来改革奉化，隐约间有'教育救国'的思想。恰巧，一九二三年浙江省实行所谓'省自治'，各县都设立起县议会来。这些青

年就组织了一个剡社，来争夺这个县议会的议席。"①

    上半年 在李氏义庄学校教书。庄子的不与世俗同流合污和感伤颓废的思想虽被接受，然而他并没有进入"虚无"，他说："因为我还得食'人间烟火气'。"②"五四"以后的新文学，为他打开了一扇大门。据《自传》回忆：

    第二学期（即二十一岁的上半年），我仍在原校，我开始读到五大厚册的《新青年》和郭沫若、田汉、宗伯华三人的《三叶集》，以及《时事新报》的《学灯》、《文学旬刊》。这使我决心要做一个新文学战士，立誓一生从事文学事业。从那些书刊里，第一，使我了解五四新文化的民主和科学的精神。第二，从《三叶集》深感到那种浪漫主义情调的可爱。第三，从"文学研究会"，如沈雁冰和郑振铎他们的言论里，知道搞文学必须深入生活（人生）。这些思想上的启蒙，特别是第三点，对我一生的影响很大的。

11月

    21日 儿子绍甫出生，乳名再生。

    下半年 转至鄞县蔡氏义庄小学任教，接受新文学的影响。据《自传》所述："所担任的是一个单级学校，四个班只有我一个教员。这使我对小学教员的职业发生厌恶。但在这半

---

    ① 巴人：《旅广手记》，人民文学出版社1981年版，第4页。笔者注：《旅广手记》中说1923年应该有误，巴人《自传》中说剡社是他十九岁（虚岁）成立的，应为1921年。

    ② 王任叔：《无实践即无文学》，《文艺报》，1986年9月26日。

年思想上受影响最深的，则是郁达夫的颓废小说——《沉沦》。从《庄子》到《三叶集》和《沉沦》，都使我的思想感情向不健康和灰暗方面发展；但从《新青年》、《文学旬刊》以至《小说月报》，则又使我的思想感情向社会、向现实的人生发展；我在这一歧路上。而由于现实生活的苦难，我在这半年中的思想感情是消沉多于乐观的。我曾写下一册《恶魔》诗集，去赞美死和歌颂死。"

巴人此时转至蔡氏义庄小学任教，是因为二哥仲隅在宁波任教，离他所在学校较近，便于兄弟可以经常见面。此时他开始写白话诗，《恶魔》诗集是最初成果。

本年 他在朋友的书桌上，偶然翻阅《新青年》合订本，发现鲁迅的《狂人日记》。这在当时为鸳鸯蝴蝶派所统治的宁波文坛，犹如一阵清风，给他极大的启发。据《我和鲁迅的关涉》："这小说，首先给我是一种深重的压力和清新的气息。我是读惯了那以前流行的民权素的。在民权素里，每篇小说，总可以在字里行间看到作者的倜傥风流和横绝一世的姿态，而我也满足于这文人的积习，以为这是值得学习的一种'格调'。然而在小说里，我却只见到作者的悲愤，怒喊，和对广大人类的同情，这使我记住了他的名字——鲁迅。我马上感到包含这两字里的一种热力，遒劲和严肃的意义。从此，我的生命，仿佛和这两字分离不了。"[①]

---

① 屈轶：《我和鲁迅的关涉》，《文艺》，1938年第2卷第2期。

1922年（壬戌，民国十一年） 21岁

▲1月，《学衡》杂志在南京创办，主要撰稿人有吴宓、梅光迪、胡先骕等。

▲5月，创造社在上海创办文艺刊物《创造季刊》。

▲7月，中国共产党在上海召开第二次全国代表大会。

▲9月，中国共产党机关报《向导》周报创刊。

1月

本月 被宁波市蔡家弄星荫小学聘为教员，同校任教的还有其二哥王仲隅，以及庄公闲、胡颖之等人。他们均是奉化剡社的骨干成员。星荫小学是一所实行新式教育的学校，其《自传》中记录了任教期间思想轨迹，对后来人生和创作道路影响颇深，值得注意。

这是一所在宁波实行新教育的学校，我的二兄仲隅也在那里。在这半年里，有三件事，对我思想是有影响的。其一，从那学校里我读到北京的刊物，鲁迅的《阿Q正传》第一次吸引了我，并且日后成为鲁迅著作的追求者。但同时，我也读到《努力周报》，胡适的实验主义思想也第一次接触到了。

再说，学校又主张实行杜威教育学说，这使我的思想带有资产阶级改良主义色彩（这种思想影响的清算，还是在抗战时期，我在一册《学习与战斗》的书批判了它。）……其三，是那年的暑假，我在宁波小学教师训练班听课，寄住在星荫学校里。一个旧日师范同学宓汝卓来和我、谢传茂谈组织共产党的事。宓汝卓在上海大同大学念书，也许他知道我在师范读书时搞学生运动也是一个活跃分子，但他并不知道我几年来心境的消沉。可是这一建议，仅止于三个人的相商，并未实行。宓说，要待暑假回校后，向组织提出，再作决定。可是这一建议，对我来说，开始知道了中国是非实行彻底革命不可的真理了。

2日　作《对于一个散文诗作者表一些敬意！》，发表于《时事新报·文学旬刊》第37期（从第81期起改为《文学周刊》），署名王任叔。此文为巴人目前可见的，公开发表的第一篇文章。文章说自己"最钦佩的散诗作者……是徐玉诺先生"，"有绝大的天才"，说："他许多小说，多有诗的结构，简练而雄浑，有山谷般奇伟的美。"文中列举徐玉诺的小说《尸》："是属于有多少诗意的散文，热泪和血，真是在纸上腾沸。"谈到他的诗，"早表现出作者的天才"。从诗的画面、"用诗的新异"、"微笑的诗意"、"妙幻的诗意"等多方面加以肯定。另，副刊编辑西谛（郑振铎）在此文后附文，称赞巴人这篇评论文章，对他"表示十分敬意"。郑认为徐玉诺的诗："才是真的能感人的诗，才真是赤裸裸的由真的感情中流注出来的声音。我们一般朋友常说现在的诗人，只有玉诺是现代的是有真性情的诗人。"徐玉诺的诗发表了半年多，一直没有人注意。巴人是第一个评论他诗的人，在他这之后才有叶圣陶的《玉诺的诗》这篇长文发表在《文学旬刊》第39期。

5月

31日　作小说《龟头桥上》，发表于《小说月报》1924年8月10日，署名王任叔。小说写的是亲身感受到的事，这就是老任叔讲夜战的事，就是农村的械斗，引起伤亡流血。老任叔提出讲人性，追求和平宁静，回归自然。

6月

1日　在《文学旬刊》第39期《通讯》上发表《致郑西谛》。向郑振铎毛遂自荐。主要内容为：

> 我几回要烧去我这些《恶魔》中说的话；我又几回要将这《恶魔》寄给先生见面见面，评判评判。但这两种相反的愿望，多不能做到，只有搁在书堆中随他吧！"只要冬夜出世，不引着人们向老衰的途路，就可慰我的心。"吓！有害人的《恶魔》，我要焚去了！但这是一转念间，"好，藏着吧！以占我思想的变迁，亦未尝不可"。
>
> "国内现在的创作坛太少活气，使人垂泪的东西太少了呵！"真使我鼓起勇气来寄给先生了！然而死的，只能引起我自己的泪的。
>
> 这点我是要对先生说的，内中的思想很不彻底。一个要死的青年，遽又未死。而且《蛇精》一诗后又是多少的诅咒

声呵！"已死的人有什么卸不却呢。"真是怪怪的。

11日 《文学旬刊》第40期《通讯》栏目发表了编者从《恶魔》诗集中选登的《遗闷》，署名王任叔。该刊同期，刊载了郑振铎给巴人的信。信的核心内容为：

任叔先生：

信和《恶魔》都拜读了。因为不知你的通信地址，所以到了现在，才在本刊上答覆，很对不起！

任叔先生！我们虽不曾见面，但我却在《恶魔》中看见一个较见面过的更袒露更真切的一个你了。《恶魔》在艺术上的成就如何且不必说，既在这一端——个性的真实表现——已非现在的一班作家所能及了。你的思想与玉诺——你前次所介绍的——甚相近。虽然是悲哀的呀，却是一个热烘烘的具有未冷却之心的人。

……

我诚意的祝你和玉诺——最初在中国唱这挽歌的人的健康！

为了通信的便利起见，我希望你，能将你的住址告诉我们。

西谛敬复五·三十

据巴人《自传》所述，他写诗始于1918年，但真正写白话诗则从1921年起，在1922年的暑假，写了不少诗。《烘炉》《情诗》等大都是这时所写。

这里巴人仅提到长诗《烘炉》和组诗《情诗》，实际上，根据他好友王吟雪在《情诗》的《跋》中说，他还写了不少好诗，不过，《情诗》为他所珍视。他说："任叔的诗很多，下年来艺术更为进步；但正如他自比于鹁鸪的歌讴，多沉着急弦的悲响。他全部诗的生命，通流过夜的黑影，如紫色的辛夷，在蒙蒙细雨中颤抖般。要是像霓裳霞衫似的光彩，水晶镁光似的活跃的诗篇，可说只有这几篇了。任叔之爱这几篇，也比别的为甚，自去年暑假做成以后，时时披诵，改易三四次之多。"

这也从侧面说明，巴人特别珍贵《烘炉》和《情诗》，《烘炉》之后改定。《情诗》共23首，前22首实际是一首，是松散的，却是相连的，可以看作是组诗。全诗长二百多行，诗细腻地描绘诗人与情人相会、逗笑、戏玩和相思，情感起伏多变。此情诗写得大方得体，诗意欢乐，情谊纯真，风格质朴，它像一泓清泉，像一阵清风，纯朴而清新，不失为一首好诗，具有较高审美价值。最后一首的第23首，标题是《啊！我的女人！》。这是诗人向自己忏悔的诗。前22首组诗是写给意中人，以表达自己至爱的情怀，而最后一首诗人则以忏悔的心情表达自己婚姻的不幸，两种完全不同内容和格调放在一起，这正好表达诗人的真实婚姻状况和感情、心理。诗集《恶魔》并未出版，已经佚失。

21日 《杂诗》八首，发表于《时事新报·文学旬刊》第41期，署名王任叔。选自《恶魔》诗集。

上半年 鲁迅的《阿Q正传》在《晨报副镌·开心话》上发表。巴人读到这篇小说，强烈地吸引着他。他在《我和鲁迅先生的关涉》中称自己从此"成为鲁迅的追随者"。

7月

1日 巴人给西谛的信中附诗《狂歌中之一首》，发表于《时事新报·文学旬刊》第42期，署名王任叔。信中重要内容如下：

西谛先生：

承你要我将通信的住址告诉你们得和我通信。这真是太厚爱我了。我现在的通讯地点，只要请寄宁波渡母桥星荫学校好了。

你又答应我，为《恶魔》竭力谋出版。这真是对不起，谢谢。但是你说我的个性，你已从《恶魔》中知道。这恐怕未必，因为我的人是多方面的。我（在）《恶魔》中的表现，不过是我一部分的表现。我自知是一个女性的怯弱者，但是我又是男性而能有时奋发些的。我自知又是个狂妄者，但是我有时又很精密的。我自知又是个主张裸露，而弃绝虚伪的，但是我有时又做出虚伪的样子。我有时要妒嫉厌憎妇女，有时又觉得妇女们很可亲。我觉得我的身上，多被矛盾思想践踏伤了，所以我在自己的一本日记上写一段道："我每每不信我有我自己的一个人。我的人是时间般的，由现在而至过去，刹刹的随转着。我在这时是这时的我，在那时便是那时的我了。一转瞬间，我的人性便也刹时的转换了！"你不信吗？我姑且翻出二种趋势和《恶魔》不同的诗给你看看。

……

承你的厚爱，奖励到我要哭了。先生，你还不晓我的身世呢。我是一个很低程度的师范学校毕业生，我是一个很悭苦的一个半农夫式乡下乡绅的儿子。我学识的浅薄经验的偏狭，真是在你谬赞的话中，觉得非分得忧虑了。先生，我真是使你失望的呵。

再会吧！

祝你健康！

王任叔上

24日　参加宁波四个教育、学术团体所组织的"四明夏期教育讲习会"。这个讲习会自7月24日开始，至8月12日结束，学员主要是来自宁波及附近县的中小学老师。

30日　沈雁冰、郑振铎应邀到宁波"四明夏期教育讲习会"讲学。沈雁冰的讲题为《文学上各种新派兴起的原因》，郑振铎当时在主编《儿童世界》，其讲题为《儿童文学的讲授法》，由巴人和张承哉（星荫小学教务主任，小学教联的负责人）担任笔录，记录稿在《四明日报》上发表。巴人在《旅广手记》中说："一九二三年暑假时，宁波办了个暑期讲习所，振铎来讲过学，我们又见过一面。后来，他又介绍我加入了文学研究会。"此说时间不对，应为1922年。

8月

21日　小说《母亲》，发表于《时事新报·文学旬刊》第47期，署名王任叔。这一般被认为是巴人发表的第一篇白话乡土小说，但也近似一篇散文，写母亲对伦儿（巴人小名）和二哥朝唤的想念、担心。

8月至9月间　写成长篇叙事诗《烘炉》初稿，1924年3

至4月修改定稿。全诗七百七十多行，分十节，前有一个"楔子"。此诗当年并未发表，直到1986年首次在《丹东师专学报》上公开发表，引起学术界高度重视并给予它极高的评价。从写作时间而看，这是中国现代文学中第一次描写一支农民造反大军的叙事长诗。诗中的主人公铁儿是中国新诗史上第一个造反者形象。骆寒超在《论巴人的〈烘炉〉及其在中国现代叙事诗上的地位》（《文艺理论与批评》1987年第4期）一文中，详细分析了该诗在中国现代叙事诗的开拓性意义，指出："巴人创作这部叙事长诗，在对生活进行思考、体验和艺术概括时，是极具现代意识的。"

9月

本月 到慈溪普迪小学教书。据《自传》说："一九二二年九月至一九二三年六月，我转到慈溪普迪小学教书。在这一年中，我浸沉在新文学的学习里，并且由郑振铎的介绍，加入了'文学研究会'。宓汝卓从上海来信，经过组织的调查，宁波组织党还没有条件，前议作罢，我也无法追求这个理想。"

10月

10日 小说《吃惊的心》和《大树》发表于《时事新报·文学旬刊》，署名王任叔。这是巴人较早的两篇小说。《吃惊的心》是一篇微小说。《大树》写一个片断，即大树倒了后引来的一番议论。

11月

本月 作小说《侄儿》，发表于《小说月报》1933年12月

1日，署名王任叔，主要写朝伦的侄儿十六岁结婚，夫妻不和。

12月

11日、21日　《韩愈的诗》陆续在《时事新报·文学旬刊》发表，并于1923年1月该报第60期载完，署名王任叔。

此文分"诗人是环境之奴""韩愈的环境""他的未得志的诗""贬潮州的诗""人生的诗""他的诗的风格""他的近体诗""概念的诗"，共八节。第一期是前三节。指出诗人既然是环境的奴隶，那么韩愈的环境怎样呢？认为韩愈的诗可分为两个时代："一个时代，自然不用说是贬潮州时的诗了。……另一个时代，却在他未得仕，为衣食所困累的诗了。"

本年　巴人提交给郑振铎照片一张，加入文学研究会，会员编号为80号。

另，关于宁波的党组织，巴人有一段回忆说："有一个师范旧同学，在大同大学念书，名叫宓汝卓的来看我，他那时，常在商务出版的《学生杂志》（杨贤江编的）写稿，大概杨贤江那时已是共产党员。宓对我说：要在宁波组织一个共产党小组。因为我在那时，已在上海时事新报的《文学旬刊》（郑振铎编）发表文章，认为我进步。他并且约谢传茂（师范同学，后叛党，解放后劳改）同我三个人谈了一谈，要我注意发展对象，但须等他回上海后，再决定要不要成立共产党小组。同年的下半年，我去慈溪普迪学校教书。大约在九月、十月间，接宓汝卓来信，上海党方面，曾派人到宁波火车站和和丰纱厂的工人群众进行调查，认为组织党还不很成熟，前次建议作罢。"①巴人在《旅广手记》中亦对此事有相关回忆。

宓汝卓当时也在《时事新报·文学旬刊》上发表文章，有时署名汝卓，有时署名宓汝卓。

本年　有人在《小说年鉴》中评论说："我们新文坛里，向来善于描写乡村生活的，只有鲁迅一位，于今又添了这位任叔君。"这话并不准确，1922年前写乡村生活的除了鲁迅，还有叶绍钧(《苔菜》《日光行》)、杨振声(《渔家》《磨面的老》)，接下来是巴人，而后是许钦文、许杰、鲁彦、彭家煌、台静农、蹇先艾、徐玉诺。

1923年（癸亥，民国十二年）　22岁

▲6月12日，中国共产党第三次全国代表大会在广州举行，会议决定全体共产党员以个人名义加入国民党，以建立各民主阶级的统一战线。

▲6月15日，《新青年》改出季刊，成为中国共产党的理论性机关刊物，迁往广州出版，瞿秋白任主编。《国际歌》中文词在创刊号首次刊出。

▲8月　鲁迅的小说集《呐喊》由北京新潮社出版。

▲12月，徐志摩、胡适、梁实秋、陈源、闻一多等在北京成

① 王任叔：《忆宁波建党初期》，发表于《浙江文史资料选辑》第14辑，收入《巴人全集》(第9卷)。

立新月社。

1月

1日 《韩愈的诗（续上期）》，发表于《时事新报·文学旬刊》第60期，署名王任叔。本期发表全文的六、七、八三节，即"他的诗的风格""他的近体诗"和"概念的诗"。文章从韩愈性格入手，分析他的诗的风格。说李白风格是"淡逸而豪放"，而韩愈的风格则"浩屈而奔豪"。韩愈的诗，历来有"褒贬任声，抑制过实"；赞扬者有之，贬之者有之，作者基本上肯定韩愈的诗。

10日 小说《王四嫂》《酥碎之岩》《原是死了》《自杀》以及诗《山居杂诗》六首，发表于《小说月报》第14期第1卷，署名王任叔。

3月

本月 宁波发生"拒经"风潮。所谓"拒经"风潮，就是指宁波遗老张让三等，联名写信给浙江省当局，反对著名教育家经亨颐担任浙江省立第四中学（在宁波）校长。张让三曾随薛福成出使西欧诸国，后为铁路督办盛宣怀、浙江巡抚张曾杨当幕僚。经亨颐是国民党左派，拥护孙中山的联俄、联共、扶助农工的三大政策，社会上的人误认他是共产党。他作为当时浙江著名进步教育家，因坚持民主主义的办校方针而闻名全国。五四运动时，他正在省立第一师范学校当校长，该校学生施存统写的《非孝》文章，引起了学生风潮，波及全省，震惊全国。经亨颐也被迫辞职。1921年，他被大买办虞春晖请到上虞创办春晖中学。这所学校以其雄厚的师资力量与进步的办学方针，在全国享有盛誉，当时国内有所谓"北有南开，南有春晖"之美称。1923年3月，经又被当局委派任宁波四中校长之职。消息传出，当即遭到顽固守旧派的反对和攻击。据巴人后来回忆：

> 1923年暑假前，发生宁波第四中学"拒经"风潮。当时浙江省政府委任经亨颐（即经子渊，国民党左派）为四中校长，五四运动时，经为浙江第一师范校长，有学生施存统（即施复亮）宣传共产主义，震动全国。社会上有人认为经校长是共产党员，经任四中校长消息发表后，宁清遗老张让三（曾作薛福成随员去外国办过外交，据闻秋瑾的被杀，他也以幕后身份参与其事）写信给浙江省当局，表示反党。此事在报上登出后，没有人提出反响……我同胡颖之（也在普迪教书）……乃起草一欢迎经亨颐任第四中校长的信，并约人签字，在报上发表，驳斥了遗老张让三的议论。这大大地震动了宁波各界，打退了一些阻力。[①]

"拒经"风潮，此文说发生1923年3月，而巴人在《自传》中则说是"一九二四年上半年"，有一年之差。他在《自传》中是这样说的：

> 在一九二四年上半年，浙江省正拟派经子渊（前杭州第一师范校长，施存统等皆出其门下，廖承志的岳父，已故）来作四中校中，遭宁波绅士张让三的反对，发动舆论，指经

---

① 王任叔：《忆宁波建党初期》，载《巴人全集》第9卷，第401页。

为赤化头子，全以为如此可以拒经来宁波了。我乃在校发起联名宣言，表示欢迎，并登在报上。一时宁波舆论哗然。我被宁波人看作赤化分子，是从这件事开始。但又有人说，我这是献媚于经，欲得一中学教师之职，因之，到经来长（第）四中时，我又力避与他们接近，以示清高。六月以后，普迪的教职，也被辞掉了。我失了业，我又不愿回家，乃寄住在同学王雪吟主持的佛教孤儿院养神经衰弱病。

对比分析来看，1924年上半年的时间是误记。其一，巴人是1922年9月至1923年6月在普迪小学任教，这一年下半已被辞退，而宣言是普迪小学联名发起，故不能在1924年，而只能在1923年。其二，1924年巴人已回奉化，被聘为奉化松林小学当教务主任。其三，巴人在《旅广手记》中也说："二三年夏，浙江传来了经子渊来第四中的消息。"第四，巴人在《宁波建党初期》一文中说："一九二三年下半年终，经亨颐来宁波（四中）当校长。"

4月

2日、12日　在《时事新报·文学旬刊》第69、70期发表诗《余波》，署名王任叔。全诗分十四节：一床草，二哭声，三杀鸡，四作家，五走去，六死路，七需要，八走魔，九路上，十爱憎，十一我找遍，十二梦的云，十三嫂死，十四死之迷惑。诗着重表现的是人死后的所感。

10日　在《小说月报》第14卷第4号发表诗《银灰色的月》、散文诗《肉色的沙塔》，署名王任叔。《银灰色的月》共十四节，全诗抒发自己的悲哀，对太阳充满期待。在《肉色的沙塔》中抒情主人公希望这人的世界建起肉的沙塔。

12日　在《时事新报·文学旬刊》第70期发表《杂诗二首》，署名王任叔。这两首诗，一首写死者，一首写生者。

6月

本月　巴人参加以四师校友为主组织成立的雪花社，是"血花社"的谐音。该社宗旨："本互助之精神，作社会之改造。"社内分社会、文学、科学各部，定期交流读书笔记，戒烟、酒、嫖、赌。其成员有潘风涂（即潘念之，1927年曾任浙江省宣传部长）、卓恺泽（在北大读书时由李大钊介绍入党，历任共青团北京团委书记、团中央委员、湖北省团委书记）、汪子威（在武汉"七·一五"政变后，负责恢复武汉党组织活动中被叛徒出卖而牺牲）、蒋本菁、张宗麟（著名教育家，新中国成立后曾任教育部司长）、徐诚美（即徐镜平）、李汉辅等后均为共产党员，张孟闻、毛路真等后成为著名科学工作者。

7月

1日　在《新奉化》第1期发表诗《告兄弟》，署名王任叔。这是一首号召兄弟们起来斗争的诗歌，诗中说："手挽着手，踉跄而前！仗利剑，折锐箭！射杀天狗，挥落狼首！"另，《新奉化》从本期开始由巴人主编，并从年刊改为月刊。

12月

10日　在《时事新报·文学旬刊》发表小说《谈猎》，署名王任叔。这篇实际上散文，讲巴人故乡打猎的故事，从中悟出人生的道理，即要追求人生趣味。

本月　诗《得妻的喜悦》《光荣》，发表于文学研究会会刊《海星》第一册。这是为了纪念文学研究会所出《文学》百期而出版的。

散文诗集《情诗》，由宁波春风学社作为"春风学社丛书之一"出版，内收《情诗》和《啊！我的女人》，署名王任叔，收入《巴人全集》第8卷。

冬　作小说《雄猫头的死》，收入1928年6月上海生路出版社出版的短篇小说集《破屋》。作家重彩浓笔写了一个叫雄猫的贫苦农民。他一贫如洗，孑然一身，过着孤寂、凄凉的生活。他的心底蕴藏着对黑暗的旧社会无限的不满和憎恨，可是他怯于反抗。因为他身上的精神枷锁是不容易被一下子打破的。这样的农民有相当的代表性，这也是小说人物典型意义所在。

下半年　作诗《途遇》《美和幻想》《坐北门草地上》《从狭笼中逃出来的囚人》《卧浸会操场坟旁》《园中的茉莉》《孤寂的小星》《人间的秋深》《诗人和芙蓉》《育人之歌》《吾闻曲》，以上以后均陆续发表。未发表尚有《大世界》《化子的胜利》《迷途的孩子》《希望》《故乡行》……以上大部分收入手订诗集《途遇》，该诗集已佚。其中《诗人和芙蓉》收入1925年诗集。其余《途遇》《美和幻想》《坐在北门草地上》等十二首收入1927年诗集中，未收的仅《吾闻曲》[①]。

本年　加入社会主义青年团，介绍人谢全茂、周天僇。《宁波地方团报告·团员登记表》上填：姓名王任叔，籍贯奉

---

① 此诗发表于厦门大学《灯塔》杂志（1934年），未见该刊。

化，年龄未填，职业报界，月奉20，介绍人周天僇、谢全茂。巴人应该是1924年下半年在《四明日报》时入团，当然也有可能先入团后登记。

1924年（甲子，民国十三年） 23岁

▲1月20日，国民党第一次全国代表大会在广州召开，确定"联俄、联共、扶助农工"。

▲4月12日，印度著名诗人泰戈尔受邀来华讲学，抵达上海。

▲5月31日，北京政府外交总长顾维钧与苏俄代表加拉罕正式签订《中俄解决悬案大纲协定》，并互换照会，宣布北京政府与苏俄政府建交。

▲6月17日，李大钊代表中国共产党赴莫斯科出席共产国际第五次代表大会，并就中国民族革命问题发表声明。

1月

14日 在《时事新报·文学》发表诗《途遇》《坐在北门草地上》《美和幻想》，署名王任叔。

本月 巴人被普迪小学辞退以后失业，又不愿回家，寄住于同学王吟雪的佛教孤儿院中养神经衰弱病，后他"被聘为奉化松林小学当教务主任"。这一段经历对于研究巴人的思想形成和宁波早期党建颇为重要。据其《自传》所说：

这时宁波的国民党运动展开，并且设立支部。谢传茂任干事，来信要我加入国民党，并说国共合作，共产党员跨党加入国民党，便于活动，我们希望你也如此。我欣然去信接受。但因两地相隔，没有此外任何组织手续和组织活动。相反，相距十余里奉化初中，二兄仲隅、胡行之和庄世楣等已展开国民党活动，但以"剡社"为招牌，团结更多非国民党分子。我和他保持经常联系，也参加他们的活动。事实上，在那里，也聘来一些共产党教员，如冯三昧等，可是谢传茂并没有把我介绍给冯三昧。

而他在《忆宁波建党初期》一文中则说：

我在松林学校时，接宁波谢传茂来信，报告宁波已公开成立国民党分部，其中张保麟为出面负责人。而国民党内部也成立了共产党支部，由谢负责。前年我们所谈的事仍继续，希望我加入共产党，同时也参加国民党，我去信答应。但无正式入党手续。

由此可见，此时的巴人已经和早期宁波共产党员开始联系，不久后即正式入党。

2月

25日 长诗《从狭的笼中逃出来的囚人》（未完），发表于《时事新报·文学》，后续发表于3月3日《时事新报·文学》、5月19日《时事新报·文学》，署名王任叔。此诗长达

250余行，塑造了一个不向恶势力妥协、富有反抗的囚人形象。虽然他体魄瘦弱，却有着倔强的灵魂、执着的追求，然而他缺乏识别、判断的能力，终为大海母亲所欺骗，葬身于汪洋大海之中。

4月至5月

巴人加入中国共产党的具体日期已经不详，但据其《旅广手记》回忆：

> 就在一九二四年四五月间，宁波党组织来信要我参加，并且说，参加了党也就参加了国民党，现在我们是跨党的。我从这时起就被指定与县立初中的冯三昧等发生联系。这就使国民党和我们党组织以县立初中为基地而悄悄地建立起来。同时，奉化初中是个赤化分子的巢穴的谣言也就大大地散布开来了。

6月

30日　在《时事新报·文学》发表诗《孤寂的小星》《人的秋深间》，署名王任叔。

7月

7日　在《时事新报·文学》发表诗《诗人和芙蓉》，署名王任叔。

本月　松林小学用鸦片、酒宴招待县教育局派来的巡视员，巴人极为反感，辞职后失业，寄居至奉化县大桥镇奉化初中两个月左右，从事写作。

10月

月初 雪花社社友李琯卿主持宁波《四明日报》，邀巴人任编辑，负责地方新闻。因《四明日报》副刊《日月旬刊》反映不好，由巴人以雪花社文学组名义编辑《文学》取而代之。该报创刊于清宣统二年五月（1910年6月）。据其《自传》所述："这时，才与赵济猛、周天僇等经常开会，大都谈些国民党活动及其工作。另外，还有师范同学的修养性质的团体'雪花社'，我也参加；其中成员，如潘凤图（潘念之）、张孟闻、毛路真和谢传茂都是。"

28日 《给读者》，发表于《四明日报》副刊《文学》第4期。文章宣布三项办刊方针：一、"对于创作选得严一些"。二、"对于文学原理，多所介绍或论及"。三、"对于翻译努力一下"，并称："最后我们还想做一种破坏工作，因为宁波的文坛，还是蒙罩在一团乌烟瘴气底下。一种人想溶新旧于一炉，发些不伦不类的论调。一种人还抱着骸骨，做他们甜蜜的迷梦。我们对于这种现象，实在不能容忍了。"[①]

该刊同期刊载小说《船埠之上》，署名王任叔，已收入《巴人全集》第4卷，写的是埠头上的官员打骂轿夫的故事。

11月

10日 在《锦溪》（该刊为奉化初中校刊）第3期发表诗

---

① 巴人发表在《四明日报》上的部分散文，可见于《巴人全集》第8-10卷。

《忆牧鹅女郎》《日暮》，署名王任叔。前诗怀念牧鹅女郎，而《日暮》则抒发寂寞荒凉的心境。

11日　在《四明日报·文学》发表小小说《河豚子》，署名王任叔，又发表于1933年3月20日《申报·自由谈》，1982年8月《小说界》第3期。小说写一家五口之家，因灾荒、田租、赋税压得他们无法生存下去，只好吃河豚子自杀的故事。整篇小说结构严密，语言优美，是小小说的精品。

同期还发表了《弥而赛之幻象》，署名净沙，翻译了爱迪生的诗论。

18日　在《四明日报·文学》发表《杂感》等三文，署名仑。文章说："自新文艺产生以来，曾也有一时博得世人的同情；那便是刚刚开始那二三年。因为那时的文艺，比较有些社会性，所以没有失却文艺的效能。一到近几年，一般青年，被文艺麻醉了，对于社会上的事情不大去理会，只是吟风弄月，因之所产生的作品，都是花花落落砌着辞藻，美则美矣，然而气格则全无也。要知文艺虽不是'为人生'，而终归是'人生的'。否则，真是'秋魂鬼唱鲍家诗'成为咿咿呜呜之呓语了。""因为文学是基于经验之上的，经验不丰富，而能创出很好的文艺作品，实在是没有的事。《红楼梦》所以成为伟大作品，因为都是写曹雪芹之经验。"

24日　在《时事新报·文学》发表诗《园中的茉莉》，署名王任叔。这是对茉莉的颂歌。

25日　在《四明日报·文学》发表诗《梦须》，署名乔仑。该诗抒发了抒情主人公内心感到衰老的苦闷。

本月　在《四明日报·文学》先后发表了剧本《烦闷》和《阶级》。其中，《烦闷》与董挚声合作，在《四明日报·文学》

上连载。

12月

2日　在《四明日报·文学》发表小说《黑夜》，署名乔伦。

9日　在《四明日报·文学》发表诗《盲人之歌》，署名乔伦。这是一首从盲人口中唱出爱情之悲歌。该报同期还发表了他的《杂感》（一）。

本月　恽代英率领上海大学学生到杭州展开非基督教运动，下榻四明日报社，与巴人多次接触。据巴人的《自传》所述："这年12月，我认识了张秋人和恽代英。张秋人是上海派来检查工作的。恽代英是带领上海大学的宁波学生来展开反教会运动的，他的谈话，给我影响很深。他大概不满意我们当时的组织生活，给我们谈了很多他做学生运动的经验和组织核心的重要（他用火烛的核心做比喻）。"

巴人在《旅广手记》中则说："十月后，又突然被李瑄卿聘为《四明日报》的编辑。这样，我就同赵济猛、周天僇和谢传茂他们同过了组织生活。也是那时，我认识了张秋人。他为了党的工作，常常被上海派到宁波来。"

本年[①]　所作未发表的诗有：《鸟声》《丛冢中》《牧牛女郎》《潜蛟》《漫成》《沙滩之上》《重临》《危岩之上》《妻的悲哀》《桐叶》《溪滩之上》《梦痕》《坐溪之上》《鸟翼上的夜影》《题中》《一片晚霞》《落日》，以上17首作于上半年；《浣衣妇》《伫立》《杂诗》《期望》，作于下半年。这些诗歌均已收入

---

　　① 本年巴人入党后，被撤销了共青团员资格。本书作者钱英才在20世纪80年代曾在浙江省档案馆看到原件，但再次去调阅时，该件已不在。

《巴人全集》第8卷。

1925年（乙丑，民国十四年） 24岁

▲1月，中国共产党第四次代表大会在上海举行。

▲3月12日，孙中山在北京逝世，全国各地群众隆重悼念。

▲5月30日，上海发生"五卅惨案"，全国掀起反帝国主义浪潮。

▲10月，冯至等人组织的沉钟社在北京成立，出版《沉钟》周刊。

1月

本月 在《宁波旬刊》第1期发表小说《不速之客》，署名任。据《旅广手记》自述："在一九二五年初，因我在地方新闻上发表了一篇揭露军阀士兵抢劫米店的新闻，闯了祸，使主笔有点岌岌自危了。而董事会也不满意报上经常出现被认为赤化的言论，他就在自动辞职中解职了。我也因之第一个离开了那个报馆。"

2月

13日 在《四明日报·日月》发表小说《监狱》，署名王

任叔，收入小说集《监狱》（上海光华书局1927年）。这篇小说写修筑监狱的工人都自己被关进了自己所造的监狱，而叙事者"我"等一批知识青年穿插其间发生的关于爱的故事。小说试图把自传体小说的浪漫主义和现实主义结合起来，甚至还使用了意识流的手法。这是我国新文学史上最早探索这种创作方法结合的作品之一。

另，巴人在《四明日报》期间，曾在该报的"地方新闻"上揭露孙传芳部队抢劫米店的新闻，引起了反动军队的仇视、威胁。这家报纸本来就被反动当局认为有"赤化"倾向，主编李冠卿"自动辞职"，他所聘任"闯了祸"的巴人也被解职，于该年2、3月间离开报馆。巴人第三次失业后回到奉化大堰。

3月

本月　《小品文的前途》，署名王任叔，发表于《太白》第1卷"纪念特辑"《小品文和漫画》。作长诗《骷髅哀歌》（未发表），收入《巴人文集·诗歌序跋卷》，以及《巴人全集》（第8卷）。这首诗歌描写的是牧羊倌阿三与巨富财主女儿的恋爱悲剧。阿三的美妙歌声打动了初开情窦的小姐心扉，使她一病不起。她父亲知道后叫来阿三，小女眼前所见到的是衣衫破烂、五官不全的癞子十分厌恶，但病体豁然而愈，阿三却陷入单相思一病不起而死。诗人最初从灵肉矛盾角度切入，但随着叙事的深入，特别在阿三死后，通过他的骷髅诉说的怨情愁绪揭示了爱情的另一面——阶级性，这导致了爱情的悲剧。这是一首浪漫主义的佳作，是白话长诗的开山之作。

另，作诗歌《野哭》；手订无名诗集一册，并作《自叙》一文。此文对我们理解这册诗集和另一册1927年诗人自己编定的诗集^①很重要。文云：

> 二十三岁下年，失业降临到我，愁虑剥殒我的肉体，我已是个追死之身了。虽吟雪百般般待鼓勉我，然而我已唤不回生命的光彩。我除似懂非懂看些诗外，几乎什么都不读，什么文也不作，奄奄一息苟延着而已。
>
> 就是这样，梦便告了终止，倒也落得个干净。然而疏了四五月的破琴，终难制止心中的要求，在那黄叶低吟的时节重复取下，弹起了梦曲，继续我的梦。《途遇》以后《盲人之歌》以前的诗，便是这下年的梦的踪迹了。
>
> 去年上年我有一种潜伏的想念，谋得一个乡村教席。暇时在山野间吟些诗，聊以取乐，这便是《乌鸦》以后《落日》以前的诗。
>
> ……去年下年又遭了失业，这破琴也重复挂起了。在宁波流荡些时，归依在奉化县中寄食，碰到了三昧。三昧整个人格的表现颇有点诗的风味。所作的诗，又带日本诗风味很浓，我也颇受些影响。因之有《杂诗》以后的诗。其实呢，我在去年上年早已被我的朋友挚声的小诗所感动，觉得我的诗的风格太强硬了太男性了，欠柔软和谐。或许在此时已有逐渐蜕化我的诗形的可能。可惜此时我竟失业了。

此文是针对1927年编定的诗集而言的。笔者认为这部诗集是1925年编定时删节而成，1925年编的诗集因特殊年代抄家

---

① 收入《巴人文集》和《巴人全集》均以编定时间定名：即《一九二五年诗集》与《一九二七年诗集》。

而破损，现留下11首。理由有二：第一，《叙文》中谈到篇目与1927年编定诗集篇目基本吻合。第二，这两本诗集所收的诗均作于1922年至1925年上半年。

4月

本月　诗《卧浸会操场坟旁》在《小说月报》丛刊第五十八种《眷顾》（诗集）发表，署名王任叔。

5月

6日　巴人在《四明日报》工作期间，据《自传》说："因为太红而被辞退了。"在家乡短暂逗留以后，去上海过流浪生活，同去的还有同乡徐周珠。他们先住在闸北里弄的亭子间，后巴人由慈溪普迪小学教书时的同事庆睦，由他妻裘慎的舅舅介绍，到小南门一所小学去代课，于是由闸北搬至小南门。据《旅广手记》自述："一九二五年二三月间，我从四明报辞退出来，就和一个同乡徐周珠一道到了上海，想打开一条生活出路。周珠作怎样安排，我不知道。我自己颇有以文人自居的气概，想卖文过活。"

巴人对此自述为："'五卅'惨案的前一个月，我因失了业，流落在上海，即现在的孤岛：住在闸北一幢小里屋的亭子间里，终日无事，不免往街头闲蹀。吃饭固然成问题，然而'拉矢'更成问题。为了'简便'起见，我是每天一早终跑到西藏路（而今改为虞洽卿路了）宁波同学会，'拉矢'而后'看报'。自华界至租界，世界竟成两个。闸北一带叫化之多，那时无以复加的。而租界之上，则大都是吃饭开口的所谓'看相'、'测字'之流。"①

21日 在《时事新报·学灯》发表文论《论诗》，署名王任叔。

31日 在《文学周报》第175期发表短论《文体杂话》，署名王任叔。此文从幻灭美谈及每个人都有他自己的行为，有他自己的说话方法，因此每个人都有他自己作文的文体。

本月 住在闸北期间，与同住闸北的郑振铎是近邻，于是与郑也常往来。据《自传》所述："流浪到上海，住闸北亭子间想做一个职业文人。在这时，我和郑振铎有往来，并且从他家认识了沈雁冰、叶圣陶，但没有更多的往来。"另据《旅广手记》所述："我在流浪期间，在闸北同周珠找了一间破里弄的亭子间住下，找过振铎，也在他家参加过聚会，结识了陈望道、夏丏尊、叶绍钧这些有名的作家。"

此时也见到同龄的许杰。许杰回忆说："大约是一九二三或一九二四年的事情吧。那个时候，我在上海老西门的安徽公学教书，一面开始向《小说月报》投稿。我时常把自己的稿子写好，带在身边，往闸北宝山路商务印书馆的编辑部送去，找编辑先生会面，而后当面把稿子交给他们的。当时《小说月报》的编辑是郑振铎，我和他见面次数比较多。有时也见到另外的人。有一次，我去看郑振铎的时候，恰巧王任叔也在那里。振铎见我还不认识，他就为我们作了介绍。这就是我和任叔同志认识的开始。"②此段回忆时间有误，应为1925年。

另，本月发生了轰轰烈烈的"五卅"运动。那天，巴人

---

① 巴人：《略论叫化之类》，《鲁迅风》第2期，1939年1月18日。

② 参见许杰：《怀念·回忆与崇仰——为纪念王任叔同志诞生八十五周年而作》，《迟到的怀念与思考——关于巴人》，浙江文艺出版社1990年版，第67页。

目睹人民群众的激昂的反帝爱国热情，也看到英帝国主义巡捕残酷镇压中国人民的血腥罪行。这对其思想形成发展影响很大。《旅广手记》中称："这是一课严肃的教课，是血和泪，悲凉和愤怒写成的教课。我再也不愿留在这杀人的地狱了。"据其《自传》所述："'五卅'惨案的发生，我是亲眼看到的。我去上海是没有固定职业的，宁波朋友和同志知道我去，也没有组织上的介绍。我自己也不知组织手续。'五卅'惨案的斗争，我没有参加，但它给我事实的教训，决心回乡，参加奉化的爱国活动。"

6月

1日　同小南门小学教师一起走上街头，旋返回故乡。据《旅广手记》自述："我不能失掉我的故乡呵！故乡！我的祖国！"于是乘坐轮船回乡，后参加由张秋人和中共宁波特别支部领导开展的声援"五卅"运动。《旅广手记》有关于巴人上街游行的记叙。

7日　参加奉化各界组织成立"五卅"惨案奉化外交后援会。

10日　万余群众冒雨在奉化县城大桥镇金沙滩集会，巴人担任大会司仪。"会上发现县知事沈秉丞及教育科长杨范卿没有到会，于是以县议长庄崧甫为前导，冲击县衙门向沈秉丞兴师问罪，当时群众情绪之高昂，游行规模之盛大，在奉化县是空前的。不久，奉化学生联合会、奉化小学教师联合会相继成立。王任叔积极指导学校师生组织演讲队、演剧队，查抄英、日仇货，为死难烈士遗属募捐。"①此时，巴人、王仲隅、董子兴等人编了剧本，还带领演讲队、演剧队到农村进行广泛宣传、演出。据《旅广手记》所述："每演一场，当学生、市民被打死时，观众都泣不成声，当巡捕头爱德华出场时，观众就乱石投石子，真的想把那个演爱德华的演员打死了才痛快。"此次演讲、演戏，持续了一个月，演出的话剧是《沪上血案记》《朝鲜亡国一瞥》《何处去》，当时还仅仅是脚本，这三个戏剧剧本于1926年由巴人最终完成。

本月 自10日万人集会示威以后，法治协会以"赤化"为名，向剡社中的左翼人物大举进攻。据巴人《自传》所述："在奉化，斗争是越来越尖锐了。主要以'剡社'为中心的青年们和以'法治协会'为中心的城绅们，展开各种各样的斗争。特别'剡社'又展开了国民党活动，以'法治协会'就以反赤化为名而进攻。即使他们的分子，像俞鹏飞和朱守梅已跑去广州，依附蒋介石。这使'剡社'有关的绅士们动摇起来。二兄仲隅和胡行之为攻击目标，绅士们劝两人引退。胡乃去日本求学，仲隅赴广州，我因之被聘为奉化初中教务主任。"

上半年 作诗《晚唱》（一）、《晚唱》（二）、《小诗》（"是我折来的花"）、《依违》、《白鸥》、《绿竹》（以上均未发表）。

7月

1日 在《新奉化》第3号发表小说《剪发的故事》，署名王任叔。小说写老牛原来不明白为什么要剪发，后来剪了发，

---

① 参见王欣荣、王克平：《王任叔》，载《中共党史人物传》第21卷，陕西人民出版社1985年版，第320页。

村里有种种传言，比如说他是因为偷老婆等才被剪去。

作诗《致落日》、《小诗》（"黑夜里"）、《知了》，均未发表，收入《一九二七年诗集》《巴人文集》《巴人全集》等。

13日　参加剡社第四次社员大会，被选为编辑股执行委员。调查股执行委员为王仲隅，总务股执行委员为庄公间（世楣）、胡颖之（行之），经济股执行委员为严竹书。

20日　作小说《待嫁》，收入1927年上海光华书局出版第一本短篇小说集《监狱》。小说细腻地写了一个待嫁的姑娘错过婚嫁和"我"的心理活动。

21日　雪花社在宁波东亚旅馆召开第九届大会，巴人参加大会，并于9月1日"自请出社"。当时先后自请出社有石愈白（8月21日），同日宓汝卓、李琯卿自请出社。详见1925年10月1日《大风》第2期。

9月

本月　巴人开始受聘于奉化初中教务主任工作，至1926年暑假。据其《自传》所述，他在这一时期思想有明显变化："我们开始从宁波方面接到党内的读物，其中如布哈林的《共产主义ABC》，我就是从那时看到。我对于资本家剥削工人的剩余价值的道理，也是从这本书上第一次知道。我在这一年中，倾心于三方面工作，过去的悲观、消沉的情绪逐渐消淡了。首先是校内的教务和学生的生活打成一片，加强对学生的时事政治教育，每星期有一次时事政治报告会。其次，是以国民党活动为中心的活动，争取县议会的议长庄嵩甫和其他'剡社'有联系的议员们，支持我们反劣绅土豪的斗争；具体说，就是对'法治协会'的斗争。再次，我为'剡社'担任了编辑

《新奉化》半月刊的责任，这一刊物成为揭露劣绅们罪恶行为的主要工具。在校中我团结了两方面的同志，即宁波来的赵济猛等和原是'剡社'分子庄世楣等。两方面的同志在思想上和工作上是一致的。至一九二六年上半年，校中另聘了一位国文教员王以仁和一位书记董挚声。前者是郁达夫型的青年；后者是同我一乡里的人，几年来我们以经常的讨论老庄哲学而结成朋友的，也有一些郁达夫型的颓废气息的。我对他们在思想上是有隔离的，但感情上却比较接近。"

另，关于奉化初中教师此时的调动，据巴人回忆，胡颖之（党员，剡社执行部副部长）被迫离校，拟去日本（本月9日开欢送会）。王仲隅（党员，剡社评议部副部长）被认为"赤化"头子，不能安顿下来，借口受"四中之聘"，于28日离校。冯三昧（党员）因为太红了，而且也因为与女高教员郭月秀闹恋爱关系，导致舆论不好，于是调走了，请宁波的赵济猛、石愈白（得廉）两党员来任教，后来还请来王以仁（台州人，深受郁达夫影响的作家）当国文教员。原本学校要请许杰，许杰已经受聘四中教员，就荐了同乡王以仁。据许杰回忆："王任叔在他的家乡，被聘为奉化中学的教务主任，他就通郑振铎的关系，要我前去教书。这对我自然是一个福音。但是事情很巧，原来，在五四运动初期担任浙江第一师范校长，成为浙江新文化运动带动人之一的经亨颐，曾经一度被反动势力攻击下台，如今又重新出任浙江省立第四中学校长。这学校的规模和范围，都是比较大的。他接掌四中以后，就聘请我的一位老师担任初中部主任，因而我的老师也就延聘了我。也正在这时，郑振铎把王任叔要聘我去奉化教书的事告诉了我，我立刻心中有底，把王以仁介绍给王任叔。"①

据其自述："是倦怠午睡的一夕，站立在我桌前，递过了一个名片，宋体的'王以仁'三字映在我目前了。我蹑履出迎在前半间的木椅上坐着一个穿白布小衫，蓝纺绸裤，猴子脸的一个人，他那'正襟危坐'的神气，好像小孩子到外祖母家来做客人一样。睡眼朦忪的又接过了西谛的介绍信，知道许杰是另外高就了，以仁就是来代许杰的缺；我也一点不迟疑地表示我欢迎的意思；因为我在暑期中又看过了以仁的《孤雁》，我知道以仁是台州人了，以仁是台州人哟！我又怎能不对他的名字表示好感？"②

从上述回忆可知当时奉化初中，基本上是共产党员和进步的知识分子，校内革命空气很浓。

另，此时巴人除教注音字母、心理学等功课外，还编辑《锦溪》校刊。这月刊出《本年度奉化初中教职员及事务分掌》：王任叔任言文科时事教员兼教务系及出版课主任，王以仁任言文科社会科教员兼图书馆主任，石愈白任自然科数学科教员兼舍务园艺主任，王仲隅任高小一年级甲主任兼训育系图书馆主任。

10月

13日 奉化初中成立纪念日，举行纪念大会，除校长严澄卿讲话外，王任叔与石愈白演讲。会后师生至操场放鞭炮，大呼学校万岁三声。

----

① 许杰：《怀念·回忆与崇敬——为纪念王任叔同志诞生八十五周年而作》，《迟到的怀念与思考——关于巴人》，浙江文艺出版社1990年版，第69页。
② 王任叔：《怀以仁》，《北新》，1927年3月29日。

11月

20日　在《锦溪》第11期发表杂文《绅士与教育》，署名乔仑。此文讲中国除军阀和帝国主义者两只大虫作祟外，还有绅阀这只大虫。这三只大虫把中国教育界搞得乌烟瘴气，带来了种种弊端。同期又发表《锦屏读书录》，文内谈及音韵在诗歌创作中要遵循自然规则，论及顾亭林的《诗本音》时讲押韵要根据需要。

同日在《小说月报》第16卷第11期发表小说《疲惫者》，署名王任叔，此小说收入《巴人小说选》时，由作家自行改名《运秧驼背》，而且文字上也作了较多的改动。《雄猫头的死》中雄猫代表的是农民中的不满型，而《疲惫者》中的运秧驼背则是农民中的反抗型。他们靠营工度日的雇农，上无片瓦，下无寸土，寄住祠堂，低价出卖劳动力，还经常饿肚子。他的遭遇使人想起阿Q，但他为人"石骨铁硬"，很有志气，这是阿Q所不及的。他对乔崇地主的逼害，敢于反抗。不过，封建思想的宿命论思想大大削弱了他的反抗性和斗争性。作家为我们刻画了一个真实可信的农民典型。

据巴人自述："农村劳动人民"，"他们懂得劳动的价值和意义：'凭着力气吃'，不愧作个正直的人类。我就看到过这样的人，日常张着对'白眼'，不屑地瞧着'夹着尾巴'做地主清客的他那兄弟。自己穷得没有'立锥之地'，就躲到破烂的祠堂角落去。土地不让他出力气，他就凭着两肩去抬轿。抬轿，在外面那里是个'卑贱'的职业，那时属于堕民阶级干的。这就引起同族的非难：'有贻祖宗之羞。'可是他懂得：凭着自己力气吃饭，谁也管不了他。闲下来，他就用歌声来抒发自己的欢乐。世界是黑暗的、逼仄的，可是他的心境是宽广的、光亮的。"①

巴人此时开始筹备出版《新奉化》。自述："这时校内有共产党员三人，即赵、石和我，但不为其他人知道，以'剡社'为中心，也成了国民党支部，与宁波相联系。但一切工作，仍以'剡社'名义进行。因为它是更广泛的统一战线的组织，有一批开明的和进步的绅士势力可依靠，其中主要工作之一，即为出版《新奉化》，由我主编。"②《新奉化》由年刊改为月刊，巴人从1926年元旦接编。另，此时他还主编《爝火》副刊。

巴人自述："1925年之顷，编者曾在乡间办报，也编过'报屁股'。说好听来是'副刊'编者，说歹听来，那么是'报屁股专家'。那副刊也是用这名。"③

1926年（丙寅，民国十五年） 25岁

▲3月18日，北京发生"三一八"惨案，段祺瑞下令屠杀请愿要求拒绝8国通牒的民众。

▲4月26日，新闻记者邵飘萍被奉军枪杀。邵飘萍主持的《京报》，因大胆披露张作霖罪行而遭到张的忌恨。

---

① 巴人：《读〈农村散记〉》，《人民文学》，1956年第1期。
② 王任叔：《忆宁波建党初期》，载《浙江文史资料选辑》第14辑，浙江人民出版社1979年版，第4页。
③ 八戒：《爝火·临终词》，《译报·言林》，1938年6月27日。

▲7月9日，蒋介石就任国民革命军总司令职，革命军誓师北伐。

▲10月，上海工人在中共领导下举行第一次武装起义。

1月

1日 巴人主编的《新奉化》第1期出版。发刊词中说："我们固然相信改造应切实做去，我们尤其相信舆论的力量，足为改造的急先锋。""我们剡社是青年的团体，是光明磊落的青年所组织的……瞧到了我们的环境的恶浊，我们便当仗着剑，不管前面的恶魔将对于我们有如何的不利，我们便当直戳其胸，断不应和他妥协。"

3月

1日 在《新奉化》第3期上发表《社论》指出："在指国民革命时期，革命队伍中钻进了城狐社鬼，土豪劣绅，像奉化那些法治协会人物尽奔广州投亲附戚，论同乡、讲同学交情，钻进革命政府的重要机关里去，那么必然会腐蚀革命，革命一定要失败。"

这篇社论是有针对性的，带有反思和提醒国民革命存在问题的警醒之意。据《旅广手记》回忆，1925年下半年，"仲隅从奉中劝退以后，就去过广州。在那里，他住了两个月，看到了当地的情况，深深感到这个革命的策源地，却麇集着不少官僚投机分子，而在蒋介石周围，又是不少是从奉化被赶出去的土豪劣绅，象俞鹏飞和朱守梅之类，都担任了重要职务。"对此，巴人深感不满。

6日 参加奉化初中始业式。巴人本学期任教务科、出版科主任。

15日 在《锦溪》第15期发表《本校添设选科之意思及其经过》，署名王任叔。文中提及的选修科有："文学纲要""社会科学""心理学""美学""教育学""英语会话""注音字母"。巴人自任"心理学""注音字母"讲师，王以仁授"文学纲要"，庄公间授"社会科学"。同期载其文论《论独幕剧》。此文谈及诗、戏剧、现代文学，提出写独幕剧要注意："说话要句句有着落"，无所为似的一种家常闲谈，"要有最高点"；同期载巴人、王以仁的旧体诗，该刊由巴人作序，王以仁作跋。

4月

1日 杂文《万民生计岂容一人垄断耶？》，发表于《新奉化》第4期。此文对劣绅霸占垦荒之地进行抨击，号召民众团结起来斗争。文中大声疾呼："时至今日，平民倘有不知自卫，趋而团结联合，以打倒此罪恶贯天之乡绅，则恐将来平民之地位益低落，平民之生命益形危险矣！""吾人在此固甚祝望该存平民奋斗之成功！吾人尤望奉之平民大联合，打倒万恶之乡绅，监视臭烂之官僚，取得地位之平！"同期又发表《孙中山先生周年纪念感言》《让我来拖一个尾巴吧》。文中提出"社会的一切变态，都是根据经济原则"的观点，指出"要改造奉化的生计，非改造中国的生计不可，要改造中国的生计又非改世界的生计不可"。文章运用马克思主义阶级观点，分析了当时奉化农村严重的阶级剥削和阶级压迫，而"外国的经济侵略政策，也实施到我们奉化"。

该期《新奉化》刊载剡社社员邬烈的通讯。邬来信说《新奉化》"措词激烈，抨击尤甚，未免有违初旨"，"本社为改造社会而发起，但改造有一定步骤；当循序前进，非可一蹴而就也。若过于孟浪，则败事有余，成事不足"。来信明显反对《新奉化》现在办刊方针，于是巴人反驳道："《新奉化》所有文章，皆就事论事，只可说是骂人做错了事，或在骂做错了事的人，却不可浑说是在骂人。""我们只要求民众同情，我们却不要绅士信仰。""剡社是力行团体，思想不得统一下。"

25日 在《锦溪》第16期发表杂文《教育局诸董事先生之心理与逻辑》。此文针对奉化教育局的董事们倡言的复试案提出批评。

本月 完成中篇小说《风子》。《风子》中的主人公风子为了拯救柳亚琴而企图与她结合，但一想到家里的妻子弱女，又顾虑人言的可畏，而停顿下来。主人公始终徘徊在父母包办的既成婚姻与追求自由婚姻，内心渴望摆脱又不敢摆脱之中。"我是多么矛盾，多么冲突，进退维谷的人哟！"新旧意识的碰撞，是主人公面临难以解决的矛盾。

据巴人在小说集《监狱》后记中自述："自从《风子》作成以后，我便很想自己拿钱出来出单行本，以为如其能因之赚得几个钱，便可以自己出版几册想要出版的东西。但后来因为仲隅要去广东，没有钱；我便交给他去卖，当作旅费。[①]然而稿子被退回，辗转而至许杰君的手里。"许杰来信说可设法出版，巴人"一面写信去谢他，一面且把以前当《四明报》编辑

---

① 《风子》写成时间按此说应在1925年，因王仲隅去广州是在这年年底，而我们见到《风子》文后是写明："一九二六年四月间作。"可能此小说又作了修改。

时所发表的东西收集起来"，结集为《监狱》。正如《监狱》中所论及的作文的态度一样，《风子》多是从实感中生出来的虚构。巴人的观点可以归结为："人道不过是一个虚玄的名字，在人生的字典里是翻不出来的。然而竟把这一件事，表现得如此冗繁了，我真觉有点蠢……《风子》又似乎太卖力了，竟弄巧成拙，累赘，讨厌！"①

5月

1日　在《新奉化》第5期发表杂文《从孤儿园想到》，署名一沫。

9日　在《文学周报》第224期发表小说《土地祠里》，署名王任叔。小说所写的仅是片段，主要写警察抓人关进土地祠里。

21日　在《锦溪》第17期发表文论《写景与小说》，署名净沙。文章认为小说是描写的，便离不开写景；又是叙述的，便离不开人物的刻画。人因为环境改变而形成某种性格，环境会淘洗人的性格，改变人的情绪。

同期又载其随笔《桌上的空想》，文中提出十条"小想头"。如："鲁迅所作文章，看去毫无词藻装饰，细味，句句有力，这又是何等伟大。"

29日　作书评《读〈漂浮〉》，发表于7月4日《文学周报》第232期，署名王任叔。文章认为《漂浮》的作者许杰："是值得我们致敬的。……因为他，是剪裁了人生的片段来到文字上的作者。因为他，是带有很浓重的现代色彩的作者。因

---

① 王任叔：《题于〈监狱〉之后》，见《巴人全集》第1卷，第101页。

为他，提供出普通事实中的特殊事实，描写特殊事实而带出有普通的一个小说家。因为他，是个浓重的保有田园山野风味的乡村作家。因为他，是把看得透的人生的一面，和看不透的人生的一面同时都给予了我们的作家。因为他，是能够以诚实的态度去观察人生的作家。"

文章对《出世》《大白纸》《小四的老婆》《琴音》《隐匿》《赌徒吉顺》和《漂浮》一一作了分析，指出它们的成功，也批评了不足之处。巴人在文末还作了广告："《漂浮》是许杰所作，出版合作社出版的，六开本一百九十六页，实价三角二分，比资本家所出版的书，真要便宜许多。"

许杰可能在本月或上月到奉化探望巴人、王以仁。许杰当时在宁波浙江第四中学教书①，到奉化比较方便。据许杰回忆："我记得，我曾从宁波去过一次奉化，和他们盘桓了两天。有些具体的事情，虽然年代已久，已经记不起来了，但那种一见如故，心心相照，相互尊重了解的感情，都是早已由于以仁的中介而缔结起来的。不久，王以仁由失恋而跳海自杀，我和任叔为了打听他的消息，关怀他的生死而焦心忧虑，大家都为这位共同友人的命运而伤悼而生活不安。因而我和任叔同志的感情也就更深了一步。"②王以仁7月初离开奉化去上海接其女友郑素蕉（在杭州女中读书），住在许杰处。次日，郑从杭州到了

---

① 此据许杰《怀念、回忆与崇敬——为纪念王任叔同志诞生八十五周年而作》一文，但许杰这一年初抵达到上海，在中华学艺大学图书馆任资料员，4月到红湾光达学院兼图文课，直至6月底。并没有文中所说："他（经亨颐）接掌四中以后，就聘请我的一位老师担任初中部主任，因而我的老师也就延聘了我。""那段时间里，我在宁波，以仁在奉化。"

② 参见许杰：《怀念·回忆与崇仰——为纪念王任叔同志诞生八十五周年而作》，载《迟到的回忆与思考——关于巴人》，浙江文艺出版1990年版，第69页。

上海，于是三人一起乘船回台州。船抵海门，许杰与王、郑二人分手。不久，传来消息，王因郑拒婚后失踪，其时为阴历六月十九日（7月28日）。关于王以仁的死，蒋径三曾报告巴人，《旅广手记》中有详载。又《怀以仁》一文中也提到以仁留下一封给许杰的信，提到"我将不久于人世了……我致世之由，请你问任叔吧！"

30日 奉化县各界群众（国民党县党部、剡社、学生联合会、非基督教同盟、县议会、小教联）参加的"五卅"周年纪念大会召开。王任叔参与组织，并在大会上发表演说，后有大会通电广州国民党革命政府，支持北伐战争。

本月 在《时事公报·五卅纪念增刊》发表《五卅惨案与赤化》，署名王任叔。文章抨击了污蔑革命的顽劣之人与国家主义派。

6月

本月 奉化县知事沈秉丞与法治协会中的劣绅勾结，指控巴人在《新奉化》上的言论犯了"公然侮辱罪"，要对他予以逮捕。据巴人《自传》所述："国内阶级斗争日趋尖锐，宁波的段承泽进行镇压赤化分子运动，并逮捕国民党分子。奉化县长沈秉丞也策动'法治协会'分子向我们反攻，我以'公然侮辱罪'被控于法庭。"为此，巴人在赵济猛的支持下，决定以剡社名义，召开各界青年招待会，揭穿敌人的阴谋。正在他赴会途中，有人将沈秉丞要逮捕他的消息告诉他。"议员中有人深夜请我走避，但我们坚持斗争，决不退让；并在国民党赵济猛同志的支持下，认为在奉化扩大'剡社'的活动和影响更为适宜，乃在六月间召开'剡社'招待各界青年大会。就是这一天，我和庄世楣共赴会所，暂去宁波避风。这样，我就到了同学王荫亭夫妇所办的幼稚园里（王荫亭和他妻子裴公汶，是我这期间最接近的朋友，裴公汶现为浙江省人民代表）。最后，奉化方面同志决定要我去广州，我终于投入这革命的策源地去了。"

另据《自传》所述，巴人去广州是因为曾受蒋介石之邀："二兄仲隅从广州回来，他很不满意蒋介石对于奉化的劣绅们如俞鹏飞等的引用。在归途中曾写信给蒋介石表示他的意见，并在信后提到我想去苏联学习，能否设法。这并非我自己的本意，是二兄以他自己对革命的看法，来培养他所重视的弟弟的。而我在《新奉化》的社论上，也同样以奉化'法治协会'分子钻广州革命阵地，革命将必致变质和失败之意，为文痛斥此种现象。这使蒋介石看到了，即在回复仲隅的信中，要我去广州工作。信到时约四五月间，我无意去广州，予以搁置（原因是三月二十日中山舰事件发生了）。"

7月

6日　巴人、严竹书等人一起从上海十六招商码头，上了公平轮船去广州。他们到达广州时，9日的北伐誓师大会刚开完，广州笼罩在革命的氛围中。巴人完全振奋起来而在《旅广手记》中感慨："广东，一座多么美丽而生气勃勃的祖国的山河呵！我仿佛第一次嗅到独立而自由的祖国的气息。"[1]

9日　晚间，巴人一行人住进了泰安栈。

10日　严竹书来访。据《旅广手记》说严："建议我写一

---

[1]　巴人：《旅广手记》，载《巴人全集》第9卷，第20页。

封信给蒋介石的秘书室去，说明自己到了广州。……我虽然也爱动笔头，写所谓小说之类的文章，但要起草一份呈文式的信，颇有为难之处。竹书就给我代写了。竹书自己也写了一封信给他前次的上级王世和。信就邮寄到蒋介石东山的公馆去。于是也就算了却一桩心愿，自己在泰安栈住下等回音。"

中旬　蒋介石的下属王世和来客栈看望，把严竹书安排在侍从室里做文字工作。王任叔在秘书处期间没有太多工作，在《旅广手记》中自述："我也因为没有多少工作，但又必须上班报到，坐在案头旁扮'泥塑木雕'，也就常常从市上买了一些杂志和书来看。我那时受看的是左派刊物，还有《语丝》，《语丝》中的鲁迅的《马上支日记》就是那时看后印象很深的文章。其次，我还在硬啃李季译的考茨基的《通俗资本论》。"而巴人在《我和鲁迅先生的关涉》一文中也有类似的回忆。不久后，他被推选为国民党机要科党小组的组长。

8月

月初　叶秀峰代理陈立夫职位。《旅广手记》中自述："我确实是大为惊骇了。就是这个叶秀峰，不正是经子渊被撤了宁波四中校长的职务后，跟着一个新校长而来的教务主任吗？那校长据说还是个无所谓的人物，而这位教务主任叶秀峰却正是个头号反共人物。在他的督教下，四中学生不许看《三民主义》，因看了《三民主义》或因同类书而被开除出校的学生不知多少……可是，一个月前还是一个反对三民主义的纯正教育家，而今天，出现在我眼前的同一个叶秀峰……一变而为三民主义的忠实信徒。"而在《自传》中则表述为："不久，蒋介石出发北伐，陈立夫即随军而去，机要科长由叶秀峰代理。叶秀峰是宁波四中教员，经子渊校长被撤换以后，叶在校中反对学生读三民主义，镇压学生运动出名，这使我对自己参加国民革命产生怀疑。"

20日　巴人参加廖仲恺纪念会，遭到叶秀峰无理的责问。那时他接到国民党支部的通知，且向秘书处长马文车请了假的。巴人愤怒而向秘书处提出辞呈。马文车知道巴人是总司令请来的，立刻叫人来劝说。此时他接到张秋人的回信，邀请巴人去黄埔看他。巴人想自己的职业必须由党的领导来考虑，也就暂留下来。

本月　董子兴自奉化来广州，说奉化初中这个阵地已守不住。校长被迫辞职，王以仁去临海，王仲隅、庄世楣去汉口投奔国民革命军，赵济猛、冯三昧回宁波。但宁波党组织派卓竺芳等人到奉化松岙一带搞农运。巴人也把广州的情况告诉董子兴，还谈及海陆丰、东莞等地的农运，并特别指出这里搞得是"同学、同乡、同志三同主义"，蒋介石不可靠。董子兴听了要回去搞农民运动，在广州住了两天即离开广州返乡。

9月

本月　在黄埔军校见到宁波党组织的第一人张秋人。巴人在《四明日报》当编辑时结识他的，张秋人听了巴人对机要科的叙述，就批评他是"书呆子"，并劝阻他而指出革命工作不是一帆风顺的，不可以随心所欲。据《旅广手记》载，张教育他："应该住下去，住到你不能再住的时候，如果那时候，组织认为你可以撤退了，你才能撤退。"恽代英与张秋人住在同一楼，所以巴人顺便又去看了恽代英。张秋人在黄埔军校任政治教官，他协助毛泽东编辑《政治周报》。恽代英任政治教官，就这样巴人接上了共产党组织关系，并被编入国民革命军政治部中一个共产党的党小组，党小组负责人是政治部的秘书段雪苏。自此，巴人按时（每月2次）秘密参加共产党的组织生活，并且把自己在机要科得到的消息汇报党组织，然后由段雪苏把情报反映到周恩来办事处。由于巴人反映的情况引起上级党组织的重视，改由向一个叫黄平的同志报告，从此不要在党小组内谈了。

10月

本月 毛庆祥、马文车走了以后，叶秀峰也要到南昌去了。机要科里没有多少人了，所以叶秀峰就推荐巴人为代理机要科长，并交出他新近编好的一本密码，说以后可以用密码和他或陈立夫通电，要他侦察李济深行动随时电告。巴人此时还结识了蒋径三，由径三介绍结识许绍棣，以后又由于文字因缘，认识了钟敬文。

巴人在《旅广手记》中自述："我自己也感到坐在冷板凳上似的非常不安。但我不得不按时上班和下班，只有在晚间和星期日，我才渡过'海'去，到中山大学去找蒋径三。在这段时间里我交往最多的朋友可说只有一个蒋径山……我在蒋径三那里认识了他的小同乡许绍棣：一个不高不矮，不胖不瘦，身材适中，举止文雅的小白脸。他是复旦商科毕业的学生，曾经担任过《民国日报》、《觉悟》的编辑。据他说，还是刘大白的得意学生。他这时在广州市一家银行里工作，看来像是置身于政治斗争之外的人物……但他不同于蒋径三，蒋径三的待人处事，仿佛是一切都无所谓的；而他则是一个韬光养晦、城府很深的人物。我同他们接触的时候，总是爱谈些各方革命形势。"

后来巴人知道许绍棣认识曾养甫，引起警觉，感到他们是国民党右派，就不在许的面前放言高论了。

关于如何与钟敬文认识，巴人则自述为："钟敬文大概在广州一家报上编一个民间文学的副刊，我投去了一篇述说城乡龙潭庙的故事。……于是相互通讯，而又在径三那里认识他了。而他也从径三那里认识了许绍棣。"据许杰在《怀念·回忆与崇敬——为纪念王任叔诞生八十五周年而作》中回忆，蒋径三在杭州从马上跌下，脑浆破裂，"我当时接到电报，立刻赶到杭州，协同他家人料理后事。在蒋径三的遗物中，看见蒋径三与王任叔在广州时，曾和其他二人合拍的一张照片。这照片上的人物，其他二人，一人为至今还健在的北京师范大学教授钟敬文，还有一人，则为解放前跑到台湾，早已死在那里的许绍棣。这四人，当年都是少年英俊，都是三十不到的年龄，有点雄赳赳气昂昂的样子。"这段时间巴人和蒋径三、许绍棣也一起常去喝茶。

另，巴人还在蒋径三陪同下去拜访时任中山大学代校长经亨颐，在座的还有创造社诗人王独清。巴人在《旅广手记》中对此则叙述为："我已记不起在那条街上的一幢楼房里会见了经，但还记得当时在座的还有王独清。经亨颐，这个长长瘦瘦的人，我看出他有一种特别风格：有如中国画上的古松的倔强和坚劲。大脑壳，长划脸，略显酒糟的淡红的鼻子，嘴角留有短髭。说起话来，像空谷的回声，洪大而雄浑，但又不失他那绍兴人的腔调。径山把我介绍他以后，他笑着说：'哦，是你，王任叔。我到宁波去，还是你带头欢迎的。难得，那时，你是不是就是国民党员了。啊！啊！不会的。国民党是我去宁波后才建立的。'……只把他身边有一头长发，矮矮胖胖，有红

81

润而圆球似的脸盘的王独清介绍给我们。"

11月

21日　诗歌《女工的歌》，发表于《少年先锋》第1卷第9期，署名王任叔。该诗通过女工的口吻控诉社会现实，女工为了养活爸妈和幼小的弟妹，白天在工厂忙了一天，夜里还拉客人白相，过着一种非人的生活。

12月

10日　在《东方杂志》发表小说《孤独的人》，署名王任叔，后收入小说集《破屋》（生路社1928年版）。1983年收入人民出版社的《巴人小说集》，2000年收入《巴人文集·短篇小说卷》，后又收入《巴人全集》第1卷，均改名《白眼老八》，并作重大修改，其中时间标为1927年是错的。这篇小说可以与其《疲惫者》媲美。《疲惫者》写了一个运秧驼背者，而此篇写了一个白眼老八。这两人精神有相通之处，性格特征有相似之处，白眼老八则更有朴素的阶级意识。这在此前大多数作家写农民的作品中甚是少见。

17日　作小说《把戏》，收入小说集《殉》（上海泰东书局1928年版，海泰出版社1929年版）。小说写"我"等为了捉弄琪，故意写一封假信，说是杨支写信来委托"我"为他妹妹找一个"文学之士"，而杨支的妹妹正是琪暗恋的姑娘，最后告诉琪这是一封捉弄他的假信。

下半年　读考茨基《通俗资本论》，并看《语丝》。听过周恩来在农民运动讲习所的演讲，读过萧楚女的文章。参加中山大学浙江同乡会的会议，与沙文求等讨论革命问题。

本年　巴人在广州写出一篇极为重要的，也是他最初研究鲁迅的论文《鲁迅的〈彷徨〉》，收入李何林编的《鲁迅论》（北新书局1933年版），署名王任叔。该文把《彷徨》的作品分为三类：活泼的；抒情的；白描的。文章分析道："作者由《呐喊》时代到《彷徨》时代有三种不同之点：——或许说是作者艺术进步与热情衰退的痕迹。

　　由露骨的讽刺而入敦厚的讽示。

　　由热情的呐喊而入于感伤的呼唤。

　　由事实的描写而入于心理的刻划。"

　　作者特别赞扬鲁迅的"细腻深刻的描写""在中国的文坛上，打着灯笼寻不出的"。

1927年（丁卯，民国十六年）　26岁

　　▲4月12日，蒋介石在上海反动反革命政变。

　　▲6月2日，著名学者王国维自沉于颐和园昆明湖。

　　▲8月19日，武汉政府通电全国宣布迁都南京，并发表《迁都南京宣言》。

　　▲7月15日，汪精卫叛变革命，宁汉合流。

　　▲8月1日，周恩来、朱德等领导南昌起义。

　　▲9月，毛泽东领导秋收起义。10月底到达井冈山，建立革命根据地。

1月

12日 作小说《杀父亲的儿子》，收入1929年上海泰东图书馆出版的小说集《殉》。小说写了一个儿子杀了发癫的父亲悲惨的故事。

29日 作诗《怀以仁》，发表于3月27日《文学周报》第267期，署名王任叔。其在《旅广手记》中说："我也为王以仁的死写了一首莫名其妙的诗。"

本月 从蒋介石与李济深往来密电中获悉蒋要发动第二次中山舰事变，从限共走向反共。巴人把这一重要情况向周恩来办公室汇报后，受到周恩来的接见。巴人《旅广手记》中自述："一月三日，武汉人民为庆祝北伐胜利和移都武汉，举行了盛大的集会。英帝国主义竟以租界为凭借，横加干涉，引起了冲突。国民政府则凭借人民的力量，由外交部陈友仁与英租界当局交涉，终于强制接收了英租界，接着，又恢复了九江的英租界，国民政府早已在武汉了。可是蒋介石正是慑于武汉的人民力量高涨，难于使革命变质和窃取革命领导权，就一方扣留一部分在南昌的国民党中央委员，另一方面，假名张人杰等，要求国民政府迁都南昌。这使武汉方面的国民党左派和我们党的同志们更明白蒋介石的阴谋。武汉的国民党中央，便提出了针对蒋介石阴谋的革命口号：'一切权利属于党'，'扫除封建势力'，'打倒昏庸老朽'，'召开第三次中央全会'。……蒋介石电报就在这个背景上打来的，那么，这电报后面将会发动什么事变，也是可想而知了。"

李济深回电则"表示他衷心拥护总座主张"，并发电给陈可杰、张发奎、柏文蔚、黄绍竑、白崇禧、唐生智和其他将领。《旅广手记》中称："这一切，我虽不知内容究竟，但毕竟窥知一二了。我自然当作一个重要消息，把我所知道的事向我经常去汇报的那个青年——汇报了。并且提出我主观的判断：蒋介石和李济深将要举行第二次中山舰事件了。他们将要从限共而进到反共了。同时，我还提出等到杭州打下，浙江收复，我也将返回故乡，从事革命的实际工作。"

关于周恩来的接见，巴人在《旅广手记》中自述："我不仅早知道周恩来同志的名字和他当第一军政治部主任时平定陈炯明的业绩，我还知道这期间担任着总司令部的参事的职务。同时，我也早在农民讲习所里听过他的演讲。可是在这时我突然之间遇到了他，使我惊惶得不知所措了。"而他在《自传》中则表述为："在杭州上海相继收复的时候，我要求组织回乡工作，曾去找那青年，他突然打开一门，介绍我认识一个人，这就是周恩来同志。周恩来同志非常严谨地问我如何来广州，并如何进入秘书处机要科。我一一回答了。周恩来同志乃问我：'既然你是蒋介石叫来的，为什么要把这一切情报告诉我们。'我那时仅说：'我是为革命而来，不是为蒋介石工作的。'但还不能确当地说出蒋介石已叛变的实质。周恩来同志这次谈话的印象，是我一生中最深刻的"。

另，这一时期与鲁迅关系密切："在陆园里我们好几次见到鲁迅先生同许广平一起来喝茶。我对鲁迅先生在那时已经到了崇拜的地步，但我却不敢上前招呼和求教的。"自述："一九二七年初春，我在广州，名义上是留守后方。书生虽着戎装，手头依然笔杆。故为不失本色起见，总是上茶室品茗，到郊外探胜；革命得这样清闲，也可以说'双规止焉'了。"①

2月

12日 诗《生命之火》，发表于《民国日报》的"现代青年"副刊，署名王任叔。

3月

1日 见过鲁迅，而且也听鲁迅的演讲。据《我和鲁迅的关涉》所述："鲁迅来到广东的时候——仿佛是冬天吧——我独自向服务的机关告了假，渡江到中山大学去听他到广东后第一次演讲，坐在拥挤不堪的听众中间，待朱骝先校长介绍以后，出现的却是个矮小的可怜的黄瘦的人，这自然有点使我失望，然而我却马上从他那墨黑的刺子似的头发上，看到了他那战斗的精神。"巴人自述说忘掉了鲁迅那时讲些什么，但有一点是记得的："他在那演讲中，已经指出了鲜血中的污毒，革命后的阴霾。他仿佛在叫青年们应该把革命的工作更深入一点才行，不要浮在表面上。"据《鲁迅日记》3月1日："中山大学行开学典礼，演说一分钟，下午照相。"演说题为《中山大学开学致语》，载本月《国立中山大学开学纪念册》。后经鲁迅亲自校阅，改题为《读书与革命》，载4月1日《广东青年》第3期，署名周树人，收《鲁迅全集》时仍题《中山大学开学致语》。

10日 完成长篇小说《明日》，这是巴人创作的第一部长篇小说，是探索中国知识分子要走什么样道路的问题小说。此

---

① 白屋：《烈士与战士》，《鲁迅风》第11期，1939年3月29日。

小说上卷写于1927年2月1日至14日，下卷写于2月19日至3月10日。巴人在他的《死线上》的《弁言》中曾说："我在我的《明日》里曾经创造出三个人物：一个是个人主义者；一个是社会主义者；而另一个却是徘徊两端的人。我在最后终于把徘徊两端的人枪毙了。在我不过想：在今日徘徊是不可能了，无论如何都要拣一条路走去，所有徘徊两端的人都应该枪毙。然而不曾枪毙的人却都是徘徊两端的人，这不能不使我感到悲哀——我自己还是不曾枪毙呀。"

小说正是反映浙东沿海地区一群知识男女青年在大时代旋涡各自所走的不同道路。有的是社会主义者，有的是个人主义者，有的徘徊两端者。小说极力描写的是一个徘徊两端者唐自歧。小说通过这些人物，表现他们对社会、对革命、对人生以及对恋爱的不同态度，走上了不同的人生道路。作家认为，要么走社会主义之路，要么走反革命之路，没有第三条道路，所以把走徘徊两端的道路加以否定。这是从小说角度来探索知识青年应走什么道路，在现代文学史上有其独特的地位和意义。

小说的主人公是徘徊两端的人，其经历确与作家相似之处，但不完全相同，结局也不同，小说中的唐自歧最后开枪自杀。小说最早见于1928年山雨出版社发布的新书预告，但最终未见出版。1991年，小说的上卷曾在《江南》当年第3期卷发表，现收入《巴人全集》第6卷。

16日 在《幻洲》第1卷第10期发表小说《幽闷的相思》，署名王任叔。莺子是主人公梦中所爱的女人。这个人物多次在巴人早期小说中出现。

21日 自述："北伐年代收复上海时，我在广州。当我第一个翻（译）出这一电文时，我的心跟着这四个字几乎跳得爆裂了！我马上把这一电文呈给坐镇广州的李济深将军。三月二十一日，三月二十一日，这个壮烈的日子，将永远刻下在我的心胸上了！然而，我马上沉默下来，我慨叹。'十有九人堪白眼，百无一用是书生！'我没有参与这壮烈的斗争，我没有用血来培养这土地。我的工作：'急电'，'十万火急'，'公文'，'书牍'，如斯而已。"①

27日　在《文学周报》第267期发表《通讯》(致郑振铎)，署名王任叔。此信是因"读了适之先生给志摩诗人的信"而作。信中对胡适提出"二十世纪应该是全民族争得自由的时期"这一说法表达了自己的看法，认为"在一个阶级统治下，其他的被统治的阶级，便绝对无自由之权"。又认为："中国现在二大急需，一种是政治革命现在已经有相当的成绩。一种是思想革命。《文学周报》对于后者应该负起相当的责任。"

下旬　经组织批准，巴人向国民党提出辞呈。据《旅广手记》所述："我终于得到组织的批准可以回到上海和浙江去了……我在组织批准后就上了签呈辞职，不久便得到李济深的批准，并且以秘书级待遇，加发了两个月的薪金。我就这样乘着公平轮船遄返上海了……经过了四天航程，我在十六铺下了船，落宿于沪南民国路一家旅馆里，我翻阅了当天的报纸，却知道李济深先于我两天到了上海。他是乘军舰来的，只两天的航程……找到组织介绍给我的一个工会的办事室……等了一天，没有消息。我又找了去，却依然遇不见要遇见的人……我急于要把我所知道的消息向党报告，可是三天四天过去了。"于是巴人决定去杭州找中共浙江省委的潘凤图，因火车在运送

---

①　独木：《要培养我们的朝气》，《文汇报·世纪风》，1938年3月21日。

军队而去不了。

本月 巴人回到上海，组织关系转至上海闸北一个工人的住宅。据《自传》所述："上海全市戒严，我去那里，交了组织的信，却没有会见要见的同志，两次都没有会到。"

4月

1日 乘船返回到达宁波。据《旅广手记》自述："我依然落宿在荫亭和公泫①的幼稚园里……我在匆匆落脚以后，便去找党组织。我在佛教孤儿院邻近的一座楼房里，找到了江少怀和竺兰芳。他们正忙着展开一个运动；'打倒城防司令王俊！'一个国民党黄埔毕业的驻宁波的军队司令。'打倒警察局长吴万能。'他们同我说了宁波的革命形势，宁波人民的革命热情，总工会以下的各项工会组织和各县的农民运动展开的情况。""我看到他们这种如火的热情，可不知说些什么好。我决不能泼冷水呵！于是我竭力减轻我说话的分量，用我所知道的内幕消息告诉他们。'可能会要反共了呢，必须提高警惕呵！'……总之，他们对我的话并未十分接受。"

3日 回到奉化。据《旅广手记》所述："我于三日到了奉化。一样是鼎沸的情景。仲隅作了县的政治监察，世楣担任县党部常务和组织部长，竺子英担任农工部长，董挚声担任了宣传部长……每个人都忙着奔跑，接待乡下人的控告。大部分人下乡组织农民协会去了。我简直找不到空隙和他们详谈。时间匆匆过去了。"

8日 据《旅广手记》回忆，本日宁波国民党军队王俊司

---

① 指王荫亭和裘公泫。

令和警察局长吴万能举起了反共的旗帜，将《民国日报》的庄禹梅（庄启东之父）、宁波市总工会的主席王锟、宁波市国民党部常务委员杨眉山这三个主要人物扣押。

下旬 接到宁波组织方面的来信，要他"速来宁波，详情面谈"。月底赶回宁波。

5月

月初 开始担任宁波四中教员，并负责中共宁波地委宣传部工作。据《自传》所述："宁波方面要我去宁波，并且由王荫亭、裘公湙把我介绍给四中校长刘淑琴（师范时老师），任初中国文教员。这时，党的有些负责同志已离甬去杭（如赵济猛等），只留下王少曼、江少怀和张明贤。张明贤来找我，要我负责地委宣传部工作。我这时一方面以职业为掩护，参加党的地下工作。经常在沙文汉同志的岳母（陈修良同志的母亲，我们叫他大家姆妈）家里会议，商量工作，出小册子，印发郭沫若所写的《请看今日之蒋介石》文章，各处散发。另一方面，党又以我公开地位，和蒋孝先（蒋介石侄孙，黄埔四期生，曾是共产党员）接触，向公安局的政治部主任陈某进行工作，使陈某与公安局长吴万能发生矛盾，以缓和白色恐怖。而在这期间，奉化的清党工作也开始了，首先是二兄仲隅的政治监察被撤，换来一个黄埔军官。但奉化方面稍做了一些'统战'工作，县党部改组时，我们的同志董挚声则被提名农民部长，隐伏下来；接着，王仲隅和庄世楣两同志，都被捕解到宁波来。"

20日 国民党上海清党委员会的杨虎、陈群以"清党"特派员身份，带着大刀队到宁波，第二天即举刀杀人。①据其《自传》所述："我在这时，还继续做分化敌人工作。不料，公安局政治部主任陈某为欲取吴万能而代之，转而利用蒋孝先的关系，把上海清党委员会的杨虎和陈群，请到宁波来，大刀队的屠杀开始了。首先杀掉了杨眉山和王鲲，把庄禹梅打得死去活来。"

21日　江少怀通知巴人，立即离甬去沪。当晚，巴人就住在毛含戈的叔父家里，准备第二天乘船去上海。

22日　中午，巴人被捕。据《自传》所述："第二天正返校整装赴沪时，在校为杨虎的暗探逮捕了。"巴人返校是取留在那里党内文件准备烧毁，四中英文教员巴人堂兄朝聘来找他，耽误时间。因此，四个密探到来把他押往清党办公室，途径一座高桥时，巴人将身边带的文件揉成团，丢进桥旁的大缸内，保护了党的机密。

杨虎的清党办公室，临时设在校场旁的一进屋内，巴人当即被关押，同时被关押的有他认识的庄禹梅，还有一个在奉化时认识的女同志阿金。据其自述："我被捕后，又目击女同志吴蛟琴②被大刀队拉出去枪毙。"傍晚，大刀队把所有关押的人，排成队送到宁波湖西警察局看守所。

24日　大刀队将把狱中四中学生陈良年、吴德元两青年共产党员枪决。他们牺牲前被打得遍体鳞伤，在狱中写下："宁正而毙，勿苟而全"等诗句，并高呼着"共产党万岁！"走向刑场。巴人受到极大的震动。

---

① 与巴人回忆有出入，这里根据陈良年、吴德法实际被害时间推定20日，巴人回忆为23日。

② 在《忆宁波建党初期》一文中称为"胡焦琴"。

本日晚十时左右，巴人被提审。陈群问：是CP（共产党员）还是CY（共青团员）？得到是否定的回答。又问：为什么不在广州司令部而回到宁波？回答是："广东司令部实际上已成为留守处，人都到前方去了。我未去前方，后因浙江收复，我怀乡心切，想回家探亲。"他离开广州司令部打辞职报告时也用这个理由。陈群看不出破绽，即扬手中一张纸条说："你是不是共产党员，可有一人告你是共产党员。"巴人接过纸条一看，是镇江海关朱守梅拍来的电报，上写："宁波有个王任叔是共产党员。"巴人立即讲了奉化剡社与法治协会的两派之间的斗争，并说自己是剡社的成员，曾在剡社刊物《新奉化》上揭露过他们。朱守梅此举，是挟嫌报复。这一席话使陈群哑口无言，问不下去了。

25日　下午密探对巴人说："王任叔，你可以出去。总司令的老师、浙江省政府的委员庄崧甫来保你，是连夜从杭州赶来的。"并说："我不认识他，你出去后，为我向他说几句好话。"陈群要巴人前审说过两派矛盾的话，写成文字交给他。据《自传》所述："过了一天，到了第二夜，我被提审。陈群对我不问什么，只给我看了一张电报，是俞鹏飞、朱守梅拍来的'奉化共产党员王任叔'云云，便叫我回来了，听候判决。我知道，已成死案了。这时，心里反而泰然。但到第二天上午，捕我的暗探走来报告：'总司令的老师庄崧甫来保你了，你可以出去了。'这倒使我像做梦似的了。果然下午二时左右，我被叫去过了一次堂，随便问了几句，就释放了。出来后，才知道王荫亭、裴公浚急电在杭的庄崧甫老先生，星夜赶来宁波把我保出来的。"巴人在《忆宁波建党初期》也有类似的回忆。

庄崧甫是剡社的领袖人物，巴人是剡社的活分子，与法治协会的斗争中，庄崧甫很赏识他的文笔。庄对剡社其他成员一直很关心，在巴人之前被捕的王仲隅、庄公间，也是他保释出来的。他25日上午来保释时，也谈到剡社与法治协会之间的矛盾和斗争，这和巴人口供不谋而合，而陈群又无其他证据，再加上他是蒋介石的"老师"[1]，所以杨虎、陈群不得不放人。

6月

本月　巴人返回奉化大堰村。据其《自传》所述："出狱后，在宁波再也找不到组织，只得硬着头皮回到不愿回去的家乡，那时二兄仲隅已回乡修养。我们还企图利用董挚声在奉化县党部的关系，做些农运工作。但不久，一个为乡间农民在大革命高潮时驱逐出去的无赖，竟做了清党委员，下乡来清党了。二兄和我乃做一次长途旅行，走遍了新昌、嵊县重要市镇，待返家后，我就只身单衣，离开了家，从此几乎十年没有回去，开始了我的流浪。"他二哥王仲隅也重新回到他的小学教师生活。

7月

23日　完成小说《火》，后收入小说集《影子》（1929年6月上海励群书店出版）。小说主人公是一个地下革命者，由于叛徒出卖，革命者有的被捕关进牢狱，有的枪毙，有的不得不转移，但小说的重点不是这方面，而是表现他们如何展开地下斗争。从这种角度来描写地下革命者的工作，在当时的小说中不多见。小说也写到他们一边革命一边恋爱，可以视为一篇革

---

[1]　庄嵩甫是奉化学堂创始人，蒋介石对他执弟子礼。他在辛亥革命时，对上海和杭州光复有很大贡献，他也是陈其美的救命恩人。

命加恋爱的罗曼蒂克小说。小说还有一个特别之处，即没有引人注目的主角，这可以被视为受当时主张革命小说应该描写群像，而不突出个人的观念所影响。

这一时期，巴人在宁波、上海之间流亡，期间曾先后两次返回奉化故乡，还去过余姚，拜谒王阳明，其自述称："十多年前，我到过他的故乡，在龙泉山拜访过他的祀殿。"[①]

8月

9日 作小说《黄缎马褂》，收入小说集《殉》，以及1928年8月上海泰东书局出版的小说集《龙厄》。小说写自封司令作恶多端的地主黄缎马褂，最后被革命军所杀。

作小说《倩华》，收入小说集《殉》《龙厄》。小说写倩华拒绝母亲为他说定的婚事，但女方父亲不肯，若要断此婚事，除非出养老金。倩华提出女方必须读书，原以为女方不会同意，却很快答应此要求，不过男方要出三分之一学费。苌茇从小学读到初中，她自己找了朋友。小说中"我"的经历带有作者的影子，颇具知识分子的抒情性。

作小说《不幸的男子》，收入小说集《殉》。这篇是写名叫朝觐悲惨的一生。他喜欢伦和尚的妻子，他却讨了一个不喜欢的女人，而伦和尚却讨了比他大的不喜欢而朝觐喜欢的人，最后朝觐成了花痴。这是一篇自传体很浓的小说，小说中的"我"，也是伦和尚，均是作者自己。

18日 作《卖稿之前》，收入小说集《殉》。作品反映了大革命失败后作者思想状况："我现在预备把这些稿子寄出去了。

---

① 剡川野客：《王阳明论》，《大陆》，1941年第1卷第6期。

忽然我竟至于病死——确然的，我是只求病死。枪毙杀头，我以前似乎也无所惧怕，然而现在为了母亲的缘故，这种不自然的怨死屈死再也不敢'尝试'了！母亲呵！想那一天我从'小世界'释放出来，不料你的脊骨却因痛苦而跌断了，我见到了你奄奄一息仰卧床上泪落如珠的情况，我对于人世再也不敢致其愤怒不平之情了！现在流落天涯……唉！我又何必说此呢！我只希望我能够病死——待我出枢临葬之日，我的稿费竟累累地寄到了！这不是一件可痛哭的事吗？"据作者回忆："这几篇东西，除《黄缎马褂》外，都是我旅粤时所作。在当时并不感到生活困难才去写作，只因孤独独寞，支配全个灵魂。不得已聊作消遣计耳。所以想在这些东西里，寻找我主干的思想，直头是笑话了。多不过在这里稍稍摄印些乡村的封建势力的缩影与夫可笑动作而已。"不过从每篇小说文后注明日期看，只有《杀父亲的儿子》一篇，其余都注明日期均在离开广州以后，其中《倩华》的背景是广州。

10 月

28 日　第二次听鲁迅演讲。据其回忆文章所述："虽然看到鲁迅先生的次数可不少，但总没有请教过。因为我不敢。我是个缺点太多的人。一九二七秋大，在上海流落，一听到江湾立达学院要请鲁迅演讲的消息，我跟着含戈趁着挤得死人的野鸡汽车到那边去听讲。这是我第二次见到鲁迅先生（第一次在广州中山大学演讲的时候）。鲁迅先生讲的题目是《伟人的化石》。"①

---

① 王任叔：《一二感想》，《申报》，1936 年 10 月 23 日。

而据《自传》所述："一九二七年秋在上海住在'新学会社'时，主要以创作为事，其间曾和负责浙东工作的竺兰芳有联系，大约九、十月间，宁波方面曾来函相邀，商谈工作，乃曾秘密回宁波。在王荫亭的学校里，会见了宁波同志王省三（存疑），他们正在计划奉化沿海暴动，我详细了解情况后，不同意这举动。但我在宁波秘密住下工作，王同志又认为不妥当，认识人多条件不合适，同意我返回上海，以后再联系。这是一。在上海从事创作时，曾与钱杏邨（阿英）等组织'太阳社'有联系，但因不了解'太阳社'是否党所发起，仅有写作上的联系。"

本月 整理编辑1923年至1925年的诗作，以及1922年夏间所作的几首散文诗，命之《一九二七年诗集》，诗集的《牟语》写于此时，收入《巴人全集》第8卷。

11月

1日 在《白露》第2卷第1期发表诗《骷髅底话剧》。

中旬 应杭州许绍棣邀请，去杭州商业高等学校教书。据《自传》所述："十一月间，一个偶然的机会与许绍棣相遇，那时他去担任杭州商业高等学校校长，要我去教国文，我想借此机会在校找到关系，也答应去了。不料到杭后，知道赵济猛因爱人被捕，竟自己出面设法取保，也被捕，并且被杀害了。我在杭仅半月，奉化的董挚声，因奉了宁波沙文汉的指示，把组织名单交去，约定某地会见，半途被哨兵所捕。奉化、宁波、上海三方面朋友，都催我离杭，我乃去余杭庄嵩甫农林试验场暂避。"

董子兴时任中共奉化县委书记，赴鄞县与沙文汉等同志组织农民暴动被捕，到杭后于12月28日牺牲。许绍棣时任浙江"清党"大员，故离杭赴余杭县长乐庄嵩甫办的试验农场避险。许钦文也在该校任国文教员，本年4月到校任教。

30日 完成中篇小说《死线上》，1928年9月由上海金屋书店出版。这部小说是我国现代文学史上较早反映1927年"四·一二"前后风云变幻的小说，也是我国最早普罗小说之一，可以说是"革命的浪漫谛克"小说的先导之一。这部自传体小说着力刻画了具有两重人格的革命者叶剑影。他是革命者，但他并不是彻底革命者，一个"有时也不免于怀疑革命的革命者"。他从革命的K省回下县，正是"四·一二"反革命政变以后，他的思想显得极其混乱和复杂。无论在政治上，还是在恋爱上，"表现出两重人格的冲突来"。小说着力揭示在历史转折的关头，一部分小资产阶级革命者的思想、性格的变化。这个人物在当时具有一定的真实性和代表性。在革命斗争处于生死搏斗的关键时刻，确实在革命队伍中有些人既忠于革命，又怀疑革命。

关于叶剑影这个人物，巴人曾作过解释，他说："我未尝不想把我们的主人公写得坚定一点，但我的笔终于不许我过于夸大。"又说："如果有人对革命真像空气一样的需要，对于革命思想真像磐石一般的不动摇，那一定是横绝一世的大才，人以上的超人，我是无力于描写这种人了。"这是本自传体小说，叶剑影的绝大部分的革命斗争经历，都可以作家本人经历找到依据。

本年 由上海光华书局出版第一本小说集《监狱》，内收小说八篇：《美底消灭》《监狱》《凄情》《村妇》《晚霞》《怅惘》《待嫁》《风子》。这个集子所收的大都是自传体小说，是作家早起小说两大类的一类，是以作家本人的经历为描写对象的小说。小说中的"我"，很难与作家本人区别开来，不仅经历上有雷同的地方，而且在思想、气质、志趣、个性上，都与作家有惊人相似之处。这些小说大都受郁达夫的影响。不过他的性描写比之郁达夫较节制，更着重表现性的心理机制。郁达夫表现主人公自爱自怜较多，而巴人说他是"以感情滋养，以理智否定"的态度处理。这集子有一篇是例外的，那就是《监狱》。它既不完全用那自传体小说的浪漫主义创作方法，也不完全用写乡土小说用的形式主义的方法，而是把两种创作方法结合起来，甚至还用了意识流的手法。这是新文学史上最早探索这两种创作方法结合的作品。

1928年（戊辰，民国十七年） 27岁

▲2月，《语丝》杂志在上海复刊。

▲4月28日，朱德、陈毅率南昌起义军余部与毛泽东会师井冈山，组成红军第四军，朱德任军长，毛泽东任党代表。

▲6月18日，中国共产党在莫斯科召开第六次全国代表大会。

▲6月，鲁迅和郁达夫合编的《奔流》月刊在上海创刊。

▲本年，创造社、太阳社倡导无产阶级革命文学，并与鲁迅、茅盾等开展论争。

1月

1日　在《白露》发表文论《新诗漫谈》。

15日　在《生路》创刊号发表短论《评短裤党》，署名王任叔。此文评论蒋光慈的小说《短裤党》。蒋光慈被认革命文学家，所以作者首先对于什么是革命文学提出三点看法：

要表现出时代的错误的不平等的苦痛的被压迫的悲惨的各种现象。

要指示出这种时代的错误的不平等的苦痛的被压迫的悲惨的各种现象由何种制度的理由。

要显示出解决这种恶劣的现象的方法与未来世界的光明。

因此，作者认为小说的"主观色彩太浓"。并指出该小说失败有如下几点："（一）没有特别侧重的人物。""（二）缺少个性描写。""（三）缺乏横断的描写。""（四）结构散漫。""（五）议论与插入的小故事太多。"指出失败大多在上半部。

蒋光慈这本小说是反映上海三次武装起义为内容的作品，故写作上受到局限。作者则从革命文学的观点出发，认为革命文学"把表现人生批评人生的两部分功能兼并之外，再加了创造人生的极大的功用"。因此，"革命文学不是仅仅具有充足的情感的成分而已，同时还当具有充分的理智成分"。

短篇小说《三封信》在《生路》创刊号发表并连载至第3期，署名王任叔，收入小说集《在没落中》（1930年9月上海乐华图书公司出版）。这篇是书信体小说，带有一定的自传色彩。第一封信中所谈内容正是1927年4月作家被捕后所经历的事，而第二封信是写流浪生活开始和村里家里发生的事。第三封讲的是作家到杭州后发生相关的事。这篇小说为读者提供了作家大革命失败以后的思想情况和行迹。

本月 去上虞春晖中学任国文教员。据《自传》所述："一九二八年，我接受张孟闻的介绍，到上虞春晖中学担任教员。"和他一起的还有雪花社另一个成员毛路真。这所学校自由民空气比较浓，校内有地下党组织，师生追求进步，校长范寿康是个比较开明的人士。但教师中，也有人迷信蒋介石，为蒋介石反动政策辩护，这引起广大师生对这个人的不满。王任叔经常和他辩论。有一次，巴人在他的卧室门上贴了一张，上面赫然写着："蒋司令在此，百无禁忌。"这个人本来在校内很孤立，自从这件事以后，他不仅成了大家谈笑的对象，而且学还在他的背后指指点点，使他十分狼狈。不久，他只好灰溜溜地离开学校了。

2月

15日 在《生路》第1卷第2期发表评论《文艺闲话》，署名王任叔。该文分三部分，第一部分是对小说《总董老爷》和《悼亡集》所作的评价，指出小说《总董老爷》的心理描写、性意识的描写都恰到好处，使读者感到满意，同样《悼亡集》也"是值得我们注意的……写尽人心的丑恶"。第二部分《诗人邓君吾》，作者把诗分为"有意去制造诗格"，比如朱湘与徐志摩；"有意去做诗"，比如"郭沫若的《女神》与王独清的《圣母像前》是也"。而作者认为："所谓诗人之诗，我觉得是无意写诗信手写来的诗。"作者列举了在创造社里写了不少诗的邓君吾。说他的诗，"造句简洁，意境幽谧，如静夜林语，如清波荡月"，"有时亦颇刚劲有致"。第三部分《我所希望于东亚病夫的》，是对所谓国性文学的批评。东亚病夫是曾朴的笔名，他主张"国性文学"，不赞成欧化，文章赞美曾朴的作品"不至于失却文艺的最大灵魂——人性"，也赞美他的译述工作，特别是《嚣俄（即雨果）全集》。

16日 在《北新》第2卷第8期发表文论《中国文艺上的食与性》，署名王任叔。文章指出当前写性的文艺作品较多，即写恋爱的作品多，而忽略"食"的方面，对于这种现象文章作了具体分析，指出原因所在。

28日 作小说《一室之内》，发表于本年4月1日《白露》第2卷第11期，署名赵冷。收入小说集《影子》（1929年6月上海励群书店出版）。小说仅是一个片段描写，写一个革命者被捕时情景。他虽重病在身、生命垂危、处在昏厥的关头，但面对敌人逮捕，却斗志昂扬、不低头、不屈服，置生死于度外，表现了革命者临难不惧的斗争精神。

3月

1日 在《白露》发表诗《无意之歌》，署名王任叔。

15日 在《生路》发表文论《文艺闲话》，署名王任叔。此文分三部分，第一部分《从〈西泠桥畔〉得来的感想》，是对胡云翼这部被称为"革命文学作品集"的评价。作者认为《西泠桥畔》"'头巾气'太重……篇中所写的人物，都是干喊革命与救国的浮薄者，一个没有着实的沉默的理智丰富的头脑冷静的人。像这种的革命文学，压根儿表现革命只是一个冲动的动作，只是凭着血，凭着激情，凭着单纯的爱国性"。进而指出："《西泠桥畔》的作者，就是一个充满国家主义思想的人。"而"国家主义的理论和行动"，是"浅薄极了的，连国民党里的三民主义中之民族主义都谈不上"。文章举了集中的《酒后》和《支那妇女》两篇小说中的问题加以说明，最后指出："我们所期望的革命却又在于民众的唤醒，对于这种代表式的英雄革命，我们是无论如何不赞成的。"第二部分《记起了没人纪念的人》说："'在中国文学界里，谁是有最大贡献的。'……我将毫不踌躇地回答：'耿济之'。"文章并未马上谈耿济之的贡献，而是先举了中国"最大的作家"鲁迅和郁达夫。"因受鲁迅影响而起来的自然主义作家，就不免流于庸俗，因受鲁迅影响起来的讽刺的文学作品，就不免于无聊。""因郁达夫的影响而起来的悲观的文学，却不免有眼泪太多之现象。因受郁达夫的影响而起来的个人主义的文，却不免于自我之外无他物的名士习气。"为此，作者的结论是："一个伟大的文艺作家，一方面固然能给予文学界以好的影响；同时，还能给予文学界以不好的印象。"而"耿济之的贡献却不是这样的。他并不创作，他只是翻译了几册俄国文学作品"。耿济之翻译了《复活》《父与子》《猎人日记》以及俄国的其他短篇。第三部分是《读〈血痕〉》，这是阿志巴绥夫的短篇小说集，共有六个短篇，作者对《血痕》《革命党》《朝影》《医生》《宁娜》等篇作评介。"总之，像《血痕》这样作品，都是从人的心的深处的喊声，是应该视作珠宝而使人重视的。"

16日　在《白露》发表诗《无意之歌》，署名王任叔。诗后注明："从《鸤鸠集》，三年前旧作。"《鸤鸠集》目前未找到，现只见到其中两首诗。除这一首外，《鸤鸠》等诗歌，见于《巴人全集》第8卷。

4月

1日 在《白露》第2卷第11期发表诗《鸤鸠》，署名王任叔。诗后注明："从《鸤鸠集》，三年前旧作。"

同日 小说《唔》（作于1927年12月6日），发表于《太阳月刊》，署名赵冷，收入小说集《龙厄》。小说写农民王老三从不明白革命到参加农民自卫军，以及后来被捕关进牢里到最后被枪毙。他被捕后对敌人始终不发一言，只是一个"唔"，是一个反抗的革命农民形象。

5日 作《给破屋下的人们——代〈破屋〉序》，文中称："脱离了你们的我，在朋友的酬酢中，尽也有一餐百金的。去年，我在广东的时候，在口头上说，总算是革命了。而且，写在笔上，还是说我们革命是为你们谋利益的。当时，我自己这么的十分肯定着。但一天在船上饯别前方去的同志的时候，四桌酒筵，竟费去了二百多金。在当时，我也在这群革命志士中，狼吞虎咽着，我何尝有想到你们要是得到这些钱，不特一二年内的用费有着，而且，种田的本钱也有着了，一家老老小小的生命都可在这一笔钱上立足的。然而，我们竟贪图一时的口腹了。""现在，我总算退出这个阵地了。虽则，我还是一样被人压迫。我要用的心血来写文章，写成文章，卖给书坊……但是有什么用呢，正和你们一样，自己的生命总是握在别人家的手里。""几年来，提起笔来，总是想到你们……你们的悲哀，断不是我所能体验得到的。你们的苦痛，断不是我所能表白得出的。然而你们的运命，我却可以知道，知道你们永远的黑暗！皇帝也好，总统也好；督军也好，省长也好，委员也好；你们总还是永远黑暗！"

10日 编成《革命文学论文集》，内收郭沫若、鲁迅、郁达夫等多人八篇论文，有王任叔署名赵冷的《革命文学的我见》。同日撰写序言认为革命文学的理论问题，虽然已经有了讨论，但仍分为两派。

15日 在《生路》第1卷第4期发表文论《革命文学的我见》，署名赵冷。全文分（一）引言。（二）革命文学的使命。（三）革命文学实质与形态。（五）（实为四）革命文学的创造者。（五）结论。文章提出了什么是革命文学及革命文学使命，指出革命文学在苏联分三派，作者认为"革命文学使读者于认识生活中去决定或理解生活之创造"。关于革命文学的实质则认为"革命文学是被压迫阶级的一种文学作品，是描写被压迫阶级苦痛辗转的情形与夫全个阶级的生理机制及两个阶级的利害冲突的作品"。关于形态则对李初梨提出的四种形态作了修正。而革命文学的创造者是三种人：同情于革命的作者；受过严格革命训练的青年；劳动阶级。

同期发表诗《拟牧歌》，署名王任叔。此诗是用牧童与姑娘对话方式来抒发彼此感情，表现方式有新意。

同日 作小说《冲突》，收入1928年6月上海生路出版社的《破屋》。小说写一个走上反抗统治革命斗争道路的农民，并为之付出生命。阿翘虽走上革命道路，但他每前进一步，读者都可以看到他精神上束缚所带来的危害，这是统治者的统治思想毒害的结果。所以农民要走上革命道路，必须打碎统治者加在他们身上的枷锁。阿翘的悲剧发生，固然是由于统治者的残忍，而他不能彻底摆脱封建思想意识，也是重要的原因之一。这是这篇小说的深刻之处。

16日 作者整理后的《不曾腐烂的日记》，发表于《白露》第2卷第12期，署名王任叔。这是一个即将就义的革命者在牢中所写的日记，记载牢中革命者被拷打、被枪决的事件。根据日记的开头和结尾的说明，这实际是其好友董挚声（董子兴）在杭州牢中所写的日记。

本月　短篇小说集《殉》出版。

5月

1日　在《太阳月刊》第5期发表小说《出路》，署名赵冷。小说是写黄卓群亲手杀死镇守使的父亲，与从事革命的爱人尼夫走上革命大道，属于革命加恋爱的小说。王任叔在《太阳月刊》发表文章，受到太阳社成员的推崇。孟超说："此外虽没有参加社，但为月刊写了许多小说，曾被不少人推崇过的，是王任叔，他是用了赵冷的笔名的。"①

同日　在《白露》发表《给梦蕙》。

8日　作小说《指甲上的星》，发表于1929年1月《文学周报》，署名王任叔。小说写"我"的中指和食指的甲上长出了两个白点，妻子说命运不好，理由是这两三年都失业，但后来到上海已消失。小说反映"我"和妻子的思想隔膜、文化差距。

15日　在《生路》发表小说《齿痛》，署名王任叔，收入小说集《影子》。《齿痛》和《火》《一室之内》《不曾腐烂的日记》都是描写革命者，所处时间都在"四·一二"期间，人们处在白色恐怖之中，革命面临生死之时，表现革命者在这种危难之际的精神面貌。《齿痛》表现的是几个逃亡的革命者，仅

---

① 　孟超：《简述太阳社》，《新民报》，1946年12月9日。

仅描写一个片段。

同期发表《妇人的愤怒》(译作)。

本月 作小说《暴风雨下》,收入1928年6月上海生路社出版的小说集《破屋》。小说写名叫运根的农民,自从警察所放出来以后,他屡屡以为大兵来捕他,一直往山上跑,以后也不明什么原因竟死了。

作小说《顺民》,收入小说集《破屋》。小说中的老狗想当个"顺民"而被枪决了。这是被统治阶级思想毒害的人。小说客观地揭示出对反动的统治者顺从是毫无出路的。

6月

15日 文论《文艺闲话》,发表于《生路》,署名王任叔。全文分两部分:第一部分论述《〈幻灭〉与〈动摇〉》,作者认为茅盾的"《动摇》和《幻灭》比较起来,有些地方还胜不过《幻灭》"。"《幻灭》里的人物,差不多每个都有人的灵魂包涵着;而《动摇》里的人物,则除方罗兰外,他们的行动都变作木偶的戏剧了。"第二部分是《饥饿中的旧道德》,作者对塞门诺夫的《饥饿》一书作了评论后,指出现时"提倡旧道德,而不明了历史的事实,与注意社会的病态,掉句话说不注意民众的饥饿问题,却徒喊精神上的美德。简直是'与虎谋皮'。贤明的当局者,想一想吧!"

17日 小说《特制曲尺》,发表于《文学周报》,署名王任叔。小说写一个老妇人的贫苦生活,叙事者称她为特制曲尺,广东人称之疍户,即住在水中船上的人。

本月 巴人第二本小说集《破屋》,由上海生路社出版,署名王任叔。内收小说六篇:《疲惫者》《雄猫头的死》《暴风雨下》《孤独的人》《冲突》《顺民》。巴人早期最有代表性、最有价值的短篇小说大多都在这个集子中，他本人对之也特别看重，自编的《短篇小说选》（未出版）第一辑《山乡纪事》十三篇中，从这个集子中选了《运秧驼背》《白眼老八》《雄猫头的死》《顺民》等四篇，而其中的《冲突》后来还改成长篇。1982年人民文学出版社出版的《巴人小说选》也选了这四篇。不过，巴人对这四篇作了重大修改，而且个别篇名都作了修改。如《疲惫者》改名《运秧驼背》，《孤独的人》改名《白眼老八》。

《破屋》中的六篇都属乡土小说。在这个集中，作者展现了三种不同类型的农民，即不满型，如《雄猫头的死》中的雄猫头，他对现实不满又怯于反抗。而《暴风雨下》的运根和《顺民》中的老狗，则是奴性的农民。在他们身上看不出对现实社会的不满和反抗，他们对统治者只有恐惧、逆来顺受，最后都死于非命。只有《运秧驼背》中的"倔强汉"运秧、《孤独的人》中"独来独往"的老八和《冲突》中的走上革命道路的阿翘，是反抗型的。在他们身上读者不仅看到其对现实社会的不满，而且可以看到一丝反抗的闪光点，特别是阿翘走上反抗统治者的革命斗争的道路并为之付出了生命。巴人的乡土小说受到鲁迅的影响，但有着自己的创作个性。他的成名作《运秧驼背》中的运秧，有人与鲁迅描写的阿Q相比。其实，运秧身上虽有落后的思想，但他不同于阿Q单一的精神胜利法，他身上还有反抗的一面。这篇小说在1925年《小说月报》上发表后，引起广泛的关注，后来茅盾把它收入《中国新文学大系·小说一集》，称赞运秧是"倔强汉"。

关于这部小说集作者曾自述："每一个暑假，我总可以记下好多东西。虽然那些东西我从来不曾发表过，也不打算发表。可是一到后来，离开了乡村，却时时会叫我记起那些被我被记下来的人物；仿佛那些人物，并不是活在这现实社会上，而是活在我的那些草稿本里，我写《破屋》里的那些人物，可说全是复制品，是曾经一度被我记下过，却借时间的化合力，叫他们从我脑里复活过来的。从这一点讲，暑假给我是：又叫我深入农民群众中去。"①

本月　上海泰东图书局出版毛翰哥的小说集《两种力》，序文署名任叔。

7月

本月　在春晖中学教学，同时与张孟闻筹备编辑出版《山雨》半月刊，刊物在上海印刷出版，试图弥补《语丝》休刊的损失。

8月

1日　在《白露》第3卷第7期发表小说《苏格拉第》，署名王任叔。小说虚构了古希腊哲学家苏格拉第（今作：底）的生活，讽刺了革命时期中国文坛部分现象。

同日　作《〈山雨〉发刊词》，发表于本月16日《山雨》创刊号。《发刊词》说："我们于没有一致的倾向中有一个一致的态度：就是我们喜欢说些诚实的自己的话。"又说："我们《山雨》一面欢迎刊登些革命文学作品，一面也欢迎刊登些小资产阶级性的文学作品。""《山雨》终于出版了。《语丝》上的

---

①　王任叔：《深入农民群众》，《青年界》，1936年第10卷第1号。

讣闻，竟作了今天诞生的先声了，这不能不说是一个奇迹。"

6日　编完《山雨》创刊号，作《编完以后》，文中说："我们在此十二分地感谢新学会社经理赵先夫先生和《生路》月刊主编胡行之先生。因为他们把《生路》及许多存稿无条件地移交给我们，使我们《山雨》获得不少的便利。同时我们还希望从前帮助《生路》的朋友们，更踊跃地来帮助我们的《山雨》。"

16日　小说《谁的罪》发表于《山雨》创刊号，署名任叔。小说写洋包车夫阿毛，由于拉车压着小孩，他被关进警察所。

17日　长篇小说《阿贵流浪记》由上海光华书局排版，作《校后记》。文中说这部书稿是4年前寒假写成的，一边写一边给朋友董子兴阅读，但董子兴此时已经被枪毙了。

本月　由上海泰东书局出版小说集《殉》，署名王任叔。这是巴人第三本短篇小说集，内收小说七篇：《倩华》《不幸的男子》《殉》《黑夜》《把戏》《杀父亲的儿子》《黄缎马褂》，其中《倩华》《不幸的男子》和《把戏》属于自传体小说。这三篇小说，其描写内容大致与作者经历相似，甚至完全有其事。但这时描写这些内容时，正如他自己所说，他已厌倦写恋爱小说，而且随着作家思想水平的提高，处理方式也不一样了。另外，这些自传体小说用的是写实手法。这两点是与早期自传体小说的不同之处。而另外四篇则属乡土小说。《殉》中的三田虮听凭命运的摆布，他们以竹园为生，一旦竹林被暴雪所毁，几十年的心血化为灰烬，他便上吊自杀。他是屈服于命运的一类农民。《黑夜》是写太平军与封建地主之间的斗争，以及广大农民的困苦生活，这篇小说可以被视为后来长篇小说《莽秀才造反记》的雏形。不过，作家所处的立场不同，前者是客观的实录，而后者为起义者叫好。《黄缎马褂》是写地主成立民团作恶多端，革命起来后他被枪决。《杀父亲的儿子》是写金货亲手杀死花痴、骚扰妇女的父亲。

本月 生路社出版陈瘦石的小说集《秋收》，前有《代序》，署名任叔。

9月

16日 《雨丝》，发表于《山雨》，署名任叔，文章提出"翻译比创作更为可贵"。实际上这是作者开辟的雨丝专栏，一直坚持到该刊第8、9期合刊。鲁迅曾在《我与语丝的始终》一文中谈及此事。

本月 长篇小说《死线上》出版，小说塑造了大革命时期一群知识分子的形象。

10月

1日 《雨丝》，发表于《山雨》，署名任叔。关于无产阶级文学，文章说："正如同情于农夫的生活一样的，也表示附和过。""超越了阶级有所谓触着'人心'的描写，如前期里云止君的译文武者小路实笃那样的说法，在我以为也是在阶级消灭了的时代以后的事。"总之，反对"文学是没有阶级性的"说法。

3日 作小说《影子》，收入小说集《影子》（上海励群书店1929年6月出版）。小说写兄弟两人实在太穷，讨不起老婆，于是两人相商，讨一个女人。不幸的是哥哥不久便死了。这时开始写城市劳动者。与此同时，还写了小说《野战里》，收入

《影子》。小说写火车站里来了一批劳力，他们为了生存离开家乡，到小站是为去各地谋生。

16日 《雨丝》，发表于《山雨》，署名白石。文章从自己生病谈起，谈到国家、阶级、主义。认为国家不能放弃，阶级冲突实不可避免。"人道主义者之浅薄无聊，依违两可。""不相信有一切超乎阶级，文章如日月的永久的大文豪，也不相信住洋房，喝咖啡，却道：'唯我把持了无产阶级意识，所以我是真的无产者的革命文学者。'"

本月 《阿贵流浪记》由上海光华书局出版。自传体中篇小说《阿贵流浪记》是巴人最早的一部中篇小说。小说主要塑造了阿贵这个人物。他的头衔可不少，他是诗人，是和尚，也是小说家、学者，最后还是一个爱国者，作家多侧面地表现这个人物的复杂、矛盾，是一个具有多重性格的复合体。他是肯定与否定，积极与消极，正面与负面结合的产物。作家在描写每一个性格侧面的同时，又努力揭示这个人物性格的其他侧面，充分展示人物性格的矛盾性和多重性。他有知识、有正义感、爱国、自尊，然而他又颓废、动摇、自私、自卑。"阿贵思想是混杂的"，他的"思想始终没有统一过的"。他就是这样一个矛盾的结合体。

《阿贵流浪记》是自传体小说，从阿贵身上我们可以看到巴人在一定时间段的思想、性格和经历，故而小说可以看作巴人心灵的一次自我剖析。根据本年8月17日的《校后记》中所说："文章写成的时候，是四年前的一个寒假里。"那也就是1924年寒假，但从小说的内容看，应是1925年。而那一年，正是他思想处于积极转变的时期。一方面，他已经开始接触马克思主义；另一方面，他还带有知识分子的性格弱点。总之，他的思想和性格还处于矛盾之中，和阿贵这个人物有不少吻合之处；同时，小说中不少故事情节是作家本人经历过，当然有许多虚构、想象，而且还往往夸大人物的消极面并进行无情的鞭挞。小说文笔幽默，是用"嬉笑怒骂的笔来写"的，故而有些情节略显荒诞；语言常用排比句，在叙述中往往夹杂一些文言词语，既收到讽喻的效果，又充分展现阿贵作为知识分子的性格特点，达到了作家所追求的诙谐喜剧艺术效果。

11月

1日 《雨丝》，发表于《山雨》，署名白石。文章指出托洛茨基认为"无产阶级获得政权是永久地废阶级文化"，因而也没有无产阶级文学，和布哈林等"断定无产阶级文化与文学有创造的必要"。

16日 《雨丝》，发表于《山雨》，署名任叔。文章谈及新诗出路只有两条："（一）极端地把古乐府的精神采取了来，再从事于解放。""（二）极端地采取儿歌民歌的形式与语汇。"

同期发表《通信》，署名镗泉、任叔。

本月 在《大江月刊》11月号发表《零零碎碎：关于平屋主人》，署名任叔。

12月

16日 《雨丝》，发表于《山雨》第1卷第8、9期合刊，署名任叔。此文对茅盾的《追求》《幻灭》《创造》和《一个女性》等作品提出批评。文后提出文学的出路是"使我们底文学和民族接近；有条出路使民众少不了我们底文学，像生活上衣食一般的需要"。又说："能够停起笔来干一干，确实要紧的事。不干，民众是得不到出路的，民众得不到出路，文学也得不到出路。"

本月　自上虞到上海，与潘念之住在一起，共同学习日语，为去日本作准备。期间参加中共闸北区委文化支部的组织生活。参加成员有夏衍、李一泯、杜国章、王学文、戴平万、孟超、许杰、杨贤江、沈赵予、蔡叔厚、舒怡等人。

下半年　在上虞春晖中学教书期间，开始创作长篇小说《莽秀才造反记》。据王克平在《莽秀才造反记·后记》的推断："估计《莽秀才造反记》现留下的初稿，可能就在那时执笔，用的还是从广州带回来的总司令部原稿用纸。这部初稿近四十万字，共分十八章，每章不加小标题：内容已经完全了。"而据《自传》所述："除教课外，我开始研究社会科学。彭康、李初梨的文章，和朱镜我译的《经济学入门》等书，使我对社会结构的理论，有了进一步的认识。深感自己对马克思主义的无知，有再求深造的希望。但在这学校整整一年中，我陷在政治苦闷与婚姻苦闷中。"

从政治上说，几年的革命斗争实践和马克思主义理论的学习，使巴人对共产主义有了相当的认识。但他不能在严重白色恐怖笼罩下的1928年的中国有所行动。他于是有着理想与实践不能统一的苦闷。据其《自传》称："这时，巴人还有着恋爱上的苦闷。自从革命失败后，巴人回老家，遭到妻子的白眼和恶骂，情爱是一点也没有了，这个家也住不下去了。虽然母亲那样疼他，他还是带着极其伤痛的心情。开始了他的流浪。到了春晖，唤起了他昔日青春的热情，先是与女学生夏蕊华恋爱，后又与毛庆祥的妹妹恋爱，但都'自制放弃'。"巴人在《这样的一个晚上》中对这一点作了描写。

从总体上看，巴人与后期创造社等革命文学倡导者们，对无产阶级文学产生的社会原因、性质和任务等，有着相似的看法。但在文学的鉴赏和创作上，他又站在鲁迅的一边。这一方面因为他和倡导者们有着相似的经历和思想基础；另一方面，又因他对鲁迅极其崇敬，创作上一直受鲁迅的影响，而不像创造社某些倡导们那样，把矛盾指向鲁迅，将他作为革命的对象。巴人这种政治上的苦闷，在同时代许多人身上都可以看到，他们有献身革命的愿望，但在反动统治者杀人如麻的白色恐怖的日子里，又一时无法行动。可以说，这是一种时代苦闷，是前进中的苦闷。反之，如果精神麻木，意志消沉，就不会这种苦闷了。

本年　同张孟闻、毛路真通过社会关系，将雪花社旧友、共产党员汪子望烈士（是武汉共产党的重要负责人）的遗骸运至上虞，安装在春晖中学校园外的兰芎山麓。与张孟闻合撰悼文，经亨颐手书墓碑。当时在春晖中学读书的学生对此有不同的回忆。

吴汶："校里开了一次教职员大会，讨论对学生管理问题。校里的二号头头极力主张'法治'，事后看来很像法西斯教育的作风。王老师，你却提出感情教育，主张'自治'，据理力争。"在教学方面，"选文的时代从周秦到两汉，而以先秦诸子为主，不但普遍地选了诸子的代表作，而且是善于总结概括。如以《太史公自序》中的司马谈'论六国要旨'的一段作为诸子选文的'引言'，以《庄子·天下篇》和《汉书·艺文志》中的论'九流十家'部分作结论，这样既可以多读一些文章，又可以借此有条理地认识到各家的思想概况和流派。像这样的教学方法，是给我们引向阅读古籍的门径，在前一辈的老师们是不可能的，在青年教师中也很少会想到的"；在改作业时，"您把我的额联换成'留将春色伴人老，啄尽残英惹我思'，在这些改句中，我敏锐地感到您已透露着'留别'的心情"。"学期快结束了，您主张'开卷考试'，废除监考，并允许我们携带参考资料入场。这种办法在我们认为是从来没有过的。试题是多方面的，有作文、翻译、读书心得，还有思想总结，真是别开生面。更新鲜的是考后把考卷交给我们，由我们自己评卷。"①

另一个学生毛翼虎说："约1928年，我到上虞白马湖春晖中学读书，此时正是四·一二反革命事变后，在蒋介石大屠杀大镇压下，革命暂处低潮的时期。王任叔也悄悄来到春晖中学担任国文教师，他为我题了一扇：'年来夜夜梦孤霞，枯泪于今已着花；寻遍天涯无觅处，湖光山色属谁家！'这首诗反映了他当时的复杂心情。前不久，他曾宁波被捕，眼看革命组织的破坏，革命友人的牺牲，心里自然是愤怒沉痛的，但白马湖的湖光山色，也使他留恋不舍。他当时曾叫我带信给我哥哥毛觉吴，信中（有）'春来大地，杜鹃嫣红，惟年事渐老，逸兴消淡'之句，有同样复杂的心情。虽然在这样环境中，仍然坚持斗争。当时春晖中学有一教师，也是奉化人，与蒋介石多少有点瓜葛，为人倒是老实的，但平喜欢开口'蒋总司令'，闭口'蒋总司令'。王任叔先生听得不入耳，就在这位老师的寝室门上贴了一张纸条，叫做'蒋总司令在此，百无禁忌'，弄得这位教师啼笑皆非。"②

---

① 吴汶：《忆我敬爱的老师——巴人先生》，见《巴人研究》，上海书店出版社1992年版，第71、72页。

② 毛翼虎：《忆巴人》，《宁波文艺》，1984年第4期。

1929年（己巳，民国十八年） 28岁

▲2月10日（旧历正月初一），国民政府决定从1929年起，中国旧历新年正式改名春节。

▲2月，国民党政府颁布《宣传品审查条例》，加紧反革命的文化"围剿"。

▲4月，陈子展的《中国近代文学之变迁》由中华书局出版。

▲11月，我国第一个无产阶级戏剧团体上海艺术剧社成立，首次提出"普罗列塔利亚戏剧"口号。

1月

10日　在《东方杂志》发表小说《一个陌生的人》，署名王任叔，收入1930年9月上海乐华图书公司出版《在没落中》。此篇是自传体小说，故事的背景是从作家在奉化初中养病到《四明日报》当编辑这段时间。

15日　在《培正青年》第2卷第4、5期合刊发表杂文《圣诞之夜》，署名任叔。

20日　作小说集《影子》的《跋》。文中说："除《影子》外都是去年的7月以前的。7月以后几乎动不起笔来，《影子》却是非常难产地产了下来，搁起笔来一读，知道文艺于我已成

了影子似的把握不到的一种东西了。因之，我把这册叫做《影子》。哀悼我自己。"

下旬 巴人为研究社会科学和普罗文学，决心去日本留学。为此他一边学习日语，一边筹集经费，卖了《监狱》《阿贵流浪记》《破屋》和《殉》等书稿，大约筹足两年的经费。从上海启程，与坚持同去的春晖学生夏蕊华一起到了日本。到了目的地以后，就送她到朋友处。春季时巴人自己住在早稻田，后因房租太贵，搬至市郊处西荻洼，与潘念之在一起。为了专心学习日文，又与友人一起聘了教师，所用的教本是日译苏俄《毁灭》等，期间并参加潘等组织的社会科学研究会，这是日本留学生党组织领导的。他在这里读了不少进步的书籍，从而提高了思想觉悟。据《自传》所述："对人生的漠然的苦闷，常常成为政治的苦闷，这种苦闷是一种行动上的软弱和思想上革命的要求的矛盾表现。这种苦闷在春晖教书时，还夹杂着婚姻问题的苦闷因素，而在日本求学时期，则因为读了些左倾书籍，如布哈林的《唯物史观》，马克思的《政治经济学绪论》(按：今译《政治经济学序言》)，思想上有所提高，因而对自己处在远离祖国的斗争环境的行动感到不满了。"

年初 与宁波竺兰芳、阿金两同志会面。据《自传》所述："一九二九年初去日本时，在上海又与卓兰芳会见，告诉他去日本求学计划，他也同意。另有曾在奉化幼稚园任保姆、大革命时入党的阿金同志，我也会见，也告诉她关于我去日本求学计划，得到她的鼓励。"阿金为李维汉的爱人。

4月

4日 作小说《我想起了自杀》，收入《在没落中》。这是一篇自传体小说，是反映作家为着理想而大革命失败以后笼罩着严重的白色恐怖不能行动的苦闷。小说中的"我"，一方面听到一种声音在呼唤，这当然是党的呼唤，革命的呼唤，就大叫："火！！！火！！！火！！！放火！！！放火！！！"但另一面，"我"看到"眼前又是死火的跳舞！又是血的飞溅！头在滚！心在跳！是生命的拍卖场，是恶魔的饕食所……我又退回来了，我又站在十字路口了。"这个"我"，确实渗透着作家自己的思想。用他《自传》的话说"是一种行动上的软弱和思想上对革命要求的矛盾"。

12日 作小说《出版家》，后发表于《一般》1929年第8卷第4期，署名王任叔。小说写一个出版家明明印了五千册赚了钱，要重版却推说亏本不愿付作者稿费。

5月

15日 在《白露》发表译作《一个行路者死了》《May Day近了》，署名王任叔，日本森山启原作。

20日 作小说《这样的一个晚上》，收入小说集《在没落中》。小说反映作家恋爱婚姻上的苦闷，写S十七岁结婚和女学生恋爱等等故事情节，以及到了日本，请了一个年届七十的古稀人物教日语，凡此都可以从作家身上找到相似的地方。

夏 由西荻洼又搬回早稻田。

9月

本月 苏联克理各理衣夫长篇日记体小说《苏维埃女教师日记》由上海生路社出版，译者署名碧三女士。小说于6月23日翻译完成。汉译本是根据日本广冈光治的日译本转译。小说以日记体的形式，通过苏联一位初级学校女教师七个多月的日记，展示了苏联新教育的思想和方法。作者在《重译者的话》中说明了转译目的。

同月　由上海励群书店出版短篇小说集《影子》，收小说6篇：《齿痛》《一室之内》《不曾腐烂的日记》《野战里》《影子》《火》。

10月

3日　日本当局借口中国留学生集会抗议蒋介石中东铁路反苏案，制造镇压中国留学生事件。3日早晨东京市的中国留学生被检举者多达六七十人。巴人当时在早稻田大学读书，住在一个寡妇的杂货间里。三个月内，没有受到日本警察的监视。他说："因之，我很沉醉于细心的读书生活。"但是"十·三事件"使他目睹日本帝国主义对中国留学生的凌辱，十分气愤。"在中东路事件发生以后，十月三日的早晨，一个钟头里东京市内市外的中国留学生，被检举者达六七十人之多。于是我更憎恨这不很有理性的国家，觉得专为自己的修业而留滞在这个国家里，是我的耻辱，我要看我的祖国到底有没有法子，我回国了。"①

"我在这异国人的眼光里，看出了我祖国在他们脚下喘息的阴影。他们，谁都可以在我的面前昂扬地走了出去，而我却必须在他们中间低下头来，沉默。这也就是我住不上两年②，抱着满腔的愤恨回国了。"③

———————

①　王任叔：《论"没有法子"》，《鲁迅风》第3期，1939年1月25日。
②　巴人1929年初到日本，当年11月回国，一年也不满。
③　王任叔：《我期望着》，《文艺长城》，1939年第3期。

另，巴人在《略论叫化之类》中对此也有叙述。

11月

上旬　巴人毅然回国，日本侦探随轮船一直跟踪他到上海。回国到上海后，立即参加声援"十·三"事件中受害学生运动。

上旬　致信给鲁迅。《鲁迅日记》9日载："夜得王任叔信。"次日日记则记："复王任叔信。"不明所写信的内容。《我和鲁迅先生的关涉》中有说明。

12月

27日　在《天籁季刊》①第20卷第1、2期合刊发表《词之出身》，署名任叔。

本月　与潘念之（凤涂）、江闻道（圣逵）同住一起，继续研读社会科学和普罗文学。通过朱镜我开始找寻党的组织关系。开始与钱杏邨等交往，《我和鲁迅先生的关涉》中说："回国之后，开始和钱杏邨先生交往起来。"

下半年　在《培正青年》第2卷第6、7期合刊发表散文《我的心》②，署名任叔。抒发了自己内心的荒芜感和凄凉感。

年底　开始着手翻译法捷耶夫的小说《毁灭》。作者在《重读〈毁灭〉随笔》中称："对我说来，知道苏联作家的名字，法捷耶夫是第一个。1929年，我在日本学日文，请日本

---

①　现代报刊索引系统标为《沪江大学月刊》，因该刊系上海沪江大学学生会主办。

②　笔者查到的刊物缺损日期页，具体月份不详，但该刊1、2期合刊上标注为1月15日。

人教：几个月后，我读的版本，就采用藏原惟人译的《毁灭》。不到一年后回国，也曾将它译出来，看到鲁迅译这本书的广告，便将它弃置。"①

1930年（庚午，民国十九年） 29岁

▲2月，中国共产党领导的中国自由运动大同盟于上海成立。

▲3月至10月，中国左翼作家联盟、中国社会科学家联盟、中国左翼美术家联盟、中国左翼戏剧家联盟及左翼文化界总同盟先后在上海成立。

▲5月至10月，蒋介石与阎锡山、冯玉祥在河南、安徽、山东、江苏混战，史称中原大战，最后蒋介石获胜。

▲11月，陈子展的《最近三十年中国文学史》由太平洋书店出版。

1月

本月 找到党组织关系。据《自传》述："一九二九年十月一日回到上海后，即参加各种斗争，另一方面，我也通过朱镜我和阿金（那时，她是罗迈同志的爱人）找寻关系。到三十岁（按：虚岁），即一九三〇年一月，关系接上了。朱镜我在

---

① 《文艺报》，1956年第21期。

江闻道的家里，通知我这一决定。我乃参加冯乃超领导的北四川路的街道支部。"

2月

15日 上海进步文化界在党的领导和支持下，由鲁迅、柔石、郁达夫、田汉、郑伯奇、夏衍、彭康、画室（冯雪峰）、王任叔等五十一人发起组织中国自由运动大同盟。在秘密成立大会上鲁迅发表了演说。大会通过宣言，争取言论、出版、集会、结社的自由。巴人在宣言上签了名。

3月

2日 出席中国左翼作家联盟在上海四川北路窦乐路中华艺术大学二楼召开的成立大会，鲁迅在大会上作了题为《对于左翼作家联盟的意见》的重要讲话，王任叔是联盟发起人之一。

8日 在《培正青年》发表诗歌《静静地走到这沉默的荒郊》。同期刊载《国家主义》一文，署名：Page讲演，任叔笔录。

10日 在《拓荒者》发表译作《十二个牺牲者》，署名王任叔。作品写波兰红军与白军作战中，十二名红军士兵被白军所俘英勇就义。

本月 "左联"成立后，鲁迅、瞿秋白共同领导下展开文艺大众化的讨论，至1934年年底先后共讨论过三次。据《我和鲁迅先生的关涉》一文所述："虽然在左翼作家联盟席上，我也常常瞻仰到鲁迅先生的风味，倾听他的言谈，但我始终没有敢去接近他，连交谈也没有。这种心境，现在还可以想得起来。由于鲁迅先生的严肃，尤其他那表现在文字上敏锐的眼光，使太多劣点的我深恐被他发露，不敢向他求教。而另外却也由于我的虚无心境，我当时确实看到那些青年，自柔石、韩侍桁以至蓬子等追随在鲁迅先生背后的必恭必敬的神气，有点讨厌。'鲁迅是值得尊敬的，但值不得那样赔小心！仿佛是自己的父亲似的。'我曾经对一个学生说过这话，而这学生恰恰又是柔石的同乡，据说'柔石听到这话，感到非常的气愤'。朋友F君（按：指冯雪峰），曾经在一个会议上，也曾以这事批评过我：'不要再乱说话！'我当时默默无声地接受了。这接受不是为柔石的愤怒，却是为了鲁迅先生给我精神的伟大的影响。'乱说话！'我也仿佛觉得自己是乱说了。"

而许杰回忆："记得那时，我因生活关系，多兼了一些学校的课程，很少时间写点什么；同时，也因为当时中国文坛，正在开展一场所谓中国革命文艺论战，我虽约略知道一些，但说要我写点什么意见参加论战，自己却在踌躇。……记得这些日子，任叔同志不时来我这里，我们也谈些当时文坛的情况。他曾希望我写点什么参加这场论争，而我因上述原因而未提笔。我如今记得，即在当年，我也曾面对任叔吐露过这点意见。后来，左翼作家联盟筹备成立，任叔同志曾事先和我商谈，我也准备参加，而且我自己认为，我原来就是左翼中人。只是在那年三月某日，虽然任叔也曾把开会的地点和日期通知了我，但我都没有前去。其后，文艺工作者大联合宣言，我是签了名的，而且也可以在现在见到文件上看到。但是，也应该指出，这也是任叔同志与我联系后才签上。"①

---

① 许杰：《怀念、回忆与崇敬——为纪念王任叔同志诞生八十五周年而作》，《迟到的怀念与思索——关于巴人》，浙江文艺出版社1998年版，第70页。

年初至本月　党组织派巴人办浦江中学，任教务主任，结识了该校名誉校长沈钧儒。

4月

　　本月　浦江中学创办不久即停办，另办建国中学并任教。据《自传》所述："后浦江中学停办，另办一建国中学，也是党所支持的。校长江西人姓李，郑淑子（即郑倚虹，刘尊棋爱人）为教务主任，我在那里当教员。四月间，南京和记蛋场罢工，上海示威响应。在南京（路）大戏院门前，发生巡捕枪杀我们沪西赤色纠察队长的事。那队长同志的孩子因搬藏手枪至彭康同志家，被暴露，彭康同志被捕。而那孩子是我们学校的学生。学校遭搜查，校长李某卷款逃走掉，一大群青年学生不但失学，而且住食都成问题。这时，我乃为他们租一楼房，暂时安顿无家可依的青年男女同学。就在这一群青年中，我和一个新从狱中出来的女同学王洛华逐渐接近，最后，结婚了（她是江苏宿迁人，地主家出身，曾有组织关系）。"

　　王洛华是成城女中学生，生于1913年12月，1928年8月加入共产主义青年团。她积极参加革命活动，因参加"二·七"大罢工，散发传单时被捕。在1928年因参加庆祝十月革命筹备会议，被虹口巡捕房逮捕入狱。这一次是第二次被捕，关了两个月才出狱。那天党组织派巴人去接她，两人初次见面就建立感情。

5月

　　7日　在《培正青年》发表散文《梦里写情书》和《我对于人生的态度》，署名任叔。

本月　与王洛华在沪西山明酒楼举行婚礼，请庄崧甫做结婚证人。在建国中学教书的同时，还负责"左联"的学生文艺研究会的工作。

6月

本月　建国中学被迫关闭，被党组织派往沪西区委搞工人运动。据《自传》所述："等到学校停闭，大约在六月间，我被沪西区委派去做工人运动，领导曹家渡日本人的绢丝厂工作，并参加那时立三路线指导下的'党团合组的行动委员会'。领导者，党的方面是海门老赵，团的方面是爱克司（据说是苏联留学生，至今不知其真名）。我的工作是爱克司直接领导的。在工作中，领导方面完全不考虑白色恐怖的环境和工人的觉悟条件，硬要在工人中发动政治斗争，以配合红军攻入长沙；也不考虑在黄色工会中做工作，独自在工人中去发现积极分子；等到积极分子发现了，又把他们从工厂中调出来，专做斗争工作。这一来积极分子就没有了群众。这一切我在行动委员中曾提出不同意见，被老赵和爱克司批评为右倾机会主义。但绢丝厂的工作，终于在一次冲突斗争中失败了。"

8月

本月　行动委员会被取消。据《自传》所述："上海分为十一个区，沪西成为两个区，即沪西区和曹家渡区委，我被委为曹家渡区的宣传部负责人。书记是温州人老赵。曹家渡区委又为沪西区委所管辖，我除宣传工作外，还领导大夏大学支部。"期间曾与王明发生过冲突。

10月

本月　被派到沪东去做海员工会工作，任党团宣传委员。每天的工作就是跑码头，看船，和船员进行谈话。但船员表示"敬而远之"的态度。

本年　李何林编《鲁迅论》，收巴人的文论《鲁迅的〈彷徨〉》。

1931年（辛未，民国二十年）　30岁

▲2月7日，胡也频、柔石、殷夫、冯铿、李伟森5位左翼作家被国民党秘密枪杀。

▲9月，丁玲主编《北斗》创刊。该刊是"左联"为扩大左翼文艺运动，克服关门主义和宗派主义而做的努力。

▲9月18日，九一八事变爆发。蒋介石下令"不抵抗"。

▲11月，中华苏维埃共和国临时政府在江西瑞金成立，毛泽东当选为主席。

▲12月，胡秋源等在《文化评论》创刊号以"自由人""第三种人"批评左翼文化。

年初　要求回到文化工作岗位，得到组织批准，又回归"左联"。

3月

22日 在《沪大周刊》发表《手背》，署名任叔。

29日 在《沪大周刊》第6卷第4期发表《短话：（一）一分钟的挣扎》，署名任叔。

本月 在《天籁》第20卷第3号发表诗歌《呼病》《给与华》和《影》，署名任叔。

4月

本月 被捕入狱。提篮桥巡捕房包围了王任叔的家址，将他逮捕。原来由于工作调动，他的党组织关系要从沪东转入闸北四川路街道党支部，由于闸北区委把他转党关系的信（信上有地址）夹在一叠宣传品中，闸北区委被敌人破坏后，这封信也落入敌人手中，他也因此被捕。据《自传》所述："组织关系从沪东转到闸北四川路街道支部。区委是新中央派下去的，对过去工作不熟悉。党内出了右派，又抵制交代工作，闸北区委书记因转关系转不到，就将我转关系的信，杂放在传单中。区委的住宅被抄，人被捕，而这信也落在巡捕房手中，我因此也被捕。幸而信中用的名字是王洛华，和我住宅用的名字不同。"

由于王洛华及时把王任叔被捕消息告诉组织和亲属，在镇海工作的二兄王仲隅立即赶来，委托沈钧儒为义务律师，要求释放王任叔。

5月

本月 法院公开审讯。检察官起诉书上说王任叔是共产党员，证据是家中藏有油印机，还有一叠共产党宣传品。油印机是冯雪峰请他刻印开除叶灵凤左翼作家联盟时借用的。这时王任叔则强调自己失业后，想以刻印谋生，但自己刻得不好又找不到刻印工作，所以有这台新油印机。关于后一点，王任叔知道家里没有任何党的文件和宣传品，就理直气壮地指出只是有人诬陷栽赃。

20世纪80年代，钱英才曾经访问过王洛华女士，谈起这件事时她对笔者说敌人来逮捕时，她迅速把有关文件带到厕所，装作上厕，把文件丢入厕所。又据王克平在《王任叔（巴人）编辑生涯》中回忆："据我母亲回忆，父亲常在家自编并油印名为《红旗》的小型刊物。在发现特务盯梢时，还急忙把油印机隐藏起来。这种近似传单的报刊，主要是散发给群众的，通常难以保存，目前也没有任何资料可以查证。上述情况只能作参考。"沈钧儒律师的辩护词相当长，侃侃而谈，极其雄辩地否认了起诉书上的两点指控。几天以后，国民党法院以共产党嫌疑犯判王任叔六个月有期徒刑。巴人在《典型问题随想》（《文艺报》1956年第9期）中对沈钧儒有回忆。

据《自传》所述："被捕后，当即由二兄仲隅从他教书的镇海来到上海，设法救援。沈钧儒为我担任义务律师，并由二兄找其他社会关系，向法官贿赂，二兄抵押了自己的土地，出了一大笔钱，才最后判徒刑六个月。在狱中，我遇到了彭康等。狱中有一二同志，怀疑我只判六个月，恐是敌人派来的间谍，这给我的刺激非常之大。再加上党内斗争，在我看来，颇有'争权夺势'之嫌，我感到对革命的失望。自然，主要原因，还是由于自己立场不够坚定，而有此'灰心失望'的情绪。"同关在西牢里，还有吴黎平（后改吴亮平），他们在牢中组织秘密讲座，由彭康、吴黎平等讲中国革命问题。

8月

8日 儿子绍嶙出生，乳名克宁。夫人带孩子到宁波，住王荫亭家。

10月

24日 刑满出狱，在上海住了两个月后即去武汉，并得知营救自己的哥哥去世。据《自传》所述："十月间，我期满出狱，知道我国东北已经失掉。而一生中最爱我并且引导我走入社会活动的二兄仲隅，竟在那年暑假，因辛劳过度从汉口来到上海，病死于宝隆医院，连死一夜，医院还不知道。二兄遗下的孤儿寡妇一群人，再也没有人依靠了。这使我深恶痛绝的家庭观念和抚孤恤幼的责任感不期然产生了。我想找到一个职业，来尽一些义务。因此，在我出狱后，朱镜我来看我时，就表示了这个意见。之后，朱镜我同志就没有再来找我谈过话，我又一次和组织失去了联系。"巴人在《我来自东》中也有相关叙述。

11月

本月 作小说《仿佛》，收入1936年4月上海新城书局出版小说集《捉鬼篇》。小说是写都市下层人群，在农村活不下去到城里仍过着悲惨的生活。

本年 作小说《自杀尝试者》，收入小说集《捉鬼篇》。小说写了一个喜欢看别人到自杀的精神病患者。

1932年（壬申，民国二十一年） 31岁

▲1月28日，"一·二八"事变在上海爆发。

▲7月1日，邹韬奋在上海创办生活书店。

▲8月，国民党特务大肆搜查书店，逮捕店主或经理。左联刊物《北斗》被迫停刊。

▲9月，林语堂等人在上海创办《论语》半月刊，提倡幽默和闲适的小品文。

▲12月30日，宋庆龄、蔡元培等发起的中国民权保障同盟在上海成立。

1月

1日 在《中学生》的《贡献给今日的青年》（一组诸多作家的短论集）中发表短论，署其夫人名王洛华。文章提出中学生是应该学习的人。

本月 携夫人王洛华和出世才六月的克宁，去汉口准备任《新民报》编辑，未成功。据《自传》所述："一九三二年一月，由庞赉卿同志介绍到汉口，任《新民报》编辑工作。但该报为谢传茂所霸占，不得进去。谢传茂这时已叛变革命，勾结国民党，在汉口宁波同乡会中，有他一派势力。大概，他还顾

念我们过去的友谊，为我安插在宁波小学教书。半年后，又由庞赍卿同志为我设法，在武昌市第一中学和汉阳第十二中学教国文。这时，我住在方善境等所办的'文化服务社'（出借图书）内。方善境等认识了一位陈胖子，想以汉口发展组织。我因不明陈胖子履历，没有参加。因我在牢里认识了不少流氓分子，他们谈到包探中所谓'翻戏'。故意派人打入团体，来破案。这使我对此不能不警惕。真的，事隔不久，方善境等就被捕了。而陈胖子不知下落，或亦被捕。"关于来武汉沿路经过，详见《我自东来》一文。

3月

23日 在《楚天日报》发表文论《歌德与黑格尔·歌德百年祭专号》，署名王任叔。文章从黑格尔与歌德生与死相衔接谈起。黑格尔生日在8月27日，歌德生于28日；黑格尔死于1831年，歌德死于1832年，接着介绍了他们的交往。

本月 由良友图书馆出版小说集《乡长先生》，收入《巴人全集》第3卷。

5月

3日 在《时事新报·青光》发表杂文《多事的五月》，署名华。文章列举每到五月就发生事件，"语云：多难兴邦，现在正是多难的时候，希望全国上下一致的觉悟，用我们的铁和血，来洗我们的耻辱。在多事的五月中，创造几个值得纪念和庆祝的纪念日。"

15日 在《时事新报·青光》发表杂文《马路英雄》，署名华。此文谈卓别麟（卓别林），说他不仅是艺术家，也是哲学家，要大家学他在《马路英雄》所提出的"人生必须由奋斗而后成功"。

6月

22日　在《申报·自由谈》发表杂文《翁仲》，署名王任叔。文章从翁仲在乱草丛中日晒雨淋联想到自己的命运。

7月

12日　在《时事新报·青光》发表杂文《怎样消夏》，署名逸。文章谈及不同人消夏的方法不同，有闲阶级可以去莫干山、牯岭，而一般人的消夏，其实消磨了珍贵的时光。

27日　在《申报·自由谈》发表杂文《我也谈谈所谓"四库珍本"》，署名无咎。

下半年　由庞赟卿设法在武昌一中、汉阳十二中任国文教员。住在文化服务社，跟随方善境学习世界语，翻译法国居友的《从社会学见地来看艺术》一书。

本年　作小说《龙厄》（遗稿），收入1986年9月文化艺术社出版的小说集《龙厄》、《巴人全集》第4卷。钱英才20世纪80年代访问王洛华女士，那次谈话谈到关于王任叔写关于她的小说，她说她并不喜欢，指的就是此篇。小说所流露出的思想情绪也反映了那时作家的思想状态，比如失去组织联系的苦恼，同志之间不信任不能相认的无奈，生下小生命却得不到欢乐，不能抚孤恤寡的伤心。

1933年（癸酉，民国二十二年） 32岁

▲1月17日，中华苏维埃临时中央政府和工农红军军委发表宣言，表明愿在三条件下与全国军队停战议和，共同抗日。

▲2月17日，英国作家萧伯纳抵达上海，开始访问中国。

▲6月，中国民权保障同盟总干事杨铨被国民党特务杀害，鲁迅等被列入黑名单。

▲10月，蒋介石调动百万军队发动第5次反革命军事"围剿"。

1月

本月起 去南京工作。据《自传》所述："在汉口，我无意中碰到了冯乃超。知道他在他岳父的建设厅中做秘书，并且有时出席何成竣的重要会议（现在想来，乃超同志可能是由党派入去的）。而我在中学教书将近半年，却领不到一份薪水……我不但不能'抚孤恤寡'，且无以自活，想另谋出路。就通过南京的毛庆祥和沙孟汉（师范同学，沙文汉的大兄）在朱家骅的交通部觅到一个科员的职位。这是一九三三年一月的事。"庆祥在广州司令部任文书科长，与王任叔是同事和同乡（奉化），介绍王任叔给朱家骅，安排他在航政司航政科任科员。

3月

11日 在《申报·自由谈》发表杂文《论亡国奴之类》，署名王任叔。此文讽刺士大夫之流"当作自己国家，来受日本木屐儿亡国奴的册封"。

5月

1日 在《东方杂志》发表小说《一夜》，署名任叔，收入小说集《乡长先生》。这是篇自传体小说。洛、华是一对年轻夫妇，为打胎而难产，最后提出离婚。这些是虚构的，但不少情节则是真实的。作家在《乡长先生·校后记》中说，创作"大抵有三条路子：第一，是亲身体验过的生活的记述。""《还乡》、《一夜》、《逆转》，可说是我一部分的生活的体验，这是无所用其隐讳的（虽然整个的故事，是自己虚构的）。"这大抵上接近第一条路子。

上半年 作《无实践即无文学》（生前未发表的遗稿），发表于《文艺报》1986年9月26日。文章从自己的家庭和自己的成长谈起，然后提出："在我以为文学是不应该有什么'为人生的'与'为艺术的'之争、'言志的'与'载道的'之分。即单纯的'革命文学'的口号，也是不适切的。文学必须是现实主义的，因为文学活动，不过是人生实践之一。文学作品，不过是一个实践的记录，并无所谓高贵，亦无所谓卑下。……不过，我们在这里首先要决定的，便是个人实践的范畴，是否顺社会的历史法则的'正动'，或是逆社会的历史法则的'反动'。其属于前者，那么你实践的记录，将得到更大的正确与更近客观的事实。"最后得出："故无实践，即无文学，非正动，即非'真实'。唯'正动'的实践，才能产生真实的文学。"王克平在《郑振铎与王任叔》（油印稿）中称："1934年郑振铎与傅东华为纪念《文学》创刊一周年编辑了一本《我与文学》一书。该书收集59位著名作家的短文，分别谈论自己对文学的体验、与文学的因缘。王任叔是被约稿作者，他撰写文章的题目是《无实践即无文学》。……当时已被编入《我与文学》书稿发排，铅印校样的编页码是第63页到86页。但该文却在《我与文学》正式出版时被全部删除了。由于作者、编者都早已长逝，其中原因不能得知。笔者在请教有关同志后猜测，王任叔文章很可能是被当时国民党的出版审查部门所删去的。值得庆幸的是《无实践即无文学》的清样得以完整保存，全文已在1986年9月26日《文艺报》刊登。"

7月

19日 在《申报·自由谈》发表杂文《具体的批评》，署名无咎。此文针对大家不关心小学课本的现象，指出这其实是出版数量最大的一种书。

10月

1日 在《东方杂志》发表小说《追剿》，署名任叔，收入小说集《乡长先生》。作家在《校后记》中说这篇小说："是我在都市生活中精力剩余时一种对乡村风习趣味的憧憬和回忆。"小说是写绑架富人的"三次"（自称民国长毛）和官兵之间的作战，"三次"倒没有打死，却把村民雄猫头当"三次"打死。

本月 译著《从社会学见地来看艺术》由上海大江书铺出

版。原作者居友①，译者署名王任叔。该书从日文转译而来，主要翻译该书的理论部分，共分为五章。

11 月

21 日　在《申报·自由谈》发表杂文《关于"诳"》，署名屈轶。文章认为现代青年需要"诳"，或许更接近真理。

12 月

4 日　在《申报·自由谈》发表杂文《说变》，署名屈轶。此文引证据典，说变应以历史的自然法则，判断变化的结果。

本年　交往人员较固定。据《自传》所述，在南京做事期间"除在交通部航政司的科里办公处，有时写点小说投寄给《国闻周报》，署名屈轶（大都收集在《乡长先生》的小说集内）。其间的社会关系，有在伪国府图书馆做事的妹夫毛裕芳，有同乡王光延。但过从较多的是南京中大系教书的张孟闻和从牢中出来的周天缪。这是一方面。在文学上结识的朋友是张天翼、蒋牧良、吴组缃（他那时在冯玉祥那里当秘书）和以后认识的蒋天佐、陈白尘。这又是一方面。共同学习世界语社会科学的，有劳荣和瞿白音等"。这一阶段常去探望在坐牢的朱士翘，并送东西给潘梓年。

---

① 让－马利·居友（Guyan），19世纪法国哲学家。

1934年（甲戌，民国二十三年） 33岁

▲2月19日，蒋介石在南昌发表《新生活运动之要义》，发起以"礼义廉耻"为中心精神的"新生活运动"。

▲4月，林语堂主编的《人间世》半月刊创刊。

▲9月，鲁迅编辑的《译文》创刊；陈望道主编的《太白》半月刊创刊。

▲10月，中央红军第五次反"围剿"失利，于10日开始战略性大转移——长征。

1月

15日 在《申报月刊》发表小说《逆转》，署名王任叔，收入小说集《乡长先生》。这篇小说是作家"一部分的生活体验"的作品，也就是该集《校后记》所说的第一种创作的道路。小说与他在上海参加革命的一些经历颇有相似之处。

本月 作小说《族长的悲哀》，收入小说集《乡长先生》。作家在小说集的《校后记》中说："我抓住封建势力的变质——旧的没落，新的都以另一种面目抬起头来——的现象，用族长和村长来个对比，而付同情于能以力量与自然斗争的族长的儿子。"小说中的这个儿子名叫阿发，是一个倔强而敢于

斗争的农民，比作家笔下早期的农民更富有斗争的自觉性和策略性。

2月

5日　在《国闻周报》发表小说《友谊》，署名王任叔。关于这篇小说，作家在《乡长先生·校后记》中如是说："尤其是《友谊》，我记得做那篇文章的动机，是看到了《大公报》文艺副刊上登载的杨振声先生的一篇《仇恨》之后。因为杨先生那篇文章的主题，是说明人间的仇恨，能在急难相助上解消。但我觉得世界上没有那样单纯。在人与人之间那种结合关系没有合理化之前，要消灭仇恨是困难的。在这里，那种不切实际的人道主义所高喊的爱，是失其效用了。我为了表明这社会上人与人之间的本质的仇恨的起因，便利用我的经验，造出两个好朋友——董小二和徐三——如何在某种必然的条件下抛弃了友谊。"

3月

17日　在《新生周刊》发表小说《茶社里》（一），署名王任叔。小说写的一些无聊文人、军人、官僚在国难当头之际仍在茶社里捧角，过无聊的生活。《茶社里》（二）（三）分别发表于该刊3月24日和31日。

4月

1日　在《文学季刊》发表小说《浇香膏的妇人》，署名王任叔，收入1937年6月上海商务印书馆出版的小说集《流沙》。小说成功地塑造了一个妇女形象——清芬。她虽谈不上一个革命者，但她是一个革命的同情者，她既有旧式女性的特点，又有着新女性的特点，是一位柔性的善良的女人。她虽没有对革命作出直接贡献，但她在精神上和物质上支持革命，并负起抚养革命后代的责任。小说的女主角是以曾在精神上、物质上支持作家本人的裴公浼为原型的。

本月　作小说《乡长先生》，在本年9月14日至10月18日《申报·自由谈》发表，署名王任叔，收入小说集《乡长先生》。小说写了一个在上司面前是奴才，在农民面前是暴君的冯文乡长。作家在《校后记》说："我回乡一次，我又看到另一面整个乡村的崩溃，在帝国主义的积极侵略与准备第二次世界大战的情形下，连新的封建势力也无法抬头，却是与帝国主义的先锋买办者稍通脉络的商人身份，反而利用旧势力，保持他的地位。作乡长的冯文，必须听从绅商的大生，便是乡间某些地方的实际情形。"

5月

1日　在《创进月刊》创刊号发表《诗与随笔：毛队长的烦闷》，署名任叔。

6月

6日　在《时事新报·青光》发表杂文《爱神的一箭——为〈爱的种类〉质张竞生》，署名一鸣。文章对张竞生《爱的种类》提出四点异议，如"谈到男女两性的爱的问题，我们不能不先谈到'性'，而要明白性的历史发展的形式，我们更不能不说到人类的进化"等等。

15日　在《申报月刊》发表小说《牛市》，署名王任叔，收入小说集《乡长先生》。小说写了一个胆大、技艺精湛的屠夫，仅仅因地主魏克明的牛被偷，而怪罪他兴牛市要拿他法办，致使他整整十年不宰牛了。

7月

3日 在《申报·自由谈》发表杂文《关于大众语文学底建设》，署名王任叔。此文回答什么是大众，为什么现在提大众语文学？它的作用是什么？以及作家本身的问题如何解决。

16日 在《国闻周报》发表小说《血手》，署名王任叔，收入小说集《乡长先生》。作家认为这一篇是从地主这一概念出发而写的作品。不过，地主五云很注意市场信息，善于窥测剥削时机，作家对他精明、贪婪的性格刻画得相当出色。在堵缺事件中、平集事件中，作家表现出他的伪善、残酷、凶狠。

同日 短篇小说《灾》在《国闻周报》开始发表，至本年11月5日刊登完，署名王任叔，收入《乡长先生》。这篇小说揭露地主玉喜比老一辈地主更精明，他的剥削观念和剥削手法也不同，不再像祖辈那样"总是把从土地上赚来的钱放在土地里的"，而是借助资本主义新方法展开剥削。

8月

1日 在《时事新报·青光》发表杂文《冲破色情文化的氛围》，署名一鸣。此文讲色情文化对青年的危害。

27日 在《国闻周报》发表小说《佳讯》，署名屈轶。小说写的是发生在农村的悲剧的故事，以《佳讯》为标题，极具讽刺意味。如乔老太的丈夫活活被官府逼死，儿子要被处以极刑。而乔老太听说因犯人太多要放一批人，乔老太儿子也被列入要放之列，但等来的结果却是："在今天上午六点钟""在南门外执行枪决了"。

29日 在《时事新报·青光》发表杂文《从上海到苏州》，署名一鸣。此文记叙了作者去苏州时，在火车上看到了沿途破败的农村。秋季组织流动读书会，每周在玄武湖、清凉山等地学习社会科学，读的是当时李达翻译的苏联一本《政治经济教程》，除读书外，还有形势报告等等。

9月

11日 在《老实话》发表杂文《日本记者对中国商船客行为之统计》，署名一平。

14日 在《申报·自由谈》开始发表小说《乡长先生》，至本年10月18日连载完，署名王任叔。

21日 在《老实话》发表杂文《苏联驻日大使优列勒夫》，署名一平。此文介绍苏联驻日大使优列勒夫。

10月

5日 在《新语林》发表文论《并非是辩白的话》，署名王任叔。此文针对孔另境关于大众语文的回答，提出三点看法："第一，我以为大众语文，如其作为一运动而提出时，那么这意义，似乎是在教育大众这一点上。……第二，我以为大众语文，一定是在种种矛盾对立的现象中发展的。……第三，接续这问题而来的，我以为这一方面尽管用象形字来发展大众语文，但另一方面，也尽不妨用拉丁拼音字来代替象形字。我相信拉丁拼音字在帮助大众文化教养上，比较象形字底收效要快速得多。"

11日 在《老实话》发表杂文《以人为鉴——法外长已不怯》，署名一平。此文讲法国外长在国际斗争中的作为，指出："外交之胜利，在于雄厚之实力，由此可以证明了。"

20日 在《新语林》发表散文《记含戈》，署名王任叔。

本月 在《新生周刊》发表小说《若木君的烦恼》，署名王任叔，收入小说集《捉鬼篇》，写若木君因生计去买航空券引起的烦恼。

11月

1日 在《老实话》发表杂文《猿的社会行动》，署名一平。此文讲动物心理学家对猿的试验。

11日 在《老实话》发表杂文《英法西斯领袖莫斯列》，署名一平。此文介绍英国法西斯领袖莫斯列其人。同期发表《世界假死记录》，署名一平。

21日 在《老实话》发表杂文《土耳其的产业五年计划》，署名一平。这是介绍土耳其在苏联帮忙下发展本国工业，尤其是纺织业，订了个五年计划。

12月

11日 在《老实话》发表杂文《美利坚的秘密结社》，署名一平。

本年 收留陈大戈和他的爱人江闻造（共产党员），常去监狱探望共产党员朱士翘、潘梓年。

1935年（乙亥，民国二十四年） 34岁

▲1月15至18日，中共中央在长征途中于遵义召开政治局扩大会议，确定了毛泽东在红军和党中央的领导地位。

▲6月18日，瞿秋白在福建长汀就义，时年36岁。

▲12月9日，北平学生在中国共产党领导下举行抗日爱国示威游行，并在全国掀起抗日救亡运动的新高潮。

▲12月17日，中共中央在陕北安定县瓦窑堡召开政治局扩大会议，制定出符合中国国情的抗日民族统一战线新策略。

1月

10日 在《时事类编》发表译作《阿索尔之死》，署名王任叔。这是乌克兰作家益尔昌之作品，巴人从世界语转译。小说写一个所谓杀人犯阿索尔，他在法庭上控诉了斯横生及其子的罪行，但杀死这两个人的并不是他。

本月 长篇小说《某夫人》，作为《武汉日报》丛书之一出版。小说作于1934年，1984年4月黑龙江人民出版社重版。小说通过沈金莺的悲剧一生的描写，从侧面反映了"五四"以后至大革命失败这一历史时期的社会生活。小说着力刻画的是金莺，她从小受父亲的劫富济贫思想的影响，但对她影响最大

的还是在读高小时季先生的自由平等、个性解放思想，特别是后来革命者华梦若的社会革命思想，以及后来她杭州读书时参加一些革命活动。不过，大革命失败后，她又和国民党新贵在一起，虽不能说她同流合污，但不能不说她对革命表现出消极和悲观。简单地说，在革命高潮时，她投身于革命的洪流，做了一些破坏旧世界的工作。她被革命潮流裹挟着前进。但当革命遇到挫折或失败时，她退缩。她在革命与反革命之间摇摆不定。金莺在爱情上也如此，她爱过的一大串人，有革命者、资本家，也有新贵，但可以发现一个规律，当她革命时，她爱革命者，当革命失败时，她爱新贵。所以，她既不能和革命者华梦若或唐洁如结合在一起，也不可能和玩弄女性的苗纯一、刘东新结合在一起，这是她爱情上悲剧的症结所在。小说中金莺的原型曾在杭州女中读书，和王以仁的女朋友同校。

小说不光金莺有原型，梦若、梦华、梦宗和梦兰，也是以作家本人或他二哥、堂兄弟、堂姐为原型。湖畔诗人相当于汪静之，应起愚相当于应修人。要指出的是这时的自传体小说，与巴人以前自传体小说有明显的不同。首先，作家在揭示主人公金莺思想性格的成因及其发展的轨迹时，贯串比早期更为清晰的阶级分析方法，表现了作家对阶级意识的明确把握。其次，作家笔下的革命者，已没有早期那种复杂的二重性格，他们大都是投身革命的忘我者。第三，小说的基调也从早期那种低沉、伤感转变为深沉、乐观。

这部小说不少情节是以真人真事为取材依据。从小说来说，如《晚霞》《离家》《监房手机》《风子》《冲突》《死线上》《阿贵流浪记》《明日》和《某夫人》等，都有巴人自我形象的投射。另一个重要形象的投射则是宁海县新镇村孙乃泰的女儿，这个人物在作家的诗作和其他短篇小说出现过多次。除《情诗》中的莺子，1927年写的《风子》中的银玲，同年长篇《明日》中的金云辉（莺子）和1936年写的《没落的最后》中的莺子，加上1934年写的《某夫人》，共有六部（篇）小说都以孙乃泰的女儿作为小说的原型。此人应该在作家心中留下过不可磨灭的印象，或和她曾被送到巴人堂姐王慕兰那里学诗有关。巴人在《自传》中有一段文字记载："在我碰见她的时候，她正贪读着《红楼梦》，入迷的程度竟让自己的两腿给蚊子叮烂了。每当我在那学校的时候，她总从窗口伸出头来，用火似的眼光灼痛我的心，并且有时会出声地格格笑了，多清脆悦耳的声音。我自己也不明白，是否爱上她了。但我不能忘却那一副动人的媚人的形象。"这段材料也许对于理解巴人这些作品有帮助。这种感情上的共振，在一定程度上拨动了谱主的艺术心灵、创作灵感，使其生发出想象和虚构的空间。这些作品的出现，标志着巴人的创作从早期那种片断式的描写，逐渐转变为创造出完整的人物形象，并表现特有的、浓烈的抒情特征。

2 月

19日 在《申报·自由谈》开始发表小说《向晚》，至同年3月9日连载完毕，署名屈轶，收入1940年8月上海商务印书馆出版的小说集《佳讯》。小说写抽大烟、嫖妓女的投机商及文人的故事。他们虽言辞漂亮但灵魂丑恶。

同日 上海中央局第三次遭到敌人的大破坏。当时任中央局宣传部长的朱镜我和任中央局书记的黄文杰、文委的田汉等人被捕，王任叔等"曾托人找关系，想通过国民党南京警察厅陈烊（陈宪如）和国民党中统特务头子徐恩曾的关系，保释朱镜我，均无结果"。①

3月

6日 在《申报·自由谈》发表杂文《艺术与生活》，署名任。此文从谈论"作家与生活"中三派谈起，然后引居友的话，最后得出："我以为在现在重要的事：不是作家与生活问题，而是我们青年如何充实有意义的生活，如何认真生活的问题。就在文学与艺术方面讲，那么也是先有真挚的生活，才有真挚的文学艺术。"

15日 王任叔再次被捕。据其《自传》所述："但在一九三五年二三月间，我终于被捕了。事情起因于瞿白音等的'磨风剧社'。磨风剧社演出《娜娜》，甚有好评，与张道藩的剧团相对抗。我曾化名批评过张道藩剧团的演出，登在《新民报》上。但我与磨风剧社无关。可是，一天，因该社少一女角（妈妈的角色），找我那时的女人王洛华去充当，在她去该剧练习的第一天，该社遭查逮捕。问明了王洛华的住址，我的职业，就放回了。事隔十天，上海方面朱镜我等被捕的消息出来了。我被张道藩叫了去（他那时是交通部次长），交给了特务。王洛华和孩子王克宁也同时被捕。第一个月住在旅馆里，他们和我谈话，我自认参加过'左联'。什么关系也没有交代。他们问我认不认识江圣逵，他在一个月前，在河南被捕了。我答说，是奉化同乡，一向认识。他们又问到汉口'文化服务社'的事，我据实告诉，方善境他们为维持我生活而设立的。他们不再多问，并且告诉我两年来，他们一直盯着我梢。因之，他

---

① 朱时雨：《朱镜我琐记》，《新文学史料》，1983年第4期。

们也知道我没有组织活动。第二个月，我被放在监狱里，会见了朱镜我等同志。在狱外的朋友，如毛裕芳、王光延等设法营救我，由毛裕芳的族叔毛思诚（蒋介石的老师）、楼桐荪（王光延的法国同学，我也有一面之缘）等为我取保，正待释放。不料，特务们在处理瞿白音等的案子时，也把我划归一案。在释放前一天，把事先写好的悔过书，要我也写上名。我看到那张东西后，把凡是有直接指斥党的句子，都给勾了去，使它只成为自己认错的文字。我那时没有坚决拒绝，就做了这种变节的事，这是一个再也抹杀不了的历史污点。事后，我竟还希望因我勾去不少文句而关下去这种莫名其妙的想法。张天翼、蒋天佐两同志在我出狱后也都谈过。这是我至今每一想起还感到痛苦的事。"

本书作者钱英才在20世纪80年代曾去中联部档案室查阅王任叔档案，见到那份所谓"悔过书"，原名是《脱离共产党宣言》，签名七人：王任叔、施春瘦（又名施玉）、瞿白音、蒋树强、王家绍、李希之、王小洛。在原件上有些话被划去，如："乃中国共产党枉其左倾邪说，为解决中国革命、领导阶级斗争，分裂民族统一战线、标榜革命之名，行其反革命之实，标榜反帝之名，行其投降帝国主义之丑行……"在4月20日《南京日报》《新民报》登出时，题为《王任叔等七人脱离共产党宣言》中，类似这些句子并未删去仍被登出。

关于王任叔南京受到监视，根据朱宣之特务所说，王任叔在南京工作时，刘苏屏在街上见到他，向特务出卖，为此遭到特务长期跟踪。王任叔自从上海出狱后，已失去组织联系三年多，应该说是自动脱党，那时已不是共产党员，故有1938年重新入党之事。从王任叔档案中抄出敌伪掌握的资料，选录如下：

巴人在南京期间，结识了不少文化界的进步朋友，参加世界语协会的活动，向李希之学习世界语，用世界语翻译"弱小民族"的文学。通过李希之介绍，他在世界语协会结识瞿白音、劳荣。一九三四年，通过郑振铎的介绍，认识了张天翼、刘思慕、吴组缃，又因张天翼的关系，结识了蒋牧良。这以后，又认识了蒋天佐、陈白尘。此外，与南京中央大学教书的张孟闻和一九三二年从陆军监狱由康泽保释出来的留苏生周天缪也过从甚密。

据劳荣回忆："我和他相识，是一九三五年，在南京。正是他那时口头常说的'田园将芜'而想归于'笔耕'的年头。他是从汉口世界语协会介绍到南京世界语协会的，我们除了世界语小组的活动外，还有一个流动书会，每周在玄武湖、清凉山等游览地区举行。读的是当时李达翻译的苏联的一本《政治经济学教程》。除讨论这本书以外，还有形势报告，等等。任叔是我们那些人中间的老大哥，也懂得最多。实际上每次都由他主讲。我第一次听到了'资本'、'剩余价值'、'生产资料'、'生活资料'、'劳动时间'、'剥削'、'被剥削'等名词，粗浅地理会了它们的涵义。仿佛在我眼前打开了另一世界的神秘的大门。他是一个才华外露的人，也实在是个能干的有才华的人，一个多方面发展的人。我对他很崇拜，也很尊敬。我一生对他是很尊敬的。"①

本月 作《小品文的前途》，收入陈望道编《小品文和漫画》，1935年生活书店出版，署名王任叔。此文把小说与小品文作比较，指出："那是人的'一生'和'一天'的不同。但看人是可以从他一天的行动、思想、脾气、习惯中，知道他一生的归趋。"最后说："我所喜欢的小品文，是有骨有肉，又有血的有生气的东西。"

4月

15日 《新小说》发表《王任叔来信》，署名王任叔。此文对《新小说》提了几条意见，对张天翼的《一九二四——三四》则认为主题很好，"天翼的讽刺笔调是很可以写这样人物的"。

20日 文论《朋友文学》在《芒种》发表，署名白石。此文针对文坛出现的朋友文学提出批评，认为他们把读者当哑子。

---

① 劳荣：《悼念王任叔同志》，《新文学史料》第5辑，1979年11月。劳荣另有《缅怀王任叔（巴人）同志》一文，收入《巴人研究》一书，其中也有类似回忆。

5月

4日 文论《论诗》在《申报·自由谈》发表，署名王任叔，收入《常识以下》(上海多样出版社1936年版)，该书1939年1月由上海珠林书店再版时，改名《文艺短论》。文章批评所谓印象派的诗，认为："诗不一定要有什么诗意之类，主要还是真实，正像其他文学体裁一样。不过在其表现的手法上，需用最简劲的形式。……沙汀的若干篇小说，本质上可说是散文诗。读了他小说以后，我们可以想象今后的形式，应向那一方面走。"

同日 在上海《新生周刊》发表杂文《闲话皇帝》，署名易水。文章涉及日本天皇，因此被日本驻上海总领事以此为借口威胁南京政府。南京政府立刻查封了该刊，并判处主编一年零四个月的有期徒刑，不准上诉。

7日 在《申报·自由谈》发表文论《作品中底心理描写》，署名屈轶。此文讲作品中的心理描写有三种样式。"其一，是作者在写出一个人物之前后，由作者加以讲义式的说明。"举例《啼笑因缘》。"其二，是在作者在描出一个人物之时，一路叙述其行动，一路反映其心理。"说这种手法，是最新颖的，在这种描写里，全面只看到人物的跳动，作者的面目绝不在篇幅中显露。张天翼先生对于这个手法，运用得非常熟练而且巧妙。他的《蜜蜂》和《定命论与算命论》，是最好的例子。"其三，便是作者很客观地刻画出一个人物，使这人物浑然地站在读者眼前。作者并未着墨于描写心理，而人物之心理已显明地理会于读者心理。"文中举了《红楼梦》中例子。

15日 在《新小说》发表小说《乡间的来客》，署名王任叔，收入1936年6月上海商务印书馆出版的小说集《流沙》。该小说集是文学研究会《创作丛书》第二集之一。此篇为作家称之"速写"类小说，来客谈的乡间发生的事，都是乔伦所熟悉，而这乔伦自然使人想到作家本人。

本月 巴人被营救出狱，脱离南京政府，合家去上海。

据《自传》所述："出狱后，我即辞职，五月间，搬到上海。立誓从此隐姓埋名，卖文过活。如能以文学为党呐喊一下，即为党所不齿，我也心甘。自一九三五年五月到上海后，我与张天翼同住了一段时间。往来朋友，仅有潘念之和劳荣。有时，也去'新文学社'。而为了文章的出路，更多往来的是郑振铎，之后是胡愈之。"

到上海后的经历，据《文艺短论·后记》说："初来上海居塘山路三益村。这在虹口一带，是一座颇为阔绰的房子，但阔不下去，友人庄启东叫我搬到东体育会路去住。模范村对面，一座小洋房楼上。有好空气，既城市，亦乡野，闹中取静，读书写文，最适宜不过了。启东住庄家宅，相距不（过）五百步，时相过从，我也不寂寞了。但讨厌的事还有，去启东家，得经汉奸刘呐鸥的公园坊。这里住着一大群出色文人，我深怕出人撞见，总拣夜里到启东家去。"

据庄启东回忆，巴人曾"从南京给我来一封信，说他不喜欢南京这个环境，愿意到上海来卖文为生。他叫我用书店名义聘任他当编辑（实际上不是真的去工作）。这在我当时很容易办到，我对书店比较熟悉。我就请文艺书店李经理写了一个聘书寄去。他真的要来上海，还托我替他找房子。我在闸北江湾路给他找到了房子，地处闹中有静，房租便宜，房间很大，出入方便。以后任叔住过一个长的时间。这里又和我与方土人两家住的江湾路何家宅很邻近。所以，交往比较密切，而他是非常重友谊的"。①

6月

25日 在《申报·自由谈》发表文论《论果戈里的描写方法》，署名屈轶，收入《文艺短论》。文章说果戈里的讽刺文学和其他讽刺文学不同，"一般的讽刺文学作者善于在文字中装饰着尖锐的针刺，样子是露骨的；很容易使被讽刺者，皮肉受伤。果戈里的讽刺，却把作品的本身和讽刺结合起来。整个作品就是一把剑和刀，一枝板枪与匕首。……果戈里本人，又是属于贵族的地主阶级的。他对于自己的这阶级里的人物，虽然十分憎恶，但他也无法使自己摆脱这一阶级的本质的气分（比如他在《老式地主》中所描写的，完全以怜悯与同情的态度，来描写阿弗奈西公公，和伯利海理亚妈妈的死亡），而他要把这可憎恶的人物描写出来时，他于是不得不用曲笔。"文章最后提出，今日的中国需要具有果戈里那种手法的作者。

本月 在《漫画漫话》第1卷第3期上发表《风雅的唐老师》，署名屈轶。

7月

4日 文论《论文学作品中之定命论思想》在《申报·自由谈》发表，收入《文艺短论》。这篇文章认为文艺家比政治家更容易陷入定命论思想，所以中国文学定命论文学色彩很浓，不过，除此还有山野文学，总之，"我们现在所需的文学

---

① 庄启东：《人们不会忘了你的，任叔同志》，《新文学史料》，1986年第3期。

作品，既非载道，又非言志，是取反定命论态度，抱有科学宇宙观的作品"。

12日 在《申报·自由谈》发表文论《小说的发展过程》，署名屈轶，后改为《小说发展过程》分三次在《盛京时报》本月20至22日发表，收入《文艺短论》。文章认为小说创作一般未写之前，需要谋篇布局，但也有当你一切都已安排妥当，"一等下笔写去，竟把原来计划，全部地或部分地给以推翻。甚至来了个相反的结果。连作者自己也预料不到"。"初期的中国的新文学作者，常以'灵感'二字作为创作者唯一的正当的态度。"对于这种写法应予否定。提出："每一篇小说，不一定有完整的故事。每每一篇作品，非注重它发展的过程不可。……必须在其发展过程中，注意其因果性，给予肯定或否定的估价。"

15日 在《创作》创刊号发表小说《恋爱神圣主义曲》，署名屈轶。小说写教授古一波大讲正心明性之学，主张男女之大防，却偷偷地与女学生恋爱而逼妻子离婚。

16日 在《世界知识》第2卷第9期发表译作《耶奴郎斯之死》，署名屈轶。小说原作者为乌克兰人，从世界语转译，写乌克兰军队与波兰军队作战。小说的主人公耶奴郎斯是一个忠实的革命战士，犯了些微错误，而部队为了遵守铁的纪律，终于枪决了他。

另以屈轶的笔名译了这位乌克兰作家另一小说《赛跑》。从其家人保存的剪报可知是某刊物第9卷第3期，但不明是什么刊物。小说写的是马车与汽车赛跑，结果自然是马车输了。

8月

1日 文论《人，作品与批评》在《申报·自由谈》发表，底稿名为《作品与批评》，署名屈轶，收入《文艺短论》。文章强调作品的人格力量，认为任何作品，"没有不渗透作者的人格的"。指出："人格分裂了的人，不一定没有好作品；人格完整的人，不一定会有好作品。"所谓"分裂"是"复杂""多元""多层次"的意思。这里表达了一个重要的文艺观点，作家是作为一个人存在的。"作者的人格在作品里渗透得越深切，那作品便也越使人感动。"作家还进一步强调人格与社会的统一。"那作者的人格社会性越大，那么，被其所渗透的作品价值也越高。"

15日 小说《回家》在《创作》发表，署名屈轶，收入小说集《佳讯》。小说写小地主康大林到外地混了一段时间后，回到农村摆阔，极具讽刺意味。

同日 发表文论《"钞票文学"》，署名叔。作者从钞票上写着的诗谈到通俗文学，认为"通俗文学毋宁说我们现在新文学要走去的一种目标"，即"向通俗化发展去"。

16日 文论《宫廷艺术与现实》在《申报·自由谈》发表，署名屈轶。文章讲康熙内府藏本耕织图，"在这二十三幅图里，没有一幅不充满了快乐、和谐的神情。地主对于农人的和蔼，农人与农人间的亲密，以及娘儿们和孩子的高兴，全觉得这日子是过得和平而愉快的"。但却与现实生活完全脱离。

9月

13日 文论《典型底写出》在《申报·自由谈》发表，署名屈轶，收入《文艺短论》。文章认为典型人物的形成从程序上看大致分为"归纳法"，如鲁迅《阿Q正传》中的阿Q，"是作者从现实社会里，抽象出来，做一个结论似的给他具象化了的写法"；另一种也姑且名之为"演绎法"，文章列举了屠格涅夫笔下的巴扎洛夫，这是"屠格涅夫从当时俄国知识阶级的一般性格，探出了它那发展的动向，而给它形象化了的"。最后说："典型人物底写出，却还是有赖于个性之社会学的发见。而个性之社会学的发见必须注意到以下二点：个性之社会化，和特殊性底普遍性的映出。"

15日 在《创作》第1卷第3期发表小说《小董先生传》，署名屈轶。小说原定为"长篇连载"，但仅载"第一章这是变动的恐怖时代"，不明什么原因，也不见遗稿，可能中断而未写下去。小说写光绪时，太平天国起来了，小说仅出现董大爷、董大娘阿毛、轿夫等人，刚开个头就没有了，是未竟之作。同期发表文论《文学上的还元论》（按：今作"还原"），署名任。此文针对俄国人格里高里夫的文章而发，指出："是个文学还元论者。这位作者，仅仅了解'文学是社会奉仕之一的神圣事业，文人应该是社会的善良的指导家'，但他却不了解文学却又是为社会所决定的生活形态之一，文人是社会机构里一个细胞。在这决定的因素下，正和现代日本社会无法还元到古代的日本社会一样，这种对于古典的追慕，对于现实憎恶的心情，最多也不过是痴人说梦而已。"同期还发表文论《中国现代小说发展的动向底蠡测》，署名王任叔。此文对53篇（个别不在这个月）小说进行分析。先是分析题材，接着分析这些小说的描写方法。文章最后谈风格，特别推荐金魁的《逃难》。"这篇《逃难》，不但在其题材的处理上，是一代的伟大的诗史，即在其以极其粗大的有力的线条，来描写各个人物，也是很适合的。……第一，在这里作者是指出了殖民地的社会经济结构。……第二，在这里作者又指出殖民地那种寄生阶级马七爷之类，是处处以帮闲身份走上社会舞台来的。……第三，每一个人物，都有他的社会的典型。……是直承《子夜》以来唯一的一篇杰作。"

23日　在《申报·自由谈》发表文论《水灾与文学》，署名屈轶，收入《文艺短论》。此文是对两首写水灾诗的评论与批评。

24日　作小说《猫的威权》，发表于本年10月6日《大公报》（天津），收入小说集《流沙》。小说从孩子的眼光写出被捕入狱的爸爸和妈妈。

本月　小说集《凄情》由上海光大书店出版，该书篇目与1927年出版的小说集《监狱》同。

10月

1日　在《文艺》发表《自传》①，署名王任叔。此自传未写完，仅写到"在沪甬当中学教师"。

16日　在《东方杂志》发表小说《一个疯子》，署名屈轶。小说写了一个疯子喜欢看杀人，后来竟买来鸡鸭等将之杀掉，

---

　　① 特别要说明的是，本条目中《自传》和本年谱所引述的《自传》不是同一份自传。钱英才在编辑《巴人全集》时将这份简短的自传标为《自传（一）》，将中联部所收藏的《自传》标为《自传（二）》。在巴人研究中，由于之前常见文献是《巴人文集》等，其中收录的《自传》是中联部档案的《自传》。因此，本书在引用中联部档案中的《自传》时，因循已有说法将之称为《自传》，读者在《巴人文集》及其他别集、选集中见到的《自传》系中联部档案中的自传，不是本条目著录的自传。如要查阅本条目著录的《自传》，可查阅《巴人全集》中的《自传（一）》。

为了过过瘾。最后他尝试自杀并留下遗书。

22日　在《文学》发表文论《自然描写》，署名屈轶，收入《文艺短论》。此文主要分析了两个问题，第一，人与自然关系，分了好几个时期谈；第二，自然描写的方法。

11月

1日　在《文学》发表小说《枪枝的故事》(原题为《失掉了枪枝》，作于9月)，署名王任叔，又发表于《国闻周报》第11卷第44期，收入小说集《佳讯》。小说讲述了过去是农会神枪手的柳英，现在成了水手的故事。他向老屈讲的真正的故事，是他请老屈到他睡的舱里的一段事。临别时老屈给他五元钱，他则说："老屈，你误会了！俺不短钱用，俺怎么白受你这钱！活了三十来年，没有一次钱不是用力气兑来的。俺不用谁的白钱！请你收回去。"原来在老屈眼中卑微的小人，一下子高大起来了。

15日　在《申报月刊》发表小说《捉鬼篇》，收入小说集《捉鬼篇》，署名王任叔。关于这篇小说，作者在小说集《自序》中曾说："作者总觉得活在鬼世界里，常常白昼见鬼。有时连自己身上也感到有鬼气通过，忽然成了匹'小鬼'。说句老实话，《捉鬼篇》里的周小学倒和作者自己相像，一边用良心主义的哲学，去诅咒大雄鬼之类，一边却一个劲儿努力为大雄鬼之类服务。最后却还掉落在饭碗里。作者在这里，正和在《文学》里发表的《我来自东》文字一样，决不肯放弃自己，而光去诅咒别人。"

12月

13日 在《申报》发表散文《新居》，署名王任叔。

16日 在《文学季刊》发表小说《负责的人》，署名屈轶，收入小说集《流沙》。小说写一个叫王子霞的人，他口头说自己忙而实际不忙，但以其忙而欺骗他人。

25日 创作谈《乡长先生·沉沦》在《时事新报·青光》发表，署名王任叔。此文讲小说创作有三条路子，说自己收在这集中的十一篇，都不能照第三条路走。即文中所举鲁迅创作《阿Q正传》的路子。

同日 在《译报·言林》发表杂文《译者的修养》，署名行者。文章对1935年翻译中出现的问题提出批评，如译文每句同原文的文句简单对译，选用有错的版本等。

本年 作小说《野兽派作家》，收入小说集《流沙》《龙厄》。小说中的作家是玩弄女性的高手。他每玩弄一个女人会记上姓名、年龄等等，还写着上品、中品、下品等字样，用信封装着放入手提箱内。

作小说《额角运和断眉运》，收入小说集《佳讯》《龙厄》，写城市中的小流氓。

据毛翼虎忆王任叔："1935年，我到光华书局去的时候，光华书局仅出曹聚仁与徐懋庸合编的一种《新语林》杂志，还有零星古典文学选注，为着挽回颓势，想从文学作品转向儿童读物。我们就和胡叔异先生等一道，计划出版一部《新儿童文库》。印出目录样本，开始预约，以资周转经济，其时王任叔同志正在上海靠稿费维持生活，我请他为《新儿童文库》写几本稿子，他慨然应允。说以碧珊女士①名义翻译的《苏维埃女教师日记》自己感到不满意，预备重新改译，先把这本充实《新儿童文库》，经理部里却突然委托周衡律师宣告清理，《新儿童文库》也就此夭折。其后我又曾应友人王荫亭、裘公淀之约，写了一部《小学生日记课本》，由王任叔校正。出版审查，辗转费时，迨到抗日战争全面爆发，不但《小学生日记课本》的出版告吹，在上海的《小学生日记课本》的原稿也不知所踪。我和他两次合作，都没有善果，是一件很大的憾事。"②

本年　据唐弢在《点滴集·序言》中回忆："我和任叔见面往来，大概是1935年他重回上海以后，他住在虹口唐山路，经常为《自由谈》写稿。……《自由谈》有个较大的变化……这时却已为文艺短论所代替。好在任叔什么都来得……文章固然采用随笔式短小形式，谈的却是正面的文艺创作问题。"

1936年（丙子，民国二十五年）　35岁

▲5月5日，毛泽东、朱德代表红军发表《停战议和一致抗日》通电。

▲6月，中共中央发出《告中国国民党书》，再次呼吁停止内战，一致抗日。

---

① 注：应为碧三女士。此处转述不准确。
② 毛翼虎：《忆巴人》，《宁波文艺》，1984年第4期。

▲10月19日，鲁迅先生病逝于上海北四川路底施高塔路大陆新村9号寓所。

▲12月12日，西安事变发生。

▲本年，左联解散，左翼作家展开"国防文学"与"民族革命战争的大众文学"两个口号的论争。

1月

1日 在《文学》发表回忆散文《我来自东》，署名王任叔。文章写他出狱后，从上海到武汉航船上发生的事。

8日 在《立报·言林》发表《杂写》，署名唯士。此文针对有人盛称斯哈诺夫运动①，却忘却了社会基础。还有主张来个新诗的斯哈诺夫运动，也许会有人提出什么文学的斯哈诺夫运动，都是不注意这个社会基础。

13日 在《立报·言林》发表杂文《抹杀与赞扬》，署名长弓。此文对某报个别人谓"日本如日西落，中国则如日之东升"，即此沾沾自喜提出警告，指出："四省土地，至今未收复，华北主权，日渐旁落，是直如日至西落耳，何东升之可言。"发表杂文《沙漠的和平》，署名大远。文章认为希特勒的和平计划，就是日本人的"焦土"政策，使之变成沙漠，也就和平了。

14日 作《文艺短论·弁言》，收入《文艺短论》。

16日 在《妇女生活》发表杂文《好个烟幕弹——读〈申

---

① 指斯达汉诺夫运动（Stakhanovite movement），苏联早期以斯达汉诺夫命名的社会主义竞赛的群众运动。

报·妇女专刊〉后》，署名白石。此文反对妇女返回家庭当贤妻良母，认为中国现在没有安定的家了，主张妇女跑出家庭走向社会。

17日 在《申报》发表《穷困与观察》。这是读《巴尔札克批判》的札记（今译"巴尔扎克"）。此文一开头引马利波尔《巴尔札克批判》一书中的一段话。作者认为巴尔札克"不是站在一旁，作冷静的观察，而是生活于被观察者的生活里"。"穷苦给予巴尔札克的是叫他坚强而勇敢地，为了逃避这世界压在他身上的重担，应于必要，燃起创作的火。但这又使他一日的苦恼，转化为壮丽的一种解放。"文章最后说："僻陋的街，它是各种变革的养成所。而穷苦的生活，它是策励天才发挥其最大的才力的鞭子，他既为苦恼中渗澈这社会的真实，又得在苦恼中作壮丽的内放射。将内心的要求的必然性与从客观的观察而来的必然性，统一起来，这就成为巴尔札克伟大的原因了。"

18日 在《立报·言林》发表杂文《谈气节》，署名大远。文章认为今天用儒宗来统治中国已过时了，比如朱熹要求"饿死事小，失节事大"。但在政治上，气节还是宝贵的。

22日 深夜，救国会沈钧儒、邹韬奋等"七君子"被捕，巴人积极参与营救工作。他在《送衡山先生》一诗中，表达了他对沈钧儒政治的感情和对国民当局扼杀民主自由、出卖民族的无耻行径的愤慨。

26日 在《立报·言林》发表杂文《"误"乐与娱乐》，署名士克。这是针对影院一广告所发的议论。

本月 在《青年界》"我的职业生活特辑"中发表《从前有过职业》，署名王任叔。文章说自己"从前当过中学教员，当过军佐，不久以前还在一个大部里当过小科员"。这是一篇自传散文，具有较高的史料价值。

由上海良友图书馆印刷公司出版小说集《乡长先生》，收短篇小说11篇，《乡长先生》《血手》《灾》《牛市》《族长底悲哀》《友谊》《仇视》《逆转》《追剿》《一夜》《还乡》。

值得注意的是，巴人小说创作大致可分为三个时期，即1922年至1927年为早期，1928年至1936年为中期，此后小说创作不多，可归为后期。中期小说的变化明显。首先，小说题材的变化。这部小说，尽管大多数作品属于乡土小说，但不少作品描写的是城市里的工人，如《逆转》《还乡》和《友谊》等，虽然小说的主角都来自农村。其次，本时期的乡土小说，与早期比较起来，乡情习俗的描写减少了，而更多地正如茅盾所说："还有普遍性与我们共同的对于命运的挣扎。"也就是说，不是以"特殊的风土人情描写"来取胜，而是更多地写出农民共同关心的"对于命运的挣扎"。第三，早期乡土小说，侧重表现穷苦农民的不幸与苦难，而本时期的乡土小说则侧重描写农村的统治者的丑恶面貌和凶残的本质。《血手》中地主五云的精明、贪婪和伪善。《灾》中地主玉喜是新型地主，他更善于剥削、更狡猾、更凶残。《乡长先生》中的乡长冯文在农民面前是暴君。《族长的悲哀》中的村长是农村中十足的土皇帝。……《追剿》写官兵所谓追剿，实际是对农民财产的掠夺，最终是农民中弹而死去。《牛市》虽以描写日祥阔嘴为主，但是出现统治者区长，因失去一条牛，一张布告，废了牛市，打断日祥阔嘴的兴市美梦。早期以描写农民悲剧的表现形态，逐渐为揭露统治者的讽刺喜剧的表现形态所取代。从悲剧转向喜剧，这是巴人审美表现形态的变化。第四，一些带有自传体性质的小说，已没有早期那种浓郁的主观抒情特点，而更多的是客观写实。如《还乡》《一夜》《逆转》，据作者说"是一部分的生活体验"。第五，小说试图反映那个时代的阶级的矛盾和对立。如农村题材的小说，都可以看到农民与地主、统治者的矛盾，而反映都市生活的小说，则表现工人、知识分子与资本家、帝国主义者的矛盾和对黑暗社会的不满。第六，不少小说反映出那个时期历史的变动。《族长底悲哀》写出"封建势力的变质——旧的没落，新的却以另一种面目抬起头来——的现象"。原来农村中，族长权势高于一切，而现在村长已凌驾于族长之上。而在《乡长先生》中的乡长冯文，为了顺利进行抽壮丁工作，必须听从乡绅大生。《灾》中的地主玉喜已不满足于父辈剥削手段，而是开钱庄、木行，搞股份制。《血手》中的地主五云善于窥测商机更多地剥削农民。这些地主剥削手段，均带有"资本主义"的色彩。第七，巴人小说创作在艺术上趋于成熟；早期小说创作如果说既受鲁迅的影响，又受创造社的影响，那么本时期他已摆脱早期那种新浪漫主义的影响，转入革命现实主义的写作，增强了革命性，写出了一批有价值的佳品。

需要说明的是，从本年巴人开始为《立报·言林》大量撰文。他曾说："写杂文的开始，还在《立报·言林》发刊一年之后。为了高尔基的逝世①，我写了一些短文投寄《言林》，这就和编者结上因缘。也时时为《言林》写些短文。但并不多，一个月不上六篇，稿费是在六七元左右一月。"②但他《自传》中则说："还由《立报》特约，每月为该报《言林》写二十五

———————————

① 指1936年5月发表的《悼高尔基》。
② 《关于〈边鼓集〉》，《文汇报》，1938年11月26日。

163

篇，评论时事、政治社会各方面，署名由编者谢六逸填写，每月致酬三十元，用此维持生活。"《立报》创刊于1935年9月20日，而高尔基逝世于1936年6月18日，1936年1月巴人《立报·言林》发表杂文，可见巴人的回忆与事实有一定出入。

2月

1日 在《生生月刊》创刊号发表杂文《血的回忆》，署名王任叔。此文从回忆十二岁那年看到官兵杀土匪写起，写到土匪到堂兄处抢劫，一个逃兵被汽车碾压而死，如今要爆发第二次世界大战，要死更多人，然而却总有一些人抱着永远堕落的心，人们对此应该有个准备。

16日 在《立报·言林》发表杂文《"非常时"的文艺作家》，署名无堂。文章引爱墨生论艺术的话，说明文艺作家离不开时代而"闭门造车"。"现在咱们中国正是天灾、人祸、外侮、内讧、失地、丧权⋯⋯的'非常时'，当作'非常时'的文艺作家（只要他承认还是中国国民的一分子），无疑地都应紧紧抓住当前的时代背景，来创造有意义又有价值的作品。换句话说，就是应该适应这危难的'非常时'，积极从事救亡的宣传工作——创造富于反抗性的有力的适合大众的文学作品，传给咱们的同胞。使大众深深地意识到目前的危机，而唤起组织他们的力量，在这危难的氛围中向前奋斗是目前文艺作家的使命。"

18日 在《立报·言林》发表杂文《"作家"》，署名行者。作家论要有一个标准，否则不是作家，也成了作家论的对象。

20日 在《立报·言林》发表诗《丙子感作》，署名无堂。

21日　在《申报·自由谈》发表杂文《"客观的真实"——读高尔基的文学论札记》，署名屈轶。此文引用高尔基关于"客观的真实"两段话，强调作家非改造主观世界不可，"每个作家在必须忠实自己的主观以前，还必须'整理自己'，'改组自己'吧。至少也要叫自己做创造生活的大众才行"。

22日　诗《忧国》在《立报·言林》发表，署名无堂。

25日　杂文《"存文"与"讲学"》在《立报·言林》发表，署名无堂。此文针对江亢虎为保存国粹反对白话、组织文存会、开讲《中国文化叙论》等行动提出批评。

3月

1日　杂文《苏联国板画展览观后感》在《立报·言林》发表，署名行者。文章讲观感三条："第一，就是陈列的这些板画与那些作品下边的说明似乎是不大调和似的。""第二，作品排列方式，看起来令人吃力得很。""第三，就是我觉得那些美术品似应长久地陈列在一个公众场所，使人民经常地得浏览欣赏"。

同日　文论《现代小说的欣赏》在《申报每周增刊》发表，署名王任叔。此文谈论读者与批评家的异同点及如何欣赏现代的小说，指出："一切小说欣赏者，也就是生活的学习者。"故不能无批判地接受一切，欣赏一切。为了探究现代小说，作者考察了现代小说发展道路，为此提出了四条："一、现代的小说，应该是抛弃了传奇的空想，而把握了现实的人生。""二、所谓人生，在现代小说里表现出多种人生……从现代小说的一般发展上说，无疑地有个人主义到集团主义的这一倾向。但这里所谓集团主义，并不是说现代小说抹杀伟大的个性创作"。"三、伴随着……新的价值！""四、无疑的，我们所处的社会是一转型期的社会。"在论述过程中，提到世界上各种名著和现代中国现实社会中各种文学，其中有对新感觉派的评介。

3日 杂文《希望自己》在《立报·言林》发表，署名拓人。此文针对贵族歌者来华演唱发出的议论，"希望夏氏把中国歌谣及我们弱小民族的呼声与近来新兴的歌曲带到欧洲去"是不可能的事。"我倒希望我们中国的歌者；希望别人总是靠不住的，一切是只有靠自己才能得到，最后的胜利。"

5日 小说《雾》在《夜莺》的创刊号发表，署名王任叔，收入小说集《捉鬼篇》。小说写了火车轧死所谓逃兵的场景。

8日 文论《文艺电影》在《立报·言林》发表，署名拓人。作者认为目前的影片并不算是很好，认为："真有的有艺术价值的艺术品，是必须到了脱离金钱的羁绊之后，我们才能真真地看到的。所以，我的结论是：目前的文艺电影风行，还不能使我们满足。"

同日 小说《一天》在《申报每周增刊》发表，署名王任叔，收入小说集《流沙》。小说讲述莫先生家的保姆是个19岁的姑娘，莫太太十分不放心，借故把她辞退了，因此她仅干了一天。

14日 杂文《作家的身份》在《立报·言林》发表，署名行者。文章认为作家在当时实际上是奴隶身份。

15日 杂文《有见闻斋笔谈》在《立报·言林》发表，署名无堂。作者看到校门口有"请吸某牌香烟"广告，而校内则贴有"禁止吸烟"标志，"此种矛盾现象，将使莘莘学子，莫衷一是，无所适从也”。

26日　杂文《论万民伞》在《立报·言林》发表，署名不知。文章列举《平等阁笔记》中关于"哀莫大于心死，痛莫甚于亡耻"的事例，又举历史上德政碑等例子。

30日　开始在《立报·言林》发表《高尔基语录》，又陆续于4月3日、6日、7日、9日、11日、12日、13日、19日发表，署名屈轶。

春　谷斯范回忆他的小说由巴人推荐，刊登在《小说家》创刊号上。他说："1936年春天，我读高中的最后一学期，以参加'一二·九'学生运动的亲身感受，写了短篇小说《不宁静的城》，到虹口东体育会路任叔同志的住处，请他提意见。任叔同志看到稿子后，满高兴地说：'你走上正道啦，这篇小说就作为你的起点吧！写作不是雕虫小技，不应该追求文字的华美，也不要在形式上卖弄，而要求内容扎实，有战斗性，作品应成为时代的号角，做人民大众的先驱。'这篇小说由他推荐，不久在《小说家》创刊号上发表。"①

4月

4日　在《立报·言林》发表杂文《所谓"文字平议"》，署名苦虫。此文对自称最早在北京、上海创办白话报的江亢虎，却又批评白话文，指出他所提用文言，是抄袭"五四"梅觐庄等人的意见，而且与今日的时代也不同。

5日　在《夜莺》发表小说《有张好嘴子的女人》，署名王任叔，收入小说集《流沙》。小说中的胡大嫂则是现代大都市

---

① 谷斯范：《不宁静的城·后记》，福建人民出版社1982年，第175–176页。

畸形的产物——女流氓。她是一个两面三刀、不知羞耻、充满铜臭味、会使心术、会耍手段、泼辣的形象。她自甘沉沦，成为社会渣滓。

15日 在《立报·言林》发表散文《春晨》，署名无堂。此文写在房间里欣赏到春天早晨的景色，所见到的也不过是有限的春光，却写得有声有色。

18日 在《立报·言林》发表杂文《爱憎与敌友》，署名王任叔。此文是对敌人和朋友的爱憎的议论。

21日 在《立报·言林》发表杂文《读者的舆论》，署名王皎我。

22日 在《立报·言林》发表散文《蛙声》，署名王任叔。此文写小时见到的青蛙，使人诗兴大发，青蛙会保护自己，虽然它"多言"。

24日 在《立报·言林》发表杂文《春荒》，署名士仁。此文是讲安徽那里闹春荒，寄来两封信抄录文中，但被当局删了。

本月 《常识以下》由上海多样出版社初版。1939年6月上海珠林书店再版，改名《文艺短论》，均署名王任叔。《巴人全集·文论》采用的是再版本。全书收15篇文章，都写于1935年。其中《人，作品，与批评》值得注意，文章强调作家的人格力量，即重视作家主观力量，加上作家生命力因素，而《作家与世界观》强调了人的存在与社会存在的统一，以及主观与客观的复杂的对演法则。这两篇对现实主义的客观性与主观性都进行了探讨，有一定的理论价值。

5月

1日 在《立报·言林》发表杂文《从人力车夫说起》,署名屈未平。此文是对出版家自比人力车夫所发的议论。文后引鲁迅"对日本作家鹿地亘说,在别国是作家吃出版家的,而中国却是出版家吃作家的。那么以出版家拟之以人力车夫,在这一点上倒是相像的"。同期还发表了杂文《谈"玉搔头"》,署名苦虫。文章从冰心的《肥皂泡》谈到玉搔头的典故。

同日 小说《勘灾》在《文学丛报》发表,收入小说集《流沙》。小说写县太爷下乡,名为"勘灾",实为下乡观赏、搜刮民脂民膏、欺压百姓。在《流沙·校后记》中作者称:"《勘灾》发表以后,我征求一个朋友的意见。他说,那个知事写得太'夸张'了,仿佛现实里不会有这样的人。但我还坚持我愿意,张着眼看一看这社会,没有这样的人,却实有这样的事。"

10日 译作《论剧》(高尔基原作)在《夜莺》发表,署名屈轶。

15日 小说《没落的最后》在《绸缪月刊》第3卷第9、10合刊发表,署名王任叔,收入小说集《流沙》。小说中的莺子是一个桀骜不驯、反抗世俗、倔强执拗的女性。她以充满复仇的心理,希冀改变中国妇女几千年来被压在最底层的被侮辱、被损害的命运,把历史来一个颠倒。她曾以自己的美丽为资本,使一些男子拜倒在她的石榴裙下;但曾几何时,她反而失去了贞操,被人一脚踢开,结果仍然是一个被侮辱、被损害的人。

同日 小说《我们那校长跟爸爸》在《多样文艺》创刊

号发表，署名王任叔，收入小说集《流沙》。小说写一个自称自由主义的校长后来当上了报馆社长，竟残酷地镇压学生和工人。

同日　文论《典型论》，开始在《立报·言林》连载，至本月21日，署名王任叔。此文论述了很多问题，比如什么叫文学作品中的典型，典型的阶级特性和个性，如何创造出典型等。

20日　杂文《职业》在《立报·言林》发表，署名白燕。文章说有人找到职业不过做了三天却被辞了，原因是要交一百元保证金。

同日　小说《阴沉的天》在《东方文艺》发表，署名王任叔，收入小说集《流沙》。小说写一场交通事故，事情发生在租界。华人开的汽车因避让而与冲上来的脚踏相撞，华人司机被抓走，人们敢怒不敢言。

21日　杂文《国号》在《立报·言林》发表，署名无堂。文章批判日本竟认为中华民国的国号应改为"支那"，我们不妨称之为××报纸。

29日　杂文《还是不应该自杀》在《立报·言林》发表，署名慈若惠。此文不同意所谓"人间性"自杀，即为本阶级摆脱命运而自杀。

6月

7日　王任叔参与发起成立《中国文艺协会》，并发表宣言，在宣言上签名。发起者有郑振铎、周扬、夏衍、茅盾、郭沫若等一百十一人。宣言指出："中华民族已到了生死存亡的关头。"宣言号召："在全民族一致救国的大目标下，文艺上主张不同的作家可以是一条战线上的战友。文艺上主张不同,并不妨碍我们为了民族而团结一致;同时,为了民族利益而团结一致,并不拘束我们各自的文艺主张。"6月15日,巴金、曹靖华、曹禺、鲁迅、胡风等七十七人发表了《中国文艺工作者宣言》,也表明了团结一致共同抗日的态度。这样,经过两个口号的争论,文艺界在党的领导抗日统一战线旗帜下团结起来。

10日 在《立报·言林》发表杂文《想到就写》,署名玉平。此文揭露文字狱种种罪恶。

11日 在《立报·言林》发表杂文《不可神秘》,署名一丁。文章提出"政治""时局"不可神秘,否则"如遇凸凹形的哈哈镜,看来看去,走了原神"。

13日 在《立报·言林》发表诗《时事吟》,署名无堂。

14—17日 在《立报·言林》发表杂文《祝高尔基与鲁迅的健康》(一至四),署名王任叔。作者写此文时,高尔基患了极重的肺炎,鲁迅也陷在病危中,所以著文祝他们健康。文章赞扬两人巨大的人格,和他们对青年的爱护。此文冯雪峰给鲁迅看了,巴人受到称赞。

19日 在《立报·言林》发表杂文《再论万民伞(上)》,署名智堂。

20日 在《立报·言林》发表散文《径三之死》,署名王任叔。蒋径三来杭,借了时任教育厅长许绍棣的马,因航空演习,马受惊吓,径三堕马而死。同期发表《再论万民伞(下)》,署名智堂。文章说:"盖中国近世的人生哲学,可以'多磕头少说话'六字包括之,送万民伞即是很好的例子,来送去送亦送,见人便磕头,纵或无利益,亦不至有害。""语云:江山易改，本性难移。送万民伞与祝寿殆是中国人本性欤。"

本月 在《青年界》发表文论《深入农民群中》，署名王任叔。文章说："我学习写作，正在暑假里。因为我是个小学教员，平时除稍为读些新书外，便很少工夫写作。一到暑期，我就像大赦犯似的，抱着一腔余兴回到乡下去。我的工作是这样开始的：一面跟乡下里思想相同的朋友，杂谈一切人生问题；一面拣着晚上乘凉的时候，跟乡下人谈家常事情。"他说他的《破屋》的人物，都是这样得来的。

在《文学丛报》第三期发表小说《隔离》，署名王任叔。小说写曾参加1927年那次大革命斗争的樊光甫，现在以青年艺术家的身份来到乡村，"他要看出农民们，在如何的困苦的艰难的生活中，挣扎着出路，他要看出地主与乡豪在如何新的剥削手段下，像蝗虫似的蚀腐这乡村的新形势"。但以乡长干啸霞为代表的封建势力，竟以他是"戏子"为由把他赶出农村去。

在《文学界》创刊号发表小说《保镖黄得胜》，署名王任叔。黄得胜是保镖，为了表示忠于主子，他把当工人的亲弟弟当作强盗打死，结果自己被认为是同党，也被抓起来了。

短篇小说集《流沙》，由商务印书馆出版，被纳入文学研究会《创作丛书》第二集，署名王任叔。小说集收小说十七篇，分三辑。第一辑五篇，是写不同类型的女性的，大致上可分三种。一种是革命性的。如《流沙》中的小黑和三囡，《浇香膏的妇人》中的清芬。第二种"五四"型，追求自由、平等、个性解放的一类妇女，但结局可悲。如《没落的最后》中的莺子，《悲剧的性格》中的静之。第三种是麻木不仁、自甘沉沦、成为社会渣滓。如《有张好嘴子的女人》中的胡大嫂。

第二辑中收录七篇。有两篇写农村，即《勘灾》和《隔离》。写城市的，即《我们那校长跟爸爸》《野兽派作家》《一个负责的人》《保镖黄得胜》《猫的威权》。余下的五篇为第三辑，作者称之"速写"。即《乡间的来客》《龙种》《阴沉的天》《一天》和《贼》。三辑中，以一、二两辑为最好。第一辑中的五个女性，个性鲜明，特别是《浇香膏的妇人》，抒情浓郁，感染力极强。这种在客观写实的同时，渗透较多的抒情因素的因素，不仅表现在这几篇小说上，而且也在不少作品中看到，成为作家三十年小说的一大特色。另外，第二辑中一些小说讽刺手法运用得也不错。如《勘灾》《我们那校长跟爸爸》《一个负责的人》，都是通过人物对比的描写，抓住他们在不同场合自相矛盾的言行，以达到讽刺的目的，这也是作家小说的艺术特点之一。

本月 参加中国文艺家协会。

巴人和王洛华的第二个儿子王克基（乳名阿基）此时重病，不久因先天性心脏病而夭（见《流沙·编后记》《孩子的病》等）。

另据季苏述（参加国民党特务外围组织）对笔者说，巴人给1936年4月6日办的《文化生活》写过两篇散文。当时特务从1935年至1937年8月由陈其发，后又由王岩美对巴人盯梢。

上半年 作小说《流沙》，收入小说集《流沙》。小说塑造了两个不同性格的女革命者小黑和三囡，通过对比，否定了口头上高喊革命而后来革命意志衰退的小黑，肯定了之前性格较软弱而后逐渐坚强起来革命到底的三囡。

作小说《贼》，收入小说集《流沙》。小说写印刷厂老板偷米的故事。

7月

1日　开始在《文学》发表长篇译作《和平》，从第7卷第1期至第6期，1939年8月出版。原作者格莱塞，收入《巴人全集》第12卷。

4日　在《生活日报·前进》发表杂文《马场财政与大陆政策》，署名若木。此文谈日本的马场财政：第一低利政策。这种低利政策，达到三个目的："一是使公债消化；二是刺激产业繁荣，使税收增加；三是减轻政府负担。""第二个政策，是收买黄金问题。""第三个政策，是增税问题。"文章对这三项政策进行分析，指出不能满足侵略用的军费开支。提醒我们要注意，日本吞灭中国的大陆政策，"是政治工作和经济工作并进的。靠着军事上的暴力，掩护经济侵略的推进，以经济侵略的成果，来充实军事上的力量"。

10日　在《文学界》发表《我们的唁词——高尔基逝世纪念特辑》，文章提出我们追悼高尔基，最有意义的是联合翻译界出一本《高尔基全集》，并指出它的意义所在。

同日　在《光明》发表《从走私问题说起》，署名屈轶，收入《扪虱谈》。文章指出国防文学与民族革命的大众文学相同处与不同处，国防文学提法不足之处有二，而民族革命大众则说明不透彻。

14日　在《立报·言林》发表杂文《FR》，署名一丁。文章讲一边是法国民主纪念节，热闹非凡，一边拿着几张枕头席的十五六岁男孩被巡捕所打，巡捕说他没有"照令"。

15日　在《立报·言林》发表杂文《呻吟语》，署名一丁。文章列举了政治家、生理学家、社会学家、宗教家种种说法，

"尽管公说公有理，婆说婆有理，然而中国的老百姓要说，水灾、旱灾、兵灾、捐税、外力的痛苦，一次又一次，难道吃苦是没有止境的么？""一切学说，在某种程度，无非骗人的花言巧语。"

同日 讽刺小说《皮包和烟斗》在《绸缪月刊》第2卷第11至12期发表。

23日 《文艺杂谈》（之一）在《立报·言林》发表，（之二）发表于该刊8月12日。

26日 在《申报周刊》发表小说《龙种》，署名王任叔。小说写科长的宠物叫"龙种"的小狗，科员为了讨好它，实际是为了讨好科长，竟用半个月薪俸买来牛肉喂它，结果这小书记反而以"汉奸""通敌"的罪名被开除了，原因就是小狗吃了牛肉而伤食送进医院。

27日 在《立报·言林》发表诗《准时事吟》，署名无堂。

本月 长篇小说《证章》，由上海生活书店纳入小型文库出版，署名王任叔。据作者在《〈证章〉修订后记》中说："估计小说的写成，是这一年的春季，或前一年的冬末。"由于那是"黑色的年头"。"我的笔是不敢直接地刺破那压在头上重重的乌云的。""我要逃避出版的检查，我不能不用许多曲笔和隐笔。"由于这种遗憾，1957年作者对《证章》进行了充实修订，于1959年由上海新文艺出版社出版修订版。1983年，修改版《证章》收入人民文学出版社出版的《巴人小说选》，《巴人全集》第5卷收入的是小说初版本。

小说主要塑造了真假两个杜清白。杜清白是书中"秘密的主人公"。他从一个富有热情爱国的青年，到最后成为一个消极的自杀者。另一个杜清白，是旧货铺的老板，是一个冒名顶替的家伙。他从乞丐那儿换来一枚证章和一张委任状，从此青云直上，从一个小科长爬上参事的位置。而他的所长就是"吹""拍"和"压"。一个旧货店当上大官，看来是天大的笑话，但确实反映了国民党官场的本质，不学无术，奉承拍马，欺上压下的人，往往青云直上，装模作样做起大官。小说除了把旧货店老板的卑劣的灵魂写得入木三分外，小说中的司长也刻画得十分成功。他一窍不通，无所事事，却故弄玄虚，附庸风雅，装出满腹经纶、气势不凡的样子。《证章》在艺术上最大特色是讽刺。作者在《〈证章〉修订后记》中说："虚构故事方面，是否受到了《鼻子》和《外套》的影响，在写作方面，是否收到巴尔札（今作：扎）克的风格的影响。"果戈里的《外套》以外套为线索，编辑离奇的故事情节。《鼻子》中的鼻子突然从脸上失踪又回来，情节也相当的荒诞。《证章》中的证章也与外套、鼻子一样成了构成小说怪诞故事的线索。而杜清白也有《外套》中巴施奇金类似的命运。《证章》中的人物安排，也类似果戈里《钦差大臣》，假冒的清白旧货店老板与司长之间，同样也演出种种荒唐的闹剧。

8月

1日 在《文学》发表《瞻仰遗容》，署名王任叔。文章主要谈及两点。"一是为欲巩固而推进苏联社会主义的建设，在文中是应如何变换主题，揭起人类与自然斗争的欲念。""次之，他对于因帝国主义者之日趋疯狂而高扬起来的法西斯主义，以无比的憎恨，加以笔诛口伐。"并联系当时的中国的现实来谈高尔基。

同日 在《文学丛报》发表小说《一个发羊癫病的》（原

题如此，不完整），署名屈轶。写一个患有羊癫病的工人发癫风时的种种故事。

8日　在《立报·言林》发表文论《报告文学》，署名屈轶。

9日　在《立报·言林》发表杂文《读报拾穗》，署名屈轶。此文针对《岱山惨案的真相》一文前后矛盾的言论提出批评。

15日、16日　在《立报·言林》发表杂文《作品的题材（上、下）》，署名屈轶。此文讲西方人用免费治病来宣扬上帝，这为我们找到了作品题材，"我们对于西医的那种轻视病人和麻醉病人的行动，却也可以作为反帝中的一种题材"。

22日　在《立报·言林》发表《珂勒惠支的版画》，署名白丁。文章说："珂勒惠支是生长在德国劳动阶级的生活圈子里的，她所描写的人物，也都是劳动阶级悲哀姿容的一面，以及斗争姿态的一面，所以她的画，一面看了容易使人掉眼泪，而一面却挑起人类的愤慨与严肃之感。"

26日　在《立报·言林》发表杂文《思想犯》，署名晓明。此文针对日本人要求对"思想犯"进行检举的行径展开抨击。

9月

1日　在《立报·言林》发表杂文《验肺》，署名晓明。文章讲三人去照X光，第一个未查出病，第二个查出肺病已到第二期，第三个逃跑不查了。第二个查出病，却无法疗养医治。

同日　在《女子月刊》发表小说《悲剧的性格》，收入小说集《流沙》。小说中的静之想成为一个走上自立道路的女性，她虽具有不屈的精神，勇敢地进行个人奋斗，但仍冲不出封建家庭的藩篱。

2日 在《立报·言林》发表杂文《酋长》，署名晓明。文章讲阿比西尼亚亡国后，国内酋长大批投降意大利，而另一部分人采取抵抗外侮，但最近却要求英国来统治。作者认为，他们应该坚持斗争，争取真正的独立。

3日 在《立报·言林》发表杂文《第三种人》，署名一丁。文章讲去市中心图书馆，路上先被第一种人搜身，后来又被第二种人搜身。"在这种情形之中，我们是被派作'第三种人'了。"

9日 在《立报·言林》发表杂文《禁演》，署名晓明。文章讲北平社会局禁演《风波亭》和《走麦城》，作者认为禁演道理不足，这两种剧，会引起观众"对于奸细的憎恶以及对于战士的同情"，因此，从这个意义上说是"较为进步的"。

12日 在《立报·言林》发表杂文《钟声》，署名越闲。文章说有人计划在九华山顶铸一幽冥大钟，以警醒世人，迷途知返。作者认为我们需要"惊醒东方睡狮，叫我们大众各肩起自己的武器向前挺进"的一座大钟。

12—13日 在《出版周刊》118、119号连载文论《关于巴尔札克》（上、下），署名王任叔。文章上半部介绍巴尔扎克的生平和作品。下半部具体介绍《人间喜剧》的特征。最后又提出几点："第一，是他那小说的题材，非常广泛，为以往小说家所没有的，因之他那小说所包含的语汇……可惊的丰富。""第二，是把家庭与阶级作为题材的事。""第三，巴尔札克不描写整个的人类，而只描写居于何种阶级，为何种阶级所支配的人。站在这样的见地，观察各个人类的作家，在巴尔札克以前，还没有一个人。"

20日 在《今代文艺》发表短篇小说《高教授与其门徒》，署名屈轶。

23日 在《立报·言林》发表杂文《对翻译界一个小建议》，署名晓明。文章对翻译的译文倒装句提出意见。

25日 在《立报·言林》发表杂文《立身安命》，署名王任叔。此文引《庄子·大宗师》中子来说的一段话而发的议论。

同日 在《光明》第一卷第八期发表小说《故居》，署名王任叔，收入小说集《皮包与烟斗》。小说通过一个工人在"一·二八"的经历，讲述日本兵的凶残和一九路军的英勇。许杰曾经撰写评论。

26日 在《立报·言林》发表杂文《笔战》，署名屏轶。文章强调笔战应该停息。

27日 在《立报·言林》发表杂文《伟大的作品》，署名ZS。文章论及人的难关是死，国家的难关是国亡。

28日 在《立报·言林》发表杂文《有感于阅卷》，署名匹任。文章列举教员不如学生的事实，学生作文中文句有些对的却被改错了。

29日 在《立报·言林》发表杂文《也是血的买卖》，署名越闲。文章针对数十人卖血，只有一人合格的事件发表议论。

30日 在《世界文库月报》1936年第2期发表文论《高尔基底创作的手法》，收入《常谈的天》（世界书局1939年）、《扪虱谈》。文章认为高尔基的小说"没有一篇是有趣味的，同时，也没有一篇是容易读的"。"因为高尔基写的是'人生'，不是'故事'；是思索的人，行动的人。""但高尔基所有的作品，却没有一篇能予读者这样的满足。反之如果我们能够耐心一点……念上它十几行，你就会感到一种极其深刻的心境。""从艺术的价值上说，高尔基的短篇，有他最高的成就。然而从艺术的教育意义上说，高尔基的长篇，无疑的也是超过文学史上所有的伟大的作品。"

10月

4日　在《立报·言林》发表杂文《非甲即乙》，署名王任叔。文章说："曾经有人说过'不革命，即反革命'的话……一定觉得太过机械了。因为不革命工作的人，未必全部是反革命的。"但"什么事情一到紧要关头，只有两条路，任择一道路"。

5日　在《立报·言林》发表杂文《"殷鉴不远"》，署名屈未平。文章谈及巩固扩大和平阵营，避免世界大战爆发，从西班牙战事来看，民主阵线和法西斯主义对立已十分明显。

9日　在《立报·言林》发表杂文《一个譬喻》，署名屈轶。文章写丘八向警士撒野被制伏，然而老百姓碰到同样情况，却不问不管。

11日　在《立报·言林》发表杂文《一篇小说》，署名忍士。文章写从日本作家的《水门汀桶里的信》联想到虹口的卖粥小贩因站在有手枪的沙箱旁边，被"友邦"人士抓走。

15日　在《小说家》发表评论《八月的〈今代文艺〉》，署名王任叔。

16日　在《世界文化》创刊号发表杂文《掷笔》，署名屈轶。

18日　在《立报·言林》发表杂文《配偶》，署名屈轶。

文章从上帝造女性谈到我们的土地给别人驻兵，"我真担心着中国有这种奇妙的配偶"。

20日　在《立报·言林》发表杂文《割耳》，署名忍士。文章从奸夫割辫子说起谈到新刑法、友邦战士割中国老头的耳朵。

23日　在《申报·文艺专刊》发表杂文《一二感想》，署名王任叔。此文纪念19日逝世的鲁迅，回忆两次听鲁迅的报告情况；又谈到鲁迅看到作家一时创作中断，强调青年要勤于执笔。指出："鲁迅先生今日对于有些批评家单纯地强调国防文学的不满，那是为文艺，同时也是为这垂死的民族而针砭的。"最后谈及自己的失败主义和怯懦，"现在，鲁迅终于死了。我失掉了可以照见自己形相的明镜"。

27日　在《立报·言林》发表杂文《胯下之辱》，署名忍士。文章从司马迁写《史记》人物是用"从小以观大"，到韩信胯下之辱，最后谈到用枪尖来代替胯下。

本月　在《山西党讯》发表《我们民族巨人鲁迅》。

11月

1日　在《中苏文化》第1卷第6期上发表译作《地震》，原作法捷耶夫，译者署名王任叔。

16日　在《立报·言林》发表杂文《自比于郭曾》，署名王任叔。文章说有人自比郭曾①而贬史可法与文天祥。作者否定这种说法。同期还发表《配偶》，署名屈轶。

19日　在《立报·言林》发表杂文《民气》，署名忍士。

---

①　指郭子仪、曾国藩。

此文强调民气的重要性，以西班牙反法西斯斗争为例，而我们却只有叫嚷和平之声。

23日　在《立报·言林》发表杂文《我禁不止想起萧特》，署名忍士。文章从"吴淞战役，以外国人的身份，而为中国殉难，那就是美国飞机师萧特"说起，绥如此吃惊，宋元哲还要大家镇静，不见自国飞机来助战，使人不禁想起萧特。

25日　在《光明》发表小说《第一次查夜》，署名屈轶。小说写警察到旅馆去查夜，因为有两个旅客从奉化来，发现他们均是江北人，又在奉化拍了照，认定他们是汉奸抓走了。

在《大众话》发表《一句之差》，署名屈轶，诗《拟曲》，署名忍士。

26日　在《立报·言林》发表杂文《一篇讽刺文学回目》，署名屈轶。文章认为："我以为今日中国之中日关系，是一篇极动心魄的讽刺文学。"

27日　在《立报·言林》发表杂文《敌乎？友乎？》，署名忍士。意外长齐亚纳电谏张学良谓"君为吾之友，如君加入共党，将为吾之敌，中国不能无蒋介石将军。"敌友分明，可历史上一些人，敌友不分，如今中国敌人是谁？

28日　在《立报·言林》发表杂文《天窗考》，署名拓堂。文章从明万历刻本《谢叠山文集》开天窗说起，这天窗可能从元朝时刻本开始，因明朝皇帝是中国人。到清朝把〇〇天窗，改为□□，指出"开天窗的，都是种族字眼"。

同日　在《立报·言林》发表杂文《幽默的协定》，署名屈轶。此文针对德日缔结反共协定，又签订文化协定而发表评论。

29日　在《立报·言林》发表杂文《和平主义者的头衔》，

署名忍士。文章谈及诺贝尔和平奖，落在德国作家奥西埃资基身上，德国发表公报说这是侮辱德国，说那些发奖委员是马克思主义者。诺奖也曾发给白俄作家蒲宁，也曾赠给法西斯作家皮蓝得娄，苏联也没有说发诺奖的委员是反马克思主义者。秦始皇不给人民有自由思想，最近日本把倡导人民阵线（人民文库派作家）为任务的和平主义者以"赤"字被检举，由此结论："和平主义者都是马克思主义者。"

本月 参与营救救国会七君子，主要参加舆论与组织工作。

12月

1日 在《中苏文化》第1卷第7期上发表译作《新的内容——新的形式》，原作伊利亚·爱伦堡，译者署名屈轶。

4日 在《立报·言林》发表杂文《再说命运》，署名越章。

5日 在《中流》发表文论《鲁迅先生的"转变"》，署名王任叔。文章的基本论点是：鲁迅始终一贯的思想特征是历史的现实主义。这和瞿秋白提出的鲁迅思想是进化论转变为阶级论的流行观点是完全不同的。作者写于1937年的《学习鲁迅的精神》一文，再次强调了鲁迅的现实主义精神。

在《大众话》第1卷第3期发表《短评：不应自杀》，署名任叔。文章从一位女性自杀说起，认为"自杀简直是灭绝人类的举动"。

7日 在《立报·言林》发表杂文《洪秀全的姓》，署名拓堂。此文考证洪秀全的姓，既不姓洪，也不姓朱，到底姓什么，还需要有新材料来证明。

10日 在《立报·言林》发表杂文《作家的损失》，署名纪塔。此文讲盗版书对作家的损害，作家与读者、作家与作家应联合起来加以抵制。

11日 在《立报·言林》发表杂文《援绥偶感》，署名士行。文章说我们后方不仅捐衣捐食，还要捐子弹、枪炮，还要补充人马到前方打仗。

13日 在《立报·言林》发表杂文《喜讯》，署名屈未平。这里的喜讯是指蒋介石"曾有决不容丧失寸土的意思"。又引汤恩伯讲话："国军若仅守绥，意义殊太小。"这就是说"凡是我们的土地，绝不容其丧失尺寸"。

同日 在《申报周刊》发表《特尔克萧夫之死》，署名屈轶。

16日 在《立报·言林》发表杂文《愚不可及》，署名洛华。此文批评萧伯纳关于英王爱德华恋爱的言论。

同日 在《立报·言林》发表杂文《典韦》，署名无尾。这是一篇批评"差不多"的文章。

18日 在《立报·言林》发表杂文《论"但书"》，署名忍士。文章讲述官场讲"但书"，说自己"是什么是非之心也没有的人了。但我却还痛恨这一条'但书'。我以为中国必亡于'但书'。"

19日 在《立报·言林》发表杂文《闲话交谊》，署名公衣。文章认为"直性狭中，多所不堪"的人，反而是可以亲近的。而"文人虽未必'直性'，却大抵都'狭中'，而且'多所不堪'，这就使末世有了文人相轻说"。"现在的有些文人，有些小成就，就目空一切。""批评了我么？好的，老死不相往来！""而某先生以为文艺上的意见尽管不同，而朋友间的私交，却不妨维持着。"H先生"以为朋友之间的私交即使破裂，但为着一个大目标，却不妨捐除私见，共同合作"。作者认为这两种理想太高远，能做到"既不要求维持私交，也不希望没有破裂，但愿在破裂之前想一想，为了这一点事，是不是值得破裂的"。

同期还发表了杂文《读〈论雷峰塔的倒掉〉》，署名王克宁。从雷峰塔倒掉谈到故乡的天峰塔，也应拆掉，因为它在密集的人居之中，凡一倒掉，会出人命。

20日 在《立报·言林》发表杂文《明太祖的种族思想》，署名拓堂。文章认为："民族主义，创于孔子，其后若秦始皇、汉武帝，对于攘夷皆有相当的功绩。"不过，作者认为"近代的民族思想，我以为受太祖的影响很大"。

21日 在《立报·言林》发表杂文《保全抗敌力量》，署名洛华。文章认为为了抗敌，必须保有力量。保全每一个士卒，每一颗子弹，现在是民族生存之战。因之，对民众的要求，只有一个：保全抗敌力量。

24日 在《立报·言林》发表杂文《哭》，署名王任叔。此文讲哭的种种，最后讲到近来哭谏团组织，认为哭无用，国事非私事，应起来担负一部分责任。

25日 在《立报·言林》发表诗《不幸》，署名屈轶。此诗讴歌不幸。

同日 在《光明》发表诗《送衡山先生》，署名屈轶。

27日 在《立报·言林》发表杂文《蔡松坡与王江》，署名格堂。此文写袁世凯时的蔡松坡和抗清的王江。文章认为："天下最可尊敬的职业，是小学教员和小儿科医师。"可是现实很残酷，医师看护对患病小儿是"咒詈"。而小学教师是

"朴作教刑"。作者认为："为后一时代人服务，必须有伟大的心情。"

本年年底，冯雪峰从陕北奉命来上海后，来找巴人。据《自传》所述："一九三六年底，雪峰同志之所以来找我，大半因为我文字上的表现。……用此维持生活。间有宁波友人裘公浹，也予以接济。雪峰同志大约知道这事，认为我表现尚好，所以自动找上来。这对我说，无疑是党给我生命。嗣后，即与胡愈之同志有往来，参加了'入狱运动'等救国运动。"

本年 作文论《鲁迅的创作方法》，收入《新中国文艺丛刊3·鲁迅纪念特辑》（读书生活出版社1939年）。全文分四部分："一、作品产生的过程。""二、典型的创造。""三、环境的描写。""四、关于文字技巧方面的余话。"这对于研究鲁迅小说而言是一篇重要文章，标题列入《新中国文艺丛刊3》的封面上（仅3篇列入）。

1937年（丁丑，民国二十六年） 36岁

▲7月7日，"七·七"事变爆发。

▲8月13日，日军大举进攻上海，淞沪之战爆发。

▲10月，上海战时文艺协会、上海戏剧界救亡协会相继成立。

▲11月1日，由国立北京大学、国立清华大学、私立南开大

学组建成立的国立长沙临时大学在长沙开学，这一天遂成为西南联大校庆日。

1月

1日　重要文艺理论论文《新诗的踪迹与其出路》在《文学》发表，署名王任叔，收入《扪虱谈》。论文对当时中国新诗的诞生、演变、派别、得失，作了系统的概述和评论。文章认为中国正际遇一个史诗的时代，而中国也际遇一个民族战争高扬的时代，因此，"新诗有自己的路。一个新时代正在眼前转换，新的诗歌必能统一历来的形式与内容的矛盾，而使它更平易、更大众化，以尽文艺之社会任务"。

在《译报周刊》发表文论《一年来上海文化界的总检讨》，署名白屋。文章一开头就说，因形势变动，《抗日救亡》《文学》等七家移地出版。《大公报》《立报》等五家被逼先后停刊，留下只有《新闻报》和几家美商中文报。"上海人民的文化食粮，一时几乎有中断之概念。"文化领导及文化人员比之以前更为重要了，宣传鼓励人物更重了。文章指出一年以来，上海文化的特征，"主要是建筑在一切事业至上"。其次"是从公开刊物与秘密刊物的相互呼应，相互推进，经过了曲折的道路，而争得了抗战言论的公开性合法性"。第三，"民族大众文化的展开"。作为这些特征"最重要的支持力量之一的，那便是实践与理论的配合——斗争精神的高扬"。

在《中华月报》第5卷第1期发表文论《救亡时期的文学问题》，署名王任叔，收入《扪虱谈》。这是一篇重要文章。作者参与当时"两个口号"论争，对茅盾的论点表示支持，认为民族革命战争的大众文学应该是现在左翼作家的创作口号，而国防文学是全国一切作家关系间的旗帜，对郭沫若、周扬等说法表示反对。

在《一般话》创刊号发表杂文《希特勒要求殖民地》，署名公辅。希特勒对英法等外国朋友、国内的资产阶级和贫苦大众说出德国要殖民地的理由，但德国老百姓现在饿着肚子，大英帝国不想他瓜分殖民地。希特勒要殖民地，这是第二次世界大战的信号。同期还发表了他的小说《许太太的打算》，署名任叔，诗歌《"打回老家去"》，署名洛华。以及多篇杂文：《论疯狗之妻》，署名屈轶，又发表于本年1月15日《立报·言林》。文章讲疯狗之预防，要了解疯狗的四大特点。现在"疯狗"很多，已联合起来，到处咬人。此文借疯狗指西方列强。《学习西班牙》，署名性纯。《论美洲和平会议》，署名公辅。文章论美洲和平会议的作用和意义。《杂感种种》，署名忍士。文章讲中国士兵、老百姓在抗日下的心态，又谈及蒋介石西安事件和南京被日本所侵之下的百姓。《〈归途〉习作指导》，署名忍士。文章对《归途》提出意见，认为："作者意识尚算正确，技巧实在太差。"《法律的神妙》，署名屈未平。此文讲法律在判决时前后不一的种种事情。

在《立报·言林》发表杂文《岁首杂记》，署名王任叔。这是表达看契诃夫小说《白头翁》的感想。

3日　在《立报·言林》发表杂文《从词儿的连读说起》，署名忍士。文章谈及作者的儿子老师教他的连读引起误会，谈到拼音字母。

4日　在《立报·言林》发表杂文《解经》，署名洛华。

5日　在《立报·言林》发表杂文《生命与污血》，署名爱吾。文章列举种种错误观念，就是"因为不明白任何生命中有污血之故"。同期发表杂文《私相授受》，署名未名。文章谈及自己坐牢时，遇见同牢的一个同乡是绑票犯，告知他是如何的绑票，联系到意日订立的协定，这比绑票更为无耻。

7日 在《立报·言林》发表杂文《自私心的利用》，署名屈轶。此文列举种种私心的利用。同期发表杂文《奇怪的想头》，署名克林。此文谈及作者21岁时在宁波鄞县（现鄞州区）义庄小学教书时与一老先生谈话，此人希望世界上男人都死光，留下女人让他挑选。又谈到日本人要把苏联人赶到北极去。

8日 在《立报·言林》发表杂文《学术与国防》，署名拓堂。文章强调学术对国家民族的重要性，指出中国学问家就是"为学术而学术"，列举了泰戈尔问某大诗人关于中国诗歌与民族有什么关系时答不上来。又一位外国教授问某大佛家，佛学在中国与中国民族有什么关系也答不上来。

9日 在《世界日报·明珠》发表杂文《自私》，署名屈轶。此文即《自私心的利用》一文，改了一个标题另发，或该报改题目转载。在《立报·言林》发表《礼物》，署名罗化。文章所举的所谓"礼物"，并不是真礼物，而是日本人的种种暴行。

10日 在《立报·言林》发表杂文《日记文学》，署名克基。文章认为日记文学要"真情至性"，但"日记而成文学；那虚伪做作之处一定比较用第三人称写出的作品来得更多，而且叫人更难受。这是因为成心写给别人看，早已把'狐狸尾巴'藏过了"。

11日 在《立报·言林》发表杂文《掩眼法》，署名壬生。

收入人民文学出版社《巴人杂文选》。文章列举运用这种掩眼法。比如明明是日本的别动队偷运私货，都不说日本人而说"浪人"。又如明明是"敌人"侵略，却说成"伪匪"。

12日 在《立报·言林》发表杂文《关于民族文艺》，署名大远。文章说希特勒的和平是沙漠上的和平，因他远派兵去西班牙。

15日 在《立报·言林》发表杂文《读〈文学新诗专号〉》，署名罗修。此文对收在专辑内的一些诗作分析评论。

16日 在《一般话》发表杂文《老年人的难受》，署名屈轶。此文说南洋有个民族，人到六十岁，儿子要他爬上树，然后尽力地摇树，父亲跌下来死了，儿子也尽孝道；若父亲摇下来不死，儿子自认晦气，拉回家再养。本来以为野蛮民族才有，其实神州大地也有。鲁迅老人活着时，也有不少年轻人要把他从树上摇下来。又举百岁老人把他关起来养着，怕他老人家又要发生意外。不过，作者认为这比那种从树上摇落的现象要文明得多。同期发表多篇杂文（短论）：《鲍尔温式的和平》，署名新吾。此文讽喻英国死硬首领鲍尔温所签订的《英意协定》是和平年的开端，都容许意大利派军去占领西班牙。《"共"的广义》，署名性纯。此文对侵略者对"共"的种种解释，把一起反法西斯侵略的，都当作"共"。《并非国民不关心绥远》，署名屈轶。文章对绥远捐款少，并不是由于国民对绥远不关心，而是国民"恐怕这次抗战依然未有决心，恐怕那些抗战的部队在后又会调到什么地方去剿什么去"。《可怕的特务机关》，署名公辅。此文讲日本在华的特务机关。同期还发表了对沙鸥习作《败叶》的指导，署名忍士。作者认为《败叶》"布局还可以，故事穿插也不错，只是写人物不行"。

需要说明的是，巴人在《一般话》上的文章，有的文章称杂感，有的称短论，从文体上说都属于杂文范畴。

同日 在《立报·言林》发表杂文《生活第一》，署名白木。此文谈及自己从大革命到现在大变都是为了活。按照柏格森的观点，越是高等动物越是要活，作者说自己大革命时做个小官，自己头上插个草标，朋友说是"生活第一"。

17日 在《立报·言林》发表杂文《所谓秘密文件》，署名庭芳。文章说及日本在中国设立特务机关的秘密文件被暴露，实际在日本是早已公开的事。

19日 在《立报·言林》发表杂文《谈统一》，署名忍士。文章说："仅是个人或少数人的意志，那国家决不能统一。仅仅是'散漫'的意志，没经过政府机关做了一次去'异'而求其'同'的综合工作，那也不足以言统一。"

20日 在《立报·言林》发表杂文《不足为训》，署名未平。文章谈民国时候革命者打扮前后变化。

21日 在《立报·言林》发表杂文《一脉相通》，署名王任叔。文章说一些人让那个日本侵略者在自己统治下招兵买马，这是"利益敌人的侵略来扩张自己的势力，巩固自己的政权的企图。这与张献忠的心理是一脉相通的"。

23日 在《立报·言林》发表杂文《再谈统一》，署名忍士。此文与上文谈统一不同，上文是从内部求统一，此文讲"在今日的中国，抵抗外力，即是唯一的统一方法"。政府要抗敌，尤当允许人民抗敌。"吾人只有'以抗敌求统一！'"

25日 在《立报·言林》发表杂文《作何感想》，署名史一。文章说阿比西尼亚虽亡了国，但民族不亡，他们和侵略者意大利作斗争。

26日 在《立报·言林》发表杂文《敌意》，署名人又。

27日 在《立报·言林》发表杂文《沉痛的声音》，署名奚若。此文谈及在中国，《阿比西尼亚》影片被禁演，观众叹息："我们不如阿比西尼亚，我们没有塞拉西。"

30日 在《立报·言林》发表《常识的推断》，署名史一。此文说苏联新闻家拉狄克等17人于庭审时公开承认自己的犯罪行为，这有违常识。

31日 在《申报每周增刊》第2卷第5期发表译文《鸟底会话》（原作高尔基），译者署名王任叔。

本月 在《青年界》第11卷第1期发表小说《老石工》，署名王任叔，收入《皮包与烟斗》。小说通过老石工坐在火车上讲述自己惊险的故事，因为爱喝酒，被绊住了三十年，因喝酒年年欠账，被老板绑住了。这次回家，是偷了老板钱逃出来的，虽还清了债，结果害了另一青年。

译作《第二日》（爱伦堡作）开始连载于《中苏文化》，连载至3月份，署名屈轶。

2月

1日 在《立报·言林》发表杂文《名人论》，署名长州。文章讲有人想做名人而不得，有人欲不做名人而不得。此文是读了曹聚仁的《捐班名人》之后所作。

同日 在《中苏文化》第2卷第2期上发表《叛逆的灵魂——读波利斯·哥东诺夫后杂写》，署名王任叔。

3日 在《立报·言林》发表杂文《报人的责任》，署名大远。文章说报人的责任重大，在今日的中国，"就是努力促进国内的和平统一，努力督促当局实现民族的抗战"。

5日　在《立报·言林》发表杂文《政治的特赦》，署名史一。文章提出"要求中央政府立即实行赦免一切思想和政治不同的政治犯"。

7日　在《立报·言林》发表杂文《灵学与预言》，署名屈轶。文章认为预言是历史学家的事，灵学家是魔术师。

8日　在《立报·言林》发表文论《谈写作》，署名忍士，收入《巴人杂文选》。文章谈写作有各种方法，不过最落实的方法是先写出事，然后过段时间来修改。

9日　在《立报·言林》发表杂文《破坏与建设》，署名长州。文章说国民政府成立后，派吴稚晖看《清史稿》，内有对孙中山污蔑之词，请章太炎删改不了了之。

10日　在《立报·言林》发表杂文《普式庚之死》，署名若沙。文章认为普式庚①决斗而死，实际上是沙皇的阴谋杀害。

11日　在《立报·言林》发表杂文《一个解释》，署名洛安。文章对陈公博的文章所引两段话进行解释。比如极左可以变为极右，极右可以变成极左。

12日　在《立报·言林》发表杂文《爱国新解》，署名村士。收入人民文学出版社《巴人杂文选》。文章说小时候从《论说文范》知道爱国两字。之后又知道"忧国志士""救国伟士"，读到了《左传》知道"皮之不存，毛将焉附"，了解到国与人关系。因为在乡间，知道这就是祖国。十五岁进了城才知道国还有政府。

13日　在《立报·言林》发表杂文《文章与笔名》，署名非鲁门。收入人民文学出版社《巴人杂文选》。文章讲述用笔

---

　　① 即普希金。

名引起的麻烦，列举了鲁迅、茅盾的例子。

14日　在《立报·言林》发表杂文《哭与笑》，署名洛华，收入人民文学出版社《巴人杂文选》。文章说自己有哭、有笑，但我是强者，于是带着笑出来了，因为假装而感到羞愧了。同期发表杂文《学术界的悲剧》，署名言志。文章说："能为学术而学术，才能有所得；将所得贡献于社会，才能见其有用。"而一些人好为人师，这是学术的悲哀。

15日　在《立报·言林》发表《商业文化》，署名大远。文章批评出版只顾读者多少决定出书，不顾及文学本身，只顾及教育人民的一面，而不顾及学术文化本身。这样做是不对的。

22日　在《立报·言林》发表杂文《平凡》，署名射手。文章批评了有些人发表了一些东西就自鸣得意，还有其他种种表现，忘记了自己也是一个平凡的人。

25日　在《立报·言林》发表杂文《职业与结婚》，署名村士。此文针对林语堂所说的女子职业便是结婚而发表评论。同期还发表了杂文《文明人与野蛮人》，署名斯木。文章指出欧洲那些文明人都干着野蛮人的事，意人用枪打苏联人、中国人。但在阿比西尼亚，"文明人"却被"野蛮人"报复了。

26日　在《立报·言林》发表杂文《关于读经》，署名长州。文章说读经袁世凯提倡过，陈济棠、何主席也提倡过。作者认为："经可读，而读时，却须取研究与批判的精神。孔子圣之时者也，彼一时，此一时，中国的文化遗产，有可接受的一部分，但也应有扬弃的一部分。"

3月

　1日　在《世界文化》发表文论《读史随笔》(一)，署名屈轶。此文是读黄宗羲的《行朝录》所作的部分札记，主要是九篇中的《绍武争立记》。

　同日　在《中华月报》第5卷第3期发表文论《文艺杂谈》，署名沙若。文章认为文艺大众化，"首先，我们要说明的，文艺大众化，卑俗化"。也不能"用'通俗化'来代替的"。而且不能"把文艺的艺术价值与文艺的社会价值分离了，得到二元论的结论"。同期还发表了杂文《出卖伤风》，署名屈轶，收入《生活·思索与学习》。文章从电柱上红纸条上的出卖伤风到故乡的无头榜，涉及泰山石敢当、风流事、父亲的遗言、大革命贴标语等，是了解巴人经历比较重要的文章。

　2日　在《立报·言林》发表杂文《"反差不多"与独创性》(上)，署名史一。文章认为只谈独创性，忘记了文学与社会、时代的关系，而且把标语口号用到作品中也不对。文章同意茅盾提出的反形式主义，不同意反"差不多"。

　3日　在《立报·言林》发表杂文《"反差不多"与独创性》(下)，署名史一。文章批评形式主义，最后说："基于平时的各自的形式写出。……那就是我们所要求于文艺里的独创性。"同期还发表了杂文《迁坟与迁居》，署名克宁。文章讲一边要老百姓迁坟；一边段祺瑞国葬，圈了小营正黄两村的地面，百姓迁居后无房可住。提出："一方面为民生计而迁坟，一方面为迁坟而迁居，两事相交，我看到中国人命运的悲剧。"

　4日　在《立报·言林》发表杂文《庸人自扰》，署名若木。文章谈及宋哲元将军与田代商谈，百姓不明谈什么内容，一个姓陈的人出来说："忘民众勿庸人自扰。"

5日 在《立报·言林》发表杂文《生命与污血》，署名爱吾。此文举例种种错误的观念，就是"因为不明白任何生命中有污血之故"。

6日 在《自修大学》发表文论《题材与主题》，署名王任叔。全文分："一、从一般的解释说起。"讲题材问题。"二、写作上的两种态度。"讲现实主义与浪漫主义。"三、所谓永久的主题。"讲恋爱、自然之死。

同日 杂文《与民守信》在《立报·言林》发表，署名实斋。文章列举孔子为政最重要的是"民无信不立"。并提出："与民守信的根本要义，首先要突破那种'民可使由之，不可使知之'的过去君主主义的政治纲领，应强调中山先生所说的'总统乃人民的公仆'的民主观念。"

8日 杂文《从三八节想到娜拉》在《立报·言林》发表，署名易女士。此文分析当时女性生存状况。

10日 散文《亡友》在《立报·言林》发表，署名王任叔。该文纪念好友董挚声。

同日 在《人间十日》发表杂文《贺其华女士的死》[①]，署名新吾。此文写大夏大学生因交不起费被迫自杀，指出教育当局的狰狞面目，贺生应奋起反抗，不应走这一条路。同期发表若干杂文：《中山先生的伟大》，署名大远。文章说孙中山民生主义被误解，他的"联俄、联共、扶助农工"三大政策，被误解曲解。《以生活组织生活》，署名王任叔。此文用了许多事例来说明什么叫生活组织生活。它的"最本质的意义"，那就

---

① 该文题目和正文题目不一致，在杂志目录上的题目为《何其华女士的死》。

是对于国民生活的一般改善。《拜倒呢？打倒呢？》署名新吾。文章列举三件事，都是出版界为了讨好日本人而赚钱，"根据这些事实，知道文化界里的汉奸，正在实践《圣经》里所说，人家要打你左颊，你连右颊也送上去……这是值得我们拜倒呢？还是打倒呢？"《不足称敌》，署名若沙。文章列举日本侵略者用妓女吸取中国民脂民膏，传播梅毒，号召我们要"不忘抵抗，不被诱惑"。同期还发表了《两个灵魂的对话》，署名屈轶。

11日 在《立报·言林》发表杂文《两种错误》，署名实斋。文章批评西班牙战事引起国人两种错误的观念：一是西班牙战事爆发归于人民阵线建立的缘故；另一个是把抗日民族统一战线与西班牙混为一谈。

13日 在《立报·言林》发表《新起点》，署名疾首。文章说日本新外相佐藤所谓新起点，"在华（限于长城以南）各帝国主义之利盖乎平均分配，尤其是英国；所谓和平者何？亦即在华各帝国主义利益之平均分配，尤其是英国"。

16日 在《世界文化》发表论《读史随笔》（二），署名屈轶。此文讲明末的民族抗战运动中浙东的黄斌卿。

同日 在《立报·言林》发表杂文《出奇与广告》，署名长州。文章批评那些出奇广告，如《夜来歌声》广告吓死从乡下来的十一岁小孩，这种广告起了反作用。杂文《道德的协助》在《立报·言林》发表，署名燕堂。文章举例日本佐藤的道德是些什么，诸如设立特务机关，收买汉奸。

同日 在《一般话》发表杂文《"狂人"往何处去？》，署名文思。这里讲的狂人是战争狂人，欧洲、亚洲均有。同期还发表杂文若干：《又撕破了一个协定》，署名健锋。文章讲不干涉西班牙的协定签订墨迹未干，意大利派兵援助西班牙叛军。《思想自由与自由思想》，署名若木。文章说"一切思想，都发源于生活的实践。""自然指的社会的生活。而在同一社会生活里，也必然的两种思想可以发生。其一是维持现实社会的思想与礼教之类与封建社会；其二是改进或革新现实社会的思想，如《资本论》与资本主义社会。"社会不是一成不变。现在应该"唤回五四时代那种自由思想的精神，来一个自由思想运动"。《今年财神在中国》，署名劲风。文章说财神到中国是因为"友邦"的"经济调查团"驾临到中国。杨明的小说《"在接见室里"》后附《〈在接见室里〉文后批评》，署名忍士。指出小说写得动人，但文章词句不妥之处十五条。

同日　在《人间十日》发表杂文《铲除汉奸大会》，署名公辅。文章提出山西的铲除救国运动，希望在各地发展。同期还发表了杂文《法律的面目》，署名屈轶。文章谈及三件风化案都差不多，却判刑结果不一。

同日　在《立报·言林》发表信《答欧阳凡海先生》，署名史一。文章指出当今文坛上存在公式主义和形式主义，如口号标语、反差不多的人们，都是由于虚伪，不肯认真生活。

18日　在《立报·言林》发表杂文《苏联的建设》，署名实斋。此文是针对纪德所发的针对苏联个性化的言论所作的评论。

19日　在《立报·言林》发表杂文《杜威博士的关怀》，署名伍芸伯。此文是针对杜威致电关怀"七君子"表示感激，并相信政府不放弃"七君子"这样爱国的人才。

20日　在《立报·言林》发表杂文《讽刺诗》，署名石非。文章说讽刺诗必须具备两个条件。"一是，做讽刺诗者态度要严肃。二是，态度要适如其分。"

22日　在《立报·言林》发表杂文《正反文章》，署名村士。收入人民文学出版社《巴人杂文选》。文章指出日本对华侵略都在做正反文章。

23日　在《立报·言林》发表文论《论的笃戏及其他》，署名史一。此文针对有人对魏金枝的《的笃戏》一文批评而作，作者对魏金枝予以肯定。

24日　在《立报·言林》发表文论《再论的笃戏》，署名史一。此文进一步指出的笃戏适合农村，农民喜欢看，还谈到自己读中学时，写白话被人看不起，叫做"的笃戏"班。其实在乡村要演《雷雨》那样的戏是不可能的。

26日　文论《身边杂事的描写》在《申报》发表，署名王任叔。

27日　杂文《幽默家的预言》在《立报·言林》发表，署名长州。此文引林语堂所发的议论，说西安事变的结局正如他所预言。中国团结的唯一办法是"×氏三姐妹的联合统治"，认为"也颇有至理"。同期发表杂文《反差不多的杰作》，署名尚父。

30日　杂文《武装关员》在《人间十日》发表，署名若沙。文章认为日本浪人，实际上是别动队。他们走私铜元，围打关员，必须武装海关关员。同期还发表杂文若干：《赋得优秀》，署名忍士。文章认为评判优秀与否，并不是学校的训育主任，而是人民大众。《我们将怎样响应这和平的呼声呢？》，署名屈轶。此文讲我们将怎样响应苏联文化界对于保障世界和平的呼声。《依然是广田三原则》，署名公辅。此文揭露了广田三原则的反动本质。

同日　杂文《加捐的意义》在《立报·言林》发表，署名石矢。文章认为加捐是吃老百姓的血和肉，而治安不良，牢里关的多是绑票盗窃犯，为了报销工作量抓了不少小贩。同期发表杂文《我想坐牢》，署名拓堂。此文谈坐牢的"好处"，颇具讽刺意味。

4月

　　1日　文论《关于文艺界的统一运动我见》在《中华月刊》第5卷第4期发表，署名王任叔。此文论及文艺上统一战应以人道主义作为精神内容，具体谈了两点。关于形式的统一也谈了两点。

　　同日　杂文《我们需要战士》在《立报·言林》发表，署名芳彦。文章谈到自己1927年在广州去凭吊黄花岗烈士，见到黄埔军校主任教官房间空无一物，仅仅一条毛毯子，从而想起烈士与战士，说工农兵和留一点血的学者，他们都是战士。同期还发表杂文《谰言浅释》，署名斧钺。此文讲日本外交的言论与中俄调整国家交往平等原则之不同。

　　同日　史论《宁波的起事——读史随笔之三》在《世界文化》发表，署名屈轶。文章讲述钱肃乐等在宁波的反清运动，特别是有关起事的经过。

　　2日　杂文《博士的买卖》在《立报·言林》发表，署名流云。文章从中国留学生在日本买文凭谈到英美也一样出卖，他们对于中国留学生都抱有侵略的野心。

　　7日　在《立报·言林》发表诗《游杭杂诗》共两首，署名屈轶。两首诗一首是怀念董挚声，一首是怀念张秋人①。杂文《无赖》，署名致和。文章从日常无赖谈到日本无赖。

8日　在《立报·言林》发表杂文《寂然》，署名长州。

10日　在《人间十日》发表杂文《苦痛的经验》，署名公辅。文章认为1927年到1937年是中国历史停滞时期并阐述对这段历史的看法。同期还发表杂文《报人的被提携》，署名性纯。文章讲日本组织一批被收买的北平记者，赴日本考察，回来之后，通过他们来赞颂日本物质和建设，以及"满洲"在他们治理下的成绩，使国人勿再抗衡日本及收回东北之梦。杂文《救国与危害民国》，署名性纯。文章讲救国会领袖沈钧儒等七位，外加陶行知等七位，都被判危害民国案，理由是这十四位组织团体，宣传三民主义不容之主义。杂文《挚声的死与诗》，署名屈轶，收入人民文学出版社《巴人杂文选》。文章以诗文来介绍董挚声，言情并茂。杂文《读知堂老人〈统一局〉感言》，署名大远。此文从《统一局》说起谈今天的统一问题。统一不能闭门造车，统一是动态的。信《为"以生活组织生涯"答秋水君》，署名王任叔。此文回答秋水对作者先前写的《以生活组织生活》的误解。

11日　在《立报·言林》发表杂文《关于握手》，署名致知。文章主张握手，不主张作揖，但不少人不主张握手，甚至连自己爱人也不敢握。

12日　在《立报·言林》发表杂文《宗教与战争》，署名公西华。文章谈及欧洲中古史与宗教分不开，而德国新创生的神教、神通教则多消灭犹太教、基督教。同期还发表杂文《无

---

①　张秋人，浙江诸暨人，1922年加入中国共产党，北伐时在黄埔军校任政治教员。1928年在杭州被国民党杀害。

血之词》，署名王任叔。日本报纸当时宣传中国共产党利用流行曲、演剧，从侧面宣传抗日，还有社会民主党、中华文艺协会都被点名，作者作此文对此予以驳斥。

14日 在《立报·言林》发表杂文《我的建议》，署名苏西坡。文章归纳苏雪林攻击鲁迅为三点，为此，作者提出六点建议。同期还发表杂文《从何谈起》，署名实斋。

15日 在《立报·言林》发表杂文《求人不如求己》，署名悟非。此文针对许世英对日本提出三互，即互忍、互信、互助提出意见，认为求人不如求己，这三互精神适合政府和人们的关系。

16日 在《南通学院院刊》发表译作《普式庚名诗二译：给查阿达也夫》，译者署名张西曼、王任叔。

17日 在《立报·言林》发表杂文《孩子眼中的现实》，署名放题。文章列举自己孩子眼中的现实。同期还发表杂文《我们需要战士》，署名芳彦。

22日 在《立报·言林》发表杂文《电车罢工有感》，署名岐山。文章从电车工人罢工谈到收回租界。

24日 在《立报·言林》发表杂文《文章以外》，署名鸣三。文章从《扬州十日记》谈东北小兵的文字呼叫。

25日 在《立报·言林》发表杂文《谈"美"》，署名驷业。文章说自己是乡下人，喜欢《月光曲》和杜甫的"翻身向天仰射云，一笑正坠双飞翼"。面对朱光潜提出的美需要保持某种"心理距离"不敢苟同。

27日 在《立报·言林》发表杂文《援助关员》，署名唯特。文章提出我们要经济战线的战士予以援助。

28日 在《立报·言林》发表杂文《绥战》，署名谋生。

文章主张"先下手为强"。

30日　在《立报·言林》发表杂文《赋得"太平"》，署名陈乌。文章对一首小诗《赋得"太平"》作解释。

同日　在《人间十日》发表杂文《希特勒的葫芦》，署名沙若。文章认为希特勒要参加和平会议，推罗斯福为和平会议发起人，和日本佐藤等中日经济提携，都是为了喘休一下，为下一步侵略作准备，同期还发表了杂文《"求生互信"》，署名荆生。此文针对驻日大使提出的"互忍，互信，互助"提出批评。杂文《从贩卖猪仔说到贩良为娼》，署名大远。文章从清末贩卖人口说到上海贩良为娼，这些被贩的人都来自农村。这是严重的社会问题。在该期"十日小论坛"发表三篇短论，一，大学程度的时局观；二，忠厚的议论；三，"向死人围剿"。署名某生者。所谓大学程度的时局观，即《大公报》说的废除领事裁判权要慎重。"忠厚的议论"旨在批判有人寄希望于日本林铣十郎的新政府，讽刺"这是忠厚得很像一个奴隶的说话"。向死人围剿是批判胡适、苏雪林等人。他们说鲁迅是虚无主义，认为鲁迅的左倾"无非是借此沽名罢了"。

5月

1日　在《世界文化》发表史论《浙东的山寨与王翊的死难——读史随笔之四》，署名屈轶。文章摘引全祖望《鲒埼亭文集·王翊墓碑》等，讲述王翊反清起事与失败。

同日　在《立报·言林》发表杂文《劳动节志感》，署名驷业。文章说自从新币制度实施以来，物价不断高涨，工人罢工也多。同期还发表杂文《却说》，署名行者。

同日　在《中国新农业》第1卷第1期发表译作《顿河一

带的旷野》(绥拉费莫维支原作），译者署名王任叔。当期未发表完，《顿河一带的旷野》(续第一期）于本年7月1日在《中国新农业》第1卷第3期发表。

2日 在《立报·言林》发表杂文《棚户的呼声》，署名小花子。文章提出租界是中国的土地，我们应有居住的自由，应由中国的法律保护，然而我们受大人的压迫。

3日 在《立报·言林》发表杂文《读〈人间十日〉》，署名益三。这是对《人间十日》最近五期的评述，是对《人间十日》的赞扬。

4日 在《立报·言林》发表杂文《虚无的心境》，署名茹辛。此文是对苏联及其友军的回应。

5日 在《立报·言林》发表杂文《创造的恋爱》，署名土仁。这是有关恋爱、结婚的议论。同期还发表杂文若干：《悲剧或喜剧》，署名骏骧。此文讲要继承五四传统，反复古、反礼教、反灵学。文章举例五四以来社会倒退现象，礼教势力，复古精神，扶乩，这是悲剧。不过农村青年、城市工人，他们不大相信皇帝、不大相信教祖祭宗，礼拜神明，讲自由恋爱。最后说："将近二十年了。而我们还活在二十年以前的社会里，是我们的悲剧呢，还是我们的喜剧？"《时代苦与文学苦》，署名屈轶。文章讲日本作家既受经济的压迫，又在政治上言论不自由，文学创作受到极大的打击。同样，我们也在时代苦和文学苦的两重夹板中透不过气来。

6日 在《立报·言林》发表杂文《乌鸦的预言》，署名放言。文章指出日本外相发表绥和中日两国关系意在英美，且与英国拟定"会作计划"目的要英国承认"满洲国"。英美牵制日本，目的不在反"共"，而在他们的在华利益。

8日 在《立报·言林》发表杂文《棒喝》,署名一鸣。文章讲日本法西斯不会因棒喝而惊醒,而认为那些寄希望于日本"提携"中国的人应该醒悟。

9日 在《立报·言林》发表杂文《谈谈读报》,署名特伍。文章说有些人读报是作为茶余饭后的谈话资料,有些人,"不大关心国家大事",专爱看社会新闻。还有一些人,"看了看大标题,小标题,也就搁在一边了"。同期发表杂文《五九志感》,署名鸿度。文章指出东洋人玩的把戏:"其一,是看穿了当局的权利思想,帮助他们争夺政权,于是伸出手来,要求酬报。""其二,那是秘密外交的手段。"最后说:"我们要反对一切有形无形的轻敌派,我们要实行公开外交。"

10日 在《人间十日》发表杂文《横蛮与无耻》,署名公辅。此文讲日本侵略者在华种种横蛮与无耻。同期还发表了杂文《文艺的危机》,署名王任叔。文章批评国民党宣传部长和汪精卫的讲话。作者认为文学史上最光辉的文艺作品是现实主义,并举苏联作品为例,然而谈及眼前中国现实,却出现创作危机。最后说:"为政者固然可以向作者有所要求,而文艺作者为国家,为大众——为历史的人类,却也正企望着正义的历史出现××。"

同日 在《立报·言林》发表杂文《所谓虚无》,署名茹辛。文章说:"虚无不同于悲观,那是非常显然的。也许可以说,虚无是悲观的极致。悲观到了虚无的境界,那就否认一切,否认自己,甚而至于破坏一切,破坏自己。""十多年来功过的清算,而将虚无归在别人身上,功绩表彰在自己帽顶,找不服气。"

11日 在《立报·言林》发表杂文《恶意的同情》,署名真如。文章指出："不忠实与现实的艺术家，必然是出卖艺术的罪人。"同期发表杂文《谈桐城》，署名拓堂。此文评论桐城文，说它是和宗祠一样空壳子，并举《左仲郭浮渡诗序》为例。又说桐城派也有好处："第一，它是最纯洁的散文。第二，它不用字眼。"

13日 在《立报·言林》发表杂文《文学的力量》，署名志超。文章认为炸弹威力看似超过文学，但文学的力量也可以超过炸弹。

14日 在《国民周刊》发表杂文《棚户迁移》，署名逸。文章讲同样棚户迁移，普通百姓和洋人津贴不一样，一个只有14元，洋人都有几千几万元。作者警告，不要轻视百姓的团结力量。

15日 在《立报·言林》发表杂文《思想与信仰的界限》，署名森林。此文批评朱光潜的言论，而认为任何思想都有他社会的基础和条件。"有的人以为一切卡尔文主义者，没有思想，只有信仰。这是不通的。"

同日 在《读书》创刊号发表杂文《须有远大的眼光与坚决的抱负》，署名王任叔。文章批评出版社跟风，出版家要把生意放在第二位，须有远大眼光和坚决的抱负。

同日 在《创作》发表杂文《钞票文学》，署名叔。此文从钞票上写的一首诗谈起。

16日 在《立报·言林》发表杂文《读〈打破迷"洋"梦〉有感》，署名成吾。文章从迷洋谈到中国的自卑与自大。同期还发表杂文《关于浮尸》，署名常雨；发表评论《看〈日出〉后》，署名东谓。此文是对《日出》的评价，称戏中有许多文明戏成分。

17日　在《立报·言林》发表杂文《平凡的工作》，署名知正。文章认为平凡是伟大的，而庸俗则反之，最常见的是公文作风。同期发表杂文《自杀政策》，署名子英。文章从蚕作茧自缚谈到卖盐给友邦人士作军火，认为这也是"作茧自缚"。

19日　在《立报·言林》发表杂文《联合阵线》，署名丁史。文章指出抗战联合战线主体是人民大众，而地主、买办的阶级性质决定他们有时可以忘掉祖国，天津出卖土地便是一例。

20日　在《人间十日》发表杂文《关于保障正当言论》，署名大远。文章讲中央训令确保民运和正当言论。但地方当局执行则不一，有些对训令理解有误。一是认为"须待民众有训练以后"才实行。其次对"正当"也引起误解。中央和地方"做到如何地步，这是我们抹着眼睛瞧着的"。同期还发表文论《文艺杂谈》，署名王任叔。此文进一步论述文艺的危机，是对上期《文艺的危机》一文的补充、发挥。

同日　在《立报·言林》发表杂文《关于自杀》，署名孤愤。文章批评一些青年谈恋爱而自杀。同期还发表杂文《思想与批评》，署名若木。文章说："思想不怕'大同'，但也不怕'小异'。思想之可贵，决不在于思想的本身，或思想的原则，而在于它对事物的批评。"

21日　在《国民周刊》发表杂文《青年——有自己的路》，署名王任叔。文章认为青年的优点是纯正，因此青年要保持纯正的德性一直到最后，治学问与做事业才得以成功。同期还发表杂文《保障舆论》，署名任。文章指出保障各地方当局执行舆论自由问题。

23日　在《立报·言林》发表杂文《读收获》，署名若飞。

文章是对《收获》中的木刻和一些文章的称赞，而对端木蕻良的文章则指出它的不足，并说他适宜写长篇，还谈到鲁迅的九封信和一个中学生对艾思奇引用的错处。

24日 在《立报·言林》发表杂文《不成功的成功》，署名子明。文章讲日本宣布与英签订条约的事，实则是不成功，但它延缓苏法英美太平洋的集体安全现状不至于即刻实行，这就是不成功的成功。

25日 在《立报·言林》发表杂文《铲共不忘读经》，署名常生。文章说"铲共不忘读经"是何键的主张，并给予驳斥，是不合中山先生的民生主义，也不符合孔子的大同世界的主张。

26日 在《立报·言林》发表杂文《说伥》，署名方君。文章以小时听祖母为虎作伥的故事说到资本家为牧师伥，现在儒子以及上等社会的人，都愿为帝国主义的作伥，又勾结流氓无产者来毒害中国的土地和人民。某国浪人贩毒的事，就是在这样原因下发生的事。

27日 在《立报·言林》发表杂文《自然的怀念》，署名斧钺。文章说我们保卫祖国的土地，日本看重的不是自然风光，而是我们的土地里的宝藏。

同日 在《时事新报·青光》发表杂文《硬干精神》，署名一民。文章讲法巡捕房越界开枪打伤焚化长锭的侯孟山等夫妇四人，自然引起像义和团一样的事变，但要的是义和团的硬干精神，扬弃的是宗教迷信，如察和尔的抗日同盟军那样。

28日 在《国民周刊》发表杂文《弹劾陈觉生》，署名任。文章从弹劾不奉行缉私命令的陈觉生谈起，谈到检察院派员到华北调查盗卖土地、钢铁等事，这表示国家行使主权和人民财产免受损失。

29日　在《立报·言林》发表杂文《还是不应该自杀》，署名施若惠。此文针对立忱女士自杀而发议论，认为人不应该自杀，要想想这社会求于自己的责任。

30日　在《人间十日》发表杂文《为陈觉生辈着想》，署名性纯。文章说陈觉生被提出弹劾，这是沉闷天气中的一个响雷。对陈觉生来说要么悔罪自新，要么叛国为奴。同期又发表杂文多篇：《喜多少将何事奔波》，署名公辅。此文讲日本喜多少将来我国各省"访问"，引人疑虑。《林内阁的进步》，署名公辅。文章讲日本林内阁联合右派搞法西斯政权。《说教的苦心》，署名大远。此文引用多位说教者，不是讲读经，就是讲中国走资本主义，作者予以反驳。《所谓"思想统一"》，署名某生者。文章从朱光潜议论思想统一反驳起，讲到傅作义、胡适的问题。在该刊"十日小论坛"发表《浅薄与情深》，署名某生者。此文对如何理解浅薄与情深作议论。

31日　在《立报·言林》发表杂文《读报经验谈》，署名戎一。文章说看报要有一定的政治常识，也可以从看报中获得经济常识；看报可以培养眼光，还须有客观分析，并举例说明之。同期还发表了《小说闲话》，署名王任叔。文章说："对于小说的散文化的创作方法，我是反对的。但作者①谓左拉也是用散文化的创作方法，我却不同意，我以为莫泊桑是典型的散文化创作方法的开始者。""以散文化的创作方法来写小说的人，在我看来大半是艺术至上主义者。"

---

① 引按：指日本作家高冲阳造。

6月

2日 在《立报·言林》发表杂文《我的苛求》，署名斧钺。文章说端木蕻良的作品"是有血肉与灵魂的"。这是作者第三次提到端木蕻良的作品，他说："对于端木蕻良的作品，我始终是敬爱着的。因为在他笔下的东北人物，是有血肉灵魂的。他比任何一个东北作家来的优越。"又说："中国文坛有隐忧。"有许多青年作家，正在向细纤的技巧上用功夫，说着如梦似的语言，或者从文字中摆弄出风度。同样，在理论上，也搬弄着欧洲资本主义稳定时期的美学学说。

3日 在《立报·言林》发表杂文《认清目标》，署名忍士。文章认为国际和平阵线逐渐形成，国内的和平统一的局面也逐渐形成。在抗敌御侮统一目标上，国内各阶级矛盾变为次要矛盾，因此提"要彻底的反对封建势力。""读经运动"，都是不对的。同期还发表杂文《读社会新闻有感》，署名戎一。文章列举报上4件社会新闻，并作出评价。

4日 在《国民周刊》发表文论《跟生活打成一片》，署名王任叔。文章认为："关于青年修养问题，这并不像有些人想象的那么简单，以为谈谈青年怎样读书、读些什么书就够了。""时下一般青年导师，一谈到青年读书问题，他们就对青年两种希望。一要青年做个学校里优等生；二要青年做个学者。"前者举了《大公报》上萧公权的文章，后者举了朱光潜《给青年十二封信》里有篇读书文章。作者认为青年要活着，"首先还得把读书跟生活打成一片。然后书为人用，不致人为书用"。

同日 在《立报·言林》发表杂文《讽刺诗》，署名志澄。

文章说自己近读新诗老祖宗胡适的《月亮的歌》却变成了黑夜，而对劳荣的诗《飞机场颂读》加以赞扬。

5日　在《立报·言林》发表杂文《作品的推荐》，署名周方。文章对有人推荐十几个名家，而无茅盾之名提出意见。同期还发表杂文《哭声与贺电》。文章讲避难在英国的五百名儿童听到祖国比尔波陷落后，"全体忽如中魔，相率奔出收容所，而入附近的森林中……期关怀祖国之情实在罕见"。而希特勒之流竟以儿童的哭声作为贺电。

同日　在《中流》第2卷第6期发表文论《现实主义者的路》，署名王任叔，收入《巴人文艺短论选》。文章对朱光潜在《文艺心理学》中所说的现实主义提出批评，指出现实主义不在于模仿自然，"而是在现实中实践后的自发的流露"。

6日　在《时事新报·青光》发表文论《现阶段话剧运动中的几个基本问题》，署名一鸣。文章对话剧的发展提出几条意见，要重视"班底"，不能光重角色。重视剧本的文学和表演。最后重视民族意识。

同日　在《立报·言林》发表杂文《盗卖国土》，署名俊业。此文谈天津盗卖国土二万亩给日本人的事。"只有抗敌，才能肃清一切。"

7日　在《立报·言林》发表杂文《墨西科领事的去职与〈新地〉的演出》，署名天竹。文章说墨西哥领事写了一册《上海冒险家的乐园》，遭到帝国主义的高等洋人的嫉恶，群起而攻之，使他不得不辞去领事之职。而日德合作拍《新地》，租界当局是否对《走私》《国难记》《民众周刊》也一样禁止呢？

10日　在《人间十日》发表杂文《谈谈自杀问题》，署名大远。文章列举大量自杀事件，并分析造成自杀的四个原因，呼吁要做一个新时代的战士，自杀没有好处。

同日　在《立报·言林》发表杂文《不要损失抗敌的力量》，署名知屋。此文是从劳荣的小说《良心》谈到不要损失一份抗敌的力量。

11日　在《国民周刊》发表杂文《受用一点是一点》，署名王任叔。文章提出读书：首先"'眼观四方'，'耳听八方'，'手触现实'"。其次"是'博以求识，约以求精'的方法"。"此外，还有一种非写意的读书方法……'不求甚解'的方法。"又说："任何学问的构成，有两种过程：其一，是直接取之于生活经验的。其二，是由于复习'过去的'生活经验……并和自己生活经验相参证，而产生出来的。"

在《立报·言林》发表杂文《谈坐牢》，署名竹友。文章说"有的人非常爱面子，有的人却讲实在。爱面子的人，以为坐牢是非常泄气的事。讲实在的人，却反而以坐'爱国牢'为光荣。"又说："民众的嘴可以装哑，民众可以装聋。但民众的心，永远明白，民众的是非，永远公正。"同期还发表《预言家》，署名轶民，此打油诗是关沈钧儒坐牢的事。如：

有那么一天，沈先生被抓，

我说："那可不用惊讶，

暂请他们休息会儿，

一两个月也就平安回家！"

15日　在《立报·言林》发表杂文《不需要吃糠屑》，署名一鸣。此文对某报对沈案所发的社评提出批评。同期还发表评论《对于〈罗密欧与朱丽叶〉的演出》，署名史坚。有人提出现在演出《罗密欧与朱丽叶》似乎不必要，文章从艺术的作用和《罗密欧与朱丽叶》的艺术水准来说，认为演出是必要的。

16日 在《立报·言林》发表杂文《旧路新走》，署名木公。此文指出施蛰存小说《黄心大师》走的是说部旧路。

17日 在《立报·言林》发表杂文《就是为了吃饭》，署名余生。文章说抗敌就是为了解决吃饭问题。

18日 在《立报·言林》发表杂文《论爱面子》，署名悟非。文章列举三件事：梁宗岱的《从滥用名词说起》，刘西渭在《里门日记》中评张天翼，以及一个人抢东西放火，自认有罪，但要求剖腹死，结果剖出一肚子泥土。这三件事都表现了绅士风度，而爱面子是绅士的家藏法宝。文章说梁宗岱、芦焚、沈从文等人的文章往往出现自相矛盾的现象。

19日 在《立报·言林》发表杂文《略申曲见》，署名静堂。文章讲我国历史上种种发明创造，又讲民族英雄不是侵略别人，扩张土地，而是"对外争求独立，对内保卫土地，谋民族生的改善"。同期还发表杂文《转机》，署名坚石。文章说面对敌人的多次挑衅，大家却等待时机，而时机是靠努力而不是等待来的。

20日 在《人间十日》发表杂文《惩治投机官吏》，署名公辅。文章对粤省委查办邹敏初投机表示支持。

同日 在《立报·言林》发表杂文《"不可说"》，署名陈情。文章谈及与德国有关几件事，最后说："送博士学位与无端抗议，拍制《新地》与大打戏院——但主意是只有一个：'我们一起布起文化的侵略之网吧——向这殖民地！'"

21日 在《立报·言林》发表杂文《显明的对照》，署名常伍。文章列举了三件事，意大利法西斯党徒被西班牙人民打死打伤，首先说要报仇。察省当局筑壕沟却因"某方人士的抗议而顺利完成一处防御之事"。汉奸被抓入狱，"却又以皇军的面子释放出来了"。

22日 在《立报·言林》发表杂文《读蔡宁主教的谈话有感》，署名一鸣。

24日 在《立报·言林》发表杂文《纪念巴雷》，署名史谷。此文纪念英国作家巴雷，文章希望对巴雷研究的人写一篇非常详备且非常扼要的文字。

25日 在《国民周报》发表杂文《暑假中的工作》，署名王任叔。作者认为到农村工作要注意几点。首先，注意"人民大众的要求，有比量上的轻重，和方式上的不同"。"其次，我们要注意各地农民文化程度的不平衡的发展。""再次，我们要注意农民的心理意识的矛盾。""总之，我们今日对于民众工作的主要精神，是归趋于科学与民主这两点上。"

26日 在《立报·言林》发表杂文《看脸色》，署名一萍。此文是针对日本外务省发言人的谈话所作的评论。同期还发表评论《读〈二三事〉》，署名斧钺。此文称赞《二三事》丛刊中"杂文写得深刻又'艺术'"。"文艺论文，切实而具体，不用抽象的说明，这是顶难写，但也顶通俗的。"认为端木蕻良的《突击》，写石头这个人物，写得非常好。这位作者，颇有些生物学上的爱好，"喜欢把自然以及一切生物，给以人的灵魂。而强调的结果，便是一切生物与自然的力量，超过人类的力量"。文章还赞扬了《憎恨》一文。

28日 在《立报·言林》发表杂文《论〈国难与文化〉》，署名唐明。文章指出柳湜《国难与文化》一书的问题。"他将五四思想的文字工作这一运动的意义，估价得非常之高，而将五卅以后由思想而转入于实践，以实践而接受了五四时一部分思想，但也扬弃了更本质的文化运动，估量得太低。"29日在该报发表《再论〈国难与文化〉》，署名唐明。30日发表《三论〈国难与文化〉》，署名唐明，针对关于《国难与文化》一书中有关艺术论述缺乏阶层（阶级）立场的批评。

30日 在《人间十日》发表杂文若干：《关于救国入狱运动》，署名大远。文章针对宋庆龄等十六人向苏州高等法院投案的呈文发表议论。提出这一举动，列举四点意义。同期又发表杂文多篇。《"大小有之"》，署名大远。文章说："凡在思想政治的领域里，犯罪的坐牢的，都是一些中年人、青年人。""可是，时势一天天恶劣，国家到了生死存亡关头……大的奔走呼号了，小的奔走着找光明。"于是老的被抓进，小的也关抓进。《现实的残酷》，署名忍士。文章讲出卖国土两万余亩的罪犯却被释放。《对自由思想的大威胁》，署名公辅。此文针对北平大学五教授被解职的事发表评论。

7月

1日 在《文学》第9卷第1期发表三篇短论，收入《扪虱谈》。其一，《复杂的合奏》，署名大远。文章认为文学艺术所需要的"不是题材的单纯，而是题材的复杂"。"所以现实主义，应该是表现社会复杂现象的文学艺术基本的调子。"当前，"一方面，发掘我们小形式文学的深度；一方面要求伟大的现实主义作品的出现。在小形式文学的发展中，加厚生产伟大现实主义作品的基地；在为大的现实主义作品要求中，驾驶产生小形式文学力量"。"我们需要的，正是文学的复杂的合奏。"其二，《所谓风气》，署名屈轶。文章论述文坛"风气可有而不可有。风气又不可有而可有"。五四时期的启蒙运动风气，不同于抗战时的大众运动的风气。其三,《题材与形式》,署名忍士。文章基本观点是题材决定文学的形式,并举《阿Q正传》为例,说阿Q这个人物,只能用小说而不能编成戏剧,其理由是阿Q以农民出现在舞台上,他的典型性受限制,因为阿Q不仅仅是农民的典型,还是民族的大多数人有的劣根性。其次,阿Q的精神胜利法,不是本人语言所能吐露的。文章列举田汉和许幸之各自编的并不成功的剧本《阿Q正传》。同期发表的文论《德国法西斯主义的文艺学》,署名王任叔。

2日 在《国民周刊》发表杂文《想起了章乃器先生》,署名逸士。此文介绍被关进苏州监狱的章乃器是一位经济学家、作家。

同日 在《立报·言林》发表杂文《黑头的正义感》,署名科烈夫。文章从包公谈到当今法官缺少正义感。

3日 在《立报·言林》发表杂文《名流与国事》,署名拙堂。文章认为名流行动要高级化,即他的思想、生活、习惯必须有与众不同之处,给人"鹤立鸡群"之感有高见。

5日 在《立报·言林》发表杂文《关于妇女制宪》,署名若夫。文章认为妇女社会低下是社会制度造成的,打倒男子、玩弄男子,不是妇女制宪运动。妇女参加制宪应关注社会运动以及如何改善劳工妇女的生活。

6日 在《国民周报》发表杂文《怎样看(一)》,署名王任叔。文章一开头讲看书的方法,这是容易的,但看人和事不那么容易。文章提出看人,"要入于我而出于我"。

8日 在《立报·言林》发表杂文《思想的主张》,署名唐明。

9日 在《立报·言林》发表杂文《不在被"坑"之列》,

署名鸵鸟。此文注明，寄自南京。文章否定了秦始皇是伟大的这一说法。

10日　在《人间十日》发表杂文《奋起扩大我们的抗战》，署名大远。文章列举日本侵略者种种无耻行径，我们决不上当，呼吁政府放弃对和平的幻想，和全国人民一起奋起抗战。同期又发表杂文若干：《匡世之言》，署名性纯。文章说国民党汪蒋邀名流上庐山听听"匡世之言"，作者希望参加庐山谈话会的先生们，当凭其良心发言，首先提出无罪释放在狱中的"七君子"。《登记与检定》，署名佩文。此文对社会局要对小学教师进行登记与鉴定的建议。《谈牯岭的繁荣》，署名屈轶。文章是引用记者的报道，说庐山的牯岭是山中城市，一到夏天成了第二首都。为此，作者提出政府到牯岭去办公是一种无谓的消耗，特别在抗战时期财经极端困难情况下更不应该。

同日　在《立报·言林》发表杂文《庐山》，署名常雨。文章从到庐山谈到中日战争的真面目。

11日　在《立报·言林》发表杂文《只有抗战下去》，署名孤愤。文章强调只有抗战下去才有生路，谁要休战，谁就是汉奸。

12日　在《立报·言林》发表杂文《论广告术》，署名胡箈。此文揭露了一些人为自己做广告的方法。

13日　在《立报·言林》发表杂文《要做个像样的中国人》，署名汉郎。文章说《还我河山》影片被禁，华董不发声，唱救亡歌曲者被判刑，而法官是华人。文章要大家做个像样的中国人。

14日　在《立报·言林》发表杂文《学术界的悲哀》，署名言志，文章提为学术而学，学以致用，反对好为人师。

15日 在《立报·言林》发表杂文《勖二十九军》，署名一志。文章强调决不能让二十九军孤军奋战，也必须看出分裂抗敌力量的狡计。

同日 在《大光明·文化街周刊》发表《今后的中国文艺运动》（笔谈人之一），署名王任叔、黄峰、劳荣。这是一次座谈会的记录。巴人从国内政治形势谈到目前文化界的迫切工作，要反对"读经"和"艺术独立性"运动。然后谈到文艺界统一战线，两个口号的争论和文学遗产及文学大众化问题。还谈到诗的创作与戏剧问题。

16日 在《国民周刊》发表《怎样看（二）》，署名王任叔。文章以罢工为例，就有工人、老板、社会局三种看法。为此，要看事物，首先要知道自己所属的阶层（阶级），撇开主观的成见，客观地来看事物。其次，每件事物发生，有它的必然原因。总之，首先要有历史科学和社会科学知识。同期还发表了杂文《中美货币的新合作》，署名任。文章谈中美货币合作的意义。

18日 在《立报·言林》发表杂文《要对得起民众》，署名小民。文章说自卢沟桥之役之后，敌人老是违约，准备进攻，我军都复员。指出围绕宋哲元"左右的一批文人舌士，多以卖国自任，此诚使我们痛心饮血"。

19日 在《立报·言林》发表杂文《从速停止谈判》，署名鸣鞭。文章认为日本上下一意侵略我国、派兵增员的情况下进行和平谈判，则实际上是屈服，此时应立即停止和平谈判。

20日 在《立报·言林》发表杂文《为建设近代国家抗战》，署名吉士。文章认为中日冲突不可避免，"所以问题非常简单：抑屈辱沦为奴隶？抑抗战以求独立？今日而犹有人主张

'退让'，那除非向牛马叨教"。文章认为中国负有两大使命，抗战和建设近代国家，勉励十九陆军为建设近代国家而战！

同日　在《人间十日》发表杂文若干：《给予逢迎者的答复》，署名佩文。文章说租界有戏曲电影检察权，对中国戏曲电影每予无理删剪与禁演，而对他国侮华影片则任其公演，更有甚者，外滩公园因唱救亡歌曲被捕等怪事。希望无耻逢迎者反省，希望有正义感的各国友人给予同情的援助。现在是民族解放运动显示力量的时候。《所谓"长久相安之法"》，署名洛英。此文对《大公报》的"长久相安之法"，即要求撤减日本驻屯军天津的数额，而其中理由竟把长城线上榆关外，变成日本领土，指出："这种向强盗卖力，使我怀疑这位记者，是不是中国人了。"《还是准备》，署名洛英。此文引《中华月报》一篇题目《准备》文章，指出这是数年前"一面抵抗，一面交涉"的旧词重唱。《说自己的话》，署名王任叔。此文是针对周作人《再谈俳文》中所说"说自己的话。不替政治或宗教办差"而发。

同日　在《中华公论·社会杂感》创刊号发表文论《从崎岖到康庄》，署名王任叔。文章认为："我们需要有记录这二十世纪的中国社会变迁真实的历史，如巴尔札克之人间喜剧，为法国十九世纪的社会史一般；然而，目前中国社会，没有具备做这巨大的工作的客观条件。""总之，目前中国文艺之路，主要的是'小形式'文学作品的强调。而这小形式文学，正是开辟伟大的康庄的文艺的路的先声。""文艺之路，是从崎岖到康庄——不经过崎岖，决不能到达康庄。"同期又发表杂文《牛的故事》，署名任叔。文章从牛的故事谈到自己的孩子，谈到外来的敌人和我们的处境。

21日 在《立报·言林》发表杂文《拒款与死谏》，署名孤愤。文章说北平禁止募捐，宋哲元拒收募捐款，而日本一名中级军官在关外自杀，以死谏反对侵略中国，而我们用什么来谏不能募捐呢？

22日 在《立报·言林》发表杂文《怎样应战》，署名非厂。文章批判唯武器论者，认为中国唯一的出路在抗战。

25日 在《立报·言林》发表杂文《私心自用》，署名歧山。

26日 在《立报·言林》发表杂文《看脸色》，署名一萍。此文是有关天津谈判，日本要我国接受三件要求。我们得记住这笑脸藏刀。

28日 在《立报·言林》发表杂文《自救》，署名闻斗。文章说我们自己军队撤兵，而敌人不撤退，还增派军火。我们只能自救了。

29日 在《立报·言林》发表杂文《抗敌和牺牲》，署名克士。文章认为抗敌对个人来说也许有点牺牲，但不抵抗，才是最大的牺牲。

30日 在《国民周刊》发表杂文《不要上风雅的当》，署名王任叔。文章批评了从王阳明到从兄、邻村的朋友，都是上了书本的当，还有最近推出所谓美学的学说。文章要青年不要上这种风雅的当，还是想想一·二八炮火所摧毁的闸北一带屋子来得更好。

同日 在《人间十日》发表杂文《唤起民众的具体方法》，署名大远。文章提出的具体方法为：一、口头宣传。二、演讲。三、文艺宣传，具体如组团下乡、编写连环图、创作救亡歌曲、举办乡村壁报。

31日　在《立报·言林》发表杂文《应战与增援》，署名马卒。文章讲国民党中央立场"应战不求战"。汪精卫则是"抗日，不排日"。其结果廊坊失守。现在不能不应战了。

8月

1日　在《文学》发表文论若干：《剪裁》，署名屈轶，收入《窄门集》（香港海燕书店1941年）。文章认为把短篇写成长篇，其原因有三点：一是为稿费，二是现在社会复杂，三是缺少剪裁功夫。《丑恶的描写》，署名大远。文章说近来人们厌恶丑恶的描写，认为现在的世界已接近光明，但其实白天也有阴影。谈到丑恶描写时，作者认为历来的文人，大都采取自然主义的态度，只描写丑恶现象而未挖掘它的本质因素。在人物性描写上，只注意暴露兽性，而忽视人物性格的社会性。其三，不重视典型性格的创造，缺乏艺术概括。这是现实主义与自然主义的本质区别。文论《评〈谷〉及其他》，署名王任叔，收入《扪虱谈》。此文不同意杨刚对芦焚《里门拾记》的批评，为此对《谷》《里门拾记》和《落日光》进行评价。比如他对《谷》的评论："《谷》那一集里，作者虽没有注明年月，但我们可断定大都是一九三六年以前的作品。这里作者有清新的朝气，有敢于正视现实的胆量，不管《谷》这篇写的如何纷杂，白贯三的心思，我们是看透了的，黄俊国的嘴脸，我们也看得极其分明，虽然不够深入。匡成与隐在匡成背后的矿工们的精神，还为作者所疏忽，但社会的机构，是正规地给指出来了。""所有这二十来篇作品中，《牧歌》应该是最完美的一篇杰作吧。"

2日　在《立报·言林》发表杂文《"平安城"颂》，署名一平。此文对有人要把北平改为平安城发的议论，讽刺说那就把中国改为平安国好了。

3日 在《立报·言林》发表杂文《革命的战法》，署名忍士。文章具体诠释两个问题，第一，革命的战法，第二，联英美苏，尤其苏联。

4日 在《立报·言林》发表杂文《大刀与飞机》，署名一士。文章讲现代战飞机、大炮有用，但大刀也有用处，如山地、伏击肉搏可用。

6日 在《国民周刊》发表杂文《战时的准备（一）》，署名王任叔。文章认为因为一部分军人做着和平迷梦，毁灭中国人民的生命、财产、土地。我们青年应该切实准备、武装起来是进行宣传，呼吁青年要自己组织自己，然后去影响他人。

11日 在《立报·言林》发表杂文《逃难与赴难》，署名一鸣。文章认为逃难与赴难都非常自然。对于避难，民众应该自动组织起来，解决种种问题，使逃难有组织、有计划。

12日 在《国民周刊》发表杂文《战时的准备（一）》，署名王任叔。文章认为抗战是持久的，青年也许战争中长大，完成事业。为此作者提出组织一种研究与学习的团体。比如爱好文艺青年，可以组织爱好戏剧的团体，喜欢小说的可组织战地通讯员，喜欢诗歌的可组织歌咏团，同样喜欢历史、经济政治、科工、教育也一样组织小团体来学习研究。

12日 在《立报·言林》发表杂文《奇问》，署名忍言。文章认为日本"外交家的武器，是和平谈判，军人的武器，是飞机大炮，看来仿佛不很一致；但和平谈判，正所以保障飞机大炮的胜利"。所以当记者问日本川越大使："贵国外务省，与军部所取态度，是否一致？"川越回答："奇问。"

同日 在《时事新报·青光》发表杂文《七夕夜话》，署名一鸣。文章讲七夕之故事，日本也盛行七夕。

同日下午五点 巴人和妻子王洛华逃出陷于战火的虹口住处，从苏州河北撤退到苏州河南，来到法租界蒲柏路大益公寓，这是一座大空房子。一家住在六楼的房子，和冯雪峰住在一起。巴人出任以郭沫若为社长，以夏衍为主笔的《救亡日报》的编委。同为编委的有邹韬奋、茅盾、胡愈之、郑振铎、巴金等人。

13日 在《国民周刊》发表杂文《说实话》，署名屈轶。此文是对汪精卫讲话，"敌人慢慢进，我们慢慢退"，即"一面抵抗，一面交涉"的批评。

20日 在《中华公论》发表杂文《文字之外》，署名任叔。文章讲种种文字游戏到批评目前提出"应战不求战"。

24日 在《救亡时报·文艺》发表杂文《给一切念我的亲友》，署名王任叔。此文讲帝国主义从经济、政治、军事、宗教等方面侵略我们，而现在最大的敌人则是日本。

同日 救亡协会主办的《救亡日报》创刊，郭沫若任该社社长，夏衍任主笔，阿英任主编，郑振铎、王任叔、邹韬奋、茅盾、胡愈之、巴金等为编委。

27日 在《立报·言林》发表杂文《我们须有极大的耐心》，署名若木。此文谈上海战争形势。

本月 开始恢复参加党组织生活。据《自传》所述："'八一三'上海抗战爆发，我参加了'上海文化界救亡协会'工作，在宣传部胡愈之的下面做秘书工作。组织生活与该会组织部长钱俊瑞同志、尤兢同志一小组。"

9月

1日 在《世界知识、中华公论、妇女生活、国民周刊战时联合旬刊》发表政论《论民众运动的必要》，署名王任叔。此文从北伐的民众运动胜利，谈到现在开放民众运动的必要。不过，现在的民众运动，无论农会或工会，都和那时不一样，对象也不一样。中国的抗战，不仅仅是军队，也是全国人民抗战，民众运动的开放，也正是这一点。

同日 在《立报·言林》发表杂文《嫁祸的阴谋》，署名王任叔。文章讲日本飞机轰炸英大使却嫁祸于中国，这是个阴谋，离间中英关系。

18日 在《立报·言林》发表杂文《再期以六年的苦战》，署名屈轶。文章认为："下层民众民族意识的发扬，有赖于上层的领导组织，然后才能筑成一无端任何烧火不使摧毁的防御的长城。上海抗战揭开的今日，也就上下一致的全面抗战的防御工程结成的时期。我们将以宽厚仁恕的精神作为团结我们内部的水泥，将以坚毅勤劳的精神，作为抗御敌人的武器。"作者看出抗战的艰苦性、长期性，提出"再期以六年的苦战。"

27日 在《救亡日报》发表杂文《读中国共产党宣言志感》，署名王任叔。文章对中共宣言表示敬意，并指出宣言的重大意义。呼吁"和平统一，团结御敌"，"为三民主义的彻底的实现而奋斗"。

同日 在《立报·言林》发表《我们是征服自然的英雄》，署名屈轶。

10月

1日 在《立报·言林》发表杂文《怎样回答敌人的恫吓》，署名木石。文章认为对敌人的恫吓，要"对日宣布绝交，没收敌人在华财产，取消一切赔款，取消中日一切条约"。

同日 在《战时联合旬刊》发表小说《"大炮主义者"》，署名王任叔，收入小说集《皮包与烟斗》。小说写一个小学教师卓君，外号大炮主义投身抗日。她的工作很简单，只在白布上盖印，上有"努力杀敌，抗战到底！祝兄弟们健康"字样，为了表达她对他们的爱，她写了一封信，在盖过印的小白布缝在背心上，信上写着"谁抗战胜利回来，我嫁给谁"。

3日 在《立报·言林》发表杂文《从献望远镜说起》，署名若木。文中献望远镜给朱德、彭德怀是五岁、八岁的两个女孩，作者从这一举动意义说明今日中国精诚团结抗敌的必要，连孩子们也都感到了。

10日 在《半月》发表译文《介绍一篇有历史意义的感想》，署名王任叔。此文译介了日本石川啄木的《胜利在权威者的手中》一文，强调："仿佛它说的是我们自己的事，听到的是我们抗战的胜利的预言，我就把它译出来。"文章最后指出："日俄之战时，我们看到日本人对战争的狂热，我们今天中日之战是完全性质不同的战争。"

12日 在《立报·言林》发表杂文《最低的期望》，署名若因。文章指出日本帝国主义，"乃在烹食异国国民的血肉，以求自己生存与幸福，然而侵略者的原形，却又如蚊子，喝血过多的结果正是膨胀而死。我国的国民，从侵略者的炮火中醒来了"。

16日 在《宇宙风》发表文论《学习鲁迅的精神》，署名王任叔。文章指出："我们现在所要向鲁迅学习的，便是至死不变的那种坚韧的作战法，便是非把敌人打得塌下去再也爬不起来的决不妥协的精神。""其次，鲁迅是个彻底的反形式主义者。"最后是鲁迅"现实主义的精神，正是鲁迅最伟大的精神"。

同日 在《译报·大家谈》发表杂文《打破"和平"的幻想》，署名编者。

19日 文论《追悼我们民族的巨人鲁迅》，收入《鲁迅先生纪念集》（北新书局，1937年版），署名行者。

同日 上海浦东大厦召开鲁迅逝世周年纪念会。巴人在大会上发言，内容不详。

21日 在《文化战线》发表文论《我们失掉了一面民族的镜子》，署名王任叔。文章说鲁迅"是一面民族的镜子，透过了他，我看到了这民族的萎靡、怠惰、苟且、狡猾与阴险；但同样，也看到了新生、勤苦、忠厚与结实"。"他教人要用脑子去思想，不要用脚底皮去思想。"

23日 在《立报·言林》发表杂文《闻东京火药厂爆炸》，署名宁人。此文分析东京火药厂爆炸的原因。

27日 在《立报·言林》发表杂文《战争是淘汰》，署名屈轶。文章认为："战争，是将中国代表旧的黑暗的民族精神扫除了，而代替以新的革命精神。"

11月

2日 在《立报·言林》发表杂文《为你们颂祷》，署名洛华。此文赞扬我军坚守四行仓库的将士，称赞他们"是中华民族解放历史上一个最大的关键！""打破了亲日派汉奸的和平的好梦了！"

4日　在《立报·言林》发表杂文《街头的民生展览》。文章记载街头摆摊的情形。

5日　在《民族呼声》第6期发表杂文《保卫大上海与伟大民族个性底创造》，署名王任叔，收入《扪虱谈》。自从二十九军撤离上海以后，上海成了孤岛。在这紧要关头，巴人及时向读者提出："为了战略，为了长期抗战的最后胜利，拿了机关枪、大炮、步枪的中国士兵，是可以退出上海的，但拿着笔杆，拿着精神武器的文化兵，是决不能从上海撤退的！"因为"上海是精神上物质上华洋交接的最主要的地方，上海也就成我们中华民族解放斗争最激烈的一环"。

9日　在《立报·言林》发表杂文《和平与媾和》，署名屈轶。文章指出和平与媾和是不同的。"媾和非求和平，媾和乃苟安心理之表现，使全国人向敌人'屈膝'而已。"

10日　在《文学》第9卷第4期发表杂文《我的呼喊》，署名王任叔。文章批评一些"抗战领导者"，"以宗派主义的成见上来下功夫"，也反对"一部分知识分子，一听民族的统一战线的名词，也就忘掉了民族的阶级内容"。作者既反对抗战中的宗派主义，也反对抗战中的投降主义。

11日　在《文艺月刊·战时特刊》第1卷第3期发表《门前之火》，署名巴人。

16日　在《世界文化》创刊号发表杂文《掷笔》，署名屈轶。文章结论为："今之日，欲借笔杆而收枪杆之效，所谓口诛笔伐，那是水中捞月，梦里寻找。于是乎，还得掷笔。"

18日　在《立报·言林》发表杂文《嚯嚯》，署名屈轶。文章叙述两个工人互相攻击，作者反问为什么兄弟互相残杀，得到回答是嗡嗡。同期还发表《迅速加强政治机构》，署名矢羿。此文针对政府人员投敌做汉奸的现象，提出加强政治机构，充实爱国青年。

22日　在《立报·言林》发表杂文《高调与低调》，署若木。汪精卫提出今日抗战与北伐不同，北伐是政治需要，要高调宣传，而抗日是军事民众都知道，不用高调宣传。作者对此提出了批评。

25日　作杂文《帮手与帮口》，署名马前卒。此文批判庞朴之流对写鲁迅风杂文的作者的污蔑。文章内提及去年纪念鲁迅周年，和文后写"十一月廿五日"，可知此文写于1937年11月25日。不明发表刊物、日期。

本年　作《玛耶阔夫斯基·序言》，收入《巴人全集》第8卷。

本年　在《中都文化》持续发表译作《第二日》，署名屈轶。该刊物未找到，原小说写工人为建设新区的工厂展开劳动竞赛，写到了他们的生活、学习、写作和演出等等。

巴人在孤岛时期一个重要贡献是大约在二三月创办上海社会科学讲习所（1939年2月，改名上海社会科学专门学校）。据徐达回忆："写到这里，我怀着深切的纪念与悲悼的心情，想起了社会科学讲习所的校长，王任叔同志。""创办初期的主要负责人是胡愈之。他主办的第一期附属在上海沪江大学里，以夜校形式，利用大学校舍进行学习活动。……胡愈之出了国，接办人是王任叔。从第二期开始，讲习从沪江大学里搬出，在上海福州路世界书局的二楼租了几间房子，在这里继续开办第二、三期。第四期开办不久，由于客观形势发生了急剧变化而停办。""讲习所的课程有哲学、国际时事、中国通史、中国文学史、中国戏剧史等，还有一课当时叫作'社会运动史'，是讲中外革命运动的历史。哲学这门课大部分是由王任叔讲的。国际时事，开始由胡愈之兼课，他走后，又由王任叔兼课。周予同讲'中国通史'；殷扬讲'中国戏剧'；中国文学史主要是讲晚清文学史，由郑振铎讲授；'社会运动史'是严景耀讲授；另外张宗麟讲授关于农村经济问题。讲习所还常请其他一些知名人士来讲课，例如请孙冶方讲政治经济学和哲学，请林淡秋讲文艺方面的课程，请陈望道讲语言课。讲授课程中，以国际时事、哲学、社会运动史联系当时斗争的事迹最密切……所以听这三门课的学员最多，往往是坐不闲席，教室内挤得水泄不通。"①

巴人在"孤岛"时期另一个重要贡献，就是团结上海各界的著名人士，为党的抗日统一战线作出重大贡献。据徐达在《回忆上海社会科学讲习所》一文回忆："上海沦为'孤岛'以后，王任叔是上海地下党文委的领导成员之一，同时又是各界协会联席会的召集人。""'孤岛'时期，一些留在上海的著名人士，如文化的郑振铎、周予同、陈望道、严景耀等，能够团结在党的周围，坚决投入抗日救亡运动，是和他做了大量工作分不开的。王任叔不仅在文化界，团结了一批知识分子进行抗日救亡运动，在商业界的上层人物中，他也做了大量的统战工作。像当时上海金星金笔厂的经理陈巳生（星期六座谈会负责人，一九三九年入党），宁绍人寿保险公司胡咏祺，都在他的帮助下，或走上革命的道路，或为抗日工作贡献自己的力量。"②

---

① 徐达：《回忆上海社会科学讲习所》，《上海"孤岛"文学回忆录》（上），中国社会科学出版社1984年版，第217、218页。

② 徐达：《回忆上海社会科学讲习所》，《上海"孤岛"文学回忆录》（上），中国社会科学出版社1984年版，第227页。

1938年（戊寅，民国二十七年） 37岁

▲3月27日，中华文艺界抗敌协会在武汉成立。

▲4月，鲁迅艺术学校在延安成立，后改名鲁迅艺术学院。

▲5月，毛泽东发表《论持久战》。

▲6月，鲁迅先生纪念委员会编纂的20册《鲁迅全集》由复社正式出版发行。

▲10月27日，武汉三镇失陷，武汉会战结束。

1月

26日 在《战时生活》第3期发表《确立全国的共信——制订具体的政治纲领》，署名王任叔。

本月 巴人开始参加中共江苏省委领导的上海文化工作委员会（简称"文委"）工作。据《自传》所述："至一九三八年一月，沙文汉同志正式邀我参加文委工作。文委同志有唐守愚、孙冶方等①，自此我一直在党领导下工作。领导同志主要是沙文汉和刘少文（军委情报部副部长）。工作是三方面的：（一）文化工作方面，办《译报》，编《鲁迅全集》，办《上海周报》，和主持一所社会科学大学（为新四军训练干部，负责人有方行、韩述之和徐达）；（二）救亡协会的群众工作；（三）统一战线

---

① 还有梅益。

工作。除夕'星期六聚餐会'及商办安定上海社会秩序及配合调停工人罢工等事。郑振铎、关耀宗、关景耀等民主人士，就是那个聚餐会的人。这些工作几乎都和那时还是民主人士的张宗麟同志共同进行的。梅益、林淡秋和蒋天佐，是与我一起做文艺方面工作的。这样的工作，一直到一九四一年三月，我才由组织调派到南洋去。"

从本月开始在《每日译报》副刊《大家谈》任主编。《每日译报》前身是《译报》，创刊1937年12月9日，由夏衍任发行人，梅益、林淡秋等参加编译工作，将上海各外国报纸的新闻、特稿译成中文。这张报纸实际上是八路军驻上海办事处和江苏省委的机关报，被称为"共产党报"。发刊20日以后，日寇通过租界当局把它查封了。故《译报》改名《每日译报》。鲍纳为发行人，各版面编辑清一色是共产党人。巴人就在此时进入《每日译报》主编副刊。任期虽不到十个月，他自己发表了百余篇文章。孔另境后来曾这样评价巴人说："任叔的才华是多方面的，他创作，也写理论，他写的很多。他的文章真可以说是达到了深入浅出的境界，文笔的流利和通俗，是为一般新文学家所不及。所以他后来以'巴人'的笔名接变了《译报》的副刊《大家谈》；为当时的一般小市民申诉苦闷，可以说风靡了整个上海的年青人，尤其是小店员和劳动者，《大家谈》上的指示，简直就成了他们生活法则，'巴人'的影响，超越了他过去全部文学生活的总和。"巴人因此被人们称为"大众情人"。①据徐达《回忆上海社会讲习所》称："他于一九三八年初，在上海重新加入中国共产党。"关于巴人编辑

---

① 孔另境：《记"廖化时代"的王任叔》，《上海文化》，1946年第8期。

出版期刊，如编辑《华美周刊》《申报·自由谈》《译报周刊》等等，后文还有著录。

本月 《读书的方法与经验》由上海生活书店出版，署名王任叔，收入《巴人全集》第11卷。全书分为六部分。书中主要提出"为要做人，就得读书"，因为"读书即生活"，书籍"是人类生活经验的记录"；还提出读书与生活经验结合，具体读书方法有三条：打下底子、博览群书及精读的方法。

2月

11日 在《文汇报·世纪风》发表杂文《谨防扒手》，署名若水，收入《边鼓集》（六人杂文合集）。此文针对"市民协会"提出叫市民到"占领地"去搬运货物，而提醒同胞不要上当，"谨防扒手偷去你的灵魂"。

14日 在《文汇报·世纪风》发表杂文《谈史零感》，署名若水，收入《边鼓集》。此文讲浙东王梨洲、张苍水、朱舜水等反清的壮烈故事，读了使人振奋，并从中领悟出两点：一是贪官污吏易做奴才；二是豪绅，每每做了汉奸的首领。

15日 在《文汇报·世纪风》发表杂文《真理的被击》，署名若水，收入《边鼓集》。此文从民间传统说到今日真理挨打，现在成了强权世界的"真理"。"炸弹可使奴才屈膝，但不能使真理低首。"此文写作背景为《文汇报》创刊才半个多月，就用两号黑体字登出了《本报紧要启事》："本报社昨日下午六时许，忽来一暴徒投一手榴弹，内部小有伤损，蒙各界人士纷纷来慰问，至深感者，除仍秉以往宗旨，继续努力外，特布经过，诸希明察。"并在第三版头条新闻地位，报道了横遭暴徒投弹袭击，发行部三人被炸伤甚重的新闻。据徐开磊《"孤岛"文学的主要阵地——抗战初期〈文汇报·世纪风〉回忆》回忆:"隔了两天,《世纪风》副刊又连续登了王任叔以'若水'笔名写的杂文《真理的被击》,和副刊编者柯灵以'陈浮'笔名写的杂文《暴力背后》。"①

16日 在《文汇报·世纪风》发表杂文《所谓优越感》,署名若水,收入《边鼓集》。日本人的优越感,就是奸淫、杀人、掠夺和破坏,而他们在杭州、上海的暴行随处可见。

17日 在《文汇报·世纪风》发表杂文《却说逃难》,署名若水,收入《边鼓集》。文章认为应改"逃难"为"御难",有组织撤退,以防贪污者从中捞好处。

20日 在《文汇报·世纪风》发表杂文《早晨偶见》,署名若水。

22日 在《文汇报·世纪风》发表杂文《关于改诗》,署名若水。文章把杜诗"不尽长江滚滚来"改为"不尽人头滚滚来",因为人身生命无法保障。

28日 在《文汇报·世纪风》发表杂文《论私交之类》,署名轶民,收入《边鼓集》。此文针对日本侵略者派遣文化间谍,拉拢文化人,而提出:"春秋大义,大夫无私交。"

3月

3日 在《文汇报·世纪风》发表杂文《为侵略者铺好道路》,署名若水,收入《边鼓集》。文章针对一些人学日语,造成外国语学校和补习班暗暗欢喜生意稳定,而提出:"可惜是,为侵略者铺好道路了。"

---

① 《战地》,1980年第1期。

7日　在《文汇报·世纪风》发表杂文《污蔑的时代》，署名若水，收入《边鼓集》。文章认为眼前是个污蔑的时代，常随便给人加上一个"共"，甚至有人提出"反共抗日"的奇怪口号。

9日　在《文汇报·世纪风》发表杂文《错用了一条法律》，署名若水，收入《边鼓集》。文章认为暴徒向《大美晚报》掷手榴弹，办案的律师提起公诉用扰乱治安、杀人未遂等罪名，而不是用危害民国的紧急治罪法，"明白地摆在眼前，凡是通敌有据的，应一律处以死刑"。而暴徒是受某方指使，"那么为什么不引用紧急治罪法里的条文呢？"

11日　在《文汇报·世纪风》发表杂文《中国人自己的事》，署名尚文。

16日　在《文汇报·世纪风》发表杂文《两段新闻》，署名落石，收入《边鼓集》。文章从两段新闻引入，认为："以三民主义来团结是对的；但以挂名信仰三民主义而不能执行三民主义之实际的人们来作团结中心，我们却有点怀疑。"

17日　在《文汇报·世纪风》发表杂文《关于"头"》，署名若水。文章说日本外相"要是生擒蒋介石，一定给它绞刑"。另外举了一些无赖例子。

19日　在《文汇报·世纪风》发表杂文《突围》，署名若水。此文从小说《突围》谈到其他突围显例，现在对敌人也要突围。

21日　在《文汇报·世纪风》发表杂文《要培养我们的朝气》，署名独木，收入《边鼓集》。文章提出1927年3月21日的革命成功，"是伟大的民族朝气"。这个纪念节在广州，现在"更须有第二个地方纪念节。上海成了孤岛，但上海的市民，除少数汉奸以外，绝没有甘为亡国奴的！我们不但须有苏武那样饮雪茹毛的忠节，我们更须有岳家军直捣黄龙的勇气"。

26日　在《文汇报·世纪风》发表杂文《生命的思索》，署名尚文，收入《边鼓集》。文章呼吁我们不玩弄生命，而是"不忍自己同胞横遭杀戮，见敌人武器，愿以自己生命作孤注，烧毁它以拯救同胞，是将自己生命，扩大到国家民族的生命，其结果虽然弄得脑浆迸裂而死，但他的生命将永远留于青天原地之间"。

春　出席上海学生界救亡协主办的会议。据丁景唐回忆："正是在1938年第一个春暖花开的日子，在党领导的上海学生界救亡协会主办的一次会议上，我初次见到了任叔同志。尽管这次见面的时间是很短暂的，但却给我留下了永恒的记忆，难忘的一面，应永远是难忘的。会面的地点是在小沙渡路静安寺路口的培成女中汽车间楼上的一个课室里。会议由'学协'负责人老黄（即黄文荃、张英同志。当时以莫高芳的笔名，在青年中享有盛名）主持。只见任叔同志神采奕奕、精神抖擞，穿着旧西装，手里挥着铜盆帽匆匆走进课室里。他刚一出现，就立刻给一阵阵的掌声所包围。会议气氛顿时高涨起来，热情的学生用喜悦的神情和激动的掌声，热烈欢迎敬爱的任叔同志。尽管当时曾有某些人在替他散布着激烈的印象，然而站在学生面前，说着浙东乡音的官话的他，却是异常善良温和的。他谈笑风生，妙语连珠。谈生命的意义，谈人生的真谛，谈青春的价值……在热情的青年学生面前，他不知疲倦，兴致高昂，侃侃而谈。他征求学生的各种各样的问题，并耐心细致地给予回答。他谈得很多很多，但学生们还是聚精会神地听他讲。时间已延长到很晚，可好多学生还是拥着他请他在自己的精制的纪念册或笔记本上签字留念。会议负责人在诉苦，请学生们让他早些去赴另外一个约会，但任叔同志一点也不含糊，认认真真地替稚气可爱的学生们签上了端正有力的字。"①

参与发起"文艺通讯"运动。据饶芃子、黄仲文回忆："一九三八年春天，上海地下党在学生和青年职工中发起'文艺通讯'运动。这是一个群众性的文艺写作运动，以培养青年的业余文艺爱好者为己任，团结了数以千计的文艺青年。具体负责这一工作的是钟望阳、王元化同志。据他俩回忆：王任叔、林淡秋、戴平万均参加部署这一工作，主要是负责组织和发动。'文艺通讯'运动发动起来以后，'文委'为了进一步推动这一群众性文艺活动的展开，决定由《华美周刊》倡议，举行一次全市性的征文，以纪念'八·一三'抗战一周年。征文形式仿效茅盾主编的《中国一日》，定名《上海一日》"。②

4月

3日　在《文汇报·世纪风》发表杂文《孔子的愤怒》，署名若水。此文借孔子之口，骂汉奸走狗。

18日　在《文汇报·世纪风》发表杂文《所谓军法》，署名白屋。文章批判日本所谓军法，他们杀人如草芥，何况强奸一个幼女。

20日　在《文汇报·世纪风》发表杂文《我们为巴特氏悲》，署名若水。巴特氏是工部局副董，却不明原因死于黄浦江。

---

①　丁景唐：《难忘的一面——忆王任叔同志》，《新文学史料》，1986年第3期。
②　饶芃子、黄仲文：《戴平万的一段文学活动》，《上海"孤岛"文学回忆录》（下），中国社会科学出版社1985年版，第227页。

22日　在《文汇报·世纪风》发表杂文《不必自杀》，署名白屋，收入《边鼓集》。文章反对自杀而呼吁："揭起反战之旗吧！以生命来干这伟大的事业，以自杀一样勇敢，来干这伟大事业！"

23日　在《华美周报》发表杂文若干：《肤浅的乐观》，署名朝。文章指台儿庄之胜是小胜，不能轻敌，又提出："游击队的活动的成功与否，不在能否占领几个有名的大城，而在能否持久，能否与主要的正面作战相配合，能否纪律化、政治化，能否把日军后方的民众大规模的组织起来。"《目前的战局》，署名懿。此文是对战局分析。指出目前战局虽然严重，只要抗战能持久，国内统一、各党联合、军民合作、战胜强敌是有把握的。《经济纲领的实施》，署名逸。

24日　在《文汇报·世纪风》发表杂文《略论"反战公司"》，署名白屋，收入《边鼓集》。文章说："反战公司的后面，便设立着'人肉屠场'，出卖的'和平包件'，无非人民的血泪。"

25日　在《文汇报·世纪风》发表杂文《诙谐的同化》，署名白屋，收入《边鼓集》。文章反对用中国人的诙谐即幽默战胜日本，中国人幽默是有闲阶级，而中国人富有人道则是确实。文章最后表示，"我们是人道主义者，但我们仍须战斗，这也许是我们真正的诙谐。"

据梅益回忆："一九三八年春，上海党在学生和青年职工中发动的文艺通讯员活动已颇具规模，《每日译报》的副刊《大家谈》成为指导这一活动的阵地。"①

---

① 梅益：《关于〈上海一日〉》，载《上海"孤岛"文学回忆录》（上），中国社会科学出版社1985年版，第98页。《大家谈》此时由巴人主编。

30日 在《华美周报》发表杂文《大可注意的海关问题》，署名直逸。文章指出日英妥协，无视我海关主权，存在四大问题。

同期又发表杂文《晦庵随笔》，署名晦庵。文章分《小序》《兴奋之余》《逻辑的头脑》三个短篇。《兴奋之余》指出抗战第二期特点："为胜败互见。今日之胜，不足喜；明日之败，不必忧。"《逻辑的头脑》批评陈独秀的《从国际形势观察中国抗战前途》一文。

本月 《华美周报》23日创刊，于1939年2月11日停刊。此刊由梅益主编，巴人参加编辑，是挂名为美商宓尔士和美商华美出版公司的共产党刊物。主要介绍国内外形势、时事和战况，重点报道抗日战场和延安根据地情况。

5月

1日 在《译报·爝火》发表杂文《却说》，署名行者。释爝火。同期还发表了杂文《匕首》，署名只眼。文章讲日本用刺刀刺十二岁拾荒童子，却扬长而去。

2日 在《译报·爝火》发表杂文《"寿筵"》，署名只眼。文章讲日本在他们天长节日，派飞机轰炸武汉，死伤达七百人。同期还发表了杂文《素食主义》，署名行者。文章认为："吃素的人的'杀心'要比吃荤的人来得更重。"

同日 在《译报·爝火》发表杂文《瓦砾场上》，署名屈轶。此文通过写日本兵在瓦砾场上看到他们所犯的暴行和他的内心的活动。

3日 在《译报·爝火》发表诗歌《来来·去去》，署名只眼。同期发表杂文《眼睛的哀祭》，署名任虚，收入《边鼓集》。此文纪念五卅济南惨案，中国外交官被日本人挖去眼睛。但中国民众的眼睛是雪亮的，只有一小部分被戴上亲善的眼镜，但使民众看得更清楚，包含着无限的愤怒。"为我们外交官失去的眼睛作沉默的哀祭！"

4日　在《文汇报·世纪风》发表杂文《五四》，署名只眼。

5日　在《文汇报·世纪风》发表杂文《五四杂忆》，署名屈轶。文章回忆当年五四时抄日货、烧日货谈到今日的抗战。

同日　在《译报·燧火》发表杂文《"桌上的和平"》，署名行者。此文指出英日勾结，分吃中国这块肥肉。同期还发表了杂文《生意经》，署名只眼。

7日　在《译报·燧火》发表杂文《张群歌》，署名只眼。同期还发表杂文《炮火》，署名只眼。

同日　在《文汇报·世纪风》发表杂文《鹿地亘与张国焘》，署名行者，收入《边鼓集》。文章说日本作家鹿地亘不叛背阶级而叛背日本军人法西斯的杀人机关；张国焘则背叛了阶级也就背叛了祖国，"把团结对外的目光转移到一党的分裂与党与党间的摩擦上去，这在客观上已经做到'取消抗日'的汉奸工作"。

同日　在《华美周报》发表杂文若干：《关于国民党与社会党青年党合作的问题》，署名方逸。《今年的"五七"与"五九"》，署名方度。文章要求大家记住"五七"与"五九"两个耻辱的日子，肃清与日媾和、出卖祖国的汉奸，用不断英勇抗战来纪念它。《巩固统一的必要条件》，署名芦声。文章指出巩固统一，除了"揭破日本利用亲日分子以分裂抗战力量的诡计"日本代理人外，还要注意托派分子破坏统一。《日本的困难》，署名破晓。文章指出日本在经济、政治以及军事等方面遇到的困难。为解决这些困难，一方面制造和平空气，以博得国际上同情和国内的反战运动，声援亲日分子；另一方改组内阁，使其执行法西斯军阀的意志。

8日　在《译报·烽火》发表杂文《"强者面前见阿Q"》，署名行者。文章讲上海日文报鼓吹取缔抗日报纸，反而使中国的战士们越来越硬，于是"友邦"的"爱好正义"的报人也涂上"阿Q性"，"于此可见'强者面前见阿Q'！"同期还发表了杂文《勖海关华员》，署名只眼。

9日　在《译报·烽火》发表杂文《不仅是海关华员的事》，署名行者，收入《边鼓集》。文章认为海关关系国家主权，因此我们有责任支援海关华员的斗争。

10日　在《译报·烽火》发表杂文《护旗运动》，署名行者，收入《边鼓集》。文章要大家支援海关华员护旗斗争。"每一个中华民国的国民，从护关到护邮，到后援——结成一血肉的长城！"

11日　在《译报·烽火》发表杂文《别词》，署名行者。

12日　在《译报·烽火》发表杂文《说变》，署名八戒。此文讲一些人摇身一变都做了官，因为这些人都是日本主子所喜欢的。

13日　在《译报·烽火》发表杂文《今日诗话》，署名八戒。文章说现在公司老板，则唯恐别人读书，影响自己钱包；同样为了钱包，利用别人爱国心，标出国字号。同期还发表了杂文《主与仆》，署名只眼。

14日　在《译报·烽火》发表杂文《从包身工谈起》，署名八戒。文章认为光靠救济是一种消极的办法，应该有计划地把难民输送到内地去垦殖。

同日 在《华美周报》发表杂文若干：《关于上海员工之失业问题》，署名直夫。上海员工失业成了最严重的问题。作者提出解决办法是疏散，及时输至内地，及"为从事小工业之创办"。杂文《抗战的现阶段与徐州的会战》，署名逸夫。文章认为抗日从初期的消耗战，到现在歼灭战的阶段。从先前的劣势地位，升至已能与日军略匹敌，这是一个伟大的进步。而徐州会战的胜利，一方面是前线我军士气高，另一方面是后方全力支援前线。《从海关问题谈到英国新闻政策》，署名子明。此文批评英国不顾中方抗敌与日本勾结，无视中国的主权。杂文《侵略阵线与和平阵线》，署名之逸。此文分析欧洲形势，认为主要矛盾仍然是民主势力与法西斯的斗争。

15日 在《译报·爝火》发表杂文《关于"怀柔政策"》，署名八戒。文章批评一些人迎合侵略的"王道教育"，指出中国人要活只有两条路可选，"要不跟敌人拼，就是跟敌人'合'"。

16日 在《译报·爝火》发表杂文《自以为福气》，署名八戒。文章讲日本对待英国的各种事件上仅仅抗议了事，"'野兽们'却以这是自己的福气"。于是引起英在华记者、侨民起来抗议，呼吁英国人七积极援助中国。

同日 在《文艺阵地》发表了《〈鲁迅全集〉发刊缘起》，署名"鲁迅先生纪念委员会"（巴人为其中之一）收入《巴人全集》第11卷。此文对全集出版作了说明，并对鲁迅作出高度评价。

17日 在《译报·爝火》发表杂文《又是来信·事实·告社员书》，署名八戒。此文讲某国货公司禁止职员读书，还遭到搜查，内一职员藏有爱国书籍而遭革职。

19日 在《译报·爝火》发表杂文《"正义的呼声"》，署名八戒。此文讲要相互谅解，大家一致对敌。

20日 在《译报·爝火》发表杂文《阿Q型以外》，署名八戒，收入《边鼓集》。文章指陶希圣脚踏两头船，"结果是自己倒翻，淹杀了事"。

21日 在《译报·爝火》发表杂文《"八戒辨"》（一），署名八戒。此文答八戒是否行者化身。

同日 在《华美周报》发表杂文若干：《肃清悲观心理》，署名美逸。有人认为徐州一沦陷，"中国的抗战即受了一个致命的打击，也许从此将一蹶不振"。此文对这种悲观论调予以批评。《反对日方掠夺特一法院》，署名敏书。此文反对日方掠夺特一法院，其危害"上海商业之盛衰，而使在沪各国商人，蒙受莫大之损失"。而日军的军纪极为败坏，无恶不作，民事法院受理，亦交之于日本手中。故特一法院不能拱手于日本。《中原大会战的瞭望》，署名子明。此文分析战争形势。《不可忽视之渔业问题》，署名方直。此文要大家关注渔业，并提出措施。

22日 在《译报·爝火》发表杂文《正义的炸弹》，署名八戒。文章说徐州失陷，我们的空军也从日本发散传单回来，这是给日本人民以"正义炸弹"。我们不投炸弹，这是出于人道主义的精神。同期还发表了杂文《所谓遗世》，署名只眼。

23日 在《译报·爝火》发表评论《刽子手》，署名古柏。这是看了《刽子手》演出后所发的议论，最后说："我们共同来驱逐扑杀这'人杀人'的真正的导演者呵！"同期还发表了杂文《我们还是乐观》，署名八戒。这是回答读者关于徐州失陷的议论，认为不要因为失地而论胜败，我们要站在战线里作战，每句话、每个行动都是战斗。同期还发表了杂文《半锅生》，署名只眼。

24日　在《译报·爝火》发表文论《"文章作法"（一）》，署名八戒。此文从一个女工的文章谈起，写文章要有体验、思索才能下笔。同期还发表了杂文《武装庆祝》，署名只眼。

25日　在《译报·爝火》发表文论《"文章作法"（二）》，署名八戒。这是针对两篇文章所发的议论，指出它的不足。同期还发表了杂文《胡子的面目》，署名只眼。

26日　在《译报·爝火》发表杂文《救救孩子》，署名古柏。文章从一幅漫画《一场恶战》谈起，最后是两败俱伤。这幅不合时宜的画，现在是战胜法西斯的时候，难道还给孩子这样的精神食粮？还发表了杂文《庸俗的看客》，署名只眼。

27日　在《译报·爝火》发表杂文《我们的论客》，署名八戒。此文针对德国军事顾问被召回国，有论客认为这是对中国的损失。作者批判了这种观点。提醒希特勒已走了五步，从同情抗日到承认"满洲国"……到召顾问回国。

28日　在《译报·爝火》发表《书信往还》，署名八戒。同期还发表杂文《不会有的事》，署名只眼，收入《边鼓集》。文章揭露日军男女同浴，当众强奸他人，甚至在马路上见女人强吻。这种本"不会有的事"却有了。杂文《"妥协精神"》，署名八戒。文章批评邮务部门竟然为敌人提供便利。

同日　在《华美周报》发表杂文若干：《德国召回在华军事顾问》，署名周封。文章指出德国召回顾问的意图，讨好日本，为准备进攻苏联作准备，他们彼此呼应，我们必须作好抗击日军的准备。《华机飞袭日本的意义》，署名唐明。此文讲华机飞袭日本撒放传单的意义。一是引起全世界进一步的同情与援助。二是引起日本人民觉醒，从事反战与革命。《陷落后的浦东》，署名后羿。此文记载沦陷后的浦东情况。《南北两伪组织的合并问题》，署名大远。文章指出南北两伪组织的合并不可能。《五卅惨案与英国》，署名公度。指明今天纪念五卅是为了反日，并不是英国，因为今天帝国主义在华利益，受到日本侵华的损害，所以他们同情中国抗日。

29日　在《译报·熠火》发表杂文《关于"中华妇女社"广告》，署名八戒。文章是针对中华妇女社的一则广告所作的议论。同期还发表了杂文《廉价的汽车》，署名只眼。

30日　在《译报·熠火》发表杂文《不算旧账也算旧账》，署名八戒。文章说对英国不算五卅旧账，而对日本则要从头算起来，故而向英国人士以及租界提醒注意四点。

31日　在《译报·熠火》发表杂文《加一根冰棒吧！》，署名八戒。文章希望想吃冰棒时用冷开水代替，把钱送给政府抗日用。

6月

1日　在《译报·熠火》发表杂文《广告及其他》，署名八戒。

同日　杂文《无花的蔷薇（一）》，开始在《译报·熠火》上连载，共六篇，至17日完，署名行者。本篇写德日谈判、意国小兵无故射杀我们工人，难民收容所写了"打倒法西斯意大利！"竟触怒一些人。

2日　在《译报·熠火》发表杂文《奇文共赏篇》，署名八戒。此文对奇文《朱家角世外桃源》一文分析批判。同期还发表杂文《无花的蔷薇（二）》，署名行者。此文一是说德人听苏俄电台被判死刑，二是讲张伯伦的所谓实际主义。

3日　在《译报·熠火》发表杂文《理想与实际》，署名只眼。文章说要活，就要讲实际。大家活了，自己也活了。同期还发表了杂文《论斗争》，署名八戒。文章说对自己斗争是思想，对敌人斗争用炮火。

4日　在《译报·熠火》发表杂文《无花的蔷薇（三）》，署名行者。此文讲日总领事馆竟然也有权过问海关。同期还发表了杂文《注意职业生活》，署名唐僧。文章报告前线军民奋勇抗敌，而对上海职业生活要十分注意，因为抗战要工农大众。

同日　在《华美周报》发表杂文若干：《日机四袭广州》，署名任士。日本四袭广州，正是无法实现速战速决的情形下一种手忙脚乱的表现，是日本国内人民的不安反映到军阀心理不安的表现。《孔祥熙论中德关系》，署名思敏。这是针对孔祥熙"居然还说'希特勒必能一本日耳曼民族最良的传统民主……拥护公平，主持公道'"的言论进行批判。《日本的挣扎与内阁的改组》，署名方明。文章认为日本内阁改组，入阁均为军人，并不是强化速战速决的政策，恰恰相反，表面强化而骨子里软化。杂文《日本百姓》，讲日本兵怀念家乡，希望早日结束战争。杂文《典型的中国人民》，署名伊登。

5日　在《译报·熠火》发表杂文《不速的来客》，署名八戒。此文讲日本人到租界光华中学搜查，校长贴出解散学生组织布告，讨好"来客"。同期还发表了杂文《无花的蔷薇（四）》，署名行者。此文讲日机滥炸广州，却辩称是轰炸军事目标，并反咬一口说死伤是中方高射炮弹落下受伤。

6日 在《译报·熻火》发表杂文《六六感言》，署名羽公。

7日 在《译报·熻火》发表杂文《我的感言》，署名八戒。文章希望开展妇女运动，健全组织。

8日 在《译报·熻火》发表发表杂文《无花的蔷薇（五）》，署名行者。文章说武汉撤退三十万军民，保存了三十万实力。

9日 在《译报·熻火》发表杂文《卑怯所以招侮》，署名八戒。文章强调不能软弱，要反抗、要团结。

10日 在《译报·熻火》发表杂文《大事小做》，署名八戒。文章由一封来信和回答组成，内容是关于开展节约运动。

11日 在《译报·熻火》发表杂文《关于新闻业者》，署名八戒。此文是对来信指责新闻业者不能认清自己的神圣责任所作的解答。

同日 在《华美周报》发表《时论四题》，署名屈逸。此文四题：财政会议的成功、国民党恢复廿六人党籍、贪官污吏应速铲除、伪组织暗斗与朝鲜民众的来华春耕。同期还发表了杂文若干：《壮烈之外及其他》，署名路人。文章讲了三件事，一是王向平打死俞朴（汉奸）；二是小贩和车夫被日兵活埋；三是讲了对敌斗争中的恶习。杂文《狐狸的尾巴》，署名司空见。此文分析周作人的过去和投靠日本侵略者的缘由。杂文《日机滥炸广州的后果》，署名方明。文章分析日记轰炸广州造成我方巨大损失，但造成有利条件：一是使中国人民全部觉醒。二是促使英、法、美先后提出抗议。

14日 在《译报·熻火》发表杂文《无从下笔》，署名八戒。文章列举不少人今日被恭维，明天却成了汉奸。

15日　在《译报·爝火》发表杂文《救救小学教师》，署名八戒。文章呼吁社会人士注意那些脱下长衫，吃不上大饼的流亡知识分子，给予救济，"结集起来，但——还得回乡去！"同期还发表了《有梦的夜》，署名赤空。此文写三太郎送儿子到中国，驾驶飞机轰炸中国都市，在梦中他见到几百架漆着青天白日的飞机把他炸醒了。这篇像小说。杂文《汉奸略考》，署名若水。文章考证汉奸出处，然后谈到自己小时候，被兄弟称之"里通外国"，到《庸报》称帮助汉人的德国顾问为"卖国贼"。

16日　在《译报·爝火》发表杂文《读冷先生的来信》，署名八戒。此文是对一位冷先生来信所作的评论，提出对付日本经济侵略的办法之一是节约。

17日　在《译报·爝火》发表杂文《不必"下回分解"》，署名八戒，收入《巴人杂文选》。此文强调自己人要团结，一致对外打倒侵略者。同期还发表了发表杂文《无花的蔷薇（七）》（可能是记忆错误，没有发表六，直接到了七），署名行者。此文对英相张伯伦对日的第三条路线提出批评。

18日　在《华美周报》发表杂文《时论四题》，署名屈逸。此文谈及四个问题：一、中法苏协定的传说。二、中英借款问题。三、上海币价低落。四、尤菊生与余大雄的被狙。同期还发表了杂文《胜利的预言》，署名唐明。此文针对蒋介石的四点谈话展开，即："一、中国的抗战力量大大地在增强。二、内部的团结更为坚固。三、作战战略战术，将有大大的变更。即战略上采取消耗战，战术上采取歼灭战。四、只要抗战到底，世界各民主国家，将给予我们以更大的援助。"文章对第一、二两部分用具体事例加以说明。杂文《关于轰炸》，署名岛民。文章指责广州被多次轰炸后死伤多人，而有些人无动于衷，汉奸之流更为可恶。

同日 在《译报·爝火》发表杂文《学取高尔基的斗争精神》，署名思远。此文是针对雷文毒杀高尔基的事件，提出向高尔基学习不屈不挠，对黑暗势力绝不妥协的伟大精神。

19日 在《译报·爝火》发表杂文《余议之余议》，署名八戒，收入《边鼓集》。此文讲鲁迅弟弟的思想历程，五四时他反对封建礼教，理想是新村主义。在1927年，他谈龙谈虎而反抗，尤其是对青年的屠杀。之后则是吃苦茶，想摆脱政治逐渐落后，逐渐走向堕落。

20日 在《译报·爝火》发表杂文《从一封来信说起》，署名八戒。此文针对某校来信谈及整饬学校，职员被解职，学生被退学之事，"请勿登载"之要求的事所作议论。

22日 在《译报·爝火》发表杂文《无谓的牢骚》，署名八戒。此文是对"意识汉奸"的议论。

23日 在《译报·爝火》发表《致左民公开信》，署名八戒。此信是对来信提出三个问题的回答，即公务或国民党党员为什么会做汉奸；有朋友做汉奸如何对待。

24日 在《译报·爝火》发表杂文《必需铲除的劣根性——看风使舵》，署名八戒。文章从鲁迅小说《怀旧》说到某大书局修改教科书事件，请编辑拿出国民良心，来一个不动笔运动，印刷工人则"照旧排印"。

25日 在《华美周报》发表杂文《集全中国力量保卫武汉》，署名唐明。文章提出保卫武汉是保卫中国的中心工作；不仅集中军力民力于武汉周围，而且在后方开展游击运动，大城市开展抵制私货运动；再是要认识到保卫武汉和保卫中国争取抗战胜利是绝对可能的。同期还发表了杂文《时论四题》，署名屈逸。此文分四部分：日本要求议和之试探、增强国民参政会的力量、发挥中国青年的力量、汉奸的厄运。

同日　在《译报·爝火》发表杂文《最好能自己反省》，署名八戒。文章强调要反省，特别掌大权小权的人。

26日　在《译报·爝火》发表《复陈钦荣信》，署名八戒。此信谈《译报》改版。

27日　在《译报·爝火》发表杂文《临终词》，署名八戒。此文是说《译报》的副刊《爝火》停刊，改为《大家谈》了。

28日　在《译报·大家谈》发表杂文《谈开头》，署名编者。此时《译报》副刊主编仍是巴人。文章一开头就讲什么人都可登上讲坛，只要是中华国民，但汉奸除外。并提出三条戒条：一是"君子动口不动手"。二是"惟理是归，惟实是求。所谓'胡说八道，强词夺理'"是不行的。三是"惟挟嫌报复，诬陷取快，在所不取"。同期还发表了杂文《试探》，署名行者。文章将日本政府向中国政府试探，张伯伦向中日两边试探。中国最高领袖早已答复："战至一兵一卒！"杂文《关于紧急动议》，署名八戒。此文对有人提议七七吃素的节日运动而发议论。

同日　在《文汇报·世纪风》发表杂文《从枪决汉奸说起》，署名若水。此文讲伪溧阳县县长茹才苛征暴敛被枪决的可悲下场。

本月　第一套《鲁迅全集》出版，巴人出力甚多，这也是他青年时期重要工作之一。在1937年底，巴人与胡愈之、郑振铎、许广平、张宗麟、周建人、吴耀宗、沈体兰、孙瑞璜、胡咏骐、胡仲持、黄幼雄、陈明、冯宾符等十三人①秘密组织复社，每人交纳入会费二十五元②，准备出版《鲁迅全集》。1938年初开始忙碌，大约花了三个月，出了洋洋大观的《鲁迅全集》，推动了全国人民学习和研究鲁迅。《鲁迅全集》名义上是蔡元培、宋庆龄为首的"鲁迅纪念委员会"编辑出版，主持编辑、出版工作的是胡愈之、郑振铎、许广平、胡仲持等人，但主要的具体编辑工作是王任叔等做的。他有一段时间，每天都去许广平家看文章商讨有关事宜。根据鲁迅生前对汇编《三十年集》的意见，将遗作分类整理分排卷次，处理各地送来的文章材料，工作极其繁琐、费时。他还撰写了《鲁迅全集总目提要》③，简要说明各卷所包括的内容。故而许广平指出：《全集》的整个编辑工作，"以郑振铎、王任叔两先生用力最多"。④而胡仲持在《〈鲁迅全集〉出版的回忆》一文中说："许广平、郑振铎、王任叔是编辑计划的起草者。起草完成以后，经过上海著作界朋友的审查，才正式决定。"

据巴人自述："对于鲁迅先生的学术思想，那是越钻研得深越觉得自己理解得浅薄，也就越无法把握了。因为上海成了孤岛，平日对鲁迅先生了解得很深的朋友全都走散，'蜀中无大将，廖化作先锋'，鲁迅先生纪念委员会和复社就把这帮同许先生编辑《鲁迅全集》的责任放在我身上。工作一开始我就

---

① 关于人员的说法不一。宜闲在《〈鲁迅全集〉出世的回忆》一文中无王任叔之名。而许广平在《〈鲁迅全集〉编校后记》中说："复社诸君子，尽上海知名人士，董其事者，为胡愈之、张宗麟、黄幼雄、胡仲持、郑振铎、王任叔诸先生。"

② 入会费也有说五十元。

③ 发表于《文艺阵地》第1卷第3期，收入《巴人全集》第11卷。

④ 许广平：《〈鲁迅全集〉编校后记》，载《上海妇女》第1卷第8期，1938年8月5日。

感到万分危惧，我的能力不够了解鲁迅先生……直到二十巨册的著作送到读者面前，我才喘口气，然而我仿佛觉得这二十巨册的著作压在我背上，成为'负疚'的资料。我是想：抗战胜利以后，这工作是得重新来一次过的。"①

《鲁迅全集》初校是林珏、金性尧、王厂青、周玉兰等负责，二校则由许广平、唐弢、柯灵、吴观周等担任。终校是巴人和蒯斯曛担任。蒯斯曛负责作品、译文部分，巴人负责理论、古文部分。《鲁迅全集》二十卷六百万字，不到四个月出版，且分甲、乙和普及本三种出版。全集出版部负责人胡仲持在《回忆一九三八》中说："一九三八年夏天，上海法租界巨籁达路二号，一幢三层楼房的客堂间显得活跃起来。平时不常开的靠马路的前门，因为铃接连地响，也关不住了。以装订作坊送来的一捆一捆的包件送进这房子，不多久，《鲁迅全集》出版的风声传开了。素不相识的人们陆陆续续地进来。他们就是鲁迅的忠实读者。他们凭着约券领到了第一批红色封面②的新书，个个笑逐颜开，仿佛拾到了什么宝贝。"③

7月

1日 在《译报·大家谈》发表杂文《论××学校及其他》，署名八戒。此文其中谈及报国无门，作者认为可以从身边做起，不一定去内地。同期还发表了《小通讯》，署名八戒。

---

① 可参见《鲁迅先生的艺术观》，《巴人全集》第13卷，第338页。
② 当时出版三种《鲁迅全集》，甲种纪念本重磅道林纸印，封面皮背烫金；乙种纪念本重磅道林纸印，封面红布烫金；普及本白报纸印，封面红纸布背。
③ 北京鲁迅博物馆鲁迅研究室编：《鲁迅研究资料15》，天津人民出版社，1986年，第38页。

2日　在《华美周报》发表杂文《时论四题》，署名屈逸。文章分四题：国际调停与援助、同情的呼吁、德顾问离华与英法苏的援助、汉奸的清算。同期还发表了杂文《关于第三期抗战问题底意见》，署名国忠。此文是对陈绍禹、周恩来、秦博古三人署名的《对于保卫武汉与第三期抗战问题的意见》一文的诠释。先介绍该文的政治六点、经济五点以及人才问题的内容，并提出目前迫切要做的："一、为改变保甲制度为乡村自治。二、为统一青年运动和组织。三、实行财政政策。"

同日　在《译报·大家谈》发表杂文《先之以礼后之以兵》，署名八戒。文章说对汉奸以及走狗的作战方法是先之以礼（说服）后之以兵（决绝）。同期还发表了杂文《群丑画像之一》，署名八戒。

3日　在《译报·大家谈》发表杂文《"胡说"不是"胡译"》，署名八戒。此文谈独裁问题。

4日　在《译报·大家谈》发表杂文《关于七七纪念》，署名八戒。这是针对几篇关于七七的文章，提出了几点意见。

同日　为谷斯范小说集《大时代的插曲》作序，该书本年8月由上海珠林书店出版。

5日　在《译报·大家谈》发表杂文《关于报界的联合》，署名八戒。此文对报界联合提出了几条意见："有工作的竞赛，但不需要有事业的竞争。""其次，同行嫉妒，在报业上根本不应有。"

6日　在《译报·大家谈》发表杂文《民族文学家不民族了》，署名阿三。文章指前社会局通俗图书馆馆长徐则骧，做了伪教育部的督学，他是老牌民族文学家，虽然没有作品，现在却不民族了。同期还发表了杂文《告推销劣货的商人们》，署名阿三。此文针对推销劣货和经济侵略者的问题。

7日 在《译报·大家谈》发表《我感激着，我兴奋着》，署名八戒，收入《边鼓集》。此文是针对接到八位报贩、卅二位工友、廿二位里弄居民送来了廿三元六角的节约捐而发的。

同日 在《译报·大家谈》发表杂文《"赈济"和"广告"》，署名八戒。此文是针对读者提出赈济灾民与《译报》的广告作答。

9日 在《华美周报》发表杂文《战斗的一周年》，署名包菲丽。文章分四个部分："（一）'七七'纪念的意义"。"（二）这一年的日本侵华政策"。"（三）一年的军事经过记要"。"（四）中日战争的将来"。以及杂文《抗战一年的检讨》，署名屈逸。文章从以下几方面来谈。"首先从军事方面来说。""二、中国可动员的战斗力，是无尽的。""再从经济方面来说，中国的自然力非常丰富。"

同日 在《译报·大家谈》发表杂文《汉奸种种》，署名八戒。此文分："（一）开始践踏"。"（二）第一条是封建泥洞里的地头蛇"。"（三）第二条是自私自利的赤练蛇"。"（四）阴阳怪气的两头蛇"。

10日 在《译报·大家谈》发表杂文《献金——救国竞赛》，署名尚文。从武汉献金谈到上海的献金，号召大家来献金。同期还发表了杂文《颓废的现实主义》，署名八戒，收入《边鼓集》。

11日 在《译报·大家谈》发表杂文《关于托派》，署名八戒。此文批评一些关于托派的错误言论，指出托派是汉奸就不是共产党内部的事。

12日 在《译报·大家谈》发表杂文《"人文比较学"》，

署名八戒。文章指出有人写了一篇《一分子》是包庇汉奸的，引起赵正平的不"平"，除登启事外，还更"正"。这也是一种"人"，一种"文"，发表出来要大家看，算作"人文比较学"。

13日 在《译报·大家谈》发表杂文《一个绝好的答复》，署名阿三。同期还发表了杂文《要负起培育新生的力量的责任》，署名八戒。此文对一个小女孩的来信和捐钱向主妇提出要求，要求保护孩子，同时约束自己的行为，希望她们关心政治。

14日 在《译报·大家谈》发表杂文《为民主而斗争》，署名阿三。此日为法国民主纪念日，表示庆祝。指出民主的最大敌人就是法西斯主义，反侵略的民族解放战争，也就是保障民主政治的血的斗争。因此纪念这一日，可进一步提高中法友谊。同期还发表了文论《关于新诗和抗战文艺》，署名八戒。文章说："与其说诗是感情的产物——这感情，包含有意识的成分——那么最好的表现法，便是顺着这感情的律奏，要怎么写就怎么写。过分修饰，反而失掉了真实味。"又说："诗歌须有韵律，我不反对；但有一个条件，不能以辞害意，这韵律必须自然……应该从口头语中找出韵律。用字造句，也应该如此。"

15日 在《译报·大家谈》发表杂文《辛苦与血汗》，署名八戒，收入《边鼓集》。文中谈及自己"廿五岁以前，我是不抽烟的正当青年，一九二八年的时代苦闷，使我去到日本登上一年，这之间，抽起'蝙蝠牌'来了"。

16日 在《译报·大家谈》发表杂文《此时此地》，署名八戒。文章说："论人论事，必须懂得'此时此地'。""'见微知著'，固'贤者'之能事。'杜渐防微'，亦庸人之苦心。然屈原的牢骚，大半为官瘾不足。"

同日　在《华美周报》发表杂文若干：《论国民参政会》，署名尚文。文章谈国民参政会权力、人员，并提出建议，下级的参政会最好民主选举。《时论三题》第一，《节约运动的扩大》，署名屈逸。文章谈及节约献金运动以来已收到献金，政府已有节约运动计划大纲。第二，《改进外交的意见》，向国民参政会提出五点意见。第三，《日本之南进政策与英法之纠葛》。文章谈及日本南进有利条件，但与英法冲突会扩大。中国外交应利用这一点，使两国与中国密切合作。

17日　在《译报·大家谈》发表杂文《失业者应到内地去——或者到沦陷的故乡去》，署名八戒。此文章重点谈失业者到沦陷的故乡去。

18日　在《译报·大家谈》发表杂文《一切为祖国》，署名八戒，收入《边鼓集》。文章呼吁有良心的资产者，给失业的同胞予以援助，还谈到自己每天在几十封来信中，听到同胞强烈的叫喊，闻到他们为祖国流血。

19日　在《译报·大家谈》发表杂文《护校运动》，署名八戒。文章谈及学生自杀现象、原因以及防护措施和办法。

20日　在《译报·大家谈》发表杂文《到处是工作》，署名八戒。文章认为："救国即救自己，救自己也就是救国，首先得从救自己做起。""救国虽凭自己，实行却需群力。"同期还发表了杂文《卑之无甚高论》，署名八戒。文章认为："抗战文艺我以为依然是'作家间关系的标帜，而不是作品原则上的标帜'。因为作家既然在抗战的旗帜下集合了，我们就得尽可能的予以创作的自由。"杂文《读报工作》，署名唐明。文章仍然说到处都是工作（指救亡）。

22日 在《译报·大家谈》发表杂文《读报工作》,署名八戒。文章从两封来信谈到在抗战中我们要自省,是否同汉奸交友,是否节约的问题。同期还发表了杂文《要不歌》,署名阿三。此文作了一曲男女轮唱的歌。发表《小通信》,署名八戒。

23日 在《译报·大家谈》发表杂文《教育家的自省》,署名八戒。此文针对三篇来稿而发的议论,都是关于护校,而且都和开除学生有关。

同日 在《华美周报》发表杂文《一周时论四题》,署名枫。第一,《庶政革新与民治》,国民参政会提出作两项决议,即"在政治上,须本抗战建国纲领,力求庶政之革新,树立民主政治之基础"。"改善各级行政机构"和"设立省县临时参议会",文章认为这是会议最大的收获之一。第二,《节约与毁家》,对官吏提出节约的要求。第三,《日本的"保证"》,是谈日本特使向英美保证在华利益。第四,《出处》,谈陈陶遗不拿日本人钱当汉奸,也不拿中央政府的钱而后爱国,对他表示佩服,但提出不要做消极的人。

同日 在《华美周报》发表杂文《日本的政治阴谋》,署名子明。文章认为日本帝国主义侵华方针从纯军事暴行而变为政治阴谋,是基于以下两个事实。一是三个月灭亡中国,最少是把中国军队的主力击溃,而事实是中国抗战力量格外强大。二是日本军阀虽占领中国六省、三个半省、五个特别市和九个省会,并没有得到实际利益。于是只好搞政治阴谋,其结果也一定会失败。

同日 郭沫若签呈的公文中提及:"至上海方面,亦急待派定妥员,主持一切。查有梁士纯、王任叔、张宗麟三同志向在上海主办刊物，上海沦陷后，仍留沪积极进行抗敌宣传工作，梁同志最近且曾代表上海民众团体来汉向委员长献旗致敬，拟请指定梁士纯等三同志负责指导并受本厅指挥，是否可行？"①

24日 在《译报·大家谈》发表文论《通俗文学及其他》，署名八戒。文章从包油条的报纸上看到汉奸的"通俗文学"，一面是插图，一面是唱词和说明，而想到我们不能"干叫"，人家是"实做"，"通俗文学、大众文学，甚至抗战文艺，在理论上，都要得。现在的事，还得赶紧打入群众里"。为此，我们也要低下头来写。同期还发表杂文《不要上当》，署名八戒。此文揭露日本侵略者的两个阴谋。

25日 在《译报·大家谈》发表杂文《三言两语（一）》，署名八戒。此文谈及周作人等汉奸如今的嘴脸。同期还发表杂文《百尺竿头更进一步》，署名八戒。此文是针对两篇书写难民的文字而发表的议论。

26日 在《译报·大家谈》发表杂文《都得站在救国的立场上》，署名八戒。此文是劳资双方的纠纷的一方工人来信，要求八戒主持公道而发的。提出：一，双方都得站在国家的立场上。二，老板好事行到底。三，学习社会热心人士，捐这捐那。最后，注意难民疏散问题。

27日 在《译报·大家谈》发表杂文《扒手之类》，署名八戒。文章谈及日本派了托洛斯基派来到上海，组建东亚工人联会，还办了刊物，写文章进行挑拨离间，挑拨工人阶级反对抗日统一战线。

---

① 转引自沈卫威：《郭沫若1938年签呈稿本辑录、释读——抗战文艺宣传的行政权力运作》，《郭沫若学刊》，2022年第3期。

28日　在《译报·大家谈》发表杂文《我们的是非》，署名编者。文章说《大家谈》"几成是非立场"。一些正人君子不高兴，有人批评选稿偏听。文章说取稿"一个信条，始终不渝，即以国家为重，而以个人为轻"。

29日　在《译报·大家谈》发表杂文《关于"应惩"汉奸问题》，署名编者。

30日　在《译报·大家谈》发表杂文《三言两语（二）》，署名编者。文章针对张伯伦逼我们屈服的言论，表示中国不会屈服。同期还发表杂文《我呼唤不出来》，署名编者，收入《边鼓集》。此文因读者来信，要求《大家谈》"主持正义，仗义执言，为爱国志士江秋被解到日本司令部去的事，发表点意见"而作。

同日　在《华美周报》发表《对于抗战现阶段的认识》，署名后羿。此文讲抗战已进入第三期，即保卫大武汉。指出日本散布和平空气，是为了动摇抗战决心，松懈保卫大武汉的积极性。其次，日本国内推行节约运动，是为进攻武汉作物质上准备。其三，日本派土肥原来华是组织特务机关，挑拨国内矛盾。其四，日本保证不危害英国在华利益，以阻止国际对华援助。无论从军事上，还是从政治上，日本是决心进武汉的。它进攻有三条路，而可能是走第三条道。杂文《九江陷落以后》，署名思陆。文章认为九江虽陷落，但给日本极大的消耗，接下来的任务是保卫武汉。同期还发表了三篇时论：《港粤合作与贷款援华》，署名逸生。此文指英港督主张港粤合作，而英政府不愿贷款给中国，且牺牲中国，与日本妥协。《节约与刻苦》，署名一如。此文批评官场奢华淫靡的恶习。《饶神父之谜》，署名苏文。此文所讲饶神父是上海市难民区的创办人，他在日本来沪后却不见踪迹，可能被暗杀。

31日　在《译报·大家谈》发表杂文《谜中之谜》，署名编者。文章讲托派之谜。同期还发表了《〈大家谈〉编者的话》，原题为《本报编辑问题的讨论》，署名编辑室，收入《巴人杂文选》时改了题目。此文对投稿者提出四点要求。同期还发表文论《深一层的看法》，署名巴人，该文又在1938年11月10日《自学》发表，署名八戒。文章说："我们需要艺术，为的靠它去震撼人们的心，而完成抗战的武器的任务。"文章涉及艺术真实、艺术价值等理论问题，重点分析了《这不过是春天》。

8月

1日　在《译报·大家谈》发表杂文《钩起了机关枪和大炮》，署名阿三。戈培尔放言："污蔑德国者，用机关枪与大炮对付之。"同期还发表了《两种东西，一个问题》，署名八戒。此文谈及敌伪传单和《现世报》存在的问题。《如此英雄》，署名羿矢，收入《边鼓集》。文章称："有一种英雄，对妻子家奴以及属下，则如虎如狼；对上司权威，则如鼠如兔；而对于朋辈同门，则时而狼虎，时而兔鼠。凶狠，狡黠与温驯并施。"

从本日起，《译报·大家谈》开始连载谷斯范的《新水浒》，《新水浒》的创作与巴人有直接关系。谷斯范称："巴人同志说：'通俗文学，大众文学，甚至于抗战文艺，在理论上都要得。现在的事，还得赶紧打入群众中去，哪怕在游艺场多混混也好，久了，能混出个究竟来。摸透他们灵魂深处的东西，体会他们的喜怒哀乐，知道他们生活中的甜酸苦辣，然后拿起笔来，赶快就写。'他又说：'当然，要采用群众喜闻乐见的形式，尽量做到通俗易懂。鲁迅在《文艺的大众化》中说过：我们要多有些为大众设想的作家，竭力来作浅显易解的作品，使大家能懂，爱看，以挤掉一些陈腐的劳什子。'别子同志插嘴说：'大众化呀，民族形式呀，多年来谈得多，实践少。有些干巴巴的旧瓶装新酒作品，文艺价值甚少，起的宣传鼓动作用不大。'话题转到张恨水的小说，我说：'张恨水的小说拥有广大的读者群，不仅仅是思想内容合小市民的胃口，形式也很重要，我们也该以章回体来写才对。'巴人同志接口说：'你来写个章回体长篇可好？赶快动笔，《大家谈》连载。'我迟疑不决地问：'写什么题材呢？'他说：'你自己决定嘛！当然，不能随心所欲，要有针对性，不能干巴巴谈大道理。首先使读者喜欢看，看后从中得到启发，起点有益的作用。'我思索了几天，决定写江南地区一支由散兵游勇组成的游击队的改造过程。当时浦东、苏南、浙西沦陷地区出现的'游击队'，绝大多数由散兵游勇、土匪流氓组成，群众叫他们'游吃队'、'游劫队'。'孤岛'很多市民对游击队毫无认识，甚至冷眼嘲笑，说游击战无非是'游来游去抢劫东西'，因此对抗战前途悲观失望。《新水浒》是要让读者知道：抗日游击队的建立有个发展过程，日寇、汉奸残酷的烧杀政策，迫得沦陷区的广大群众拿起枪杆子跟敌人干，有他们参加，游击队便能得到改造，并逐渐壮大起来。我把意图告诉巴人同志，并说想花半个月时间，拟个大纲，列一个人物表，先写几千字初稿。他摇摇头说：'不行！说干就干嘛，拟什么大纲？张恨水一天同时给几个报纸写长篇连载，这点精神值得学习。这样吧，明天交稿，后天见报，每天连载七八百字或千把字。'他动笔写了连载长篇的预告，发下去付排，我只好硬着头皮照做。篇名原为《太湖游击队》，他觉得太露骨，提出改为《新水浒》。"①

而据梅益回忆："在一次文委的例会上，王任叔同志汇报了他们和谷斯范同志商议，用章回体小说的形式，针对当时上海市民中普遍存在的一些错误思潮，以上海毗邻的江南地区正在展开军事、政治斗争为题材，写一个长篇，在《大家谈》上连载。上海读者是有阅读报纸上连载小说的习惯和兴趣的，虽然过去发表的都是'鸳鸯蝴蝶派'的言情小说。我们都同意他们的建议。用旧形式写新题材，这是一个大胆的尝试，它可以发挥新闻评论所不能起的作用。"②

2日 在《译报·大家谈》发表杂文《自省到自新》，署名羿矢。同期还发表了杂文《是非之场》，署名编者。此文对三件事作解释。

3日 在《文汇报·世纪风》发表杂文《读书偶感》，署名白石，收入《边鼓集》。此文讲世界有两种人："一种是使人服从于机械，一种是使机械服从于人；日、德、意法西斯是前者，而中国、西班牙却是后者。"

同日 在《译报·大家谈》发表杂文《如何扩大节约捐运动》，署名八戒。此文谈节约捐运动以来，捐的还是穷苦大众，为了扩大运动，这项工作应由上海工商实业界社会名流去负担。

4日 在《译报·大家谈》发表杂文《来鸿去雁》，署名八戒。同期发表杂文《打破官僚主义的教育》，署名八戒。此文谈到学校教育成了衙门，师生隔膜。据说这颇有抄袭西洋教育

①　谷斯范：《巴人与〈新水浒〉》，见《巴人先生纪念集》，人民文学出版社2001年版，第80、81页。

②　梅益：《从〈新水浒〉想到〈译报〉》，《人民日报》，1983年2月7日。

之嫌，于是提倡党化。党化变成了官僚化，不明白三民主义是绝对主张思想自由的。

5日　在《译报·大家谈》发表杂文《"警告"与"觉悟"》，署名八戒。文章谈到与侵略者采取不合作的态度。《眼前事实》，署名白屋，收入《边鼓集》。文章列举日本浪人与中国流氓一起绑架骗钱，指出中国人应永不低头，举了鲁迅《眉间尺》等为例。同期还发表《说长道短》，署名编者。文章解释了《大家谈》因广告、登载长篇小说关系，版面变小，希望以短稿见寄。

6日　在《译报·大家谈》发表杂文《分明是非和热烈的好恶》，署名八戒。此文针对有人反对攻击托派的言论所作的反驳。

同日　在《华美周报》发表时论三题，署名枫。第一，《抗战勿懈》认为不要因日本挑起日苏边境冲突便松懈了，防止敌人声东击西。第二，《托派全代会》指出托派已尽了不少汉奸作用。第三《武装民众保卫武汉》指武汉卫戍司令部已组织民众、各界团体以保卫武汉。同期还发表了杂文《日苏冲突的真相》，署名思华。文章指出日本帝国主义对苏边境挑衅，是进攻武汉征服中国战略之一，并指出绝没有成功的希望。

7日　在《译报·大家谈》发表杂文《报人的自省》，署名八戒。此文指出报人应反省，负起政治教育的责任。

同日　在《文汇报·世纪风》发表杂文《黑的战术》，署名羿矢，收入《边鼓集》。此文是针对一些学校开除学生，不许他们爱国而发的。

8日　在《译报·大家谈》发表杂文《夫役和伪警》，署名八戒。文章说。"真正的汉奸，正如那伪警所说：'只有上面几个头儿!'"汉奸愚弄自己手下人和老百姓,除了欺骗以外,便是用钱。同期还发表了《编后记》,署名八戒。

10日 在《译报·大家谈》发表杂文《无题》,署名八戒。此文谈节约捐款之事。

同日 在《文汇报·世纪风》发表杂文《希望成人》,署名若木。文章从瓜田不纳履,李下不整冠的故事,以及夏季故乡夜间看瓜和田螺精故事,讲到自己"几年以来,我在文字上的功夫,仿佛最欢喜的便是揭奸发隐。近来这习惯,是更发挥了"。

11日 在《文汇报·世纪风》发表杂文《建议废除"抗战八股"一词》,署名行者,收入《边鼓集》。文章针对当时有人指责抗战文艺为"抗战八股",指出:"以'抗战八股'四字,来讥诮打击一般人的幼稚——其实是单纯的热情,我以为将引起相反的效果……与其冷嘲,何如指示;与其指责,何如实干!"我们必须"深化我们的生活实践……八股软,九股软,暂应撇开不谈……小子行者,谨向全国文化界提议:从今以后,应废除'抗战八股'一词"。

据徐开磊《"孤岛"文学的主要阵地》回忆:"王任叔用'若水''行者''八戒''屈轶'的笔名写的杂文,在他自己主编的《译报》副刊《爝火》与《大家谈》上本来就拥有很多读者,他在《世纪风》发表的一些杂文就对文艺界有更多影响,或者说它的内容与文艺界的斗争有更直接的关系。比如他在1938年8月11日《世纪风》上以'行者'笔名发表的一篇杂文,曾经提出'废除抗战八股一词'。"[①]

---

① 《战地》,1980年第1期。

12日 在《译报·大家谈》发表杂文《给学生界的短简》，署名编者。

13日 在《华美周报》发表杂文《迎接伟大的节日》，署名庚明。此文是纪念"八·一三"这个节日，文章认为这个日子比"七七"节更有意义。它是全面抗战的开始。同期还发表了杂文《八一三纪念感言》，署名思华。文章讲"八·一三"的意义，抗战开始上海的教训，如政治机构的腐败，民众动员不够，军队训练不足。不过因抗战需要，上海已建立统一战线，上海人民爱国热情被激起，敌人种种手段无法动摇人民抗战的决心。最后提怎样纪念这个节日。

同期发表时论四题：《保卫大武汉与政治重心移渝》，署名屈逸。文章认为政治重心移渝，表示抗战决心到底，因为日本侵略希望打下武汉来一个议和，托派和失败主义都认为武汉失守，抗日无法继续。另外三题为《孔院长之谈话》《经济政策的成功》《八·一三纪念前的两租界》。

同日 发表杂文《没落的疯狂》，据家属保留的剪报可知，今日发表，但剪报不全，已不明刊载刊物，收入《边鼓集》。此文讲日本袭击客机，意在杀害从欧洲回来的孙科，而这正说明侵略者狂乱。

14日 在《译报·大家谈》发表杂文《无花的蔷薇》，署名行者。文章为短语四则，富有哲理。同期还发表了杂文《沉默之后》，署名尚父。此文鼓励华侨从沉默到奔向祖国的怀抱。

同日 在《文汇报·世纪风》发表杂文《"空气馒头"》，署名白屋，收入《边鼓集》。文章说是从日本"军阀行径中，尤其如土肥原之类的行径中……他们原是以'空气'子为子弹的"。"于是知空气的伟大，既可以为馒头，又可以为子弹。"

15日　在《译报·大家谈》发表《编辑者言》，署名巴人。文云："《大家谈》谈了一月有半，总是谈不合适。不是得罪了'东'（按：指日本人），就是得罪了'西'（按：指西方列强）。在编辑者真的'罪孽深重，不自殒灭，祸延先考'的遭际。几次想改变作风，总是改变不了，这也可见'江山可改，秉性难移'，该打！该打！这回暂请八戒先生退席，由巴人（按：巴人笔名首次公开对外提出）来主持讲坛。"提出赐稿分四类：杂感、问题讨论、建议与控诉和其他。

据巴人自述："我在1938年编辑上海《译报》的《大家谈》时，偶写短评，也是时换'标签'的。记得最初是用'八戒'，大概是有慕于'猪八戒'之为人吧。也不知是读者喜欢猪八戒，或喜欢以'八戒'署名的文章，用'八戒先生'为称呼的信，目不暇接……然而，不行。听到颇有不利于'八戒'这个写文章的人的消息了。那就让他回老家去吧。于是改名'行者'。是否为的孙行者十八变，'我拔出一根毫毛，变形站在这里，你将怎样呢'的意思，这已经记不起了。总之是改用'行者'了，用了一些时候。有那么一天，《译报》的经理赵邦镳被那时公共租界的工部局叫去了。说是日本人向他们提了抗议，为的《译报》登了抗日文章。《译报》是以翻译外文报纸的消息而命名的报纸。只有《大家谈》上的文章是中国人写的。这就必须马上而且立刻革掉这个编辑的职，否则唯经理是问。经理匆匆跑回报馆来，述说了'训斥'的经过，然后狡猾地笑着说：'《大家谈》付型了没有，让那'行者'改个名吧。'短评见之于校样了。于是我拿起'红笔'，涂了'行者'，写上'巴人'。大概是由《大家谈》而想到'下里巴人'。这样，'巴人'就行之于世了。"①

17日 在《译报·大家谈》发表杂文《守住！这个阵线》，署名巴人。为守住抗战阵线，作者提出几条："一、力求与租界合作……二、争取合法的爱国行动的自由……三、给四行孤军以自由。"同期发表杂文《权力》，署名行者。文章认为权力是泰山石，但权力需根基，即群众意志的集中。

18日 在《译报·大家谈》发表杂文《提高政治教育》，署名巴人。文章讲提高政治教育的重要性和方法。

19日 在《译报·大家谈》发表杂文《禁毒与改善生活》，署名巴人。文章揭露日伪在租界出售毒品，解决办法：一是取缔贩毒者；二是解决下层阶级的生活。同期还发表了《编辑室》，署名巴人。

20日 在《译报·大家谈》发表杂文《救国连锁》，署名巴人。此文登载一张献金通告，自己也据通告要求，交了二元并写九份寄亲友。

同日 在《自学》发表杂文《两种人》，署名行者。文章从过去的两种人，劳心者和劳力者，谈到现在青年中两种典型，那就是独断和空谈两种人。要做完整人："一、文学的趣味。二、哲学的思索。三、科学的力行。"

21日 在《译报·大家谈》发表杂文《妖孽之类》，署名斯文。文章对日本若山县的空袭警报与周幽王烽火戏诸侯作比较，并发表相关议论。

同日 在《译报·大家谈》发表杂文《改造学校商店》，署名巴人。文章提出弄堂小学那里商店的问题如何解决。

---

① 巴人：《关于"巴人"》，《文汇报》，1956年11月19日。

23日　在《译报·大家谈》发表杂文《还得切实暴露》，署名巴人，收入《边鼓集》。文章是针对电影《万能市长》这部污蔑中国人的片子而发的评论。同期还发表了《我扑了个空》，署名编者。文章提出《大家谈》因登国医知识，每星期一登一次。而此次打开《译报》一看不见该内容，扑了个空。

24日　在《译报·大家谈》发表杂文若干：《"无涉"与"无关"》，署名下里人。文章讲汉奸陈群停办学校，称"个人行动原与学校无关！"他又办了一个学校是为"教职同仁"，"与任何政治毫无关系"。文章批判他的无耻，偷梁换柱。《提高自动性》，署名下里人。此文讲任何运动也好，求学也好，都要提高主动性。《告不能升学的同学》，署名天地。此文劝告不能升中学的同学忘掉痛苦，不要失掉勇气和乐观，要在工作中学习。《三言两语》，署名行者。

25日　在《译报·大家谈》发表《三言两语》，署名若水。文章谈及汉奸和反汉奸，用"无微不至的力量"来应对强暴者"无微不至的侵略"。同期还发表杂文《无微不至》，署名巴人。文章指出日本侵略者连收集废钢烂铁都安插特务，由汉奸充当。

26日　在《译报·大家谈》发表杂文《"测字先生"之流的论调》，署名巴人。此文谈及保卫武汉的条件和游击队的意义。

27日　在《华美周报》发表杂文《中国抗战中的资源问题》，署名思华。此文谈中国资源问题，应该分两层进行分析。一是中国抗战是否使用全部资源才能战胜日本。二是日本占领中国土地，日本能利用吗？同期还发表时论三则。第一，《造谣辟谣与止谣》，署名枫。第二，《日机追击桂林号》，署名玉。

第三，《妥协派》，署名华。

同日　在《译报·大家谈》发表杂文《不但撇却它，而且要扑灭它》，署名巴人。此文对悲观论作批判。

28日　在《译报·大家谈》发表杂文《赋得"破裂"》，署名巴人。

30日　在《译报·大家谈》发表杂文《用工作来消灭苦闷》，署名巴人。文章谈一个青年的苦闷，家庭、社会、公司贩卖劣货都使他失望、不满和仇恨。

同日　在《自学》发表杂文《漫谈活字》，署名行者。

31日　在《译报·大家谈》发表杂文《注意！侵略者奴化工作》，署名巴人。此文指出侵略者进行奴化工作，是通过人来麻醉我们同胞的。为此，我们目前要解决小学教师生活问题，改进对他们的教育方法，改变奴隶性格。

同日　在《文汇报·世纪风》发表杂文《死》，署名白屋，收入《边鼓集》。文章讲战斗只有抗日和亲日之分，反对中庸之道，怯于斗争。

9月

1日　在《译报·大家谈》发表杂文《关于恋爱》，署名巴人。文章认为国难时期，必须把个人生活与救亡工作紧密联系起来，恋爱是"合则留，不合则去"。"合字的第一要义，是两方志同道合。合字的第二要字，是两方互尊人格及意志。"同期还发表杂文《"死的"和"活的"》，署名疾去。

2日　在《译报·大家谈》发表杂文《救国人人要救各有巧妙不同》，署名巴人。

3日　在《华美周报》发表时论三题，《瞧美国的》，署名枫。文章谈及日本击落中航桂林号，答复美国抗议说以后在中领土的民航机，须经日本军部核准后才能开航。日本对美国海军进行挑衅。其实，美国"只要不以军火售日本军，就可以制止日本的暴行"。又二题：《出超日增》《挑拨何用》。杂文《上海租界恐怖事件》，署名思华。文章指出租界内的恐怖事件均系汉奸所为。

4日　在《译报·大家谈》发表杂文《赶走这"古怪鬼"》，署名巴人。

5日　在《译报·大家谈》发表杂文《不是"降格"》，署名巴人。文章说："其实，'死抱住艺术'不放的第三种人，不是今天才有，但他们能创造出艺术品来吗？还不是卖狗皮膏药，骗骗人而已。伟大的艺术家，是'入于艺术，而出于艺术'的。'入于艺术'，是抓得紧；'出于艺术'，是放得开。能抓得紧放得开，去干剧运，剧运才能开展。伟大的剧作也只有在剧运广大开展中产生。那么文明戏，即光看作是推进剧运说，也应该给它动员起来。这不是'降格'，而是使之'高升'。"

6日　在《译报·大家谈》发表杂文《杂谈》，署名巴人。文章谈及两点：一是关于一青年《上蒋委员长书一封信》无法转达，给它在报上发表。二是关于"工作与批判"的几点意见。

7日　在《译报·大家谈》发表杂文《回去不得》，署名巴人。文章谈及一青年因老母生病，要回虹口去照料。作者劝他不要回去，虹口为日人所侵占，并提出三条理由。

8日　在《译报·大家谈》发表杂文《讨厌的"巴人"》，署名下里巴人。同期还发表杂文《列车错了节——一个更正》，署名巴人。此文纠正前载的《回去不得》一文中排错的文字。

  同日 开始在《文汇报·世纪风》上连载文论《扪虱谈》，至16日，署名八戒，收入杂文集《扪虱谈》，世界书局1939年版。全文分若干篇：《开笔大吉》《阿Q的大众文学》《从工人到工头之歌说起》《利用矛盾然后统一》《还须多铺桥梁》《留下的问题》《一条尾巴》。

  其中，《阿Q的大众文学》是谈大众文学。文章认为："说大众没有文学趣味，文学要求，文学的表现，那还是士大夫阶级垄断文坛的说法……荷马的《史诗》是从这样大众集体修改中造成的。屈原的《九章》，施耐庵的《水浒》也是从这样大众集体修改中长成的。不过荷马、屈原、施耐庵、他们能够取巧，将流动的口头文学，给它用文字写定罢了……《三百篇》的大半诗歌、十九首的古诗，《焦仲卿》诗，正如今日流行的《梁山伯》、《四季相思》，不知是谁作。……从这些事实，我们可以断定的话，有创造文学的大众，有享受文学的大众。文学与大众，本来没有分离过。"《从工人与工头歌说起》谈文学起源于劳动。

  《利用矛盾然后统一》认为政治上有统一战线，那么现今文艺上矛盾、冲突，只要提高文艺的教育意义，广泛一点说就是抗战文艺。《还须多铺桥梁》仍谈大众文艺。《留下的问题》谈如何利用旧形式。《一条尾巴》谈文学的趣味，这是一篇用诙谐的笔调论述文学的大众化，并谈了利用旧形式的文章。

  同日 在《译报·大家谈》发表杂文《两面人》，署名巴人。此文讲的两面人是指奸商，并谈了怎样对付这种人。

  9日 在《译报·杂文》发表杂文《"行动言论分不开"》，署名巴人。此文是对《行动高于一切》一文的补充和校正。

10日 在《译报·大家谈》发表《一条短尾巴》，署名巴人。此文是针对来稿指责某校文凭收费所发的议论。同期还发表了《代邮》，署名巴人。《政治上的第三种人》，署名巴人。文章针对上海某些补习学校以教日文为号召，指出它的利弊，并指出那种把抗战看成只是国民党和国民政府的事是不对的。现在的环境下我们要么抗日，要么反抗日。

同日 在《华美周报》发表杂文《中国的外交路线》，署名思华。文章针对有人对德国承认伪满洲国，还提出中德友谊发扬光大，还和侵略者一鼻孔出气的国家再来亲善。中日已进入你死我活的阶段，不可能出现既有助于日本，也有助于中国的第三国。中国外交路线之所以成问题，就是因为这些人不断地放毒素。同期还发表了时论四题，署名枫①。分别为《保障民权》，此文议论抗战中民权的重要性。指出："中国今日最严重之问题，不在于军事，而在于政治。中国将士之英勇，实是动天地而泣鬼神，若能军民配合，其所发挥之威力，更非今日所表现者得以比拟。"抗战以来，前线所遇之困难，是因为军民未充分合作。部分当政者，既怕敌，又怕民，搞不好民运。故保障言论、出版、集会、结论之自由，"则民族意当更高昂，抗战亦必坚强"。《孙科谈话》，孙氏的谈话是驳斥主和论以及主和论亲德亲意及责骂苏联之主张，另外驳斥了破坏抗日统一战线和挑拨国共两党摩擦的言论。《释放毒气和击落民用飞机》，指责日敌屡放毒气和击落民用飞机的罪行。《"游击队之母"之谈话》，游击队之母是指冯文姑。

同日 《公论丛书》出版。用丛书名义，是因为出期刊需

① 刊内正文署名"枫"，目录中署名"羿夫"。刊内文章题目与该期目录也有出入。本书以正文为准。

向租界工部局警务处登记，而以丛书名义则可由译报图书部出版。它是"孤岛"时期八路军驻上海办事处办的一个宣传党的抗日民族统一战线政策的综合性刊物，也是文委的理论阵地，它常常转载党中央在延安公开发表的社论和重要文章。从1938年9月至1939年7月，共出了十辑，即《领袖论及其他》《世界大战与中国抗战》《思想家的鲁迅》《青年的任务》《论集体生活》《论自由》《无神之国》《论精神总动员》《社会思想论》《城市陷落对于民族经济的影响》。每辑均以其中的重要论文为书名。每月一辑，每辑均有《编后记》，由巴人编的共七辑，分别如下：

在《公论丛书》第1辑《领袖及其他》发表《编后记》（一），署名W。文章对这一辑内的每一篇文章作简要评介。其中有一篇是《领袖论》，这一辑就以此篇作书名。

在10月10日《公论丛书》第2辑《世界大战与中国抗战》发表《编后记》（二），署名W。此文改变第1辑逐篇评介的方法，谈了五点。比如第一点，《世界大战与中国抗战》一文是座谈会的记录。第二点讲《我们需要科学宇宙观》一文是一位女作家写的，等等。

在11月10日《公论丛书》第3辑《思想家的鲁迅》发表《编后记》（三），署名W。这一辑除《思想家的鲁迅》这一篇压卷的文字外，编者还推介了几篇论文和一首长诗《风里雨里》。

在12月10日《公论丛书》第4辑《青年的任务》发表《编后记》（四），署名W。编者说："这一期出版，我们为纪念'一二·九'，写了篇《青年的任务》。"又逐一介绍几篇论文，并对增加文艺作品的数量作了说明。

在1939年1月10日《公论丛书》第5辑《论自由》发表《编后记》（五），署名W。编者特别推荐《论集体生活》和《关于〈艺术大众化〉》两文。

在1939年2月10日《公论丛书》第6辑《论自由》发表《编后记》（六），署名W。编者说明从本辑开始文体改变，并列出栏目。

在1939年5月15日《公论丛书》第7辑《社会思想》发表《编后记》（七），署名W。编者说明，本辑原打算是报告通讯特辑，因稿件不理想，改作思想理论的研究、检讨和批判。编者推荐是《论妇女》《俄罗斯的文化》和《社会思想论》。

11日 在《译报·大家谈》发表杂文《"九九九"新诠》，署名八戒。此文对陈继林献金九百九十九元作了解释，指出，除了纪念孙中山以外，还有预祝抗战持久到底的意思。同期还发表了杂文《三点小道理》，署名巴人。文章主要就三个问题发表议论：一是救家不暇，没有工夫救国。二是想到内地去。三是写文章并不难，也不易。

13日 在《译报·大家谈》发表杂文《"少吃甜，多吃苦"》，署名巴人。此文谈到胡愈之提出的"少吃点甜，多吃苦"的口号时，认为很对，不过还觉不够，还得"做得很对"。

14日 在《译报·大家谈》发表通信《一个问题与一个解答》，署名巴人。文章分两部分：《来鸿》，是一位叫康定的读者在信中提出民族解放战争与社会主义革命的关系问题。《去雁》是巴人的回答。回信中引用列宁的《马克斯①主义与民族战争问题》文章中句子作答。

---

① 即马克思。

15日　在《译报·大家谈》发表杂文《并不打空》，署名巴人。此文针对姓柳的文章提出几点：一是理论行动的意义。二是"把爱国议论的人，都看作是跳舞场的浪子"，这一棍也不曾打空。

16日　在《译报·大家谈》发表杂文《从爱情的破裂说到自学》，署名巴人。此文谈及两位女士：一个丈夫风流，另有美人相伴，另一个独立奋斗；文章劝前者离婚，向后者学习。同期还发表杂文《上海的住居问题》，署名巴人。

18日　在《译报·言林》发表杂文《"九·一八"走笔》，署名巴人。文章特别提醒抗战不限于军事方面，思想消毒尤为重要。

19日　在《译报·大家谈》发表杂文《严肃以外》，署名巴人。

20日　在《译报·大家谈》发表杂文《漫谈》，署名巴人。此文谈及上海人口疏散问题、学术研究与实践的联系问题。最后谈及出版《鲁迅全集》和《资本论》两本大书，"这是文化的'建国'工作，值得钦佩"。又说《领袖论及其他》是"唯一的高级理论读物"。同期还发表了《代邮》，署名巴人。

同日　在《自学》发表杂文《"九·一八"纪念感言》，署名行者。文章从越王勾践与吴王夫差报仇雪恨谈到黄宗羲等抗清的历史，提醒我们要奋斗。以及杂文《第二次世界大战会马上爆发吗？——德捷问题的检讨》，署名八戒。此文分为几个部分，论述了德国是个怎样的国家，捷克不同于奥地之处，指出决定的力量是在捷克自己。

21日　在《译报·大家谈》发表杂文《还得教育与说服》，署名巴人。此文谈对工作常犯错的人教育问题。

23日　在《译报·大家说》发表杂文《关于回乡工作》，此文针对回乡工作中的劣绅土豪和他们的私人武力问题提出自己的看法。同期还发表了《代邮》，署名巴人。

24日　在《译报·大家谈》发表杂文《杂文三事》，署名巴人。此文谈及三件事，一是不少文化人去内地，多余的书处理问题，建议办一个图书馆。第二件是关于男女恋爱，主张自然生爱。第三件是烈士妻子再嫁问题。

同日　在《华美周报》发表杂文《"反蒋"与"和平"》，署名思华。此文揭露日本侵略者企图打下武汉以后，扶植一些人"反蒋""反共"，造成中国的战争是傀儡与国民政府的战争。同期还发表了时论三题，《征募寒衣运动》《恢复长江商务的梦想》《中国的青年》，署名枫。

25日　在《译报·大家谈》发表杂文《投向祖国的怀抱》，署名巴人。此文谈及父亲做了汉奸怎么办、失业的公务员做了汉奸应该怎么办。

27日　在《译报·大家谈》发表杂文《谨防中毒》，署名巴人。此文批判一些地图、书籍宣传日本侵略者的错误做法以及他们的企图。同期还发表杂文《不是广告》，署名八戒。

28日　在《译报·大家谈》发表杂文《"正义的呼声"》，署名巴人。此文谈及父亲做了汉奸，子女应如何做工作。

29日　在《译报·大家谈》发表杂文《唯战士，无悲哀》，署名巴人。

30日　在《译报·大家谈》发表杂文《大题小谈》，署名巴人。此文分析国际形势，指出欧洲会发生大战，以及中国抗战胜利的条件。

同日　在《自学》发表杂文《泼辣与趣味》，署名行者。

此文谈泼辣与趣味在生活中、工作中的表现方式。同期还发表了政论《世界大战于中国有利吗？》，署名八戒。此文引用孙科谈话、毛泽东论述，认为世界大战于中国抗战有利。

10月

1日　在《译报·大家谈》发表杂文《我们的要求》，署名巴人。此文是关于《大家谈》的一些要求。

同日　在《华美周报》发表杂文《怎样保障资产》，署名思汉。文章提出把资金、工厂迁到内地去，发展国防民族工业，并说明理由。同期还发表了时论四题，署名思陆。《关于伪军反正》《由刘汝明的建功说起》《"和平"运动的流产》《天津日人的滋扰》。

2日　在《译报·大家谈》发表杂文《"小钉"与"瓦碟"——读〈且介亭杂文〉后》，署名斯文。该文连载于该报4日、5日、8日。此文是读鲁迅的《且介亭杂文》所发表的杂感。文章谈及鲁迅的彷徨苦闷、关于大众语的意见、关于拉丁化以及对翻译的见解。同期还发表了杂文《更切实一点》，署名巴人。此文是根据上海在侵略势力控制下提出的一些教育的意见而发表的评论。《编辑室》，署名巴人。

3日　在《译报·大家谈》发表杂文《一切为了战士》。

4日　在《译报·大家谈》发表杂文《不合理的事》，署名巴人。此文谈及雇工与邮局、学校教育的问题。

5日　在《译报·大家谈》发表杂文《改造环境》，署名巴人。文章提出与环境斗，需要集体力量，但不等于是等待，而是以自己的行动影响别人形成一种战斗力量。这首先要提高对环境的不畏怯精神，还得讲战略、战术。

6日 在《译报·大家谈》发表杂文《要好好儿说服》，署名巴人。此文谈募集寒衣要注意说服和募集时的方法。

7日 在《译报·大家谈》发表杂文《我主张火葬》，署名巴人。此文讲火葬的好处，土葬的危害。

8日 在《译报·大家谈》发表杂文《漫谈》，署名巴人。此文谈及大众化文艺和青年的苦闷，主张青年到内地去。

同日 在《华美周报》发表杂文《日本反英运动的强化》，署名美恩。《双十感言》，署名屈逸。文章指出辛亥革命只完成部分任务，在今天则要完成辛亥革命尚未完成的任务。发表时论三题，第一，《全疆代表大会开幕》，署名思陆。第二，《猩猩上前线》，文中批判日本人造谣中国训练猩猩上战场。第三，《国联与制裁日本》，国联作出劝告各会员国勿可挫弱中国抗战力量。

9日 在《译报·大家谈》发表杂文《关于国文》，署名编者。文章指出中国文化有"国粹"，也有"国糟"。

10日 在《译报·大家谈》发表杂文《打破"和平"的幻想》，署名编者。文章称某报释放和平信息，遭到《大家谈》读者激烈攻击，并指出该报言论的错误。在《译报周刊》发表了《张伯伦的戏法》，署名屈轶。

同日 在《申报·自由谈》发表《〈自由谈〉复刊献词》，署名编者，收入《横眉集》（世界书局1939年）。文章说这里不是什么"文化禁地"，"没有文艺的派别，我们也没有思想的成见。我们只有一条禁律：不违背民族国家的利益"。同期还发表了杂文《简单化》，署名白屋。文章认为中日之战不会有人认为可以调解而简单化。《编辑室》，文中提出："能以描写现实生活之速写及短篇创作见寄，文长最好能在一千五百字以内，但有特别佳构，自在例外。"

本日《申报》复刊，副刊《自由谈》也随之复刊，由巴人任主编。《申报》挂名美商哥伦比亚出版公司发行，美商阿乐满任总主笔，阿特姆斯任总经理，马荫良任经理，是实际事务全权负责人。据胡德华回忆："《申报》复刊后，《自由谈》副刊也同时恢复。由我父亲①向《申报》经理马荫良推荐，王任叔任主编。"②

当时，《自由谈》编辑人选确是《申报》最难办的事。1933年至1934年黎烈文、张梓生相继主编的《自由谈》，发表了鲁迅等著名作家的文章，在读者中产生深远的影响；如果没有相当的人选，是很难当此重任的。所以一时决定不下来，而巴人是"孤岛"时期大家公认的有影响的进步作家。他在《大家谈》上所发表的文章，是有目共睹的，他担任此职最为合适，于是《申报》经理马荫良决定接受胡仲持的推荐，请巴人主编《自由谈》。

关于巴人接受《自由谈》，他在《文学初步·再版后记》中自述："《申报》想恢复出版，恐外界指责其得日方的谅解，有汉奸之嫌，必须找一个赤化的人做一下掩护，方能显出它是抗战派的姿态。我在那时，虽然没有'盖棺'，据说已被人'论定'了的，叫做'火烧铁屋子，里红外黑'。虽然'外黑'，还有点'里红'，将就算数，《申报》的经理拉我去当《自由谈》编辑。在我，一生未与鲁迅先生交谈过一句话，却颇有些'鲁迅主义'。农民对其敬畏的神祇，总是馨香祷祝，从不敢大

---

① 胡仲持。

② 胡德华：《复社与胡仲持》，发表于《上海"孤岛"文学回忆录》，中国社会科学出版社1984年版，第59页。

胆宣诸口的。我对鲁迅先生态度有点近似这种情境。而《自由地》是鲁迅先生《伪自由书》的发祥地，我就珍视《自由谈》这块园地，对于《申报》经理的邀请，便以这一切动机出发，接受了。"

他在《遵命集·〈鲁迅风〉旧话》中则说：

> 到了同年的9、10月间，《申报》老板看看上海抗战气势不错，又来上海筹备复版了。据说是为了避免群众误会《申报》复版，是同汉奸们打通关节了的，要找个常常写些抗日文章的廖化们之一的进去，借以招徕生意（那是我后来才知道这用意的），这就找到了在《译报·大家谈》常写短评的"廖化"。经朋友和组织两方面的怂恿，我这个"廖化"就进《申报》去编《自由谈》了。

同日 在《自学》发表杂文《深沉的思考（一）》，署名行者。此文从蚶子谈到思考。后在10月20日《自学》发表杂文《深沉的思考（二）》，署名行者。此文从胡适的实验主义、张伯伦的现实主义政策的哲学基础，谈到汪精卫等的庸俗经验方法。

11日 在《申报·自由谈》发表文论《新美的形成》，署名齐明。此文谈美的形态有很多，一般指美是柔美，而作者推崇新美，如姚雪垠的《差半车麦秸》和胡风的《新女性礼赞》，认为"现在正是个转变纤弱美为雄伟崇高的时代"。

12日 在《申报·自由谈》发表杂文《从吐哺说起》，署名羿矢，收入《横眉集》。文章从周公吐哺说起，谈到士大夫需要别人吐哺。

14日 在《申报·自由谈》发表杂文《"人咬狗案"有感》，署名文群。此文对英文《大陆报》报道农民遭日寇侮辱，奋而反击所作的感想。同刊发表《抽思》，署名巴人，该文于15日、17日在《申报》续完。

15日 在《华美周报》发表时论三题，署名黄裔。分别是《调停之门早关上了》，此文对汪精卫及一些动摇人士的言论进行反驳，以及《巩固统一的战线》和《刺激万岁》。

同日 在《申报·自由谈》发表杂文《找屋之余》，署名吉力。文章从找屋谈到认识中国人民的所谓"生活"，因此想到了新村主义，中国人民也必然会实现武者小路实笃的理想，不过实现方法不同。

16日 在《文艺阵地》发表重要论文《鲁迅先生的艺术观》，署名王任叔。此文谈了几个问题：一、艺术的功利主义，指出鲁迅功利不是为己，而是为人、为社会。二、艺术的宽容，指出艺术的宽容是做文艺的武器发挥它更大的效能的一种办法，也是总目标的达到的手段。三、真实与阶级性。关于真实则说："艺术的真实，怕应该是现象的本质的把握，与形象的集中的表现吧。"指出鲁迅"竭力提倡战斗，才能把握动的现实，才能接近历史的社会的真实"。"阶级、战斗与现在，这就构成鲁迅先生的历史的现实主义的全部艺术哲学。"同刊发表回信《鲁迅全集里一个错误》，署名W。

同日 在《文艺新潮》创刊号发表文论《鲁迅先生的第一篇小说》，署名王任叔。此文是对鲁迅的第一篇小说《怀旧》所作的分析。文章指出："鲁迅先生在这一篇创作里，确定了中国新文学的三个方向：一、写实的手法；二、将直叙的故事的方式，展开为横剖面的错综的描写；三、抓住每一个人物的社会的本质的意识，使在短短几千字里，看到四五个活鲜鲜的人物。"论文指出了这篇文言小说和旧小说在创作上的本质性区别。

同日 在《译报·大家谈》发表杂文《从爱情破裂说到自学》，署名巴人。文章从雪痕女士被多才多艺的风流才子所抛弃谈到风子女士的自学。

同日 在《文艺月刊·战时特刊》发表《围歼之夜》（小说），署名巴人。

17日 在《译报·大家谈》发表杂文《并非"报复"卖国而已》，署名白屋。此文针对陈群等当汉奸，绝非私仇，而是有其另外原因的。

18日 在《申报·自由谈》发表杂文《关于颜色》，署名齐明。此文谈颜色，指出中外对颜色的不同理解，即使国人也有不同理解。

同日 在《译报·大家谈》发表杂文《日军进攻华南与某晚报》，署名白屋。此文对华南的防务谈了五点，指出最后胜利必然是中国。

19日 纪念鲁迅逝世两周年，在《译报周刊》发表文论《鲁迅先生的眼力》，署名屈轶，收入《生活·思索与学习》（上海高山书店1940年）。此文一开头的自白，对于理解作者抗战以来的心情极为珍贵。谈到鲁迅的眼力，在于透过现象看到事物的本质，并指出有些人有像鲁迅那样深刻的眼力，却未必会有像鲁迅那样深刻的写作力。

同日 在《申报·自由谈》发表杂文《超越鲁迅——为鲁迅逝世二周年纪念作》，署名编者，收入《横眉集》。文章提出

"学习鲁迅，并不是为了'追随'或'并驾'"，而是"以我们自己的力量，继之以我们子孙的力量，而超越鲁迅！"同日的《译报·大家谈》上发表了《守成与发展》（阿英），此时阿英接替巴人主编该副刊，文中提出了对鲁迅杂文的批评。

20日 在《申报·自由谈》发表杂文《"有人"，在这里》，署名巴人。此文是回击阿英（鹰隼）在《大家谈》上发文批评鲁迅风的文章，由此引发关于"鲁迅风"的一场著名的争论。同日，阿英在《译报·大家谈》发表《题外的文章》

21日 在《申报·自由谈》发表杂文《司马光与马克司》，署名岳明。此文针对因司马光与马克司①形近，把他的《通鉴》也禁止了，从而说明沦陷的北平言论之不自由。

22日 在《申报·自由谈》发表杂文《深入与浅出（四）②——读〈译报周刊〉后作》，署名白屋。此文指出《译报周刊》做到了深入浅出，如艾思奇的《大众哲学》那样。同期发表了杂文《"题内话"》，署名巴人。文章仍是与阿英论争有关的文字，指出当下对鲁迅的学习"还不够深入"，以及"没有收成，即想发展"是要消灭鲁迅。

同日 在《华美周报》发表杂文《对于国民参政会第二次大会的希望》，署名屈逸。文章提出希望"抗战到底"，不中途停止抗战，也不由第三国调停。其次，坚持民族统一战线的方针，不搞党派摩擦。第三，关于沦陷区游击战，沿着民主路线开展。

25日 在《申报·自由谈》发表杂文《"和平"云乎哉》，署名巴人。此文讲日本和平条件是倒蒋，我们则"拥护蒋委员

---

① 即马克思。
② 此文（一）（二）（三）未知发表于何刊物，不在《申报》。

长抗战到底！反对一切'和平妥协'论调！"并把矛头指向汪精卫。

同日　关于巴人生平研究的重要杂文《我和鲁迅的关涉》，发表于《文艺》第2卷第2期，署名屈轶，收入《生活·思索与学习》。文章从《新青年》上看到《狂人日记》讲起，到《晨报》上看到《阿Q正传》、《语丝》上看到《说胡须》等文章，以及在广州听鲁迅演讲，之后寄《破屋》给鲁迅……最后谈及"为了过多的负债，为了活，我可以向一切人屈膝"等一些自责的言论以及鲁迅对自己的"热与力！"

26日　在《申报·自由谈》发表杂文《洋洋乎盈耳哉》（10月21日作），署名吉力。此文从《儒林外史》的祭孔谈到敌伪的祭孔。

同日　在《译报周刊》发表杂文《怎样发挥斗争的精神》，署名巴人，收入《生活·思索与学习》。此文从茅盾的《宽容之道》一文引入，然后谈如何斗争，"首先要与自己斗争"。然后"与世间一切的恶势力决斗——目前，日本帝国主义就是我们唯一的斗争对象"。

27日　在《申报·自由谈》发表杂文《关于罗兰》，署名编者。文章指出罗曼·罗兰的家庭、文学创作开始受托尔斯泰的影响，介绍了名著《克里斯多芬》（《约翰·克里斯多夫》）。

29日　在《华美周报》发表杂文《政治与军事的新形势》，署名美懿。此文分析当时政治与军事的形势，指出："中国主要的困难，仍不在军事，而在政治。"如抗战建国纲领还没有充分执行，党派摩擦亦未免除。同期还发表了时论三题：《参政会二次大会开幕》，署名思陆。文章希望大会成功，并扫除妖雾，抨击妥协分子，以及《蒋委员长的宣言》和《关于余汉谋》。

同日 在《申报·自由谈》发表杂文《新中国在生长》，署名歧山。此文回忆作者在广州、武汉那段生活。作者说现在广州、武汉相继失守，我们都要负起责任，新中国将屹立在高天厚地之间。同期还发表了杂文《中国没有"佛朗哥"》，署名巴人。

30日 在上海社会科学讲习所讲授《马克思恩格斯及辩证唯物论哲学的形成》。

同日 在《自学》发表杂文《否定自己，完成自己》，署名行者。文章批评种种个人主义的现象，指出新的英雄需要自我批评，使"小我"成为"大我"，从"大我"完成"小我"。

在《文汇报·世纪风》发表杂文《曲的效颦》，署名杨管己，收入《横眉集》。文章指出："中国没有产生佛朗哥的可能，中国事实上也没有佛朗哥。"

31日 在《申报·自由谈》发表杂文《"儿子的斗争"》，署名巴人，收入《巴人杂文选》。此文是针对潘必正劝父把钱捐给国家而发的议论，称赞其父子捐献了400万元。

本月发生两件与巴人相关的重要事件，特简要说明如下。

第一件是关于"鲁迅风"式杂文的争论。先是19日鹰隼（阿英）在《译报》副刊《大家谈》①上发表了纪念鲁迅的文章《守成与发展》，对提倡和模仿"鲁迅式"的杂文表示异议。文章提出要战斗性的，不要讽刺性的，要明快直接的，不要迂回曲折的，要深入浅出的，不要隐约晦涩的。并说："有人在'抽抽乙乙'作'碎感'……"这显然指巴人在《大家谈》上

---

① 王任叔离开《大家谈》去编《申报·自由谈》，由阿英接替编《大家谈》。

的《碎语》和《自由谈》上的《抽思》而言。为此，巴人写了《"有人"在这里！》。

大约阿英余意未尽，于次日又写了一篇《题外的文章——答巴人先生》发表在《大家谈》上，用比前文更明确的语言，向巴人提出了四点质问："（一）目前文坛上模仿鲁迅风笔调是不是甚盛？（二）这种倾向的增长对发展前途是不是有害？（三）如果有害，我们是不是应该表示抗议？以及更基本的（四）如果鲁迅还在，是不是依旧写这样的杂文？"并要求巴人作"进一步的反省，自己近似的文章有无有意识模仿鲁迅的存在……如果我的抗议是应该的，巴人先生不妨有则改之，无则加勉"。同时在他主编的《译报·大家谈》上刊出了杨晋豪的《写给谁看？》以扩大论争，而《华美晨报》副刊《镀金城》，又以《论"鲁迅风"》为题，起而策应。巴人面对这样无理的质问和指责，自然要加以反驳，于是写了《题内话》①，指出："模仿本是创作的必要过程。在今天，我以为对鲁迅的学习，还不够深入，还不够扩大。没有守成，即想发展，那是取消鲁迅的企图，这正是鹰隼先生所要做的。"文章采取了相当克制的态度，这大约和郑振铎的劝说巴人立即"停笔"有关。巴人在文章中提到："我要回答鹰隼先生的时候，源新先生（按：即郑振铎）深夜来了一封信，说千万不要回答（按：指阿英《题外的文章——答巴人先生》一文），恐为仇者所快。"这是颇有远见的言论。

双方论争一展开，一时《自由谈》与《大家谈》成了论战的阵地。随着论争的发展，参与论战人数增多，规模扩大，当

---

① 《申报》，1938年10月22日。

时的某些汉奸文人则趁机把水搅混，达到不可告人的目的。因此，如何使这场论争停息下来，是当时许多进步人士极为关心的问题；但对这场论争的实质所在，并不是所有人都清楚的。鹰隼的观点是很明确的，他对鲁迅杂文存在的价值和对鲁迅风的杂文持基本否定的态度。他认为鲁迅杂文"（一）六朝的苍凉气概；（二）禁例森严的迂回曲折；（三）缺乏韧性战斗精神和胜利信念，以及（四）不够明快直接为特点的"。其实，阿英对鲁迅的错误观点，早在1928年就开始了。之后虽沉默了一段时间，但并没有认错；而此时他对鲁迅杂文的非议又卷土重来，这不能不说是以前错误认识的延续。阿英和巴人对蒋光慈的小说《短裤党》发生过分歧，巴人那时虽主张提倡无产阶级文学，但他反对只重思想宣传而忽视艺术特征的倾向，因此，对蒋光慈的创作并未过分褒扬，这和鲁迅的主张是一致的。而现在巴人提倡鲁迅的杂文，触动了阿英潜在的宗派主义情绪。这可以说是阿英挑起这场论争的原因。阿英为什么在此时此地挑起这场争论？这与对当时抗战形势的片面判断有关。他们认为现在是民族抗日统一战线时代，只要向日本帝国主义发动进攻就好了，用不着鲁迅风式的杂文。一句话，鲁迅的杂文过时了。

可是从论争文章看，当时巴人并未抓准阿英错误观点的关键所在，虽据理力争并未击中要害；加上双方都有点意气用事，结果谁也说服不了谁。当时的文委负责人孙冶方认为：在这场争论中，双方都"没有抓住鹰隼先生所提出的中心问题"，即对"我们的最伟大的革命文学家的文学遗产中重要部分之

——杂文——的重新估价问题"①。他驳斥了鹰隼的错误观点，呼吁论争双方不要意气用事，停止争论；希望有更多的人继承鲁迅的文学传统，并说："要知道我们的论争都还是一条战线内的论争，我们都面对着一个共同的敌人，我们的论争无非是为了求得一致的结论，若因此而松懈甚至分裂了我们的队伍，那真太不值得了。"这是他写好文章的第二天，即12月4日，《译报》总编辑兼主笔钱纳水召开一个文艺界人士座谈会，会后发表了由应服群（林淡秋）等三十四人签名的《我们对"鲁迅风"杂文问题的意见》一文，发表于1938年12月28日《文汇报·世纪风》。巴人和阿英都在上面签了名，从而结束了这场长达两个月左右的论争。

据巴人《论鲁迅的杂文·序说》（远东书店1940年版）所述："论争的发生，是在鲁迅逝世两周年纪念日。阿英先生在《译报·大家谈》上发表了一篇纪念文字，对当时的一些杂文作者，特别是我，投下一支'投枪'，这使我在《自由谈》上写文章答复他，于是引起了一场热烈的论战，'鲁迅风'三字，成为当时讥讽写杂文者的名词。一般忧世之士，认为这又是无谓的论争，浪费的论争，无原则的论争。但实际上并不如此的；论争没有引到更基本更阔大的问题上去，是事实，而因此暴露了许多反对鲁迅式杂文的作者的嘴脸，却是难得的。例如，彼时最卖力气痛击《鲁迅风》的作者的，是《华美》的《镀金城》编者吴汉和一位叫作曾迭的先生。可是现在他们是怎样的了呢？过河去了，这可见鲁迅式的杂文，的确是叫人——自然是有些人——寒心的吧。"

① 孙一洲：《向上海文艺界呼吁》，《译报周刊》，1938年12月2日。

"论争最后由彼时的《译报》主笔，召集了一次文艺界座谈会，宣告结束，到会的人约四五十。我作了一个关于鲁迅的杂文的报告，后又经双方发表意见，但结论是没有的。因为自有这一种座谈会以来而能做出完整的结论者，天下之未闻也。但仿佛，一方面仍然坚持鲁迅式的杂文，还是必要，还是今天所需要的战斗的武器。而另一方面，则以为鲁迅的杂文不错，但也只适合鲁迅的时代；而《鲁迅风》的迂回曲折的杂文，简直要不得。盖今日之天下，已非杂文的天下，何者，统一战线的时代，讽刺要不得也。"

《华美晨报·镀金城》连续抛出了《愿致力于不浪费的工作》（写非，12月3日）、《杂文之外》（少老，12月3日）、《信仰与偶想》（王彪，12月4日）、《一点点的皮毛》（林新石，12月4日）、《引导中的"鲁迅风"》（真诚，12月10日）等一系列攻击"鲁迅风"的杂文的文章；还有，庞朴为《论"鲁迅风"》一文争辩而故作所谓分致巴人、辨微、马前卒、祝吾文、列车答的《围剿的总答复》六封信。顿时，攻击"鲁迅风"的主力，从阿英主编的《译报·大家谈》转到吴汉所编的《华美晨报·镀金城》的阵地上了。

1941年，巴人在一篇题为《四年来上海文艺》的总结性文章中，谈及此次"鲁迅风"论争的背景，其中关于《华美晨报·镀金城》则说："反对方面的××（按：指鹰隼）先生放了第一炮之后沉默；接着来的有丁三、曾选之流，群起响应。而昔为党官，今作××（按：指汉奸）的吴汉所编的《镀金城》，有曾选其人，横施攻击，洋洋大文直继续一星期之久。所谓曾选者，大都是丁三（现为南京中国文艺家协会台柱）之流。"①

第二件事是《申报》老板讽示巴人辞职，事情与上述争论有关。

据巴人《〈鲁迅风〉话旧》所述："阿英同志是我老早就认识的，虽然那一段时间里我们没有碰过面。我那时真也是'年少气盛'，很要不得，就利用《自由谈》主编的权力，写文章在那里答辩起来了。一场论争。《申报》老板这回有话说了。争论不是《申报》的传统，而我居然论争了，侵犯了传统，'可恶之至，应当何罪！'乃托人讽示我辞职。我偏不自动辞职，要他下令开除。果然，大概当了编辑一个多月吧，来了封辞退的信，还多送了一个月薪水。谢谢，薪水是退回了，而我也登报声明：脱离《申报》。其用意无非为它贴上一张'招贴'：'谨防扒手'。真的，等我1941年初离开上海，我已听到《申报》老板，由潘公弼介绍，拜谒汉奸周佛海，面授机宜去了。"

在《略论叫化之类》中，巴人申述："至于我写这篇文章，动机却正起在我荣任申报馆《自由谈》编辑之时，不但不纯正，而且'大逆不道'。因为《自由谈》复活三天，就由我发一篇《略论刺激性》的杂感，这于彼时的'汪副总裁'，现在的汪逆精卫是颇为不敬的。引起了一些'识大体者'的'喊喊嚓嚓'，那是并不足奇的。求自由而不得，卷铺盖以逍遥；我确也早抱了复刊之日傅东华先生的感言中所说的'决心'。但隔了不多天，汪精卫的'和平之门未闭'的论调出现了，我不禁慨叹于竟不幸而言中：'无非白刃加颈，犹得稍安勿躁也。'

---

① 《上海周报》，第4卷第7期，收《巴人全集》第8卷时有改动。

然而，我们的论客，却以'昨日之惶惑与悲愤'，曲为汪逆辩解。偶与一二好友，略饮于老正兴馆，谈及此事，不觉竟也'惶惑'而又'悲愤'起来了。"

唐弢在《点滴集·序言》中则回忆为："第二天，任叔写了篇《'有人'在这里》作为答复，问题本来已经解决了，不料，《中美日报》和《新申报》乘间起哄，进步营垒也有人施放冷枪，论争便扩大开来。《申报》当局怕事，讽示任叔辞职，任叔呢，他说：'我偏不自动辞职，让他开除我好了！'我当时听他亲口说了这话，后来他又写入文章。语言是能传达人的性格的，这确是任叔的话，一句传达他性格上全部优点和缺点的十分典型的话。""任叔一生胸怀坦荡，嫉恶如仇，确实是商量袭击敌人的好伙伴，虽然有时带点主观，对问题考虑不够全面，但恰如鲁迅所说，'进行之际，心口并不相应，或者暗暗的给你一刀，他是决不会的。''君子之过也，如日月之食焉'，大概这话也适用王任叔。因此我还想对当时关于（鲁迅风）杂文的争论说几句话。庄启东则认为："由于这场争论以及以后不断发表杂文，很受读者欢迎。因此，读者誉为'活鲁迅'，而且致使很多读者只知道'巴人'，而不知道'巴人'就是王任叔。"①

巴人原想在《自由谈》"自由"一下，所以在《复刊献词》中，抓住"自由"大做文章，提出"力争言论思想的自由"，还引用黑格尔关于自由的论述，指出"我们需要自由"，是"要发见真理"。希望这块园地，能有"异卉奇葩，佳禽茂木"，结果是落空了。巴人编《自由谈》，他自己说一个月，但也有

---

① 庄启东：《人们不会忘记你的，任叔同志！》，《新文学史料》，1986年第3期。

20天和22天之说。

20天之说为接替巴人编《自由谈》的胡山源所说①。

除了20天说外，还有22天说。胡仲持儿子胡德华说："《申报》复刊后，《自由谈》副刊也同时恢复。由我父亲向《申报》经理马荫良推荐，王任叔主编。王任叔主编《自由谈》从十月十日到十月三十日，不过二十二天，但与《申报》内外关系搞得十分紧张。②

持一个月说的有锡金："他（按：指王任叔）说只编了一个月，先生说他只编了二十天，大约你们说的都对。错恐怕错在这'整整一个月'的理解上，似应照先生的话订正。但先生所说也并不全对，如由'双十节起，至十月底止'，则应该是二十二天而非二十天。编副刊，还得有个发稿期；那么，如先生所说，其间还经过调解，则很可能任叔的在《申报》，为期足一个月计算的，这样说来，还是他说得对。"③此外，相关内情还可看周劭的《巴人哀思》。

11月

1日 在《文汇报·世纪风》发表杂文《"工作"与"批评"》，署名巴人。

同日 在《上海周报》发表杂文《怎样解决上海教育界的二个问题》，署名萧庄。文章指出上海教育界存在两大问题：一是经济问题，二是安全问题，为此提出二点：一是把学校行

---

① 参见胡山源：《我编〈申报·自由谈〉》，《文教资料简报》，1984年第6期。

② 胡德华：《复社与胡仲持》，《上海"孤岛"文学回忆录》（上），中国社会科学出版社1984年版，第59页。

③ 锡金：《关于〈申报·自由谈〉源流》，《新文学史料》，1979年第3辑。

政公开；二是全校实行民主化。同期还发表文论《宗派主义杂话》，署名无咎，收入《窄门集》。文章指出宗派与党派不同，文坛上宗派主义形成的五个原因，最后说："文艺上现实主义的提倡，正是清算宗派主义的。"

2日 正式脱离《申报》，在《文汇报·世纪风》上发表《王任叔启事》。文中称："惟本人主编之《自由谈》所持言论与该报社论'昨今之惶惑悲愤'主张颇有出入，原拟辞去该职，当以友朋劝阻未果。现决本古人'道不同不相为谋'之义，自今日起即卸去该刊编辑职务，该报另送车马费百元亦已璧还。"同期还发表了杂文《为了义卖》，署名巴人。此文从日本文人买公债谈到中国文人的处境，最后提出扩大义卖运动。杂文《"无关"而"有关"》，署名八戒。此文针对梁实秋、陶亢德等提出"无关抗战的文字"，指出"无关"实是"有关"。

10日 在《自学》发表杂文《沉痛的纪念》，署名行者。同期还发表了文论《散文与短篇小说的分别》，署名八戒。文章说称："为'短篇小说'的小说，那应该顾到故事结构的完整，人物性格创造的典型化，时代背景的适合，而写出的时候，更应该注意到'艺术的形象化'。——总括一句，便是客观性与真实性。"

同日 在《公论丛书》第3辑发表政论《统一战线的理论与实践》，署名忍士。同期发表由平心执笔写成的《思想家的鲁迅》一文。这是哲学社会科学家活动小组，为了纪念鲁迅逝世两周年，由平心倡议召开"鲁迅思想座谈会"，参加人员有孙冶方、许广平等十七人。王任叔以Ｗ笔名写的《编后记》中说："对于中国这个伟大的思想家鲁迅，作了一次纵面的和横面的分析。在分析中，我们可以看到鲁迅的发展的时代的侧面。"并把这篇文章称之为"压卷"之作。

同日 在《文汇报·世纪风》发表杂文《诚意与条件》，署名巴人。文章指出某报社论与汪精卫投敌如出一辙。

12日 在《华美周刊》发表杂文《上海撤退一周年》，署名逸。此文分析我军从多个城市撤退，但从军事、政治看，我们并不失败。

同日 参加孔另境与金韵琴的婚礼。

14日 在《文汇报·世纪风》发表杂文《咬"咬文嚼字"》，署名忍士。文章指出有人在"应战"与抗战、排日与抗日上咬文嚼字。

16日 在《文艺新潮》发表杂文《乱世的猫》，署名白屋，收入《生活·思索与学习》。

同日 在《译报周刊》发表杂文《读书顾问·开场白》和《读书兴味如何才能集中》，署名巴人。该刊是《译报》所属刊物，王任叔主持该刊的学习栏目。

20日 在《自学》发表杂文《怎样写作》，署名行者。文章提出"写作就是做人"。同期还发表了杂文《读书与救国》，署名八戒。

21日 在《文汇报·世纪风》发表杂文《杂写》，署名巴人。文章写陶潜既有"采菊东篱下，悠然见南山"一面，又有"提剑出燕京""飞盖入秦庭"的一面。

22日 在《上海周报》发表杂文《日本所宣传的日苏谈判》，署名思弥。

23日 在《译报周刊》发表杂文《眼关四方》，署名巴人。此文是指导别人如何模仿的方法。文章说有书本以内的"眼关四方"读书法，并提出首先朴素地读，不带主观。其次是书本以外的"眼关四方"。

同日　在《文汇报·世纪风》发表杂文《再加上一个"呜呼"吧》，署名巴人。此文对于庞朴对鲁迅、《鲁迅风》攻击展开反击。

26日　在《华美周报》发表杂文《长沙大火以后》，署名燕市歌者。文章对实行焦土政策获刑的人表示同情，而对汪精卫则加以批评。

同日　在《文汇报·世纪风》发表杂文《关于〈边鼓集〉》，署名燕市歌者，收入《横眉集》。文称："我是并不准备以'杂文家'出世的，更不想以'杂文'而招人头痛。写杂文的开始，还在《立报·言林》发刊一年以后。为了高尔基逝世，我写了一些短文投寄《言林》，这就和编者结上因缘。也时时为《言林》写些短文。但并不多，一个月不上六篇，稿费在六七元左右一月。虽然够我买烟抽，但于我生活无补，不知怎的，大概从前年十二月间起，编者要跟我'包工'，每月供给杂文二十五篇左右，致送酬金三十元。那时，我有的时间，每天看报总化去二个钟头。看过后总有一点小感慨，'举笔一挥'，也就成了。于是答应下来。最初是两份邮票一寄完事，接着知道这可'节约'一分半，所以三十元酬金，除去笔墨邮票之费，实收二十八元以上，足够我房租开销，那真是'何乐而不为'。可是写得多了，自然也增多了火气，究竟还是年轻，谈鬼说狐的'冲淡'得要命的杂文是写不出来的。因之得罪了不少的人。为了'谈统一'，主张以'抗战求统一'，据说潘公展先生看了大不以为然，叫人去警告许杰。许杰受了冤，却又偷偷地写信来警告我：'小心提防！'这自然是极友谊的。但我没有因此为辍笔，还是写下去。之后，为了批评'国难与文化’，又得罪了柳湜先生。奇怪的，却是转移了一个目标，说我这文章是‘遵命文学’，是有人指使而写的，于是那‘有人’便遭了‘不白之冤’。……抗战发动以后到国军撤退南市，这之间，我没有写什么，偶有所作，无非应景。之后《大美晨报·早茶》出版，我应亭长先生之‘拉’，‘拉’出过一些。大都是赞颂人头之类。《世纪风》出世，我又被高大编辑^①拉了一下，也‘拉’出了‘一些’，这就是我在《边鼓集》里一大半的杂文。”

27日 在《文汇报·世纪风》发表杂文《片面之见》，署名巴人。此文用辩证法理解问题，列举不少事例，问候指出杨晋豪对巴金致山川均的信出现在中国刊物上认为不妥，应直接寄给他本人，这是“片面之见”。同期还发表了杂文《“妖”文共欣赏》，署名行者。此文针《叛法离地》小册子的批判。

28日 在《文汇报·世纪风》发表杂文《“工作”与“批评”》，署名巴人。此文与阿英论争有关文字，后半部谈到《边鼓集》。

30日 在《译报周刊》发表答康伯度的提问《读书如何才能记住》，署名巴人。同期还发表了《读书应有选择》和《什么是“基本”》，署名巴人。

本月 上海文汇出版公司出版文载道（金性尧）、周木斋、周黎庵（吉力）、屈轶（巴人）、柯灵、风子（唐弢）六人合集《边鼓集》，内收屈轶40篇，即：《弁言》《谨防扒手》《读史零感》《真理的被击》《所谓优越感》《却说逃难》《论私交之类》《诬蔑的时代》《错用了一条法律》《为侵略者铺好道路》《诙谐

---

① 即柯灵。

的同化》《略论反战公司》《两段新闻》《不必自杀》《培养我们的朝气》《生命的思索》《眼睛的哀祭》《鹿地亘与张国焘》《不仅是海关华员的事》《护旗运动》《关于"头"》《汉奸略考》《阿Q型以外》《不会有的事》《余议之余议》《我感激着，我兴奋着》《颓废的现实主义》《从枪决汉奸说起》《一切为祖国》《读书偶感》《建议废除"抗战八股"一词》《"空气馒头"》《黑的战术》《如此英雄》《我呼喊不出来》《眼前事实》《死》《没落的疯狂》《辛苦和血汗》《还得切实暴露》。

这40篇并非完全从《文汇报》副刊《世纪风》上选出（尚有22篇未选），内有发表在《译报》副刊《爝火》《大家谈》上的杂文。《边鼓集》作为《〈文汇报〉文艺丛刊》是文汇报社历史上所出的第一本书，也是"孤岛"时期第一本杂文集，它和以后出版的《横眉集》，在当时产生很大的影响，对当时杂文的兴盛起着重要的推动作用，关于它的出版可参阅唐弢的《点滴集·序言》。

由于这些人是当时鲁迅风杂文的倡导者，又是重振鲁迅杂文的实践者，由此形成"鲁迅风"的杂文。同时，这些人大都是浙东人（除周木斋是江苏武进人），这就被一些学者称为"孤岛"时期浙东杂文派。这个浙东杂文派的首领无疑是巴人，唐弢称此时是巴人杂文创作的旺盛时期，也是鲁迅风杂文的核心力量。

关于《边鼓集》创作特点，巴人在《弁言》中有段话，做了非常确切的概括，可以作为浙东杂文派在创作内容上的特点。他说："虽然有不同的风格、笔调——不同的边鼓的打法。

但这声音却完全是一致的。反日、反汉奸、反托、反法西①、甚至于反封建，那精神，一贯流漾在我们的字里行间。""我们可以指出的：我们没有一个人悲观、消沉。讽刺、笑、怒、骂、诉述……我们全部乐观、坚定、兴奋。仿佛这胜利的武器，早已握在我的手里了。袭击，冲锋，杀，我们一样地飞扬着这神圣的笑声。我们原是壕沟战里战士。有谁怯于接受战士的名号，除却这战士的风貌吗？谁就得从我们的战壕中掷出去！这是我们的誓约。"

12月

3日　在《华美周报》发表杂文《游击队"只游来游去"么？》，署名尚文。文章从三方面驳斥游击只是游来游去的说法。同期还发表了杂文《纵谈论争》，署名巨川。此文仍涉鲁迅风争论的文字，表达了终止论争，但"绝对的终止或避免决不可能，为的是每一个作家或文化人的思想，决不能强求其一致。所以，只能求其达到一个共同的目的（抗战建国）"。

7日　在《译报周刊》发表杂文《黑夜走笔》，署名平生。同期还发表了杂文《真理与胃口》，署名屈轶。《深一层的看法》，署名巴人。此文分析文章使人摸不到其主意的原因：第一，别人在文章中加了胡说；其次，"有许多文章是和它产生时的社会环境和社会思想相结合着的"。

同日　孙冶方（署名孙一洲），在《译报周刊》发表《向上海文艺界呼吁》，要去"互相劝阻自己的战友勿作无谓的精力浪费"，认为鲁迅风杂文在新形势下是"白刃战中最厉害的

---

① 指反法西斯。

工具"，号召进步阵营内部应加强团结。

8日　在《译报·大家谈》发表《敬告上海电影界》，巴人等50人联名。

9日　在《译报·大家谈》发表《祝〈译报〉周岁纪念》，署名巴人。

10日　在《华美周报》发表杂文《举棋不定的日本军阀》，署名尚文。此文分析武汉失陷以后军事态势，指出日军已陷入歧途中。

同日　在《文献》发表杂文《国共两党的进一步合作》，署名巴人。

同日　在《自学》发表杂文《向青年们进一言》，署名行者。文章谈到刚建立的国民党的三民主义青年团和学生运动。

同日　在《公论丛书》第4辑发表《中国统一论》，署名一夫。同期还发表了《论青年的任务》，署名巴人，收入《生活·思索与学习》。文章指出："青年是人类历史的创造者。青年是任何一个国家的历史变革中主要担当者。"号召青年："我们青年不但要把这垂危的祖国救过来，而且要从瓦砾上建立新的乐园——崭新的三民主义民主共和国！"

14日　在《译报周刊》发表杂文《如缕的和平之声》，署名屈轶。同期还发表了读书顾问三篇，即三篇回答，分别是《从书斋到十字街头》《文学决非无用》《由浅入深》，署名巴人。

15日　在《文汇报·世纪风》发表杂文《略论王昊南的被枪决》，署名巴人。王昊南是国民党驻宁波的军官，因贪污资敌被枪决。

17日　在《华美周报》发表杂文《一片整顿吏治声全面

抗战展开中》，署名文。此文谈及整顿史治几件事件。同期还发表了杂文《国际形势好转英美拟贷巨款》，署名文。此文谈及英美拟向中国贷款，对华援助，共同打击日本。杂文《汪主席畅论外交意大使公然联"伪"》，署名逸。汪精卫谈外交中讲到要拉拢德意，而与此同时意大利大使出席上海伪市长主办的晚会。杂文《人定胜天》，署名巴人。此文针对一教会学校把《圣经》作为必修科目提出批评。文章说："我们并不是反对读《圣经》，因为我是把它作为文学作品来读的。这里有伟大的同情，有深厚的人类爱，有奇谲的想象，尤其是《旧约》中的《雅歌》，是世间最好的情诗。尤其是《新约》的《启示录》，是诅咒恶势力的最有力的作品。不以迷信的观点来谈《圣经》，《圣经》自有它的价值，即以宗教的信仰来读《圣经》，《圣经》也有使人奋发，敢于恶势力搏斗的力量。但决不能作为中学生的必修科。""相信自己，相信自己的力量，相信人定可以胜天，和一切不合理的设施，不合理的观念作斗争。"杂文《日本又玩老枪花近卫忽然生毛病》，署名洛。文章指出日本侵华困难重重，于是使出各种花枪，近卫得了"无头病"。杂文《开门见山》，署名巴人。此文讲巴人接编《华美周报》后刊物的性质和面目，今后"拟改为大众文化文艺性的综合刊物"。但仍坚持刊物的严肃性，并登载一些作品和杂文。

　　20日　在《自学》发表杂文《发扬救世精神》，署名行者。

　　21日　在《译报周刊》发表杂文《自食其果种种》，署名屈轶。此文谈及英国送英属地给意大利是自食其果；德国实行封锁政策；新四军抗日战绩；日本人迫王克敏辞职。

　　24日　在《华美周报》发表杂文《打倒"生意经"》，署名巴人。此文针对《大东烟厂工人的呼吁》和《广告术及其他》两封信而发表评论，文后附这两封信。同期还发表了小章回体杂文《短评四则》，署名分别为逸、巴、洛、华。这四则为：《吴佩孚置棺明志，王克敏起身放炮》《封租界英提抗议，临难局日施恐吓》《反战反日风起云涌，献金献映里应外合》《白崇禧纵谈抗战，汪精卫谣传出洋》。杂文《纪念礼物》，署名八戒。此文谈及的礼物是："云南起义纪念日，和蒋委员长西安出险纪念日，外加西洋人的圣诞节。"此文对蒋介石抗日表示认同。杂文《〈惆怅〉〈桂花时节〉按语》，署名巴人。《惆怅》《桂花时节》都是反对侵略战的作品，作者对两作品作简要分析。

31日 在《华美周报》发表杂文《元旦献金》，署名八戒。文中谈及："我对于这祖国送过什么人情——礼物？算起来的确也只有'纸一张'，即不过时常动动笔，呐喊呐喊吧。我的经济情况虽然极不好，但抗战以来，我居然也活得下去，没有进难民收容所；比上不足，比下有余，这祖国对我，实在太过优待了，而我报答祖国的，除按月三元献金，别无什么。说来真觉惭愧！""啊！元旦！元旦！这可爱的廿八年元旦要来了！我一定得献回金！给前方将士做医药费！我同时就写下这篇文章，要向每一个读者呼吁：献金呵！元旦献金！元旦献金！元旦献金！"发表小章回体短评，分别署名巴、逸、巴、洛：《赴河内佯称治病，飞香港谣传议和》，《提抗议声色俱厉，闻宣言债券狂跌》，《定计谋小胡子大显神通，寻事端矮人国毫无路道》，《张君劢无的放矢，傅筱菴招财进宝》。同刊还发表了《〈善良的人〉〈世态〉的按语》，署名巴人，《杂感三题》，署名方光明，《向大时代迈进》，署名巴人。

下半年 巴人与郑振铎等为团结留沪的作家，组织了一个上海作者协会，由巴人分管。据孔另境《记"廖化时代"的王任叔》中说："任叔对组织非常热心，俨然成了会中的核心。"而金韵琴提出："为了团结留沪的作家，与日寇、汉奸作斗争，由地下党员王任叔和郑振铎等发起组织了一个'上海作家协会'，参加的有数十人。经常聚会在四马路的华华中学里。这个会的寿命不长。但决议中有两项付之实施的事情。第一是世界书局编辑一套《大时代文艺丛书》……'鲁迅风'圈子里的战士决定办个定期的文艺刊物，索性取名《鲁迅风》。这就是上述'上海作家协会'决议的第二项。"①蒋锡金称："巴人（当时取名屈轶）在世界书局编《大时代文艺丛书》，这套丛书挂名的还有郑振铎、孔另境，主要是巴人在搞。"②

第二，本年的11月，上海文艺界的党组织成立了一个"文艺中心小组"，或称"编辑联席会"，由巴人、戴平万、林淡秋、钟望阳、蒋天佐、蒋锡金六人组成，巴人负责。据蒋锡金回忆："1938年11月11日，我从武汉绕道湛江、香港回到上海，到上海后通过组织关系找到巴人。巴人说：'你来得正好，我们正在发愁人手不够，许多工作无法开展。'文艺界党内成了一个'文艺中心小组'，由六人组成。巴人就召集戴平万、林淡秋、钟望阳、蒋天佐和我，六人分头负责六个方面的工作。"③

本年 巴人主编《译报周刊》是其十分重要的工作。《译报周刊》于1938年10月10日创刊，至1939年6月22日终刊，

---

① 金韵琴：《坎坷的历程——回忆孔另境在"孤岛"时期的文艺活动》，《上海"孤岛"文学回忆录》，中国社会科学出版社1985年版，第392、393页。

② 转引自萧阳《关露在"孤岛"》，《社会科学》（上海），1983年第5期。

③ 转引自萧阳《关露在"孤岛"》，《社会科学》（上海），1983年第5期。

共出版了37期。这是一份很有影响的刊物。可惜后来被日方通过上海租界当局禁止出版。人们为此十分愤慨和惋惜，同时也急切盼望有一份类似的刊物问世，1939年被誉为"孤岛"的一支火炬的《上海周报》就是在这种情况下诞生的。

这份报纸的影响蒋天佐在《上海"孤岛"时期文学工作回忆片断》中称："在我的记忆中，当时上海青年们心目中的《译报》和《译报周刊》、丛书等等，就是最突出、最光辉、最坚决的抗战堡垒。人们半公开地称呼《译报》是共产党报，甚至把《译报》同人都看作共产党。所以《译报》的文艺副刊以及其他版面的文艺作品，虽然并没有什么不朽的巨著，却无疑地产生过极为巨大的作用，这是不容忽视的。很有说服力的一件事就是当行各业的青年中涌现出了许多'译报读者组'或'读报组'。后来就发展成许许多多的读书会、讲习会等群众性的进步文化组织；这些分散的零星的小组又各自办了许多的壁报、油印刊物等，真是盛况空前。"①

1939年（己卯，民国二十八年） 38岁

▲1月21—30日，国民党五届五中全会在重庆召开，通过《限制异党活动办法》，确立"溶共、防共、限共、反共"的反动方针。

---

① 彭放主编：《中国沦陷区文学研究资料总汇》，黑龙江人民出版社2007年版，第837页。

▲7月，中共中央发表对外时局宣言，提出"坚持抗战、反对投降，坚持团结、反对分裂，坚持进步、反对倒退"三大政治口号。

▲9月1日，德国入侵波兰。3日，英、法对德宣战。第二次世界大战正式爆发。

▲12月，蒋介石命胡宗南部进犯边区，掀起第一次反共高潮。

1月

1日 去益乐社演讲，演讲题目《"吃"和"化"》。在《译报周刊》第12、13期合刊发表杂文《近卫之言》，署名屈轶。此文针对近卫对华新政策（共五点）进行分析。同期还发表了杂文《一年来上海文化界的总检讨》，署名白屋。在《读书指导》栏目发表回信《盘根究底》，署名巴人。此文分析柏拉图、胡适、巴尔扎克和恩格斯等人的著作，结论是："总而言之，统而言之，读一册书，必须考察作者的阶级、时代背景与社会关系，以及在这些关联下作者个人的发展路线，这也是我说的'盘根究底'的读书法。"同期发表《基本智识真的不必要吗？》。

同日 在《银钱界》发表《读书问答：两种意见》，其中回信署名王任叔。

4日 在《文汇报·世纪风》发表《序王译〈不准敌人通过〉》，署名巴人。此文为王楚良译美国作家辛克莱的《不准敌人通过》一书所作的序。文章重点谈文艺批评、文艺大众化等问题。

5日 在《青年大众》发表《给青年书》，署名任叔。

6日 在《译报·大家谈》发表杂文《周作人先生的悲哀》，署名白屋，收入《横眉集》。此文谈周作人在北京家里被袭之事。

7日 在《华美周报》发表杂文《近卫内阁总辞职》，署名若木。此文谈近卫的辞职，其结果是日本更法西斯化，事情将会向两方面发展：（一）加强国内的压迫。（二）将有一次最后挣扎的对华军事进攻。同期还发表了杂文《同舟共济》，署名巴人。此文针对两封来信的问题的分析，一个是谈劳资纠纷，一个是谈上海救亡工作。文论《〈一个小职员的悲鸣〉按语》，署名巴人。此文重点谈典型环境中的典型性格，批评只要把事件写出来就好的观点。

同期发表小章回体杂文《认贼作父汪精卫通电求和，指桑骂柳蒋总裁训话辟邪》，署名巴。汪精卫发电响应近卫三点，而蒋介石发表谈话处处指出汪精卫痛处。《大义灭亲中央永除汪党籍，少见多怪香港传播敌谣言》，署名巴。此文谈汪开除党籍后对汪的历史及谣言破识。《整机械政府大员有调动，吃夹饼日本内阁总辞职》，署名逸。此文谈及汪精卫开除党籍，周佛海投敌以及人事变动，另一方面美国抗议日本，近卫政绩不佳，而汪精卫这个炮仗放不响，只好辞职。《周作人平寓被袭，汤芗铭沪上潦倒》，署名洛。此文谈周作人遇刺，而汤芗铭是社会党的领袖。

10日 在《公论丛书》第5辑《论集体生活》发表《〈欧居的过去和将来〉文后按语》，此文对两篇同题文章的分析。同期还发表了文论《论集体生活——个人生活与集体生活的检讨》，署名一夫。此文分五个部分：一、生活的个人与社会的个人。二、个人与社会是一个过程的两方面。三、中国人本有的"特性"是社会的意义形态。四、集体的努力才能改造社会。五、人们在改造社会的过程中同时也改造了自己。《〈论集体生活〉编后记》，署名W。

11日　在《译报·大家谈》发表杂文《断章取义》，署名白屋，收入《横眉集》。

同日　在《鲁迅风》创刊号发表杂文《〈鲁迅风〉发刊词》，收入《生活·思索与学习》。文中说："以政治家的立场，来估量鲁迅先生，毛泽东先生说他'是中国的第一等圣人'，而且'是新中国的圣人'。我们为文艺学徒，总觉得鲁迅先生是文坛的宗匠，处处值得我们取法。"又说："他所研究的学术范围之广博与精到，在今天，我们实在还没有找到第二个人。他有丰富的科学智识，他有湛深的国学根底，他极其娴习历史，他正确把握现实，他思想深刻，他眼光远大，他那卓越的文艺作品，奠定了中国新文学的国际地位，而这一切，鲁迅先生都以斗争精神贯彻着。""探取鲁迅先生使用武器的秘奥，使用我们可能使用的武器，袭击当前的大敌；说我们这刊物有些'用意'，那便是唯一的'用意'了。"

关于《鲁迅风》的诞生，巴人有过详细自述：

自《华美日报》、《镀金城》的编者吴汉以至杨晋豪和叫做什么曾逖的，都进行过对鲁迅风的"围剿"，最后，在《中美日报》的《集纳》上，登了一篇张若谷的《写文学随笔》的文章，直接骂到鲁迅先生头上来，说，"这是可以十足代表中国浙江作家的一种习气，尤其是代表现代绍兴师爷的一种

305

特殊性格。"就在这种气氛前后，大概也是文载道的提议吧，索性来出一个《鲁迅风》的刊物。刊物之定名为《鲁迅风》无非表现了知识分子的牛脾气：你讨厌它，我偏让它活着给你瞧。这样，《鲁迅风》就在1939年1月11日出版了。但我不过在那刊物上，有时也写些文章，打个杂；一切编辑、出版事宜，我都不知道；按身份，不过是个投稿者罢了。[①]

而据金性尧回忆："创刊之前，是想把《鲁迅风》编成《语丝》那样的'同人杂志'……目录也像《语丝》那样印在封面，因为我当时刚刚收藏了全套的《语丝》合订本。采用周刊的另一个原因，是想更快地反映现实。经费由几个'发起人'凑成，每股十五元……考虑到这刊物销路不会大，可能会亏本，所以一律不发稿费，力求'保本自给'。"[②]

金韵琴也曾在《坎坷的历程——回忆孔另境在"孤岛"期间的文艺活动》一文中称："《鲁迅风》经费苦难也是个话题。有一次活泼有趣的王任叔指着《新闻报》上一条'本市绑匪猖獗，连日作案多起！'的报道，说道：'有了，有了，《鲁迅风》经费解决了！'大家莫名其妙，都望着他。只见王任叔指着文载道说：'经费就在他身上。'大家更是丈二金刚摸不着头脑，愣着听他接着说：'我们做一出假戏，金性尧的父亲不是个富翁吗？让性尧先暂时不回家，我们写封匿名信给他父亲要一笔钱，限期交来，不交来要撕票。他是长子，他父母爱子心切，一定会恶痛地把钱交出来的。那经费不是就此解决了吗？

---

① 巴人：《遵命集》，北京出版社1980年版，第148页。
② 金性尧：《〈鲁迅风〉掇忆》，《上海"孤岛"文学回忆录》（上），中国社会科学出版社1984年版，第126页。

只是性尧暂时受点委屈，你夫人武桂芳我去告明，她一定会支持的。你呢，性尧，你能为《鲁迅风》立一功吗？'说得大家哈哈大笑，连金性尧也忍俊不禁。"

《鲁迅风》最初由文载道编辑，"因为编的不能如预拟的（目）标"（孔另境：《记"廖化时代"的王任叔》），于是改由巴人接编。从1939年1月至9月，共出了十九期。

12日　在《自学》发表杂文《"鸡三足"》，署名白屋，收入《生活·思索与学习》。文章从所谓鸡三足谈到精神的作用、精神成长、精神的高度发挥。

14日　在《华美周报》发表杂文《假使世界大战爆发》，署名若木。文章指出世界大战要爆发，对我们抗战的影响。同期还发表了杂文《从大处着想》，署名巴人。此文批评叶青挑拨离间的话。文章又谈及罗、金两位看了曹禺《日出》感想，指出应从大处着想。

同期发表短评三则①。《蒋座委指示抗战新方针，汪精卫改扮商人又潜逃》，署名仁·莉。文章讲蒋介石领导正确，对汪精卫的叛逃，多次发表讲话痛斥，提出："政治重于军事，后方重于前方，民众重于士兵，游击战重于正规战！"《华侨爱国心切制止铁货运日，美国正义感浓劝勿飞机资敌》，署名仁·莉。文中讲在美旧金山华侨包围希腊籍之货轮，阻止废铁运日。美国务卿赫尔劝军火商，勿以军火运销日本。《五中全会政治将有刷新，李白通电全国无不响应》，署名仁·莉。五中全会国共进一步合作，给亲日汉奸一个打击，而李白通电全国请缉汪贼，显示了妥协的没落。《〈从清晨到黑夜〉〈老冬

---

①　之前是小章回体杂文，这一期改为了短评。

瓜〉按语》，署名巴人，对《从清晨到黑夜》《老冬瓜》两篇作品展开分析。

18日　在《译报·大家谈》发表杂文《他适合到后方去吗？》，署名克宁。

同日　在《鲁迅风》发表杂文《略论叫化之类》，署名巴人，收入《横眉集》。此文可以看作巴人杂文名篇，不仅有深刻的思想，而且语言朴直，亦庄亦谐，文中关于乡间讨饭的一段文字可见其特点：

> 这些讨饭，目的竟不在饭，而在"孔方兄"，足见"孔方兄"之神通广大。然而为求达其目的，照例身上背着一只蛇箩，里面藏的就是蛇。赤练蛇、火烧蛇，据说还有练柱蛇，名目繁多，不胜列举。他们到来时，孩子们无不既惧且喜，群随其后，他们大都气概昂藏，不多说话。站立门前，伸手入笼，出蛇玩弄。当此之时，孩子们照例却走三武，然犹不忍远离。蛇在他们手中，盘曲自如，或循臂而上，或沿颈而下，伸着如丝之舌，如同一丝火线窜跃，确有一些媚惑。世俗以蛇蝎喻淫妇，我想，那与蛇舌大有关系。但这可不必说了，考证学家已当了驻美大使，这个"我想"是无从找到佐证的。总之，他们就是那么玩弄一回，主人就悄悄送上钱来。他们都非常坦然，接了钱，又走向别一家去。这样的家伙，乡下人虽然恨透，一遇儿子不肖，就斥之曰："你背蛇箩的！"但终久不得不待之如礼。所以我们孩子群称之为"强讨饭"。

文章文笔生动，代表了巴人的杂文风格，在描述强讨饭时还顺便讽刺考据学家胡适博士增加了幽默感，颇有鲁迅笔法。当然此文并非谈强讨饭，而是笔锋陡转，引出一段文字："我猛然想到彼时高明的政治家，今日国贼叛徒所谓汪精卫者的言论：我们一切不如人，还是暂时一齐躺在街心吧！——躺在街心，使人践踏！然后犹恐他人不来践踏，又复自己作践一番。而现在则是尚嫌别人作践不够，再把自己作践一番的通电也发出来了。这是我在当初要写这篇文章时所万万想不到的。"

19日 临时为钱纳水在社会科学讲习所授时事课。本日，讲习所第二期学业结束。巴人安排学员在寒假举办哲学座谈会，每周三晚一次，由巴人辅导。

在《译报周刊》发表杂文《公平与偏激》，署名屈轶。此文是批汪精卫。"去了一个张国焘，共产党就多巩固了一层。去了一个汪精卫，国民党就能多了一份领导抗战的力量。打击汪精卫，就是肃清和平妥协动摇倾向。而肃清和平妥协动摇倾向，就是使活着的汪精卫成为死了的汪精卫，不再有活动的余地。"同期还发表了《读书顾问》两篇，署名巴人，分别为《怎样写文章》《怎样研究社会科学》。

20日 《东南战线》由浙江金华生活书店创刊，由骆耕漠、邵荃麟任主编，巴人被聘为特约撰稿人，还有聂绀弩、艾青等特约撰稿人。

在《自学》发表杂文《蝴蝶的梦》，署名王任叔，收入《生活·思索与学习》。文章从庄周梦蝶谈到汪精卫和近卫的"梦"。

21日 在《华美周报》发表杂文《团结、刻苦、奋斗、新生活》，署名巴人。此文针对以下三封信而发。一是《救救小学教员》，二是《所谓实行新生活的人》，三是《一点意见贡献克先生——读广告术及其他之后》。同期还发表了小章回体短评四则，《周恩来畅谈抗战胜利，郭沫若详论日阀没落》，文中说周恩来"声言将来抗战胜利以后，中国也决不会再起内战。他还指出其中顶顶要紧一个原因，就是各党各派，全部遵守中山主义，并将依照三民主义，实施节制资本，平均地权的中山先生手定的政策"。郭沫若指出平治日本法西斯中坚人物，他上台后日本会更法西斯化。另外三则为《大队工人建设新铁路，万十军民欢迎好长官》《英美法对日齐制裁，西北南我军大胜利》《黑夜行劫父子同被绑，白昼开枪小工遭重伤》。

《〈童老爷〉〈第三个梦〉按语》，署名巴人。对《童老爷》和《第三个梦》作简要短评。杂文《五中全会》，署名巴人。此文指出肃清国民党内部汪精卫等内部妥协分子召开大会意义重大，并向大会提出希望。

25日　在《鲁迅风》发表小说《杨妈》，署名未迅。同期还发表了杂文《论"没有法子"》，署名巴人，收入《横眉集》。此篇文章谈及巴人在日本留学时情况和国内的没法子。二十年代末，日本作家新居格到中国北京，对中国广泛流行的口头语"没有法子"撰文讽刺。"六七年来，中国是没法子中寻法子。英明的政治家，提出了抗日统一线的口号，居然有了最最正确的法子了。""如其再能让我东邻去住，我将听到他们满街弄仕方ない（SiKatanai）①吧。"

26日　在《译报周刊》发表杂文《所谓"道德的效果"》，署名屈轶。这里讲的"道德的效果"主要讲了五件事。比如

---

①　意即没小法。

310

张伯伦到罗马去谈判一无所成，而英报说，谈判有一种积极的"道德效果"，并指出："西方法西斯与东方法西斯是同出一源的。"

28日 在《华美周报》发表杂文《举手赞成义卖献金》，署名巴人。文章谈"一·二八"的三个教训和怎样纪念这伟大的日子，即商店义卖，号召大家去购买商品。同期还发表了《〈赌窟造成的结果〉〈阿狗〉》按语，署名巴人。此文对《赌窟造成的结果》和《阿狗》两作品作简评。杂文《短评二则》，署名巴人。第一则是《国际积极援助中国，民众推进实际活动》，署名仁。文章谈及英美法苏等国对我国物质援助和精神上即舆论上的同情，表示感谢。另一则是《五中全会蒋委座证明抗战必胜，琶塞龙纳（按：巴塞罗那）米将军表示宁死不屈》。此文主要谈蒋介石在五中全会的演说，又谈及西班米加尔将军告国民书。此文对蒋介石的态度属于误判。另发表通信《开除及其他》，署名巴人。此文公布三封读者的来信，信前有巴人的有关说明。

29日 在《上海周报》发表杂文《民意测验是什么》，署名萧庄。此文从美国对中国、日本的民意测验变化到中国古代和现在的民意测验。

30日 在《自学》发表杂文《"往哪里去？"》，署名王任叔，收入《生活·思索和学习》。此文是对实验主义的批判。

本月 小说集《皮包与烟斗》由上海光明书局出版，署名王任叔，第二版由光明书局1949年1月出版，署名巴人。收小说13篇：《皮包与烟斗》《老石工》《革新者》《天才》《故居》《"大炮主义者"》《"为人在世"》《白露》《惊梦》《许太太的打算》《一个谋杀亲夫的妇人》《三个偷火柴的人》《灵魂受伤者》。其中《一个谋杀亲夫的妇人》《三个偷火柴的人》《灵魂受伤者》三篇，都是根据作者在狱中"亲身体验过的生活"所写的小说。《故居》《"大炮主义者"》《"为人在世"》《白露》《惊梦》和《许太太的打算》都是抗日题材，由于环境关系多用曲笔。还有不少作品是用讽刺手法。

2月

1日　在《译报·大家谈》发表杂文《胜利前奏曲》，署名疾首。该文连载至4月16日。

2日　在《译报周刊》发表杂文《主和者是汉奸》，署名屈轶。此文涉及汪精卫、吴佩孚等多人，并批判日本以"和平"为侵略工具，提出要抗战到底。同期还发表了读书指导《"吃"和"化"》，署名巴人。文章认为读书必须从现象深入到本质。接受知识吃还得消化，还要实践，而这是最好的消化。

4日　在《华美周报》发表《序白兮作〈小痴痴〉》，署名屈轶，收入《生活·思索与学习》。此文有不少文字谈及巴人在日本时看到对孩子的教育，文后谈及《小痴痴》中的孩子们。同期还发表了《〈七千五百元〉、〈谷的血礼〉的按语》，署名巴人。杂文《武装青年的头脑》，署名巴克。文章批评那种提倡青年埋头研究科学，不必关心抗战的主张，要武装青年的头脑，让他们参加到民族解放革命的队伍里来。杂文《"读经"与"暴露"》，署名巴人。文章指出孤岛读经死灰复燃，这是姑息不得的。有人对《小职员的悲鸣》一文按语提出意见，巴人作了回答，附《一个学生的牢骚》和给巴人的信。

同期发表短评四则。《五全会闭幕全国大团结，日众院内斗濑古起质问》，署名逸。称赞五中全会实施"政治重于军事，民众重于军队，后方重于前方，游击战重于正规战"的方阵，而实施四方针各党派要进一步团结。设立国防最高委员会，下设常委十人，毛泽东、朱德在内。而日本军阀分派，且预算陷入焦点。《张伯伦妄论中国局势，孔祥熙拟定经济计划》，无署名。指出张伯伦昏头昏脑谈和平，华侨捐款热烈，孔祥熙拟定经济计划约有四项。《大叛徒汪精卫将出国，小汉奸马育航已伏诛》，署名洛。文章说汪精卫讨得一纸出国护照出国，当心他"远交近攻"，到国外找他的同志。小汉奸马育航遭七壮士袭击，身中十余枪。《装腔作势日军举措不定，派兵遣将我方铁稳如山》，署名巴。分析了日本数处受挫碰壁，而中国有效开展游击战。速写《活跃的农村》，署名垫夫。此文写农村活跃的集市。

8日　在《鲁迅风》发表杂文《偶语》，署名阿大，收入《生活·思索与学习》。偶语一用阿大笔名，在8日《鲁迅风》第5期发表。偶语二用若木，同上。偶语三《"机械性"》用孔乙己作为笔名，在7月20日《鲁迅风》第17期发表。偶语四《生意之道》署名小口，同上。偶语五《广播之类》，署名阿Q，同上。偶语六《"奴才"与"老爷"的面孔》在9月5日《鲁迅风》第19期发表，未署名。

同期还发表了杂文《说笋之类》，署名巴人，收入《生活·思索与学习》。此文也较多地写小时故乡的掘笋和父亲的卖竹以及兄弟无步父亲后尘。用家族尚书太公的话说，故乡是"干柴白米岩骨水，嫩笋绿茶石板鱼"。"是这样世外桃源的故乡……我也不愿我的故乡，终于成为桃源。能斗争，才能生存；能奋发，才能进步。旧的让它死去，新的必须创造。"此文为研究巴人生平珍贵的资料。

同日　在讲习所学员哲学座谈会上讲《持久战的现象与本质》。

9日　在《译报周刊》发表杂文《走笔》，署名屈轶。此文有六段文字，涉及抗战统一战线、抗战中暗害分子、两面分子，等等。同期还发表了杂文《换上你的岗位，同志》，署名白屋，收入《生活·思索与学习》。此文讲王进被暗藏在自己队伍中的人暗杀，我们必须清楚自己队伍中的两面分子。

10日　在《公论丛书》第6辑发表论文《论自由》，署名一夫。此文颇长，分几个部分。一、什么是自由。认为："自由的概念是相对的，不是绝对的，因为自由的程度是随着环境改变而改变的。同时，在某一种环境中，对于某种行动，以为是自由了，而同样的行动，在另一环境里，便觉得是自由的障碍。"二、个人的自由是从集体中获得的。论述集体与个人自由的关系。三、自由是奋斗得来的。"但是奋斗是有牺牲的，只有全体人民团结起来，愿意牺牲一切，去争取民族自由，最后胜利才是我们的。"四、在争取民族自由的过程中民族应建立三民主义共和国。

作《译者序》，收入巴人翻译格莱塞的《和平》一书。

11日　在《华美周报》发表短评若干。《华北民众大迎寇尔，旅美侨胞热爱祖国》，署名莉。文章指出日本利用亲日分子，撒谣言："和平就要来了"，还挑拨离间，华北人民识破敌人阴谋，效忠政府，支持抗日，反观日本民众憎恨战争。《该杀的汪精卫不出国，可耻的陈章叔终落网》，署名仁。文章汪精卫出国了，但他的徒子徒孙还会"混水摸鱼"，反汉奸工作要加强。汪与日勾结，效忠帝国主义和国际的法西斯集团。他的妻弟陈章叔卷巨款潜逃被抓获。

同期发表杂文《感情应服从理智》，署名南木。此文谈感情与理智的关系，文末谈汪精卫之女汪元彬奉父之命，携有若干重要文件交于林伯生。"父亲做汉奸，丈夫做奸臣，我应该断然与之断绝关系。这才是为人之道，也就是感情服从理智。"同期还发表了杂文《关于资金内移及其他》，署名巴人。此文回答两个问题："一是资金如何内移；二是如何说服父亲的固执己见。"接着谈救救中学生、救救父亲。

15日　在《鲁迅风》发表杂文《乐祸篇》，署名伊人。文章指出，上海孤岛充斥色情文化，赌窟、慰安所兴盛。同期还发表了杂文《杂家、打杂、无事忙，文坛上的"华威先生"》，署名巴人，收入《生活·思索与学习》。此文也是其杂文名篇。文章从杂家谈起到徐懋庸的《打杂集》。前者有以下文字："近世的杂家谈，是否可算杂家，高攀王官，那我无法断定。但据'我的朋友'孔另境先生说，文艺杂感乃是文艺工作者对政治现象警觉性的表现，这和班固先生所谓'出于议官'的议官的职司，可谓'不谋而合'。杂文家找到这样好的来历，大可对反对杂文者扬眉吐气一下了。"后者说："徐先生杂文，散见报章杂志，拜诵之下，颇觉欣慰，与'我的朋友'唐弢先生的可称双璧。但我更爱的，倒不是徐先生的文字，而是这集子的名字。"关于打杂是从家乡婚丧大事讲起，但不完全尊敬。无事忙谈到宝玉，最后谈文坛华威先生。结语为："事无大小，功无巨细，能尽一份力，便尽一份力；成功不自我始，王位且让他人，莫作壁上观，且为人下人，不必妄论虎子，先当跳入虎穴，然后论事看人，方无毫厘之差。"

16日　在《文艺新潮》第4、5期合刊发表杂文《论"眼高手低"》，署名巴人，收入《生活·思索与学习》。

在《译报周刊》发表杂文《太平洋上的"九一八"》，署名屈轶。此文讲日军进攻海南岛，这是太平洋上的"九一八"，对国际影响巨大。

21日 在《文汇报·世纪风》发表杂文《冯译〈孤独〉后记》，署名巴人。《孤独》一书由冯夷所译。求教茅盾，茅盾无暇审阅，交给巴人。上海战事爆发被搁置。"兹承陆高谊先生的高谊，允我们编一文学丛书，谋商振铎、另境两兄，决将此译稿编入。凡关版权种种问题，概由我个人负责代理。如能以此书的出版，使冯先生看到，色然心喜，致书下问经过，则我是拜赐实多了。"此文详细介绍此书。

3月

2日 在《译报周刊》发表杂文《国人皆可杀》，署名屈轶。此文谈应该杀汉奸。

3日 在《瞿犊、王进烈士纪念集》（瞿王烈士纪念委员会编，未标出版社）发表杂文《我的哀悼》。

6日 在《文汇报·世纪风》发表杂文《诚意与条件》，署名巴人。

8日 在《鲁迅风》发表杂文《一个反响——关于"无关抗战的文字"》，署名巴人，收入《生活·思索与学习》。此文针对陶亢德的《关于"无关抗战的文字"》一文提出异议和反驳。文后附陶亢德的《关于"无关抗战的文字"》一文。文章反驳说："首先我得指出对于一个人的某一种意见，应该和他平日的言论思想配合着来看。如其亢德先生在重庆'要求无关抗战的文字'，那么这个署名'吉力者'也许不会重视，大做文章。"这与片面谈和平的梁实秋，"那正和他的和平主张一鼻孔出气"。"其次，我们以为'无关抗战的文字'，不应'要求'。要求是应看作为社会的一般的需要，不应以个人的需要而有所要求。""硬要梁实秋来写抗战文字，我们也没'要求'过。""再次……抗战的发展，是使中国成为'现代化'的国家，凡有关于能使中国现代化的学术思想文字，都可说与抗战有关，这是一。"此外还谈到遗产的批判接受和伟大作家的成长，无不和抗战有关。

9日 在《译报周刊》发表杂文《超然的论调》，署名若木。英大使到华北去，平津同胞向他递了一份意见书，让他感动。有人推测此意见书是提醒英国在华利益。文章针对这种看法进行批驳。同期还发表了杂文《扑灭"和平条件论"者》，署名若木。此文批驳此汪精卫更"谦让"的和平条件论。杂文《退让就是灭亡》，署名若木。此文谈及上海邮政局有变，我们决不超然视之。

11日 上海社会科学专门学校（讲习所三期）今日开学，校址迁至牯岭路振新小学。巴人在开学典礼上说明办学宗旨是培养救国人才，勉励学员为国发愤学习。讲习所前两期共四百元，由巴人、严景耀、郑振铎、张宗麟解囊补贴。

13日 临时代课，因钱纳水未到校授课。

15日 在《公论丛书》第7辑发表杂文《社语》，未署名。文章讲国际上英法承认西班牙叛军，叛背正义；国内希望国民党员、非国民党员继承孙中山三大主义。

同日 在《鲁迅风》发表小说《白鹭》，署名巴人，收入《皮包与烟斗》。由于当时所处环境，对于政治敏感的地方，不能直白表露，故多有曲笔。本篇描写的是爱国抗日的售货员，运用了象征手法。

22日　在《鲁迅风》发表杂文《再论"没有法子"》，署名巴人，收入《生活·思索与学习》。此文谈及巴人在宁波中学读书划船的事与现在写文章的情况。

23日　在《译报周刊》发表杂文《被动的应付与自动的退让》，署名屈轶。此文谈租界当局与日方所定《协定》，虽租界当局矢口否认，但中国人多人在租界内被日方所捕，人心恐慌，希望租界当局采取坚定的中立的立场。

25日　在《中学生》创刊号发表杂文《看和想》，署名巴人，收入《生活·思索与学习》。文章谈看和想，最后结论是："辩证唯物论者，对于事物不但要有彻底的认识（能看，还能想），而且还要用实践来深化那认识（所谓'敢作敢为'）。"同期还发表了杂文《点滴与集中》，署名巴人，收入《生活·思索与学习》。此文从谈做学问说起谈到抗战。做学问要从一点一滴做起，而且还必须掌握事物发展趋势，集中目标去做。即："一点一滴要趋势，集中目标莫踟蹰，纸上谈兵终不够，还得实践相乘除。"

29日　在《鲁迅风》发表杂文《烈士与战士》，署名白屋，收入《生活·思索与学习》。此文谈及1927年作者到广州时，乘暇到黄花岗凭吊烈士，进而指出："我们之所以继承先烈者，亦惟有仰体遗志，既沉着，又勇敢，不避牺牲，毋忘建设，使灿烂黄花，永为自由幸福之象征，则英雄之骨，自亦芬芳万世了。"

30日　在《译报周刊》发表杂文《反攻与建设》，署名羿矢。同期还发表了杂文《孩子的病》，署名巴人，收入《生活·思索与学习》。文章从黄包车夫砍死亲生的女孩谈到自己孩子的病。"如其我不能以我的力量养活我自己，我愿意尽可能快速地结束自己的生命。老了，倒毙在路上，我也决不向谁伸出一只手去。我要的是'老有所终，壮有所用，幼有所长'的一个社会。推进我们的后一代，正是我的责任，拖累我们的后一代，我是看作为我们的罪恶的。"文后说：抗战"最后的目的，该是有这样一个社会：有十一个孩子，就能养活十一个"①。

31日 为《文艺短论》作《后记》。《文艺短论》初版由上海多样出版社1936年4月出版，原名《常识以下》。1939年6月由上海珠林书店再版，改名《文艺短论》，此是再版《后记》。

本月 巴人主编《公论丛书》第7辑《无神之国》出版。

4月

5日 在《鲁迅风》发表杂文《战士与豸虫》，署名羿矢，收入《巴人杂文选》。此文谈战士与豸虫之区别。

6日 在《译报周刊》发表杂文《悲观论的抬头及其他》，署名羿矢。此文批判悲观论。文章认为南昌虽失陷，但从整个中国经济、政治、文化、军事力量是向上的，而日本发展是向下的，提出进一步组织民众、稳定动摇分子、消灭两面派分子、高度动员物力、财力和人力。日本统治层存在矛盾，日本人民反战。同期还发表了杂文《我拍不起手来》，署名巴人，收入《生活·思索与学习》和《巴人全集》第10卷。此文谈看《小英雄》演出，因为自己沉入更深刻的悲痛里，对这崇高的事，表示敬意。杂文《海涅与托马斯·曼》，署名巴人，收入《生活·思索与学习》和《巴人全集》第10卷。此文从海涅亡

---

① 生病的男孩是克东，于9月夭亡，也是王洛华生的第三个男孩。文中提及三年前夭亡的男孩，那是老二克基。

命谈到今日亡命海外的德国人道主义作家托马斯·曼。

9日 在《导报增刊》发表了杂文《两条战线的斗争》，署名坚生。此文批判妥协论和速胜论。

12日 在《鲁迅风》发表杂文《不必补充》，署名巴人，收入《生活·思索与学习》。此文针对有人说巴人的《关于"无关抗战的文字"》一文看不懂而发。

13日 在《译报周刊》发表杂文《打落水狗的精神》，署名羿矢。此文主要揭露汪精卫的阴谋。同期还发表了《〈文艺短论〉后记》，署名巴人。信《复未谋面的友人论诗书》，署名巴人，收入《生活·思索与学习》。这是回复冰烈的信，分析了他的两首诗。

14日 为文论集《扪虱谈》作《编前小缀》。文中又谈到孩子（克东）的病。"孩子病未全好，调护正需时日，我力能为他绸缪的，依然是我自己的尚未成灰的蜡炬似的生命，然而作为一个中华民族的子孙的我们，那义务该是双重的：要不忘祖先辛苦缔造的基业，更须为我们的后一代在这基础上打定建筑伟大工程的基础。我有权利溺爱我的孩子，但我必须从爱一切人的孩子上来完成我的私爱。在大众幸福之前，我的孩子总能获得不带血腥的幸福，我又何暇仅为自己的孩子而浪费我不多的生命呢？收集起这生命的陈迹，再来出卖一次吧，为了孩子，我是这样的编起这一个集子来了。"

15日 在《公论丛书》第8辑发表杂文《转变的关键》，署名巴人。此文分析国内外形势。谈到国内时说，发动更广大的反汪工作是转变的关键。同期还发表了《文艺通讯和文艺通讯运动》，署名桂·锡·兮·珏·天执笔（即武桂芳、锡金、钟望阳、林珏、蒋天佐座谈，蒋天佐执笔）。全文分：一、文艺通讯的艺术价值。二、文艺通讯的表现手段。三、大众的文艺武器。四、文艺通讯运动。五、最后几句。其中，第一、三部分后有巴人按语。

16日　在上海社会科学所讲授《汪精卫反对抗战的社会和哲学的基础》。

在《文艺阵地》发表杂文《展开文艺领域中反个人主义斗争》，署名巴人，收入《生活·思索与学习》。此长文分五节，首先批判徐讦在《文汇报·世纪风》上的一首诗《私事》。诗云："可是我知道街头葫芦里都没有药，而流行文章里争的都是私事。"指出："这却是非常有毒的足以消灭千千万万的革命者的斗志的瓦斯弹。""我们的作者对于坚决地主张抗战到底的人们的言论的诅咒，是达到无比的尖刻的程度了。"接着是批判"今日的言志派文学家——有时也是京派的小丑——就这样的成为一个透底的虚无主义的豸虫了，最明显的代表，就是周作人。"另外"什么是曾仲鸣的政治主张？什么是曾仲鸣的自由思想？全在汪精卫那只皮包里面！"再是批判那些痛骂抗战文艺为"抗战八股"的梁实秋、陶亢德、沈从文等人。第四节是针对钱穆的《病与艾》。最后一节指出集体主义并不排斥个人的个性和特殊才能的发展，"我们要在集体主义的行动中，更大量地帮助那个性与特殊才能的发展"。并说："并不拒绝他参加抗战，恰恰相反，我们还必须争取。""要争取不一定就放弃批评。"

在《导报增刊》发表杂文《从"对手"到副手》，署名弃疾。这里的对手是指汪精卫，日本是希望他做对手的，现在成了副手。

19日　在《申报·自由谈》发表杂文《谈余》，署名编者。

20日　在《译报周刊》发表杂文《向华董进一言》，署名羿矢。此文是在租界华董改选时进一言，指出过去成就和不足。同期还发表了《作品的产生》和《翻书的趣味》，署名巴人，收入《生活·思索与学习》。前者指出："作品产生于实践。无实践也就无作品，因为死人不能说活话。"指出："作品的产生，不外有二种过程。"一种是动笔之前已有主题，另一种是在动笔后才有的某种趣味，非动不可。后者是对日本作家佐藤春夫的《消耗品》小说的简评。发表讽刺诗《俱乐部开幕布告》，署名十戒，俱乐部是一个栏目。从古时的"同乐"谈到抗战的乐事。《开幕第一天》，署名阿三。《前面"提抗议"，后面"夸功劳"》，署名巴人。文中说"提抗议"是指汪精卫和他的党羽，而"夸功劳"是指这些人向主子邀功。《中国第一个大患》中称汪贼说共产党是第一大患，而抗战以后，汪贼成了目前中国的第一大患。

25日　在《综合半月刊》新第1期发表杂文《〈生活·思索与学习〉支抄》，署名巴人，收入《生活·思索与学习》。此文第一部分是"支抄小序"，第二部分是"乡音之类"，回答了有人认为不能断定穷乡僻壤老百姓是否还需要"抗战八股"的问题。一个事实是来自故乡同乡讲述的事情，另一个是昆明朋友的来信，都说明都需要抗战文学。

27日　在《译报周刊》发表杂文《送走这魔王的影子——我给希特拉的祝词》，署名巴人，收入《生活·思索与学习》。此文从德国马克思主义的艺术理论家谢莱德的《欧洲文艺的发展》一文谈及希特勒、戈培尔。

30日　在《导报增刊》发表杂文《华军克复南昌》，署名坚生。文章把克复南昌与台儿庄大胜相比。南昌是日军主力集中地，现在被华军克复，"这还不够说明'愈战愈强'吗？"

5月

1日 在《新中国文艺丛刊·钟》（上海长风书店）发表杂文《关于女兵》，署名巴人。此文针对《良友》杂志的封面用女兵而发。因为她是"标准"美女，穿上现代军装，不真实。"故欲艺术的逼真，更须创造艺术者有真诚。"同期还发表了杂文《抓住生活》，署名巴人。指出我们的作品不能八股，要抓紧生活，从"有关"的眼中来看生活。"总而言之，我们直到今天还没有看到从生活的深度上来反映抗战的实质的作品，主要原因还在于我们的抗战工作，没有深入于自己的生活里。"发表小说《"为人在世"》，署名巴人，收入小说集《皮包与烟斗》。小说写一个叫旺金的人，是一个见风使舵的家伙，抗战一开始他说他要救国，也捐了款，还挤进了服装救国会，当了主席。但等国军退出上海，他立刻换了一张脸，做起倒卖劣质日货的生意人，还支持大汉奸汪精卫。

4日 在《译报周刊》发表《掉包的论调》，署名阿三。此文揭露叛徒，也"揭穿中野正刚氏对华活动的烟幕"，"但却是烟幕式的掉包"。"他在文字上也反对'东亚新秩序'，但在意里，却仍掉进一个'东亚新秩序'的包。"同期还发表了杂文《相信自己的力量，相信中国的力量》，署名羿矢。文章列举军事两个特征："一、各游击区游击战争的展开。二，重要据点——如开封、南昌——的反攻策略的成功。"文章也指出上海资产者不相信自己力量，不肯把资金投向内地。又谈及沪西揭起反英运动，没有人相信；少数不良分子、托派提出"反一切帝国主义"的口号，表示厌恶。杂文《日本有矛盾没有彷徨》，署名独木。此文针对《申报》社论《政局与日本彷徨》，指出日本没有彷徨而是有矛盾。讽刺诗《软骨头礼赞》，署名羿矢。

同日 在《申报·自由谈》发表杂文《谈余》，署名编者。

11日 在《译报周刊》发表散文《国旗——五月五日书所感》，署名斯文。此文从应修人寄《苜蓿花》、中学时老提爱国说起，但说到那时爱国观念不深。等到日本占领东三省以后，"我的爱国情绪非常狂热"。"我绝不愿眼看国家灭亡。""在生死关头的这个国家，真使我着急呵！大概总因为是这个缘故罢，我近来愈爱国家了，愈受（引按：可能是感受的意思）到国家的可贵了。在这种心境下，当我看见这个具象的国家——国旗时，谁能说得出我的内心变化？今天早上……一看见到处飘扬的它，我是感动得掉下眼泪来。"同期还发表了杂文《心劳日拙》，署名羿矢。此文列举汪贼及其余党用假造欺骗等手段，欺骗人民大众。如《努力周报》用《译报》名义散发传单，买一份《译报》送一份《努力周报》。又如汪贼主子假造"中国劳动党"，出版《红旗》，文章署名用"王大明""毛恩来"。又如沦陷区日本"假慈悲"收买民众。这些，"在中国人民坚强的抗战的意志之前，是更显得'心劳日拙'了"。

15日 在《公论丛书》第9辑《社会思想论》发表文论《在思想领域中开展反汪斗争》，署名若男，收入《生活·思索与学习》。文章分：一、上海的思想斗争的重要。二、汪逆的投降理论的本质。三、汪精卫投降理论的错误。四、结论。文章在第一节里指出日本宣传工作分三方面："第一，他假造了种种'左派'的组织，进行卑鄙无耻的'伪装宣传'。""第二策动中国的落后分子，组织所谓复兴社。""第三，他和汪逆及其党羽合作，来破坏抗日国策。"并提出四种值得注意的现象，这是汪逆的叛国与投降理论散播的结果。文章还分析了汪逆的投降理论及其错误。同期还发表了文论《展开我们的反汪工作》，署名羿矢。文章认为反汪工作是抗日主要工作之一，并指出四条理由。又列举了十一条汪贼政治节操中的官僚本质。确定汪逆及其党羽是十足的卖国叛徒。文论《怎样展开文化界的精神总动员——为文化界精神总动员日作》，署名巴人，收入《生活·思索与学习》。文章指出文化界还存在一些问题，如反对集会、反对组织的联合、理论与实践的分离，并指出文化界的任务：展开思想斗争、集体的研究、集体的教育。发表《编后记》，署名羿矢。

18日 在《译报周刊》发表杂文《怀白尘》，署名巴人，收入《生活·思索与学习》。文章回忆在南京认识陈白尘的情景："我第一次认识白尘，是在南京。说是为了'接风'，或者是'洗尘'，不，全不是，其实是为了'压灾'，——天翼，晓琴，一苇（也许还有组缃，记不清了）。买了三瓶黄酒，叫来一桌小菜，就在我自己的尘封了两个月的陋室里，祝贺我和我的女人恢复了自由。那时座中一个我不认识的青年，坚实的身材，丰满的脸颊，说是一苇的朋友，叫做什么鸿的，那就是后来我才知道常在《文学》上发表小说的陈白尘。""我是衷心佩服白尘的写作才能的。不论小说，不论剧本，写来都相当的自然；期间有夸张的地方，但是属于'艺术的夸张'的一类。在生活行动上，白尘很少表露自己的个性，在作品上，白尘也一样缺乏表现自己。小说的风格，多少接近于天翼，然而没有天翼的幽默与紧密。白尘的问题，多少有点松弛。人物性格不很明显，但事件的叙述，很有些紧张的场面。不曾见过白尘的人，读到了他的作品，总以为这作品作者是太多了生活的经验，把作品填得过分地膨胀，但一见到白尘，是会惊奇于这'貌如妇人女子'的沉默寡言的年轻人，竟有那么多的'世事'在脑头。"同期还发表了杂文《"肉"感》，署名斯文。此文谈上海猪肉被日寇控制，吃不到猪肉。杂文《关于租界的中立》，署名羿矢。文章指出，租界中立要做的第一件事，收回苏州河上的警权，向侵略者要求赔偿苏州河以北中外人士被侵占和损失的财产。关于"参加政治团体"，决不仅指中国人民，必须包括侵略者及其走狗的活动在内。

25日 在《译报周刊》发表杂文《此时此地谁要和平》，署名逸凡。此文论述现阶段敌人要和平。"你要和平，我要战争。一切对方与内奸和平论者都滚开。"同期还发表了杂文《五卅不悬旗》，署名羿矢。文章说明今年五卅不悬旗，并提出两点理由，理由是今天主要目标必须集中日寇身上，而不是在反英上。杂文《拖人下水》，署名若木。此文指出汪精卫党羽现在展开"拖人下水"的工作。

28日 在《导报增刊》发表杂文《日本的态度又强硬了》，署名坚生。这里说日本又强硬是指其对英美法三国，不过"以进为退"的成分居多。

春 巴人是上海地下党文委的领导成员之一，同时又是各界协会联席会的召集人。当时，中共上海市委（有个时期叫中共江苏省委）领导下有四大群众组织，即职工界协会、妇女界协会、学生界协会和文化界协会。文化界协会和上海新文字协会、社会科学讲习所，都属文委领导。"据蒋天佐、蒋锡金等同志回忆：一九三九年春天，在'文委'的领导下，由王任叔定期召开一个'推动孤岛文艺工作的中心座谈会'，每周一次，在霞飞路（今淮海中路）的大三元茶室以茶会的形式，讨论'孤岛'文艺运动中出现的一些问题，研究推进工作的办法。参加者有王任牧、戴平万、林淡秋、蒋天佐、钟望阳、蒋锡金六人。六个人各有分工，王任叔主要负责给世界书局主编文学丛书，还参加《鲁迅风》的工作。"①

而据金韵琴《坎坷的历程——回忆孔另境在"孤岛"期间的文艺活动》一文回忆："当时这一批年青的文艺战友，也常到我家聚会。我见到的有王任叔、柯灵、唐弢、石灵、文载道、周黎庵、周木斋等。王任叔给我的印象较深，他能一面打牌，一面写文章，一面又同人说话，真是才智过人。"

6月

1日　在《译报周刊》发表杂文《改善员工生活》，署名羿矢。此文针对英商纶昌行洋的纺织厂开除工人，引起罢工，文章分析劳资矛盾的原因和提出改善方法。杂写二题《"柏生呀，不要死"》和《伪君子》，署名尚文，收入《生活·思索与学习》。柏生是一名叛徒，前一题是讽刺他的。后一题从演出莫里哀的《伪君子》谈到现实的伪君子，文后呼吁大家暴露现实中的伪君子。

5日　在《鲁迅风》发表杂文《脸谱主义者》，署名羿矢，收入《生活·思索与学习》。此文从中国旧戏的脸谱谈到中学读书时校舍监的脸谱，扩展到侵略者的脸谱和文坛上的各种脸谱。

8日　在《译报周刊》发表杂文《造谣与宣传》，署名若

①　饶芃子、黄仲文：《戴平万的一段文学活动》，《上海"孤岛"文学回忆录》（下），中国社会科学出版社1985年版，第221页。

木。文章说:"宣传固然是一种组织,而组织也是一种宣传。"文章又痛斥日本人和汪精卫的种种谣言。同期还发表了杂文《论争与批评》,署名钟裔。文章写在车上两人为拥挤引起的争吵。

同日 在《申报·自由谈》发表杂文《谈余》,署名编者。

11日 在《导报增刊》发表杂文《士不可以夺志》,署名尚文。《译报》《文汇报》《大美报》《中美日报》因受工部局处罚令两周以来,四报如期复刊者惟《中美日报》一家,《大美报》改出周刊,《译报》出版尚有时日,《文汇报》内部忽生变化。文章分析《文汇报》生变原因。"《文汇报》同人是可敬的!我们在此敬祝他们光明磊落的奋斗坚持到底,'士不可以夺志'!请记住中国的报人,决不是庸碌的俗物。"同期发表杂文《退让即灭亡》,署名尚文。文章说:"《文汇报》的内部发生变化,固然有其主要原因在。然此次停刊,这予侵略者及汪精卫等叛徒们以更大的压迫与诱惑,是决不能否认的。""租界当局对于侵略的退让政策,是与英国张伯伦远东政策相适应的。"纶昌惨案,死了两个英国人,说明"退让便是灭亡"。

15日 在《译报周刊》发表杂文《脚情、人情、国情》,署名逸凡。文章从中国的脚却穿不上中国鞋谈到孔孟、孔孟之徒、人情与国情。同期还发表了《铜元枯竭》,署名羿矢。文章批评当局对铜元外流处于被动应付的状态。《非法逮捕》,署名羿矢。文章指出租界内,只要日本要求,工部局不加调查即非法逮捕。《开"后门"政策》,署名羿矢。文章指出张伯伦实行的对日绥靖政策。《程造之作〈地下〉序》,署名巴人,收入《生活·思索与学习》。文章说:"作者有他非常智慧的笔,但也有他非常残忍的笔,写自然与风习,委婉而妥帖,叫人感到一种难说的喜悦；写战争与屠杀，可就叫人毛发森然，不忍卒读了。叙述多过描写，描写不铺张，这作品给我的，没有苦重之感，是一种新生的清新的喜悦。然而，正如我开头所说，先进国家给予我们作者的艺术的教养，也很显然。我在这里多少看到了一些《毁灭》、《铁流》甚至于《被开垦的处女地》的影子。"

据程造之回忆："我另外一个姓陈的同乡朋友，在《译报》当校对，知道我写了一部以抗日游击队为题材的小说。问我要不要请该报编者王任叔先生看看。王任叔，早在三十年前后我就听说了，他是文学研究会的会员，他早期的一些文学作品我也爱读。可惜我只闻其名而无由认识。至于小说《地下》反正搁着，现在有人介绍给王先生看，我当然愿意。这部稿子由陈君转交了王先生。半个月后的一天，陈通知我去王先生谈一次话。《译报》编辑部在爱多亚路（今名延安东路）郑家木桥一所大楼的底层。下午三时我去见了王先生。任叔先生说：'这部小说原则上可行，我通了一遍。但有几点应该做较大修改；一个是小说中大旺村耶稣堂在日机时拒绝村民进去避难，这完全是教堂干事朱雪齐的个人做法，并非宗教偏畸，更不是人们对耶稣教的歧视，要写清楚，免得发生误会；其次，书中朱雪齐其人一些出格的不良行为要删削，否则会削弱了作品的艺术价值……王先生告诉我，在一家名叫海燕书店的愿出此书。王先生编辑一套抗战文艺丛书。海燕书店负责人俞鸿漠过些时会来看我。"①

18日 在《导报增刊》发表了杂文《近卫声明与封锁租

① 程造之：《任叔同志给我以帮助》，《上海"孤岛"文学回忆录》（下），中国社会科学出版社1985年版，第175、176页。

界》，署名尚文。此文指出近卫声明实施，诱使汪精卫投降，是向中国进攻的一种新策略。而日人对租界的进攻，是由于中国游击的威胁。杂文《失去一切与保有一切》，署名方曙。此文指日本封锁天津租界的原因，就是要英国压迫中国。指出："英国不是在远东保存一切，便是失去一切。"

20 日　在《鲁迅风》发表杂文《站在壁角里的人》，署名巴人，收入《生活·思索与学习》。此文写"我"与站在壁角里的人对话，尽管他嘲笑口气，"而我的心还警告着：切实点，拒敌当前！"同期还发表了《结论》，署名劳人，收入《生活·思索与学习》。此文写丈夫惩罚对他不忠贞的妻子。

22 日　在《译报周刊》第10、11期合刊发表杂文《倾向》，署名逸凡。文章指出一些伪装人样的猫，他们小骂大帮忙，来掩饰自己，但倾向是掩饰不了的。同期还发表了杂文《两年来汪精卫的脸谱》，署名逸民。文章指出："两年来的汪精卫，虽然服装时易，脸谱不常。但骨子里是个典型的民族失败主义者，可没有什么变。"列举他汉奸行径。最后说："叛徒汪精卫一身两兼了奴才、'岂弟'，流氓与暴徒的实质。这一脸谱画起来是相当复杂了。"发表杂文《两年来上海的形势》，署名黄伯昂。此文把上海两年的形势发展划分四个时期，指出第四时期形势和第二时期有相同的地方，那就是侵略者对上海租界又来了新进了。并指出原因有三。文后提出对策七条。最后说："我们只要能这样的切实做去，我们相信日本帝国主义与叛逆汪精卫等，是没有方法把上海这一孤岛陆沉的。"

同日　巴人参与的《译报周刊》宣布停刊。

本月　《南方年刊》第2期载《脸谱·饭桶·三合土》，署"王任叔先生讲，陈洛、陈学谦、杨瑾珍记录"，这是几个学生记录的王任叔的演讲，并有说明："这一次王先生对于青年各方面问题的谈论，极为详尽。可是我们为了速记学的不熟语，所以在这里仅勾画出简略的大纲；不过，其中精义尚存黑了。——瑾珍附志。"

本月 由上海珠林书店再版《常识以下》，改名《文艺短论》，增加《后记》，署名王任叔。

7月

2日 参加"设专"校友的中心小组的有关哲学的讨论会，学生干部除谈自己学习体会外，还提出学习中碰到的问题，巴人一一作了回答。

4日 在《文艺长城》发表《我期望着》，署名巴人。文章说自上海成了孤岛后，有的自称"华侨"，更有自称汉奸，也有说是亡国奴，作者联想到自己曾到日本，说："也曾经到过日出之国，所谓昔日的扶桑，今日的日本，我总感到不可抑止的凄凉。我知道我的怀乡病，不全由于对祖国的爱，而是由于我是被生长在这一国度里的人们所歧视的国度里。我在这异国人的眼光里，看出了我祖国在他们脚下喘息的阴影。他们，谁都可在我的面前昂藏地走了过去，而我却必须在他们中间低下头来，沉默。这也就使我住不上两年，抱着满腔的愤惧回国了。"同期还发表了《上海文艺同人给南洋华侨文艺界的一封信》，巴人名列其中。

8日 在《华美日报·镀金城》发表杂文《活不如死》，署名行者。此文先引罗隐的"今朝有酒今朝醉，明天愁来明天愁"，称上海一些人过着醉死梦生的生活，而现在民族存亡的关头，应该记取陆放翁临死时的诗："死去元知万事空，但悲不见九州同。王师北定中原日，家祭毋忘告乃翁。"

15日 在《职业生活》发表杂文《天津和但泽》，署名劳力。此文分析波罗的海边的但泽和远东天津的形势，指出侵略者彼此呼应、勾结。

在《公论丛书》第10辑《城市陷落对民族经济的影响》发表杂文《纪念"七七"抗战二周年》，署名白石。此文先从军事、政治、经济等方面的变化，"确已展开了光明胜利的前途"。接着分析日本的变化，揭露他们倡导"和平"的阴谋。第三部分是反汪工作。第四部分批判所谓"共同防共"或反共的观点。第五，谈速胜观点的抬头。第六，谈国际统一战线。第七，谈"积蓄我们的力量"。要加强团结、厉行节约、保障生活、用舆论压制奸商、提高民族气节、埋头苦干加强本位工作。

20日 在《鲁迅风》发表杂文多篇，此时巴人掌握该刊方向。《鲁迅与高尔基》，署名巴人，收入《生活·思索与学习》。文章说鲁迅自己否认受高尔基的影响，"但这两人在文学的表现上，却有相似之处"。"首先在作品的表现上，都是以社会学观点来处理人物的。""其次是，高尔基和鲁迅同样吸取了末期贵族那种古典的写实主义的手法。"此外还谈到高尔基和鲁迅都受尼采的影响。"鲁迅是个现实主义的作家，高尔基也是个现实主义的作家。"同期还发表了杂文《无法无天的论调》，署名门外汉，收入《生活·思索与学习》。此文批评《申报》记者"教训"政府有关金融的言论。散文《七月》，署名晓角，收入《生活·思索与学习》。文章说："七月该是我中华民族抬头做人的日子呵！""两年来的牺牲是最大的，然而两年的仇恨也更深了。""为了祖国的胜利，也为了这光荣的七月！朋友，兄弟，姊妹——我们挽着手、合着步，这样地战斗下去吧！"《谋略及其他》，署名章铖，收入《生活·思索与学习》。文章说曹操、苏秦、张仪"所谓'谋略'，实际并不是'谋略'的本质意义"。"然欲达到这个目的，想出种种策略，使我们的所言所行，成为加速促进的动力。这就是'谋略'。'谋略'在政党言，也可以说'政策'。""我是不赞成以个人利益为前提的谋略，然而我却极端崇拜作为工作路线看谋略。同时，我极愿在一切友人之间，展开坦白率直的胸怀，然而我却又主张人应该以试图争取民族国家以至个人的合理的生存。"

同期还有《剪贴之余》，署名无疾，收入《生活·思索与学习》。此文分：一"厚颜无耻"；二并非侮辱；三汪精卫口中的"民众"；四汪精卫语言摘要。《广播之类》，署名阿Q，收入《生活·思索与学习》。此文说报纸是不能登载中央政府要人们的广播演说，《译报》《文汇报》《中美日报》和《大美报》犯了忌被停刊两个礼拜以上。《生意之道》，署名小D，收入《生活·思索与学习》。文章说一些报纸登了发表于《中华月报》的广告，面对别人责问而回答说是生意之道。《"机械性"》，署名孔乙己，收入《生活·思索与学习》。文章针对"无关抗战"和"无关之关"等发表议论，认为"不抗战是反抗战的"。

23日　参加社专活动，讲述从马克思到列宁的国际共运史。

30日　参加社专活动，分析国际、国内形势。

本月　由上海世界书局出版杂文集《横眉集》，内收：《〈大时代丛书〉序》《〈自由谈〉复刊献词》《略论刺激性》《从吐哺说起》《抽思》《超越鲁迅》《曲的效颦》《中国没有

"佛朗哥"》《略论王皞南的被枪决》《关于〈边鼓集〉》《周作人先生的悲哀》《断章取义》《略论叫化之类》《论"没有法子"》《后记》。出版文论集《扪虱谈》，内收：《编前小缀》《叛逆的灵魂》《读欧根·奥尼金走笔》《高尔基底艺术思想》《高尔基底创作的手法》《德国法西斯主义的文艺学》《新诗的踪迹与其出路》《从走私问题说起》《文艺杂谈》《救亡时期的文学问题》《短论三题》《评〈谷〉及其他》《我的呼喊》《保卫大上海与伟大的民族个性底创造》《扪虱谈》《鲁迅先生的艺术观》。

《横眉集》作者七人：孔另境、王任叔、文载道、周木斋、周黎庵、风子、柯灵。此书作为上海世界书局《大时代文艺丛书》之一出版。《大时代文艺丛书》由上海作者协会编辑，主编郑振铎和孔另境、王任叔，不过此书仅在本月出了第一辑，共十一册，内有王任叔的《扪虱谈》、《和平》（翻译）和《十人集》中的小说《政变生活》一篇。还有巴人为长篇译作《孤独》作《后记》。

据朱联保回忆："一九三九年间，孔另境与郑振铎、王任叔为世界书局主编《大时代文艺丛书》。这套丛书共十一册。除收有孔、王等人的《横眉集》，巴人的论文集《扪虱谈》，还有陈望道（笔名：齐明、虞人）翻译的卢那察尔斯基的《实证美学的基础》，柯灵的短篇小说《十人集》，冯夷译苏联微尔塔的长篇小说《孤独》，屈轶译德国格莱塞的长篇小说《和平》，以及石灵的五幕悲剧《当他们梦醒的时候》等。"①

《和平》，德国格莱塞著，署名屈轶译，世界书局初版。《和平》是格莱塞（今译恩斯特·格勒泽尔）反战代表作之一。

---

① 《〈关于大时代丛书〉和〈剧本丛书〉》，《书林》，1980年第4期。

作者曾是德国共产党和无产阶级革命的同情者。此书时巴人根据清野季吉和大野英敏的两种日译本译出。小说通过对德国资产阶级和德国社会的描绘，揭示出希特勒在当时何以"成功"的秘密。译作最初连载于郑振铎、王统照主编的《文学》杂志第7卷第1—6期上。巴人翻译此书具有时代意义，适合我国当时抗日斗争的需要。

作《〈松涛集〉编后记》，收上海书局出版《松涛集》一书。《松涛集》是八人的合集，由巴人于1939年2月20日编定，上海世界书局于本月出版。文云："八家所作，风格互异，而气氛相若。白曙诗多于文，沉郁而挺拔，时作放歌，不失朝气。石灵文多于诗，妥帖而坚实，如灰发老人，畅数家珍，语多忧患，更见血肉。宗珏清丽如初春晨空，闻好鸟佳音，见光明更多于黑暗。桂芳寄情于事，疑似于散文小说之间，别有悠远境界。柯灵笔致秀挺，叙事宛约处如石灵，而抒情较放。风子简练朴茂，无一芜语，《拾得的梦》与《心的故事》诸篇，尤与鲁迅翁《野草》相似。关露诗格畅明，不求华饰，而斗志弥强。平万饱经风霜，足迹遍南北，为我辈中小说散文老手，此间所集，均为东北风光，使人读后感慨无限。"

本月　王行岩的小说集《突围》由上海世界书局出版，书中有署名巴人的《后记》。

8月

6日　参加社专活动，讲解和分析国际、国内形势。

10日　在《文艺新潮》发表《开门说》，署名胥。文章针对一些人，"明明是'应当大家扫除自己派别的成见，停止组织统一战内的小党派'。然而这些意见偏偏要用'小党派'的形式拿出来"。"文艺界统一战线正在巩固与扩大之。"却有人攻击苦苦支撑全国文协的老舍，另外还针对所关门一说提出质疑。同期还发表了《问题小说》，署名逸，收入《窄门集》。文章说："问题小说——或者说是问题文艺——之被提出，我们是想强调文艺作品从作为直接的政治宣传中拉回到表现并批评为政治所左右的人生问题——社会问题上来，更深刻地完成了它那政治武器的任务。换句话说，我们必须把抗战文艺充实起来，使它有抗战现实的一切的内容。"又说：问题小说展开的时候，"必须注意一点：那就是素朴的反映与表现，必须警戒"。"问题小说不仅提供问题，而且要暗示问题的出路。然而暗示问题的出路不同于'光明尾巴'。"

17日　为《学习与战斗》一书作《后记》，收入《学习与战斗》。

20日　在《鲁迅风》发表杂文若干：《八月》，署名晓角，收入《生活·思索与学习》。文章说："八月正和七月一样，我们要从苦重的回忆里蕲求新生。""第一个八月是热烈的战斗，火与血的交流。""第二个八月，上海已经变为孤岛；上海也成了正义与邪恶，人类与魔鬼的血战之场。""今年的八月，又不同了。咱们是被包围得更紧，君子道消，小人道长，黑暗布满了我们的四周。"《"症结所在"》，署名不平。文章指出"落水"过的徐则骧出任所谓"教育委员"说是为离沪旅费及后方出路问题。"一'落水'，便身价百倍，遂'由渝汇款来沪'。""看来还是所谓潘公展者玩的把戏（按：徐当"教育委员"即致电国民党中宣部副部长潘公展），政府是决不会要这样软骨虫的，'官'而养'僚'，培植一己势力，'自古已然，于今为烈'。这倒真是'症结所在'了。"《螺室杂记》，署名一平。此文分九个部分：政治的警觉、怪异的言行、敌人之所恶者好之敌人所好者恶之、不要忘却了时空观念、领导权、小天下、一个原则、中立与观战、应以人废言。《与天佐论个人主义》，署名巴人。此文由蒋天佐谈巴人那篇《展开反对个人主义的斗争》的文章所引起，表达了对个人主义的不同理解。《活的艺术》，无署名。文章说："文艺家在实践过程中，客观要求他写作，而他不得不写作了，那就能把表现与宣传统一起了。这就是活的艺术。"

本月 中篇小说《铁》（日本岩藤雪夫著），由上海人民书店出版，巴人译。根据译者序，此书是翻译七八年前，那么此书译成大约在1930年，他在建南中学教书时。巴人在20年代末时在日本，那时日本无产阶级运动在文艺上分成两派，即战旗派（纳普）和文艺战线派（劳艺）。前者的指导理论家内藏原惟人，作家有小林多喜二等，而后者代表作家是岩藤雪夫。他写的《铁》，是"将一个工人的家庭和他参加工运的斗争生活编织在一起"，通过"对照，作者是哀愁与兴奋，没落与兴起，生活的欢悦与死的惨淡，很自然而且很动人地把它织绘出来了"。巴人对小说的题材很感兴趣，但对小说的作者观点，认为："他对无产阶级革命运动，还多少保持改良主义的色彩。"

9月

1日 在《文艺阵地》发表文论《中国气派与中国作风》，署名巴人，收入《窄门集》。此文一开头就引用毛泽东"为中国老百姓所喜闻乐见的中国作风和中国气派"的论述，提出："在文艺领域里，我以为同样需要提出中国的气派与中国作风。""新的事物是旧的继续。扬弃它否定的一面，但还保留它肯定的一面。"（对于）"中国旧文学的遗产……我们可以坚决地说，其间有很多的优秀的作品，是值得我们学习的。简劲、朴素与拙直的《诗经》的风格；阔大、壮丽与放浪的《庄子》与《离骚》的想象，自然、和谐而浑然的汉魏六朝的古诗，杜甫对社会的关心与诗格律的严谨，《西厢记》的口语运用的泼刺，《红楼梦》、《水浒》、《儒林外史》描写人物的逼真与记述的生动……是我们应该继承的遗产。"

文章特别分析了鲁迅的《阿Q正传》，认为："在《阿Q正传》里，我们确实看到了所谓中国气派与中国作风的特征。"还有他的"文艺杂感"也是。进而提出："新文学发展到今天，我们的文学作风和气派，显然是向'全盘西化'方面突进了。这造成新文学与大众隔离的现象……但什么是'气派'？什么是'作风'？'气派'也就是民族的特性；'作风'也就是民族的情调。特性是属于作品的内容的，这里有思想、风俗、生活、感情；情调是属于作品的形式的，这里有趣味、风尚、嗜好，以及语言的技巧。但无民族的情调，不能表现民族的特性；没有民族特性，也无以表现民族的情调。中国作风与中国气派，在文艺作品上，是应该看作是一个东西———一种特征。"文章还谈到做到作品的中国作风与中国气派，要重视理论修养，旧文学的学习与参加实际运动等。最后说："自五四平民文学的要求，到一九二七年前后革命文学的出现，再到今天大众文学的推进，是否定的否定……但'现实主义的大众文学'的建立，则首先有赖于作品中中国作风与中国气派的养成。"

同日 在《世界知识》《中华公论》《妇女生活》《民国周刊》战时共编的《联合报》第1期发表文论《论民众运动的必

要》，署名王任叔。

2日 在《职业生活》发表杂文《德苏公约与两大阵线》（作于8月30日），署名劳人。文章针对一些人关于从《苏德互不侵犯公约》得出世界上没有两大阵线的看法进行了驳斥。

4日 在《文学新潮》发表文论《八股习题》，署名束胥。此文是按中国八股分来写，文笔也文绉绉。文后又附《编者附记》："本文之作，意在举明八股之体式，原来如此。决非抗战内容进步内容皆一定成八股不可；入盐为咸，入糖为甜，入醋为酸，初非形式之限。文以徐　先生《论文化的大众化》为经，颇多直采原句，则为表达直接和正确之故。"

5日 在《鲁迅风》发表文论《鲁迅先生的学习精神》，署名巴人，收入《学习与战斗》（上海杂志公司1946年版）。此文甚长，全文分八部分。文章说："鲁迅先生的最伟大的最值得我们法式与学习的精神，那就是不知疲劳地至死不懈的工作精神。""鲁迅先生的学习精神里，除那自知与知人，严正与谦虚而外，还有那对于新兴阶级的向往，也很明显的。""鲁迅先生的学习精神之专一，那可说是继承了朴学精神的最优秀的一面。""鲁迅先生的学习精神，更着重于实践。"最后总结："自知与知人，严正与谦逊，专一与信仰，重实践与爱人生，这是通过鲁迅先生的一生的主要的学习精神。"同期还发表了杂文《"奴才"与"老爷"的面孔》，未署名，收入《生活·思索与学习》。某教育家引起群情激奋，学生要求答复，此文指出答复既暴露奴才嘴脸，又摆出老爷的架子。

同日 作杂文《风头杂记》，收入《窄门集》。文后注明："九月五日，写于甬江大同旅社。"文中一则讲有人攻击作者"出风头"，又"倚老卖老""垄断文坛"；第二则是一个朋友无非写些所谓"抗战八股"，竟被当局扣留。而另一朋友，代表上海民众到第三战区慰劳却失踪了。第三则说有人攻击作者"东也开会，西也开会""死出风头"，说自己喜欢看"抗战八股""风头文学"的作品。最后谈到苏联诗人选《革命露西亚诗集》。文章说："在今天，抗战的本身就是一首伟大的叙事诗，对这叙事诗不能欣赏的，他就也不会有诗，有文学的。"最后说："然而今天中国不要'抗战八股'的，都正是不需要民众抬头做人的一类货色。"

《鲁迅风》从1939年1月11日创刊，至本月今日终刊，共出了19期。

16日 在《文艺阵地》发表《视野》，署名巴人。

同日 《学习》（半月刊）创刊。据徐达回忆："一九三九年，由于'孤岛'斗争形势更趋尖锐复杂，上海地下党组织的文委决定停办社会科学讲习所。文委充分肯定了讲习所办学一年多来的成绩；培养了一批初具马列主义理论知识，有一定组织和独立工作能力的骨干力量。为了更好地保存和运用这批力量，文委决定这批人兵分两路，一部分人以学科为基础，组织若干读书小组，继续进行学习；另一部分人则积极筹备出版《学习》杂志。记得当时是王任叔同志向我们传达文委这个意图的。他用一句通俗形象的话：'锅里不见碗里见'，来说明随着斗争形势变化必须改变斗争策略和方式。……当初社会讲习所有过一首校歌，其中有这样几句：我们从各个岗位来，要回到各个岗位去，磨炼我们的拳头，要和敌人战斗……这首由王任叔起草的歌词，字字铿锵，句句闪光"①。

---

① 徐达：《回忆〈学习〉杂志》，《上海"孤岛"文学回忆录》（下），中国社会科学出版社1985年版，第83页。

30日　在《职业生活》发表杂文《我的报告——略论怎样写生活报告》，署名羿矢。此文以如何利用棉花禁令出口到上海，又如可通过关系发国难财为例，说明怎样写生活报告。

10月

1日　在《学习》发表杂文《"朝三暮四"》，署名若夫，收入《生活·思索与学习》。此文从庄子的"朝三暮四"的典故谈到国家转弱为强，文章充满辩证观点，分析鞭辟入里。

8日　在《文艺新闻》发表杂文《双十遐想》，署名毁堂。文章回顾双十历史，指出今日我们要肃清赵太爷之流，驱妖除怪。"中华民国的历史，还继续用血来写。"

16日　在《学习》发表杂文《形式逻辑与"绅士辩证法"》，署名羿矢，收入《生活·思索与学习》。文章说"形式逻辑的主要特征"是"理论与实际的分离"，"专从事物的现象，及其表面形式上来立论的。所以形式逻辑又必然与资产阶级学者的现象学的观点相结合"。接着谈："马克思主义与新绅士的自由主义没有相同之处，也就是唯物辩证法与'绅士辩证法'没有相同之处。"

19日　在《文艺新闻》发表杂文《略论"韧"与"拖"——为纪念鲁迅逝世三周年作》，署名毁堂，收入《生活·思索与学习》。文章说："咱们的鲁迅先生就是发扬这民族气魄的巨人。咱们的鲁迅先生就是伟大的韧的战士。"

25日　在《职业生活》发表杂文《职业青年的自学》，署名羿矢。文章主要讲两个问题：一、学些什么？二、怎样自学？关于学什么提出两条：学习你要的和从眼前学起、从浅近学起、从现代学起。关于怎样自学则提出："要为自己爱好的而学习，也得为自己职业而学习。"

26日 在《文艺新闻》发表杂文《文妖与文贼》，署名毁堂。从"文人相轻"以至于"文丐""文氓"说到"文妖""文贼"。"在今之日，上海'文妖'之多，举世无匹。真正叫咱们草野小人，看了生气。但'文妖'毕竟还不如'文贼'，除掉'妖形怪状'，露出'狰面狞牙'……偷来民族利益，装在自己的腰包里，随时准备出卖，行同小偷，迹近大盗，是则'文贼'而又'文盗'了。"

本月 在《新中国文艺丛刊》（鲁迅纪念特辑）发表文论《鲁迅的创作方法》。此文作为附录收入1940年由上海远东书局出版《论鲁迅的杂文》一书。文章分为四部分：

一、作品的产生过程。作者认为一篇作品的形成，大抵有三条路子：第一，是亲身体验过的生活的记述，第二，是观察的路子，第三，作者在生活的实践中，从社会现象的底里，把握到它最本质的东西，而鲁迅就是用第三种方法。

二、典型的创造。作者将鲁迅对人物的创造的方式归纳为四条，提出鲁迅塑造典型人物的三种方法。

三、环境描写。这一节还把鲁迅和高尔基对环境描写作比较。

四、关于文字技巧方面的余话。

11月

1日 在《文艺新潮》发表文论《翻书杂记》，署名巴人，收入《窄门集》。此文从读《爱尔兰文学的斗争过程》一书谈到"问题小说"。文后注："九月十日，甬江之浒。"从注中可知，作者已有两文提到甬（宁波），大约去过宁波，时间较长。

同期还发表了文论《风习的校正和改革——纪念鲁迅先生逝世三周年而作》，署名毁堂。文章开头指出"鲁迅先生成为'封建宪法社会的逆子，绅士阶级的贰臣'"的依据是什么。鲁迅与《现代评论》派斗争的时候，有人认为鲁迅斗争的方法太粗野，太过偏激。"然而，时代毕竟是前进了，鲁迅的'谩骂'，成为时代的预言，成为历史的指示。"可见风气是不易校正和改革的。不过这种旧风气牢不可破，至今还存在。现在有些人，"'空造左翼横暴的幻影'，一位有些文人笔下的批评是妨碍统一战线的"。说明仍然需要改革与校正风气，不过不一定用鲁迅先生的同样的武器。

在《文艺阵地》发表杂文《怎样对坏人斗争》，署名巴人。文章说："纵容邪恶，便是灭绝正义，放过坏人，便是打击好人。对坏种的斗争，是每一个爱人类，爱民族，爱自己的青年必须负起的责任。"文中认为抗战期间坏人主要是五类：汉奸、自私者、暗中响应敌人的、给敌人办杂志的和播弄是非的。文章要求大家学习鲁迅跟坏人作斗争的方法。

在《风化》创刊号发表《叔接嫂》，署名任叔。

2日 作《生活·思索与学习》的《后记》，收入《生活·思索与学习》。文章批评了文坛的市侩、王婆、恶少等不良现象。

8日 在《上海周报》发表文论《为求中国之自由平等而奋斗》，署名萧庄。同期还发表了文论《历史与现实——略论〈明末遗恨〉的演出》，署名毁堂，收入《窄门集》。文章提出历史剧与历史小说的现实意义与关注点，并指出《明末遗恨》的成功与失败之处。

在《职业生活》发表杂文《怎样推进民主政治运动》，

署名毁堂。文章说："要推进民主政治，首先要打破三种观念。""救国不谈政治。""中国老百姓教育程度不高，不配谈政治。""抗战的时候，不能实现宪政。"

10日 在《文心》发表散文《窗下漫写》，署屈轶。

15日 在《上海周报》发表杂文《民族主义和国际主义》，署名无咎。此文分析了当时存在的民族观念，不免有些狭义爱国主义的倾向，而国际错综复杂的变化方面，又忽视了中国革命的国际主义意义。

在《大众话》创刊号发表《短评：我们应该怎样来纪念鲁迅先生》，署名王任叔。文章认为文艺家协会应该立刻负起民族解放运动的积极的任务，马上开始教导青年，并严惩奸商盗用鲁迅著作。

16日 在《文艺阵地》发表文论《民主与现实》，署名巴人，收入《窄门集》。此文较为重要，指出仍然"要执行文学的民主任务"，文章最后如此说："认真的抓住现实的每一环节，忠实地而又深入地描写它，不是尽了文艺的民主主义的任务？民主之不与抗战对立，正和民族文学不与大众文学对立一样。因为我们的民族文学是歌颂反侵略的民族解放事业的文学，而这一解放事业还必须由全国人民大众负担起来的。所以我们的论题还是可回到三年前旧口号去：民族革命战争的大众文学。"

22日 在《上海周报》发表杂文《什么是中山先生的大亚洲主义——三民主义研究之一》，署名无咎。此文详细分析了孙中山的大亚洲主义，它的首要意义就是联合亚洲的被压迫民族共同来反对欧美帝国主义。"第二的意思，是亚洲民族里的王道文化的推行。"即一种"有益于正义和人道"的文化。同期还发表了杂文《日本所宣传的日苏谈判》，署名思弥。文章指明，改善日苏关系是两方需要，故谈判有可能，但真正谈判时困难却很多。日本宣传此事，无非是离间中国人民的心。

同日　在《职业生活》发表杂文《日军在钦州湾登录》，署名简文。文章认为日军虽占领钦州，但其伤亡惨重，困难重重。同期还发表了《英法华北驻军撤退》，署名简文。此文分析英法，尤其英国撤出华北的原因。

26日　在《文艺新闻》发表杂文《略论朋友之道》，署名毁堂。文章开始说孔子的五常，是一条生殖系统，中国政治舞台也几乎用生殖系统圈起来。最后举例说明，现在辨别朋友之难。同期还发表了杂文《第三种人的近况》，署名洛。此文介绍七年来自称第三种人即施蛰存、戴望舒、穆时英、苏汶（杜衡）和叶灵凤等人的近况。

29日　在《上海周报》发表杂文《六中全会与宪政问题》，署名无咎。此文分析五中全会以来的中国政治、军事各方面，以及国际形势，指出今天开五中全会主要意义。同期还发表了杂文《八·一三以来上海报纸杂志的统计》，署名萧庄。

本月　在《文学集林》第1辑《山程》发表译作《关于奥薄洛摩夫》（昇曙梦著），署名黄伯昂。此文是对冈察洛夫的小说《奥薄洛摩夫》（现翻译为《奥勃罗莫夫》）的介绍和评论。同期还发表了译作《奥薄洛摩夫》第一章。第二章载第二辑，第三章载第四辑。署名方逸之。译者附记说："说奥薄洛摩夫是俄国民族性的典型，那自然也可以说；但得注意：它是生长在农奴制下的旧俄。在今天则斯泰哈诺夫这一民族性典型，是把奥薄洛摩夫打倒了。这正'四行孤军'的民族典型，打倒了咱们的阿Q。说打倒，并不是消灭得一干二净，在中国，却还是在'打倒过程'中，而且用出卖身价的草标来代替阿Q头发上的竹簪还大有其人。而奥薄洛摩夫型的中国同胞，怕也不在少数，译出来是还有些用处吧。"

12月

1日 在《文艺阵地》发表评论《略评〈新生代〉第一部》，署名巴人，收入《窄门集》。文章强调了这部写青年学生抗战的小说的成就，并指出它的缺憾。

6日 在《上海周报》发表杂文《我们对苏芬事件应抱的态度》，署名萧扬。

13日 在《上海周报》发表杂文《我的杂感》，署名毁堂。此文分三题，收入《巴人杂文选》。《一弁言》一则说："然'杂感'岂易'感'哉。'病从口入，祸从口出'，古之人已经'概乎其言之矣'了。又何况地处孤岛。既无法律保障，又有性命危险。"另一则《著作家》有关著作家苦处。第三则《灵魂上的奴隶》，指出那些"自由主义者"提倡趣味、自由、反对"抗战八股"，实际上他们的灵魂成了奴隶。同期还发表了《怎样做事》，署名萧庄。

16日 在《学习》发表文论《关于文艺作品的题材的讨论》，署名毁堂。此文应读者对《勇敢地去死》的小说来信进行讨论。除了读者来信，还有小说作者给读者的回信，最后是巴人的评论。

在《文艺阵地》发表《关于学习》，署名巴人。

20日 在《职业生活》发表杂文《华军的冬季大进攻》，署名萧庄。文章说华军从湘北、赣北、鄂南、鄂北、豫南、豫北、晋西南、苏北及浙等地开始大规模的反攻，为了要使总反攻的从速到临，必须建立和加强民主政治基础，培植和保养国民经济，以求政治、经济、军事三位一体。同期还发表了杂文《民族复兴节》，署名一平。这个民族复兴节是指十二月二十五日，它有双重意义。一是指1915年的云南起义反帝制复辟的纪念日；另一个是指西安事变和平解决。文章指出："只有推进民主政治，实施宪政，使国民大会真正代表全国人民意志，才能发挥民族复兴节的伟大意义，才能保持并发展抗战以来的成果，完成抗建的历史任务。"

在《上海周报》发表杂文《我的杂感》（二），署名毁堂。其中，《吴佩孚之外》对吴佩孚之死的评价，指出他民族气节好的一面，但不同意"谥之为东方文化之特产，中国历史之完人"。《时代不同》则批评一些人在重大的原则上以打哈哈糊弄人。

30日　在《上海周报》发表杂文《一年来的上海教育界》，署名萧庄。同期还发表杂文《关于召开国民大会实行宪政问题》（未完），署名无咎。此文这里谈两个问题，一是介绍孙中山关于实行民主政治，首先是完成反帝与反封建两大任务。二是关于如何实行宪政，针对潘公展的观点和国民党中央党部的《特别社论》提出自己的看法。此文后续在次年1月6日《上海周报》刊登。

本月　为女作家笑萍的儿童文学作品《牛皮阿狼》作序。

在《文学集林》第2辑《望》发表文论《直立起来的〈科尔沁旗草原〉》，署名黄伯昂，收入《窄门集》。关于端木蕻良的长篇《科尔沁旗草原》一书，论文作者评价很高。文章说："它最大的成功处，语言艺术的创造，超过了自有新文学以来的一切作品：大胆的、细密的、委婉的、粗鲁的、忧郁的、诗情的、放纵的、浩瀚的……包含了存在于自然界与人间的所有声音与色彩。我们能在一切作家里，甚至于中国文学的传统里看到极瑰玮的绘画的色彩，但我们很少听到音乐的语言……我们在作者的笔下，是听到了东北同胞的唱片里奏出来的声音。我们的作者正是制造语言唱片的能手……没有一个老作家新作家，能像我们的作家那样地操纵自如地安排这语言艺术了——是多么泼辣，而且有生气呵。我想，由于它，中国的新文学，将如元曲之于中国过去文学那样，确定了方言给予文学的新生命。"最后则说："莎士比亚的华丽＋拜伦的奔放＋陀思妥耶夫斯基的颤鸣＝直立起来的《科尔沁旗草原》。"作者称之为一种印象的现实主义的作品。

1940年（庚辰，民国二十九年） 39岁

▲1月，毛泽东发表《新民主主义论》。

▲8月，夏衍等在桂林创办《野草》月刊。

▲10月，蒋介石掀起第二次反共高潮。

▲11月，汪精卫在南京正式就任伪国民政府主席。

1月

1日　在《学习》发表杂文《哲学的趣味》，署名毁堂。文

章从早年经历谈起，说是哲学思想萌芽，然后谈："学哲学最难透彻的是事物的关系；学哲学最大的障碍是我见。"文章还谈到自己中学毕业以后，"开始读《庄子》、《老子》"。

在《职业生活》发表杂文《谨祝中国抗战完全胜利》，署名一平。此文是谈斯大林寿辰各国向他致电，包括蒋介石，而斯大林的回电有"本人谨祝中国完全战胜所有敌人"的文句。同期还发表了《给上海工商实业界先进的一封信》，署名毁堂。此信甚长，先是回顾三年来日本的侵略野心，然后提出希望：一是"为国家保存国格，为自己保存人格，提倡民族道德，砥砺民族气节"。二是"不与敌人合作外，尤须对于上海民生问题，予以最大的注意"。三是"必须注意今日租界治安的直接扰乱者为谁？"四是"上海的治安与安全，系之于抗战之胜利者至巨且大"。

同日　在《文艺阵地》发表文论《关于〈麦与兵队〉》，署名巴人，收入《窄门集》。此文"本为文协英文杂志《中国作家》而作，并已由马耳译成英文，但不知什么缘故，香港方面编辑负责者却把它搁置下来。检讨敌方的文艺创作，也是敌方文艺的重要工作之一，因此征得作者的同意，发表于此"。《麦与兵队》是日本陆军省情报员火野苇平所写，又为情报部的人所翻译。作者指出，这册书是"遵命文学"，而翻译并推荐此书白克夫人并不了解日本，也不了解中国。作者奉劝"异国的友人，别为那虚伪的温情所欺骗了"。

在《文艺新潮》发表文论《关于现实主义补释》，署名毁堂，收入《巴人杂文选》。此文是对别人关于现实主义论述的补充。文章关于现实主义提出两点："其一，'现实是动的，不是静的'，是变迁的，有转变的，不是固定的，永恒的。其二是，现实是现象与本质的对立的统一，而现象与本质，却又相互转化的。”“真正的现实主义，正如真正的民主主义是一样，它是无可否定的。然而，为了鱼目混珠，有别于旧现实主义，我们仅不妨加上一个‘新’字。”

6日 在《上海周报》发表杂文《关于召开国民大会实施宪政问题》（续），署名无咎。文章一开头就指出：“今天的政治跟不上军事。这种现象如其长此下去，抗战要得到彻底胜利，是不可能的。”

10日 在《职业生活》发表杂文《苏日对中东路及渔业问题成立协定》，署名简文。此文对苏日关于中东路及渔业协定的签订后，国内出现种种短视的看法，而给出正面的解答。

13日 在《上海周报》发表小说《杀鸡的故事》，署名毁堂。同期还撰写了社论《所谓日汪和平条件》，发表了通信《关于民食调节协会》，署名无咎，《关于精神问题》，署名毁堂。

15日 在《学生杂志》发表杂文《“大”和“小”》，署名巴人。文章从许多事例说明，如果不从客观标准来看，人会自大或自小。

16日 在《文艺阵地》发表文论《民族形式与大众文学》，署名巴人，收入《窄门集》。此文甚长，分析也很深入。文章首先谈当前需要的文学的内容，文章认为当前中国“大众文学”的主要内容：“是反封建的民主主义文学，是反帝的被压迫民族的革命主义的文学。它是以殖民地人民大众的立场，来观照抗战现实的每一角落，予以批判与赞扬，打击和发扬，无情的暴露和热烈的高歌的一种文学。”其次关于文学形式，文章详细分析了“中国文学历史的发展和足迹”，提出了应该继承的地方。最后谈中国文学之民族形式的传统，提出建立民族形式的观点："我们的民族形式，是必须从学习中国之历史文学中生长……在这学习过程中，我们依然应该以五四以后的新文学……成为我们所要求的真正的大众文学的形式。"

17日 在《职业生活》发表杂文《美国关岛设防问题》，署名简文。此文谈美国在关岛设防的意义和作用。同期还发表了杂文《义苏关系恶化的真相》①，署名简文。

18日 作《皮包和烟斗·前记》。此文概要地表达了自己的心情和近期创作情况。文章说："抗战以还，这世上要求我的笔向别一方面努力，这是我的悲喜剧。许多青年朋友，或有以为我是研究社会科学的或有以为我是研究哲学的，但很少人知我爱的却是文学。然而，我之对于文学没有成就，于此可见。这就叫我搁笔了。虽有不少题材，都终于不敢执笔。两年半中间，偶有所作者仅《大炮主义者》、《为人在世》、《白鹭》、《惊梦》与《杀鸡的故事》。然皆在各杂志编者催逼之下写出，所费时间，每篇仅半天或一个夜晚，粗率可知。"文章还特地提到："《皮包和烟斗》一篇，写于南京。时正唱'归去来兮，田园将芜'，而决计'退隐'于'笔耕'。拟发表于《文学》上，却被那时的检查老爷抽去，积压书箱底者计三年。而又幸免于战火，又复积压于书箱底者二年有半，今重新取出，如释狱囚，检点其全身上下，似少犯罪证据，然而我们的检查老爷却'过河'去了。"

20日 在《上海周报》发表文论《民主与教育》，署名萧庄。同期还发表了书评《读〈论民生主义的本质〉》，署名简

---

① "义"其实是指意大利。

文。通信《什么是我们的生活》和《一群小学教师来函》，署名无咎。

24日　在《职业生活》发表杂文《改善小学教师的待遇》，署名平一。文章呼吁注意教师尤其小学教师待遇，并注意教育团结，防止外来的压力和挑拨。

27日　在《上海周报》发表杂文《日本外交政策的检讨》，署名简文。同期还发表了《我的杂感（三）》，署名毁堂。

31日　在《职业生活》发表杂文《日美商约的续订问题》，署名简文。此文分析日美矛盾和问题。

2月

1日　在《文艺阵地》发表文论《两个口号》，署名巴人。此文是对毛泽东提出"抗日的现实主义，革命的浪漫主义"两个口号所作的论述。作者认为："那是指出了中国目前文艺的发展过程和它的趋向。但同时指出了中国目前文艺的素材与主题之配合——文艺作家对于现象的摄取与本质的把握之统一的观点。""抗日的现实主义的作品，必须渗透以革命的精神。而在革命的浪漫主义的作品的创作中，必须具备有现实主义的基础。它是不分离现实，而又高于现实的。它的典型，在现实里也许还没有形成，然而却具备可能形成的基础和条件。新的英雄主义的人物典型之创造，是应该属于革命浪漫主义的。"文章最后说："'抗日的现实主义'与'革命的浪漫主义'，不仅说明是中国文艺的一种发展过程，而且在不平衡的中国社会里，它们还必须相互渗透，相互统一的——我以为。"实际上巴人注意到了革命的现实主义与革命浪漫主义相结合的创作方法，只是没有明确提出"两结合"的口号。同期还发表了文论

《诗刊一束》，署名束胥。此文是对当时比较重要的诗刊所作的评述，涉及大量的文化人士。

在《文艺新潮》发表杂文《自由谈（申报副刊）》，署名束胥。文章指出《申报》副刊《自由谈》的变化："战后《申报》在上海复刊，《自由谈》一再变更了三面目，从'文艺的'到'文章的'，现在更从'文章的'到'外国礼拜六'的了。"

4日　在《上海周刊》发表杂文《怎样促成宪政》，署名思弥。同期还发表了杂文《宪法草案中教育条文及其有关各项》，署名萧庄。此文从讨论宪法的座谈起，然而议论宪法中有关教育中的问题提出意见。

5日　在《学习》发表文论《关于感情与理智的讨论》。此文前有"题前话"是讲情感与理智讨论引起的原因和编者提出讨论的原则，中间发表两人的来信，各自谈论自己关于这个问题不同的看法。最后提出编者的"我们的几点约束"，即提出对论战参加者三条约束。

7日　在《职业生活》发表杂文《沉寂的桂南战局的重趋紧张》，署名毁堂。此文主要分析日军之所以在西南蠢蠢欲动的三个原因。

15日　在《文艺新闻》发表杂文《文艺"杂感"》，署名毁堂。此文针对中国没有伟大作品产生的原因，是"给编辑先生投到字纸篓里去了！""给出版商压杀了！"对此而发表评论。

同日　在《学生杂志》发表杂文《"生"与"活"》，署名巴人。此文探讨生与活既有区别又有联系。"只有革命的生活，才能统一那'生'与'活'。"

17日　在《上海周报》发表杂文《对于国民党实施宪政主张之我见》，署名无咎。文章首先说明自己写这篇文章的动机，其次谈自己写这篇文章的立场。提出"修改国民大会组织法国民代表选举和重新选举代表"，并提出理由。同期还发表了《我的杂感（四）》，署名毁堂。

21日 在《职业生活》发表杂文《德苏新商务协定的缔结》，署名简文。文章说德苏新商务协定的缔结，对目前政治、经济、军事局势是有巨大的影响，指出了三方面，一是打破英法对德实行经济封锁；二是打破英法企图包围苏联的阴谋；三是阻止英法拟将东欧作为反苏的跳板。这个条约签订是利用帝国主义之间的矛盾，并不是苏联已参加了帝国主义国家的争权夺利的战争。同期还发表评论《〈女儿国〉观后》，署名平一。此文分析了《女儿国》的优点与缺点。

24日 在《上海周报》发表评论《评〈投机家〉》，署名毁堂，收入《窄门集》。文章评价《投机家》的优缺点。同期还发表了与青年的通信《一个青年的苦闷》，署名毁堂。

28日 在《职业生活》发表评论《〈花烛之夜〉观感》，署名平一。文章认为《花烛之夜》的演出，是给两种人一种有力的答复。一种人要求寂寞的孤岛戏剧有刺激性的剧本演出；另一种人是"恐环境派"。

3月

1日 在《学生生活》发表杂文《读破万卷书：法西斯文艺学者》，署名王任叔。此文抨击法西斯文艺学者的主张。

2日 在《上海周报》发表文论《关于哲学批评的讨论》，署名毁堂。

6日 在《职业生活》发表杂文《战云弥漫的近东》，署名简文。此文分析近东英法围攻苏联的形势。

9日　在《上海周报》发表通信《关于〈冬天的苍蝇〉的答复》，署名毁堂；同期发表《如何抑止投机与操纵》，署名伊人。

13日　在《职业生活》发表杂文《法日商约问题》，署名平一。此文希望法像美那样拒签法日商约。同期还发表杂文《日军进犯中山的目的》，署名简文。文章指出日军进犯中山的目的，并提出粉碎上述种种敌人的阴谋，提出四条意见。

15日　在《学生杂志》发表杂文《"新"与"旧"》，署名巴人。此文谈了生活中新与旧之间许多矛盾现象，例如中国人过两重的年（阴历与阳历），穿中西不同的衣服。作者最后说，我们不要为旧的所诱惑，向社会主义的理想社会前进。

16日　在《文艺阵地》发表文论《现象与本质》，署名巴人。此文从抗日谈到文艺的现象与本质，强调揭露"民族间的这种腐烂的本质"。

同日　在《上海周报》发表《我的杂感（五）》，署名毁堂。此文重点谈对孟子的辩证态度。

20日　在《职业生活》发表杂文《日苏又起冲突》，署名平一。文章分析日本制造此次冲突原因是国内的矛盾和为取得英法欢心，以反苏换取物质上的帮助。

23日　在《上海周报》发表杂文《我们为什么要讨论宪政问题》，署名萧庄。

27日　在《职业生活》发表杂文《"黄花岗"纪念》，署名简文。文中谈黄花岗失败的教训：没有发动群众；没有注意严密的组织的重要性；没有明确的口号。同期还发表了杂文《法国阁潮的起伏》，署名简文。文章分析了法国内阁今后的施政路向。

4月

3日 在《职业生活》发表杂文《美海军演习的意义》，署名简文。文章指出演习的意义主要在于维系自己在于调解中日战争的主动地位。同期还发表了杂文《伪政府成立之后"嘉惠"市民第一声》，署名平一。文章指责伪政权成立后就加紧经济侵略，成立所谓的"中央市场"便是显例。这种经济侵略和政治侵略是分不开的。

6日 在《上海周报》发表了杂文《为民族谋解放的民众没有一个怕死的——纪念刘湛恩先生殉国两周年》，署名萧庄；《法国阁潮起伏的检讨》，署名简文。

10日 在《职业生活》发表杂文《关于工部局董事竞选问题》，署名平一。文章指出此次董事选举日人增加五人之多，原因是要控制上海经济。另一个原因是要排除第三国在华的一切利益。日方为达到目的，采取利诱、破坏手段。同期还发表了杂文《英国态度的暧昧和游移》，署名简文。文章指出英驻日大使讲话和英下院外交次讲话都讨好日本，都值得警惕。抗战胜利靠本国人民自己，并非英国。

15日 在《学生杂志》发表杂文《"深"和"浅"》，署名巴人。这篇文章教我们如何用辩证法看问题，即用辩证的三大法则来看问题。"我们看事物是必须从互相联系和矛盾运动和变化的观点来看的。""思想的深化，固然我们可以借辩证法的法则而获得，但就是辩证法的法则，也很容易被人形式、公式化起来，反而障碍我们的认识的发展和深化。"为此，"首先必须真正知道了那事物具体结构和内容。然后我们可借这一般的法则"。

20日　在《上海周报》发表杂文《所谓上海"学潮"问题》，署名无咎。文章说上海的学潮是反汪斗争问题和反对官僚主义的教育和作风问题，所谓学潮，并不是学潮，而是学生救国运动的一种表现。同时分析了上海学运发展的特点、起因，认为应该起来斗争。

24日　在《职业生活》发表杂文《"歹土"与"防疫"》，署名平一。此文呼吁租界当局重视造成南市路男女尸体问题的真正原因，才能从根本上进行防疫。同期还发表了文论《关于新民主主义文化》，署名无咎。文章首先引用毛泽东关于什么是新民主主义文化的论述，然后归纳出四个特点："一是民族的，二是民主的，三是科学的，四是大众的。"接着对四个特点一一作分析。比如分析民族文化时，否定了中学为体、西学为用和全盘西化的观点，认为："把握民族化的特性，予以否定和保留，而创造崭新的为中国老百姓所喜闻乐见的中国作风中国气派的新文化。因之，新民主主义文化之民族特质，应该被看作是：国民文化之民族化，民族文化之国际化——而归趋于社会主义文化。"

27日　在《上海周报》发表杂文《中国需要民主教育》，署名萧庄。此文针对发表在《申报》的《教育与民主》而作，该文提出中国现在不要民主自由，需要束缚、统制。本文提出以下问题：什么是教育？今日中国民族的环境如何？此环境下中国民族需要怎样的教育？

5月

1日　在《文艺新潮》发表文论《抗战八股，深入和提高》，署名巴人。

4日　在《上海周报》发表文论《再论关于新民主主义文化》，署名无咎。此文是对《关于新民主主义文化》一文的补充，主要有两点："第一，为什么新文化需要这四种特质。"这一点是从两方来说。"其一是从社会的特质来讲，其二从新文化本身的发展来讲。""第二，文化上封建独断主义的复古运动，那主要是地主阶级意识之抬头。孔子的思想是地主阶级的代表思想。"

11日　在《上海周报》发表杂文《渣滓种种》，署名铁夫。文章从水里浮起渣滓谈到历史的渣滓。

15日　在《学生杂志》发表杂文《"学"和"做"》，署名巴人。文章说，学和做就是知与行的问题。我国思想史上大约有三派，第一阶段是"行难知易"阶段。第二阶段是知行合一，是王阳明提出。第三阶段是知难行易阶段，是孙中山提出。第四阶段是知难，行亦不易，是胡适提出。第五阶段知行辩证的统一阶段。这一说明，既有和王阳明说法一致的地方，也有不周的地方。作者重点阐述了最后一种说法。"学"与"做"，必须在"做"里面"学"，在"学"里面"做"。

16日　在《青年知识》发表杂文《纪念五四青年要反对孔教》，署名羿矢。文章认为五四以后的文化发展特质到"一二·九"以后，"又以极端的反动的唯心论的哲学而掩蔽在'民族的''孔教的'面目下出现了。这是当前思想上的顽固派的坚强的壁垒，虽然不过中国式的碉楼，但我们还得用以大力摧毁的"。文章大部分析批判孔子学说。"我们纪念'五四'，应该发扬'民主的''科学的'精神，而充实之以'大众的'和'民族的'内容和形式，作为文化思想运动而推进。"

18日　在《上海周报》发表文论《略论民族文化》（上），

署名无咎。此文甚长，本期刊载两部分。一、总说，谈对几种文化的看法。作者提出新民主主义文化，并特别强调中国化、民族形式问题，并说明原因所在。二、评民族文化书院缘起，对"民族书院派"的意见，加以介绍、批判。

在《耕耘》（香港）发表杂文《灵魂的探索》，署名巴人。

21日 作《文学读本·后记》。文章说："全书的纲要大致取之于苏联维诺格拉多夫的《新文学教程》。因为在他提出的各项问题，确是最基本的问题。"但作者仅用该书的结构，而内容和主论则不同该书，作者非常强调中国化、民族化。他说："然而我或者把它扩大，或者把它缩小，而充实以'中国的'内容。特别应该指出的，我有三处涉及中国文学史方面的，即为中国文学观点之史的发展、中国文学的流派、中国文学之民族形式的检讨。"文章最后还提到要感谢的两人。"其一，对于中国文学的形式，我得到振铎兄的不少提示。我还此感谢他借我许多参考书。其二，我在最后一篇里对于毛泽东的《新民主主义论》和雪峰兄的《关于艺术大众化》引用很多。"

25日 在《上海周刊》发表杂文《我的杂感》（六），小标题是《序穆译自由万岁》，署名毁堂。此文是为穆俊译的奥达茨的《自由万岁》一书写的序。同期还发表文论《略论民族文化》（下），署名无咎。这部分讲《中国民族文化的特质》。作者认为："中国文化，有三个特性。其一，便是中国文化之现实主义性。其二，中国文化的排外性。其三，也便是梁漱溟所说的'持中调和'性。"并提出："发挥现实为革命性，发挥排外性为自尊性，发挥持中调和性为持中斗争性。"

本月 《文学读本》，由上海珠林书店出版，同年11月再版，计印刷三次，受到读者，尤其是青年读者的热烈欢迎。全书分七篇，即文学的产生、什么是文学、文学的特质、文学的创造、文学的风格及其流派、文学的种类与形态和新文学的诸问题。

正如作者在《文学读本·后记》所说特别强调中国化和民族化，并使人感到作者独特的观点。这本著作不仅有文艺上的理论化和系统化，而且具有鲜明的中国气派和中国化，尽管其结构是采用别人的，但决不是洋化的翻版。学者归纳该书三个特点："鲜明的马克思主义观"，"科学性和系统性"，"民族特色"。该书当时被誉为"新民主主义现实主义理论化时代的杰作"。1950年1月《文学读本》更名《文学初步》，又连续印刷四次。

本月　程造之的《地下》由海燕书局出版。前有巴人的《序》（作于1939年6月10日），据程造之："我另外一个姓陈的同乡朋友，在《译报》当校对，知道我写了一部以抗日游击队为题材的小说，问我要不要请该报编者王任叔先生看看。……这部稿子由陈君转交了王先生。半个月后的一天，陈通知我去同王先生谈一次话。……任叔先生说：'这部小说原则上可行，我通读了一遍。但有几点要做较大修改：一是小说中大旺村耶稣堂在日机轰炸时拒绝村民进入避难，这完全是教堂干事朱雪齐的个人做法，并非宗教偏畸，更不是人们对耶稣教的歧视，要写清楚，免得发生误会；其次，书中朱雪齐其人一些出格的不良行为要删削，否则会削弱了作品的艺术价值。'"[①]

---

① 《任叔同志给我以帮助》，《巴人研究》，上海书店出版社1992年版，第64页。

6月

1日　在《上海周报》发表杂文《最初的欧罗巴之旗》，署名一民。《最初的欧罗巴之旗》是日人写中国鸦片战争的剧本，文章由此切入，写帝国主义对我国的掠夺和剥削及中国人民大众的反抗历史，最后谈及历史赋予我们的基本任务，就是反帝反封建。

15日　在《上海周报》发表杂文《暑假闲话教师》（一），署名萧庄。此文谈教师不自由，不仅口头言论不自由，且著述也不自由。

在《学生杂志》发表杂文《"韧"与"脆"》，署名巴人。文章说："韧字的内容，就是三点。第一是对事物有趣味，第二对事物要能思考，第三做起来的时候有条理。换句话说：要支持这韧的战斗，就得有——第一，'文学的'趣味，第二'哲学的'思考，第三'科学的'条理。"而脆弱者"大抵有点小聪明，不肯深思明辨，情感冲动的厉害，想做了，一鼓作气，然而再而衰，三而竭，完结"。

22日　在《上海周报》发表杂文《暑期中青年之任务》，署名菰蒲。文章说现在的学校是"听话教育"。那么学生青年怎么办？提出除读课本外，还得读其他的书，与专业相关的书；光念书不成，还得看看世面，做点事。同期还发表了杂文《暑假闲话教师》（二），署名萧庄。此文讲当时教师待遇，说世界各国都重视教师，比如美国的大学教授在社会上的地位比任何人来得高，而此时上海的大学教授不如汽车铜匠。

23日　在香港《华商报·灯塔》发表杂文《"绅士""师爷""流氓"兼差》，署名毁堂。

27日 作《伟大的教养·校后记》，署名巴人，1940年巴人写好此文，该书作者任何，直至1946年才由上海海燕书店出版。《伟大的教养》是由七篇小说编成的小说集，反映在日本帝国主义淫威下东北大地。作者是"没有名气"的且又关在苏州监狱的任何。稿子先交由茅盾，又由茅盾交给巴人，他们碰壁十几次，均无法得到出版，最后得到海燕书店俞鸿栋的支持，以《新地文学丛书》名义出版，书名是巴人起的，稿子也是巴人亲自编的。在这篇《校后记》中我们强烈地感受到巴人对祖国高度的热爱，对年轻作者的热忱真诚全力支持、帮助，对出版奸商的憎恶。

7月

16日 在《文艺阵地》发表中篇小说《一个老地主的故事》，署名巴人。此小说新中国成立后经作者修改，改名《姜尚公老爷列传》，但最后未改定，1982年人民文学出版社出版《巴人小说选》，收录此小说，是经编者根据遗稿拼接而成的。小说的前大半部分是修改稿，而后半部分是未修改的《一个老地主的故事》。

这部小说是作家利用中国传统的章回小说形式加以改造，使之成为"自己独创的新形式"（《扪虱谈》），使内容和形式协调，具有浓郁的民族色彩。在人物塑造上，作者善于通过矛盾冲突来揭示人物性格。小说的心理描写也很出色，而讽刺手法的成功运用，也是作品一大特色。这部小说在抗战时期也有独特意义，在揭露国民党中的大大小小的"曾国藩"，他们惯用两面手法。小说批判了姜尚公这个人物的二重性和国民中的奴性意识，并指出如果人人都有如赵老狗等人的奴性意识，如何能抗战？

30日 在《燎原文艺丛刊》创刊号发表杂文《略论神像之类》，署名巴人。此文从神像谈到中国统一。说："有识之士，早已说过：中国之不统一，大半由于不能独尊一神。欧美各国，不信多神；但信上帝。上帝之教化既溥，国民之思想，就有所归宗，国家也就统一强盛了。故今日中国，亦应一种运动。"更有讽刺的是："上述龙潭庙、土谷祠不合大体，可存不论；十殿阎王，稍改面目，作为执法之吏。黑白无常改穿西装，权充使徒彼得保罗。于是再拣一个适合国情的神，定为一尊。"

本月 话剧《前夜》，由香港海燕书店出版。取名《前夜》，是因为"这个故事出版的期间，是在抗战胜利的前夜；前夜之后是明天，带着这样祝福的心情，送它出世去。"（巴人《改名题记》）《前夜》原名取名《费娜小姐》，蒋天佐、楼适夷看过原稿后，认为这个名字不好而后改成《前夜》。但1949年7月上海海燕书店再版时，由于《前夜》这个书名"前有翻译过来的屠格涅夫小说，后有华汉（阳翰笙）的创作"（《改名题记》），又改成《费娜小姐》。此剧以1933年国民党政府所在地南京为背景，揭露国民党高级官僚腐败糜烂的生活和镇压人民、卖国投敌的罪恶行径。

女主人公费娜是五四时期的斗士，并亲身经历过大革命的狂风暴雨，然而然"四·一二"事件发生了，革命遭到血洗，曾经"像三个同胞兄妹似的"冷铁生出卖了他的爱人庶华，而她成了冷追求的猎物，还成了冷当作长线放出去的"神秘队员"。但她的人性并未泯灭，她的爱国之心犹存，她的是非认识还清楚。这是一个极其复杂、矛盾的艺术形象。作者通过人物，揭露蒋、汪高级官僚的腐烂生活和罪恶行径。

8月

1日　在《文艺阵地》发表文论《关于鲁迅杂想》[1]。这是鲁迅先生六十诞辰纪念专号，署名巴人。此文以凝聚精粹而深邃的哲理文句，表达出对鲁迅深入的研究。"真理是具体的。鲁迅是具体的真理。因之，鲁迅是中国的。真理是普遍的。鲁迅是普遍的真理。因之，鲁迅是世界的。""鲁迅重实践，轻空言。惟有言，则亦为实践，成于实践。故鲁迅之言论，最为具体，独多实践性。""鲁迅最爱人类的。然而是有最高的理性组织的社会的人类。"等等。

5日　在《求知文丛》第1辑发表杂文《钱里乾坤》，署名方舟。此人揭露官场弊端。"第一，我们的官场，虽然依照民主国的宪法，官吏只是国民的公仆。可是这些公仆们所享的权力实在太大了。""其次，官场上除了营私舞弊以外，上级与下属的俸金相差之一，其根本精神与工厂无异。""其次，上面说过，上级与下属官俸相差很大，这是使下属逢迎上级，贿赂上级，急急向上级爬，因而造成官场特有的腐败原因之一。"同期还发表了杂文《也谈关于章太炎——读书偶笔》，署名庄师宗。文章说章太炎是经古文派，认为六经是历史，"他的历史主义，是历史复古主义"。"但也很明显的，中国如要革命，还得反抗礼教。尤其是后世的理义之学。章太炎参加革命时对于孔子，常有刻毒挖苦之处，而对于宋儒理义之学，都看作杀人的工具。"文章详细论述章太炎对孔子的分析与批评和他的为

---

① 该刊版权页是8月1日，但该期文章后的日期有几篇是8月1日以后的，包括谱主这篇。该刊该期很有可能延迟印刷。

人，对他敢言精神表示钦佩，指出他参加革命是小土地所有者的思想代表者。

长篇小说《超然先生列传》从该刊本期起开始连载，署名方生。

10日 在《上海周报》发表杂文《达拉第受审和萧伯纳被捕》，署名铁夫。认为达拉第该受审，而对萧伯纳则该同情。

作《论鲁迅杂文·后记》，文中要青年"多读一点鲁迅的作品"。

17日 在《上海周报》发表杂文《还是政治与文化第一》，署名尚文。文章强调要"教人民认识战争的性质，使人民深地感到自己作战的任务和义务，而推进抗战的力量"。所以"在终极意义上说，政治与文化还是第一"。同期还发表了《"八·一三"平安无事》，署名无咎。文章提到与前三次不一样的"八·一三"，今年的"八·一三"要沉着，积蓄力量，反对一切盲动，"准备有一天高举胜利的旗子"。《"德胜法败的教训"》，署名尚文。文章分析德胜法败的原因，并总结教训。《关于近来发生的绑架案》，署名一鸣。文章分析六次绑架案特点，原因与日本人有关。作者警告那些与日人往来经商的"汽车阶级"的人应立即回头。

20日 儿子克平出生。

24日 在《上海周报》发表杂文《江亢虎理论的"真谛"》，署名无咎。此文针对江亢虎关于"社会主义的批判"而发，指出他所谓"选民政治"是封建社会官僚政治的继续。其次，从选民资格看，也违反孙中山提出的普选原则。第三，是封建复古运动。同期还发表了《争取主动》《上海防军问题》，署名尚文。同期还发表了《也是参考法国》《今年的教师节》，署名萧庄;《国际一周纵横谈》，署名萧扬。

25日 在《求知文丛》第3辑发表杂文《略谈气节》，署名方舟。此文先以一个寓言来谈女人的气节，然后谈政治上的气节。一些人用权力和金钱迫害进步人士就范，然后分析各种气节，真正值得提倡的气节："惟有给民众讲利益，才是民众所真正爱戴的。"同期还发表了文论《上海文化部门的第五纵队》，署名季裔。此文论述上海文化的多方面，诸如殖民文化;我们的精神食粮，如黄色之类，占据小市民娱乐无线电广播是靡靡歌曲、封建道德的说教。文章认为："灰色电影、黄色文艺与毒害广播的能生根于这土地上"是有原因的。

31日 在《上海周报》发表杂文《记者节》，署名尚文。文章认为："革命的鼓吹与宣传，是记者的中心任务。而记者亦莫不为革命家，这是中国文化历史的特征，更值得我们注意。""至于上海的记者们，更不用说。环境是非，恶势力高涨，凡有坦白之记述，已成莫大的罪案。""我们记者亦惟有不屈不挠，沉着坚毅，守住自己的岗位，以取得最后破晓。"同期还发表了杂文《孔子诞辰》，署名无咎。文章释孔"仁"，指出孔子是封建社会的圣人，但不能做现代的圣人。"我们纪念孔子诞辰，是把孔子当作一个人来看的，也是把孔子当作一个中国古代思想家来看。"杂文《"和平"的锣声破碎》，署名一鸣。此文批判那些投降派念的"和平经"。

本月 由上海商务印书馆出版小说集《佳讯》，内收:《失掉了枪枝》《回家》《恋爱神圣主义曲》《向晚》《额角运和断眉运》《自杀》《佳讯》(内有《皮包与烟斗》一篇与《皮包与烟斗》集重复，未列入)。《失掉了枪枝》《回家》是写农村人物流入城市的人物。除《自杀》是工人悲惨的故事外，另外《向晚》《恋爱神圣主义曲》《额角运和断眉运》写的是半殖民地、半封建都市畸形的经济、政治和被这社会压扁、扭曲的畸形的人。

小说《超然先生列传》在《求知文丛》(由上海市委地下党党刊《时论丛刊》更名)连载至1941年11月,作者去香港、新加坡后连载中断,署名巴人。小说仅载十回就戛然而止。关于小说为什么中途停止,其原因和写作的动因,作者在《残缺的形象》有过说明。小说发表后,立刻受到文艺界的注意和读者的热烈欢迎。《求知文丛》的编者做过调查,"几千读者中间,较读者欢迎的文字是《超然先生列传》"。(巴人:《四年来上海文艺》)

《超然先生列传》虽然未写完,但作者已为读者勾勒出一幅群丑图,表现出国难当头,那些人的罪恶灵魂。小说主要写了一个老官僚谭恕,绰号叫"但书"。他奉行圣贤的中庸之道,是"中学为体,西学为用"的实践者。他自称赞成革命,但他所谓的革命只"不过是像打乱了的礼堂内的椅子,然后,然后照旧给它们一排排地排定"而已。他最大的本事就是善于"但书"。故一直官运亨通,即使在抗战时期,他还是奉行"但书"。

9月

7日 在《上海周报》发表杂文《自由与面包》,署名无咎。此文是对罗斯福所说的美国式的生活、美国人的自由作剖析。同期还发表了《自食其果》,署名尚文。此文揭露上海的米价有人操纵,任意提高,这是奸商与评价委员会互相勾结的结果。《贝当政府已失独立性》,署名一鸣。此文讲法国的政局动向。《民心向背》，署名尚文。此文谈罗匈之争。《关于走私问题》，署名无咎。《团结抗战》，署名菰莆。

14日 在《上海周报》发表杂文《学取中山先生进步精神》，署名无咎。文章说孙中山是现代空前的最伟大的政治家和思想家，这是因为他不断地学习、不断地进取、不断地实践的结果。文章分析孙中山的思想发展和他的三民主义。最后说："忽略了中山先生这一种民主进步的精神，决不是一个'三民主义'的信徒。"同期还发表了《美军应即开入中区驻防》，署名尚文。此文谈美军不应再拖延驻防租界中区，否则会使日军扩大其对于中区的控制的全面势力。《日本的总进攻已遭部分打击》，署名一鸣。文章引用新闻称日军已遭中国抗日力量的攻击，损失不少。过去日军采取各个击破的战略取胜，现在我军壮大，日军必须全面作战，面对我军进攻，必然使日军走上崩溃的路。《对于法国无幻想可存》，署名菰莆。《买来沙而记》，署名铁夫。《"九一八"以后的中国教育》，署名萧庄。

15日 在《求知文丛》发表文论《谈文学的任务及其他》，署名季裔。文章一开头就提出："如果文艺主要的对象，是我们的生活，那么我们文艺主要的任务，就在反映我们的生活，指导我们的生活，与改进我们的生活……作为某时代的伟大文艺作家，就在能忠实地正确地反映那一时代，而变成那一时代民众的鼓手或代言人。他能尽了这项任务，他也就有永存的价值，而变为承先继后的拓荒者。"文章还批评了复古主义、为艺术而艺术、叔本华，提出向国内外最进步最优秀的文艺界学习，培养新文化工作者等等。

20日 在《大陆》月刊创刊号发表论文《诸葛亮论》，署名剑川野客。全文分：一、略论拿羽毛扇者之类；二、略论诸葛亮的本领；三、阿斗与臭皮匠。第一节是讲拿羽毛扇是些什么人和出典、拿羽毛扇的作用，并论及刘备的三顾茅庐和诸葛亮的心思。第二节谈诸葛亮的本领，作者认为是文人给他捧出来的，并引《三国志》《资治通鉴》《典论》说明之。第三节讲诸葛亮把大权拿来，阿斗无事可做。但臭皮匠聚集起来，则可以打倒"阿斗主义"，也可以打倒"诸葛亮主义"。

同期发表《疾奴盦笔记》，署名疾奴。全文分：一因"名子"而想起。二新居。三不如我。作者在《新居》说，他搬到标准的上海房子，是假三层。他住的是二层，三层是八个铜匠，这里发生的事件使他想到巴尔扎克的小说《从妹贝德》。《迎龙王：乡愁杂记》，署名司马寇。

关于《大陆》月刊，据龚常柱回忆："我认识任叔是在大革命之前。清党以后，大家纷纷逃离故土，我同他直接间接有些接触。他是最先支持《白露》半月刊的作家，后来又编过《白露》月刊，我当时就写过一些诗。任叔为人很热情，诚恳，对朋友很重道义……任叔当时是地下党江苏省委宣传部两个负责人之一，他要我以裘重笔名向上海公共租界工部局警务处登记为《大陆》月刊编辑人，写稿的有蒯斯勋[1]、满涛、楼适夷、张宗麟等等。这时期我们见面的机会比较多，每月一次的聚餐是少不了的。任叔每月为《大陆》撰写一篇论文，署名剑川野客，颇为同人所推重。在他转到国外去以后，论文改由李平心撰写。这刊物办了一年，因经济困难而停刊。"[2]

----

① "勋"应作"薰"。

② 全国巴人学术讨论会编：《巴人研究》，上海书店出版社1992年版，第43页。

据楼适夷《一位尊敬的战友》回忆巴人："《文阵》停刊，他代党交给我一个任务，编一个综合性的，以一般市民为对象的文化刊物——《大陆》月刊……巴人，则嬉笑怒骂，善于与敌伪顽打麻雀战，受抗日青年的爱戴。"①

21日　在《上海周报》发表杂文若干。分别是：《为信仰奋斗者应坚持固有立场》，署名一鸣。此文是关于上海三青团部，因最高负责干部叛变，竟将八百名团员名单交给日方。为此作者提出三点希望。《关于上海民食问题》，署名一鸣。文章指出上海民食问题的严重性，分析了原因，并提出解决问题的方法。《刺刀与机关枪》，署名尚文。此文是指法租界集中营华兵要求改良膳食待遇，发生惨案，为此提出解决方法。《愚拙外交》，署名无咎。《谁是远东的稳定力量》，署名思弥。文章认为远东稳定力量既不是他们自吹的日本，也不是英美，而是中国。《论目前的抗战形势》，署名未名。文章认为面对日军的总进攻，国内存在悲观派和乐观派，作者认为两种看法都不对。文章作了具体分析，并作出回答。

28日　在《上海周报》发表杂文《民食问题说开去》，署名一鸣。文章要求租界当局尽快解决民食问题，指出租界当局与租界市民之间是休戚与共的。杂文《读蒋委员长九一八演说感言》，署名一鸣。文章引用前演说中关于日占东北的状况，并提出这值得我们"第一桩足资警惕的。……然尤使我们警惕者，日本统治东北，已经不再假乎'木偶'，所谓'满洲国'云云"。同期还发表了杂文《公共租界电车工潮》，署名尚文。文章呼吁双方协调，尽快解决工人提高工资的问题。

---

①　楼适夷：《话雨录》，生活·读书·新知三联书店1984年版，第215—216页。

10 月

5日　在《上海周报》发表论文《三十年来中国的进步》，署名一鸣。文章从三个侧面说明三十年的进步。"第一，我们要从中国人民大众的阶级的民族的觉醒上来说明三十年来的进步。""第二，我们要从文化思想的运动上来说明中国这三十年来的进步……启蒙运动，开始于康梁变法维持新的前后。但这一启蒙运动和五四时代的新启蒙运动，有本质上的不同。""第三，我们要从革命势力的结合上来考察中国三十年来的进步。这也就是半殖民地中国，革命之统一战线形式及其内容上的进步。"文章提出上述三大进步的同时，也提出以下几方面的退步。"第一，民族法西斯主义思想和说教。第二，封建主义的尊孔，以及新理念新性命之学。第三，个人英雄主义的非理性的信仰。第四，不民主的官僚集权主义的政治行动。第五，联帝国主义的幻想。第六，民族失败主义及投降理论与运动。第七，压迫民族运动的行动，取缔言论思想的反民主的行动。其他一切反革命的、反历史进步的规谋企图。"同期还发表了《罢工以后》，署名一民。文章指出电汽车工人罢工，不法之徒想趁机侵入租界，促使劳资双方看清这一间谍，迅速达成调解，其意义重大，提出了四点。《上海局势》，署名损郎。文章指出一部分人因日本占领之后对上海局势产生忧虑，上海的军事战略地位还未形成；其次，上海国际关系比越南复杂，且英美与日本还不会立刻发生冲突。《德国的矛盾》，署名若木。文章指出德国最大的困难，不能击败英国，结束欧战，同时也无法解决其自身的矛盾。《国际一周纵横谈》，署名萧扬。杂文《"领导"与"平等"》，署名逸凡。书评《中国现代史初编》，署名无咎。此文是对平心的《中国现代史初编》的评述，介说其内容、主要优点。

12日 在《上海周报》发表杂文《双重的课题》，署名大成。文章谈抗战形势变化，已使敌方拖入皮焦肉烂的境地。原先那些投机取巧的国家，也开始加紧援助。另一方面对于我们持敌意的法意国家，不能放松，要打落水狗。我们除了军事斗争以外，还要加强思想斗争。同期还发表了杂文《推行建国储金运动》，署名霖霖。文章称赞推行储金运动，遏制少数投机者。《以事实为证》，署名若赛。文章列举各国援华事例，揭穿对苏攻击。苏联给中国六千万磅，美国一千一百八十七万五千磅，英国八百万磅。《论国府颁布之国民参政会条例》，署名若木。文章对无限期延长国大会议表示遗憾。同时对修正国民参政组织条例提出意见。

19日 在《上海周报》发表杂文《发扬艰苦卓绝精神》，署名无咎。此文以蒋介石入公事房留下纸条为例，说明艰苦卓绝精神的重要。同期还发表了《鼓掌不合时宜》，署名尚文。文章指出法国贝当投降德国，连鼓掌也不自由，还谈什么保存国家。而在中国因人吐了一口痰，遭侵略者拳足交加，那些嗡嗡的苍蝇们不知作何感想？《法租界电车罢工》，署名洛文。文章要求法租界当局尽快解决电车工人罢工问题。《烟幕弹下"谨防扒手"》，署名若夫。

20日 在《大陆》发表文论《从林黛玉说开去》，署名剡川野客。文章分五部分，一、"林黛玉是个恋爱至上主义者"，曹雪芹"是反对'才子佳人'的写作作风的。可是恋爱至上主义者，连皮带骨，也不过是'才子'加'佳人'，别无其他。才子想佳人，佳人想才子，想得要命，那就成为恋爱至上主义了"。"曹雪芹写出这个恋爱至上主义者的典型。"二、"林黛玉和崔莺莺不同","林黛玉是个恋爱至上主义者，崔莺莺却是个恋爱自然主义者。""唐朝时候佳人的作风和清朝时候佳人的作风，有那么大的分别。这可见宋明义礼之学的力量不小。"三、"林黛玉跑到勾栏里去了"，文章认为："总之是中国社会已经以'钱为礼用'的红纸包主义，到了'礼为钱用'的欧化主义，林黛玉式的恋爱至上主义也虽有以物质来代替了。不论才子们还怎样把'肉欲'（物质）用红纸包包起来，勾栏里的林黛玉还是勾栏中的林黛玉。"四、"林黛玉和黄慧如"，文章说："'五四'以后，很有些黄慧如式的恋爱。那就是有钱人家儿女或太太，跟下人轧姘头，私奔，卷逃，而美之曰'恋爱'的。""从贾府的林黛玉而到勾栏中的林黛玉，这是一变；而从勾栏中的林黛玉到黄慧如小姐又是一变。那就是从恋爱到精神胜利，到恋爱的肉欲主义，而再'灵肉的统一'了，然而实在也很可怜，她们全都知道像动物一样的做个人，而没有想到像人一样做个人。"五、"林黛玉在办公室里"，文章说："大革命以后很不同了。女子职业问题很被人提倡，老爷们也招些女性的助手，在办公室里做事。"于是有各种各样社会，有各种各样恋爱，倒灶的是林黛玉，发福的是才子老爷。同期还发表了杂文两篇：《谈良心》，署名无谷；《疾奴盦笔记》，署名疾奴。

26日 在《上海周报》发表杂文《四周年杂写》，署名若夫。此文谈鲁迅的韧性战斗精神，具体指："一要生存，二要温饱，三要发展，为了'惟有新兴的无产阶级才有将来'。"文章强调鲁迅是属于大众的。《两种战争》，署名无咎。文章分析了两种不同的战争，一种是中国人民抗日民族解放战争，一种是可能发生的美日为争夺殖民地而发生的霸权战争，性质不一样。《两种革命》，署名尚文。此文分析："两种战争，展开两种革命。一种战争，是资本主义列强争霸战；一种革命，是社会主义革命。另一种战争，是殖民地半殖民地反帝国主义侵略战争；另一种革命，是民族革命。"文章还批评了一些错误的看法。《小学教师生活问题》，署名尚文。文章说上海小学教师平均收入不会超过二十。按一人一天吃一升来算，连吃白饭还不够数，建议用集体生活来解决。

本月 专著《论鲁迅的杂文》由上海远东书局出版，署名巴人，收入《巴人全集》第13卷。关于这本著作，作者在序说部分谈及，两年前的10月上海文艺界引起关于鲁迅式杂文的大论争。这场论争从原先巴人与鹰隼（阿英）之论争，扩大到革命文化阵营内部和外部的争论，为了加强团结，消弭争论，当年的11月四五十位文艺工作者举行座谈。在这次会议上，巴人作了关于鲁迅杂文等报告，后在报告提纲的基础上整理加工，成了我们今天看到的《论鲁迅的杂文》一书。

另外还有三个部分。"鲁迅思想发展的三个时期"这一部分关于鲁迅思想发展的三个时期借用平心的说法，不过作者把鲁迅的思想变化三个时期定义为：第一期他是民族革命论者。第二期他是个民主主义者。第三期他是个阶级论者。这一章大致上采用了平心和瞿秋白的观点。但以下他的观点值得注意，他说："贯彻在鲁迅各个思想发展阶段上的基本精神，即使是继承中国文化最优秀的朴学家的精神，而给以它以科学的改造的，是那种历史的现实主义。正因他是'历史的'现实主义者，他对中国文化的要求和见解，也不超出历史现实所可能达到的范畴以外，而同时，又因他是历史的'现实主义'者，他也不对事物作抽象化式的，或极其原则的批评，而运用一种中国形式的特殊的形式，民族形式，来执行他那文学之战斗的任务。他在这一形式里，同时地展开了他那思想家和文学家的雄姿。"

　　"鲁迅杂文的形式与风格"这一部分分为：一、鲁迅杂文与民族形式。"只限于说到他的杂文的民族形式的发展和创造"。二、鲁迅杂文发展的三个时期，即："第一是《热风》时代的杂文；第二是《三闲集》时代的杂文；第三是《伪自由书》时代的杂文。"作者认为以《热风》为代表的杂文是属于新启蒙时期："鲁迅的杂文，是明白，直拙，锋利而轻快的，是说理较为浓厚的。""在第二期开始，即便是中国社会由于北伐'胜利'，清党开始，陷入在极大的混乱里。……他这时的杂文，在《而已集》的一部分上，即以暴露现实，批评现实而写下的。议论较少，情感由迭经锻炼，而更沉着。讽刺也更深入。""但这一时期鲁迅最重要的杂文，我认为是《二心集》里的杂文，如《硬译与文学的阶级性》、《非革命的革命急进论者》、《对于左翼作家联盟的意见》、《丧家的资本家的乏走狗》、《中国无产阶级革命文学和前驱的血》、《黑暗中国的文艺界的现状》、《上海文艺之一瞥》等都是划时代的有历史价值的文字。而《中国无产阶级革命文学和前驱的血》，可说他坚决现在无产阶级革命文学上来的一篇宣言"。"在这第二期里，鲁迅的思想已从民主主义者进到阶级论者，已从科学进化论者，进到辩证唯物论者。而他的杂文的风格，也从较为客观的暴露，揭发——那种沉静的作风，而转变到阶级主观的（实际则是和现实与历史的真实相吻的最客观的）排击，驳难，批评的那种汪洋，澎湃，波澜阔大的作风。"《伪自由书》为代表的第三期，是高压时期的产物。"《伪自由书》，以至后来的《花边文学》里的杂文，那是如同匕首，直接向社会的心脏刺去。这里没有议论，但是人觉得痛彻心扉。这里不事铺张，但有如削苹果似的，削去包皮，世人看到那里的虫窠。"又说鲁迅这一后时期写的杂文，"又与《伪自由书》时候不同了。它的风格，渐趋于朴茂，苍老，深厚。我们如果说，鲁迅的《热风》时代的杂文的特质，是表现他那见解的新颖和正确，而《伪自由书》时代杂文的特质，是表现他那观察的精锐和深入，那么由《伪自由书》而发展到《且介亭杂文集》时，也是表现了无比深阔的学养和识力。"

"鲁迅杂文中所表现的思想方法。"这一部分分析鲁迅的思想，首先是革命的传统精神（瞿秋白归纳为四点：清醒的现实主义、韧的战斗、反对自由主义、反虚伪精神）、主张集体主义、站在历史的观点。关于写杂文的方法："专爱抓住一个小点，而说出其全体的意义"。"最注重事物的关节。""对于事与人的关系的看法，也是统一的。""永远是看往当前的现实，而又瞩望于未来的。"

该书问世以来，受到鲁迅研究的学者和专家高度评价。张梦阳在他《论巴人对鲁迅研究的历史贡献》一文中提到此书时，归纳为四点历史贡献："第一，第一次从中国近代史的背景上分析了鲁迅的独创性。""第二，从中国传统思维方式的特征及其变革的角度，阐发了鲁迅杂文形式与风格的形成原因。""第三，首次具体分析了鲁迅杂文所表现的思维方法。""第四，一针见血地指出了流行短评与鲁迅杂文的差距。"[1]

《论鲁迅的杂文》还收录了《鲁迅先生文论的艺术观》《鲁

---

① 《上海鲁迅研究》，1991年第2期。

迅的创作方法》。

11月

2日 在《上海周报》发表杂文《"自大""自卑"与"自信"》，署名羿矢。文章指出自大是抗战最大的障碍，"一味夸大自己优点的自大，和一味夸大自己缺点的自卑，那就成为顽固派和投降派的思想根基"。同期还发表了《桂南胜利》，署名尚文。文章指出桂南重大胜利意义和日军的企图。《"抗战派"》，署名无咎。这里的所谓"抗战派"，是指除"抗战""和平"以外的大批人。"他们听听重庆的高调，点头认是，听听和平的理论，摇首称好。""他们抗战不敢，和平又不敢。对他们要争取到抗战队伍中来。"《怪论种种》，署名尚文。此文对以下两种言论的分析批判，"其一，内地若干顽固分子，有倡参战之说。其二，内地更有顽固分子，谓今日中国抗战不必一定要取得苏联之援助，因为已有英美之援助，而且日趋积极；中国借此即可获得胜利"。《"古礼"的恢复》，署名若木。从古代小国向中国行古礼谈到1940年10月20日一班人向某国开国纪念行古礼。《陈嘉庚与戴季陶》，署名无咎。文章讲陈嘉庚此次来国内的目的："增强国内团结，坚持长期抗战。"希望戴季陶此次去南洋，能顺侨胞团结抗日的心意。《东战场日本反攻的失败》，署名若木。文章分析日军秋季失败的原因，策动秋季进攻的军事意义、政治意义以及日军未来的总攻势。

9日 在《上海周报》发表杂文《中山诞辰》，无署名。文章提出太平洋列强战争开幕的前夜，摆在中国的将有三条路线——三个前途。一条是破坏统一战线、继续创造摩擦，这条路线是把中国回复到殖民地。一条是抗战的民主政治之建设路线。对外驱逐日军，对内，力求民主，团结进步，中国的前途，将是民主共和国建立。一条是日本的和平攻势和军事进攻部分奏了效，值得国人警惕。中山先生希望是第二条路线。杂文《何谓"忍己恕人"》，署名再生。文章批判了"忍己恕人"，这"是封建时代老爷压迫小民说的，老爷一个耳光，小民点头称是"。"但今天，都用不着这一套道理。"杂文《政府近来的外交活动》，署名若夫。文章对谣传中国亲轴心国政策，从政府外交活动加以否定。

16日　在《上海周报》发表杂文《张伯伦和毕德门》，无署名。作者对主张绥靖政策的张伯伦和以中国之友的毕德门同时逝世作出评论。同期还发表了《不悲观·不焦躁》，署名再生。此文告诫上海市民，不能因上海局势变坏而悲观急躁，要沉着，"在苦难中磨炼，在苦难中生长"。

在《文艺界丛刊》创刊号发表文论《地主性格》，署名巴人，收入《窄门集》。作者读了日本高濑武次郎作的《王阳明详传》以后，认为："王阳明的虚伪狡诈的假正经神气，也跃然纸上。这是个具有典型的地主性格的人。而且是代表末期封建专制政治，中国地主已直接武装自己而流于残酷的一型的。"又说："王阳明在哲学上自有发现，事业也很有成就；讲了三次学，广聚无数门生，靖了三次乱，杀了不少叛民，确是文武'全才'。但据我看来，他实在是将孔子思想的空架子（那虚伪的礼仪）保留下来，抽去那些比较合乎'人情'的东西，用所谓'心'和'良知'来代替它。同时，又把孔子思想的另一派——荀子的法家思想的法治精神，用'理义'来代替它。这样一来，理由心出（王阳明所谓'此心即此理'），法由人立，地主阶级就可以垄断政治，任所欲为了。"文章接着论述中国文学里没有地主性格的描写及其原因，进而分析了地主性格的主要特征是"权术"，第二个特征是和神道结合。文章还概述了二十年来地主阶级思想的变迁。不过，此文对王阳明的评价过于简单且片面，有待商讨。

20日　在《大陆》发表论文《宋江论》，署名剡川野客。此文分三章：

一、历史上的宋江。"历史上的宋江，是货真价实的强盗，而《水浒传》里的宋江，则是假托仁义，自称替天行道，但只等'招安'的破靴党。"

二、《水浒传》里的宋江。"但正史的宋江，未必就真实。而《水浒传》里的宋江，也许更真实。对《水浒传》里的宋江，各有看法不同。"文章列举金圣叹、胡适、陈独秀、冯友兰等人的看法。作者则认为："据我看，宋江是个'破靴党'。""《水浒》里由破落地主和世家子弟去当了强盗的，着实有几个人。最初是史进，最后是卢俊义，宋家更破落得厉害。但破落的地主和世家子弟，为什么也要去当了强盗呢？这是因为王安石的变法。……所以一部《水浒》造反故事，从李逵、武松他们看来，那可说是真正的人民起义，但从宋江、晁盖、史进、卢俊义他们看来，不过是破落户为自己没落运命的一种挣扎。两种势力一结合：地主们出钱，流氓无产阶级出力，就把'寨名水浒，泊号梁山'的王国建立起来了。""如其我这些话，是合客观历史的真实的。那么，我觉得冯友兰的话，顶无聊。胡适之、陈独秀的话，太素朴。金圣叹的话很有眼光。（有眼光，不一定是对。）"作者说金圣叹有眼光，因为他拥护圣教，他把圣教和强盗分清楚。

三、"略论宋江以外"，主要分析吴用帮闲，李逵、武松、林冲"是一种对抗皇帝的人民的力量"。总之作者认为："梁山泊好汉，基本上是好的，至少它是一种对抗力量。坏就坏在于：一有宋公明一流人领导，二有吴用一流人把他们的力量和'忠义堂'结合起来。而他们自己呢也太多一点盲从心理。"

同期还发表了杂文《悼念词二章》，署名韧生。此文分两部分，其一，论庄崧甫先生一二事。一件是奉化"城绅"与"乡绅"的斗争，办龙山学堂，后又支持办奉化初中。另一件事是在上海办上海新学会社，时与革命臣子陈莫士相往还，九一八之后，则对于不抵抗主义多有批评。其二，悼胡泳琪先生：称他"志在革新社会，改造家"。胡曾任宁绍船商公司经理，创办宁绍人寿保险公司。

23日 在《上海周报》发表短评《一句古话》，无署名。这句古话就是："物必自腐而后虫腐之，人必自悔而后人悔之。"以此议论日本的所谓和平攻势。同期还发表了评论《在文化阵线上》，署名古柏。这是对陈伯达《在文化阵线上》的评论。

30日 在《上海周报》发表杂文《日本和平攻势下中国的反应及我们的愿望》，署名无咎。此文分四部分：一、半年来日本的苦撑与喘息。二、日本和平进攻的姿态。三、中国政府的反应。四、我们的愿望。

12月

20日 在《大陆》发表《耶稣论》，署名剡川野客。文章否定了耶稣是神，并称："耶稣的平等、博爱、自由的理想都很好。只是后来被人利用坏了。而耶稣履海如平地，一饼分食众人的比喻，也就是他不辞艰险，有福同享的憨大精神的具体说明。"文章最后指出耶稣也有缺点，反被统治者利用了。"耶稣的软弱处，也就是耶稣的失败处！"同期发表杂文《良心在那里——修养讲话》，署名逸凡。文章从良心在人体，谈到人性善与恶、良心到底在那里，心思与良心变化的关系，最后提出如何使心思向好的变化。

1941年（辛巳，民国三十年） 40岁

▲1月6日，"皖南事变"发生。

▲4月，夏衍主编的《华商报》在香港创刊。

▲5月，中共中央机关报《解放日报》创刊。

▲12月8日，日本发动"太平洋战争"。是日，侵沪日军占领了上海公共租界，上海"孤岛"局面结束，完全处于日军控制之中。9日，国民政府对日、德、意宣战。

1月

20日 在《求知文丛》发表《残缺的形象——关于超然先生列传中止刊登告读者》，署名方生。文章回答为什么写《超然先生列传》和为什么中途停止继续写下去的原因。

在《大陆》发表论文《孔子论》，署名剡川野客。全文分以下几节：

从拜孔子说起。这一节讲作者小时候上务本小学时拜过孔夫子。

孔子是怎样的人呢。在孔子时代，自夫子至庶人，其中有诸侯、大夫、士三个等级。孔子是士。士有两种，一种是儒士，一种是侠士。他是儒士这一阶级的贵族。

孔子的"活人的世界"。孔子想通过扶植诸侯，来行仁政。"孔子的'活人的世界'，就是贵族坐食而言治于上，庶民经营而被治于下的世界。孔子改造的'活人的世界'的方法，便是从个人改造，到家族改造，从家族改造到国家改造。而以个人改造为家族改造的根本，以家族改造为国家改造的基础。"

孔子的做人和他的影响。这里讲很多人反孔子，说他假仁假义，又说他想做官，不择手段。孔子既然主张复古，为什么周秦以后仍然信奉他那一套。这是因为"新兴地主握到了政权以后，他也要一副统治理论，单讲法又不够。而孔子的话，几乎没有一句不帮统治者。而家族制度理论，又适合地主的剥削机构，所以略经荀子修改，加上一点法治精神，孔子便伟大得不得了了"。

同期还发表了杂文《疾奴盦笔记》(三)，署名疾奴。

2月

15日　在《上海周报》发表通信《"反共"把戏的一幕——华侨的呼吁》，署名无咎。信中肯定华侨们主张团结抗日，反对分裂是对的，指出一些人嘴上是这样说，而在行动在扩大内战，而一些人发国难财。提出："一是要以彻底的民主精神，来召开国民大会。第二是要拥护那进步的力量，来淘汰那退步的坏的东西。"

在《奔流文艺丛刊》第2辑《阔》发表文论《略论巴金家的三部曲》①，署名无咎，收入《窄门集》。全文分六个部分。

一、巴金的世界。"巴金的世界，是单纯的。单纯到绝对化的地步。这单纯是巴金创作的成功的原因，但也是失败的根源。""巴金唤醒了读者一种勇迈向往之情，但缺乏叫读者认识这现实之复杂画面的艺术形象和艺术机能。留给读者的，是一种激情，而不是识力。这显出巴金底软弱了。巴金底现实主义的画面，没有达到托尔斯泰和屠格涅夫的正确（自然屠格涅夫之于托尔斯泰还是有距离的）。而巴金底浪漫主义的激情，没有达到道斯托夫斯基（按：今写作陀思妥耶夫斯基）的深刻。"

二、家三部曲的主题和故事。这部分主要指出《家》《春》《秋》都是以恋爱和婚姻为主题，"描写出新和旧两种势力两种思想的斗争。但也很显然地，《春》和《秋》较之于《家》，是更多接近于《红楼梦》式家庭生活的琐屑的描写。在人物的刻画上，《春》和《秋》较之《家》更来的逼真，但在给予读者激情上说，则《家》将超过《春》和《秋》。"

三、中国的家庭是怎样崩落的？文章依据《家》第一部曲开初描写的情形来估定，是在五四运动后，五卅运动的前夜。指出中国的家庭"第一，它是在礼教传统与新思想的斗争下崩溃的。第二，它是在帝国主义侵略下中国社会经济日趋殖民地化过程中崩溃的"。

四、家三部曲的真实性。"巴金以中国家族的崩溃来映现中国社会变动，因而造成一个两重人格——不新不旧，亦新亦旧——的作揖主义和无抵抗主义的典型（三部曲的主人公

---

① 该文在该刊目录上的题目是《略论巴金的家三部曲》。

觉新），这一种把握是对的。"文章又谈到作品的成功："其一，
由于中国社会的落后，广大的青年，过的全都是家庭生活，缺
少社会生活。巴金把他们从其所熟习的生活中抛出来，到更新
更阔大的世界去，这在抗战的队伍里，有不少勇敢的青年，是
得到了巴金小说的启示——特别是《家》——这一事实，便可
证明。其二，在这激动的时代里，巴金首先告诉每一个读者，
'家'就是青年的坟墓，青年不要葬身在这坟墓里，就得奋
斗。不妥协的奋斗，逃出这个家。否则只有一个个死去，他举
出一个个的实例。这种不妥协的奋斗的激情，贯彻着巴金'家
三部曲'的全部。"文章也指出了小说的不足：如"把中国家
庭崩溃，是仅仅放在礼教传统和新思想的斗争下崩溃的。他没
有在那里描出由于国际资本主义的侵入，因而摧毁了中国的封
建经济基础，使家族制度崩溃的画面"。以及"丝毫没有中国
社会中工人运动兴起的影子和人民革命势力扩大的政治活动的
写照"。

五、巴金的创作方法。

六、最后的话。"我对巴金的'家三部曲'作了如上的指
责，而我对巴金的敬仰并不稍减。无论如何，巴金是中国文坛
上伟大的存在。"

19 日　戏剧《两代的爱》，由香港海燕书店初版，署名
巴人，后改名《杨达这个人》，于 1949 年 7 月由上海海燕书店
再版。

《两代的爱》写于 1940 年底或 1941 年初，与《费娜小姐》
创作相距仅五个月。杨达是这个剧本的主要人物，也是塑造成
功的人物。"他经过'五四'的洗礼，大革命的沐浴，不管在
对敌斗争上，还是在个人的恋爱上，都历尽沧桑，有血有泪，

也有宝贵的经验。他无疑是作为青年的导师而出现的；但他不是冷冰冰的说教者，更不是盛气凌人的领导人。他是青年的知心朋友，是一个有孩子心肠的长辈。他是老一代和新一代的桥梁，用他的话说是：'前一时代人，不爱后一代青年，他就成为历史的障碍物。不能超越自己时代的人，也将成为别人时代的绊脚石！'他爱青年，爱新生的一代。从这意义上来说，正如他自己所说：'我是不新不旧，亦新亦旧。但可以是你们队伍里一个拿旗枪的老家伙——自然（他扬了扬手上的烟）说是老枪也可以。'"①他有着丰富的对敌斗争经验，可他在爱情上是个失败主义者。关于这个人，唐若萍曾对他做过概括而贴切的评价："他是我们精神信仰上的父亲。他有一种泛爱的精神，爱一切平民，爱一切新生的东西。但他又有一种固执的憎恨，恨一切老旧的东西，憎恨官僚，也恨太太小姐。他是一个老头儿，但也是一个小孩子；他有老头儿的精神和世故，也有小孩儿的天真和疯狂。他冷静得像一块石头，但又热得像一阵火。他爱说笑，但句句是话。他有学问，可以做大学教授，但他在这世界上，却愿做个孩子的教师。"作家自己也有一个说法："他不是英雄，也不是叛徒，而是一个平凡的人。但也是英雄，也是叛徒，因为他是一个平凡的人。""他是中国小资产阶级向革命实进的一个沉闷的姿态。"②

剧本中作者也塑造了两个受杨达影响的青年，唐若萍和唐若蓬。"我又写下一个费娜型的方淑贞。"还有唐安国和邝如风，余三和阿秀等不同性格的，也有相同处的人物。

关于《两代的爱》的创作，巴人说是"一个继承《前夜》

---

① 钱英才：《巴人的生平与创作》，浙江文艺出版社1990年版，第169页。
② 《后记》，《巴人全集》第十五卷，第197—198页。

的作风"，它们姊妹篇，因而彼此有一些共同的特色。第一，主体战斗性和强烈的现实主义。第二，在戏剧语言上，既注意人物语言的个性化，又注意语言的动作性。第三，在戏剧结构上特别注意戏剧的冲突。

3月

1日 在《大陆》发表杂文《疾奴盦笔记·看画》，署名疾奴。文章写作者先看一张天堂地狱图，另外还看了中国伟大图、世界和平消遣图，起了疑心。

在《大陆》发表论文《王阳明论》，署名剡川野客。全文分四个部分：

道学家和治术。这一节把王阳明归之道家。文章说："中国的皇帝老子治天下，有几种'主义'。一种是人治主义，有治人无治法。一种是法治主义，有治法而后有治人。其实，春秋之际，还有礼治主义。礼也是法。礼治与法治结合，于是而有人治。"还有一种心治主义，"而发明心治主义的道学家，就是我们王阳明先生"。

王阳明的道学。文章一开头介绍王阳明哲学系统的三大命题：心即理、致良知和知行合一。文章说："我们只要把王阳明将天理和良心合并为一这个西洋镜拆穿，就明白他玩的是什么把戏了！"

心治与心术。文章谈到王阳明"用的不是什么严明的法律，却是用良心改造的教育办法，也就是说，把农民自己的意识消磨完，把地主老爷的意识换上去，这一种杀人不见血的麻醉式的心治主义，实在厉害得很"。

余话。"买了一册木板的《王阳明全集》来。翻来覆去，只是鬼话连篇，我就头痛脑胀起来。特别是他撒谎本领太大了，讲学问更撒谎得厉害。"此文对王阳明学说批评有失公允。

15日 在《上海周报》发表短评《纳金缓役案的废止》，署名若夫。此文是对纳钱若干可免服役提出批评。参政会若干参政员对这一案的废止表示赞成。还发表了社论《旁观者清》，文章讲美国对国共分裂，深感不安。两党应化除成见，共赴国难，而解决的办法，就是建立民选机关。

本月 皖南事变发生后，周恩来紧急指示要巴人去美国办《华侨日报》。本月下旬巴人偕夫人王洛华，携幼子王克宁、王克平离沪去香港。1938年，汪伪和日军势力还没有伸展到"孤岛"。到了1939年初，巴人的抗日救亡行动，引起了敌伪的注意，就连国民党豢养文人也鄙视以至憎恨巴人大力提倡鲁迅风。庞朴、曾迭、丁三就讽刺嘲笑杂文作者，只会模仿鲁迅写些毫无价值的东西。而张若谷更采取卑劣的告密手段，公然在报上发表文章，点出"'巴人'即'王巴人'、'王任叔'"。为此，巴人被列入国民党军统黑名单。

徐达在回忆中称："王任叔是上海地下党文委的领导成员之一，同时又是各界协会联席会的召集人。他积极从事抗日救亡运动和文化界的统一战线工作。所以在一九三九初时，敌伪就很注意他，常常探查他的活动和踪迹。由于这样险恶的环境，使他不便经常出头露面地进行工作，因此，他就让我代表他，以文化界代表身份，去出席各协会联席会议。……到了一九三九年下半年，敌伪暗探、特务常常在外滩、黄浦江、苏州的码头一带守捕他。就是在这样险恶的环境下，王任叔仍然坚持工作。为了躲过敌人的搜捕，他常常换衣乔装，以不同装来出现在群众中。他这种不畏牺牲，英勇战斗的精神，感染了周围的同志，在我的脑海里也留下了深刻的印象。"①而舒湮则回忆说："从一九四一年春起，日伪加紧破坏'租界'内的抗日活动，借口'强化治安'，实行恐怖政策，绑架、暗杀之事屡见不鲜，文化人中已经暴露身份的人物不得不暂时隐蔽……同时戴将军又从重庆密令'军统'上海站站长陈恭澎，指示对所谓'潜伏上海的共党分子'王任叔、许景宋、姚克等十几人，包括贱名在内，'立即制裁'！（这是根据这个陈站长投降汪伪后的自白书《蓝衣社内幕》中交代的。）"②

巴人在《自传》中自述："1936年底，雪峰同志之所以来找我，大半因我文字上的表现。我除写些小说外，还由《立报》特约，每月为该报《言林》写二十五篇短评，评论时事、政治和社会各方面，署名由编者谢六逸填写，每月致酬三十元。用此维持生活。间有宁波友人裘公洨，也予以接济。雪峰同志大约知道这事，认为我表现尚好，所以自动找上来。这对我说，无异是党给我以生命。嗣后，即与胡愈之同志有往来，参加了'入狱行动'等救国行动，'七·七事变'后，我一直参加了各种救国工作，'八·一三'上海抗战爆发，我参加了'上海文化界救亡协会'工作，在宣传部胡愈之的下面做秘书工作。组织生活与该会组织部长钱俊瑞同志、尤兢同志同一小组。十一月国军撤退，大批文化工作同志离沪大后方，雪峰同志来谈，我的组织问题尚待解决。至1938年1月，沙文汉同志正式邀我参加文委工作。文委同志有唐守愚、孙冶方等，

① 徐达：《回忆上海社会科学讲习所》，《上海"孤岛"文学回忆录》（上），中国社会科学出版社1984年版，第226、228页。
② 舒湮：《我们还在战斗——"孤岛"剧运式微》，《上海"孤岛"文学回忆录》（上），中国社会科学出版社1984年版，第291页。

自此我一直在党领导下工作。领导同志主要是沙文汉和刘少文（军委情报部副部长）。工作是三方面的：（一）文化工作方面，办《译报》、编《鲁迅全集》、办《上海周刊》和主持一所社会科学大学（为新四军训练二部，负责人有方行、韩述之、徐达）；（二）救亡协会的群众工作；（三）统一战线工作。出席'星期六聚餐会'及商办安定上海社会秩序及配合调停工人罢工等事。郑振铎、吴耀宗、严景耀等民主人士，就是那个聚餐会的人。这些工作几乎都和那时还是民主人士张宗麟同志共同进行的。梅益、林淡秋和蒋天佐，是与我一起做文艺方面工作的。这样的工作，一直到了1941年3月，我才由组织调派到南洋去。"

蒋天佐的《任叔同志逝世十周年祭》、程造之的《任叔同志给我以帮助》、楼适夷的《纪念王任叔》、金性尧的《〈鲁迅风〉掇忆》、孔另境《记"廖化时代"的王任叔》等文章中也有相关回忆。

巴人这时作为党的文化工作参与者，起着举足轻重的作用。他大约写了三百多万的各种文体的文字。他后来在自己诗篇《印度尼西亚之歌》中表述自己这一时期的业绩："但我也曾靠赖我那疲惫的笔杆，/打击得敌人和汉奸们落胆和发抖；/把成群的青年送上沦陷的江南，/他们在那里组织人民战斗……/三年的地下潜行作战，/总不让十里洋场的敌奸占有；/抗战的火焰烧得来像跟延安一样的炽烈，/重庆的衰老的灵魂竟暗暗地发愁。"

4月

15日　在《杂文丛刊》第1辑发表杂文《略论"请愿"》，

署名一士。

25日 在香港《华商报》发表杂文《"讳"论》，署名行者。文章从周代有避讳之法，到现在"称敌论逆，都必须隐讳，而以'×'代之"。

5月

4日 在《华商报》（香港）发表杂文《纪念五四》，署名巴人。

17日 在《南洋商报》（新加坡）发表信《给文学青年——第一封信》，署名王任叔。作者在答信中认为，一个人有野心当中国乃至世界的文学家是好的，但不能把作家当作特殊人物高人一等。"中国正需要拿出货色来，咱们未来的大文学家们啊！"

在《大众生活》发表杂文《历史是残酷的》，署名巴人。此文分析历史是残酷的和历史是仁慈的。文中对一些错误观点进行了批判，如"秦桧是个革命者"的观点。

28日 在《杂文丛刊》发表短论《再真实些》，署名一士。长篇小说《沉滓》开始在《华商报》的"灯塔"中连载，署名巴人。该小说连载至9月14日，讽刺了抗战后若干类恶人的丑行。

31日 在《大众生活》（发行地写的是香港）发表杂文《国家中心问题》，署名无咎。

在《南洋商报》发表信《给文学青年——第二封信》，署名王任叔。此信仍答×君："我劝你且慢提笔，或者动笔了，别以动笔占去你整个的时间，你还得向做人方面展开。""文学家还不过是一个普普通通的人。做文学家就得从做人说起。这不但对于你——一个生活经验并不怎么丰富、技巧并不怎么熟练的你——应该如此；就是既成文学家吧，怕也得如此。"

本月 文论集《窄门集》，由香港海燕书店出版，署名巴人，收入《巴人全集》第12卷。内收：《民主与现实》《民族形式与大众文学》《地主性格》《问题小说》《中国气派与中国作风》《关于学习》《文艺中国化问题》《剪裁》《丑恶的描写》《我期望着》《宗派主义杂话》《翻书杂记》《风头杂记》《关于〈麦与兵〉》《历史与现实》《直立起来的〈科尔沁草原〉》《略评〈新生代〉第一部》《评〈投机家〉》《略论巴金的〈家三部曲〉》。

6月

1日 在《时代文学》发表《侨居杂记》，署名巴人。

6日 在《南洋商报·狮声》发表信《给文学青年——第三封信》，署名王任叔。读者在来信中反驳巴人的观点，巴人在回信中告诉他怎样生活，怎样在生活中展开创作。

10日 在《南洋商报》发表《侨居杂记》，署名巴人。

11日 在《南洋商报·狮声》发表信《给文学青年——第四封信》，署名王任叔。

14日 在香港《大众生活》发表杂文《无花的蔷薇》，署名巴人。一、血瘤。病人与医生关于血瘤的对话。二、胡髭的统治。家长与可爱的老婆关于胡髭的对话。

16日 在《南洋商报·狮声》发表信《给文学青年——第五封信》，署名王任叔。此信对×君提出世界上有三种人的说法而作。×君说第一种人，说为生活而生活的工人农民无闲时间创作。第二种为享乐而生活的资本、地主、买办、大商（人）

以及公子、少爷、奶奶、小姐们，他闲暇从事于创作，他们关心的是色情文学。只有第三种人，哲学家、科学家、文学家以及参加革命斗争者才可以从事文学事业。巴人认为这样理解太机械并作了详细的回答。

23日 在《华商报·灯塔》发表杂文《再算孔子的账》，署名毁堂。

24日 在《华商报·灯塔》发表杂文《三算孔子的账》，署名毁堂。文章认为现在没有必要还原孔子本来的面目，还来还去他是复古主义者或保守主义者，并指出孔子提倡"忠""爱"与孙中山提倡的"忠孝、信义、仁爱、和平"不一样。

在《南洋商报·狮声》发表信《给文学青年——第六封信》，署名王任叔。此信是对上一封信的补充说明。信中提出六点：

"第一，你要做个文学家，这是每一个人应有的一分希冀。"

"第二，要做个，我认为必须从做人起。"

"第三，生活与生活相贯穿，你要把握这贯穿着世界的核心——真理。"

"第四，生活的意义，就是战斗。一切生活，都是战斗。"

"第五，斗争的任务有两面，对外（自己以外的客观环境）的反抗和发展的斗争，对内（自己主观的思想感情和脾气等等）的克制和发展的斗争。"

"第六，历史发展之最好反映者，必能完满了丰富的现实内容。"

以上是关于生活的讨论。信末还提及《红楼梦》等作品。

28日 在《上海周报》发表散文《不能忘却的记忆——一月十八日记钞》，署名华沙。

本月 为儿子克平周岁生日拍照，照片后题诗：

生成一副和尚相，愿尔莫作地行仙。

不劳动者不得食，辛苦劳动共着鞭。

7月

1日 在《南洋商报·狮声》发表杂文《关于高尔基一事》，署名巴人。文章从高尔基写人物有一个特点谈起："每个人物都是哲学家。"再谈起国民党围剿新四军和我们今天社会的复杂性。该文于次日刊完，又在1941年6月15日《大公报（香港）》刊发过。

5日 在《上海周报》发表文论《鲁迅思想与新民主主义文化》，署名无邪。文章认为："单单把鲁迅称为是一个战斗的现实主义者是非常不够的。""我认为，将'新民主主义文化的先锋战士'这个崇敬的称号来给予鲁迅，是最为切当的。这就是说，正是鲁迅，他是英雄地也是胜任地执行了新民主主义文化的艰巨的开路工作。"文章把鲁迅作为新民主主义文化的伟大的开路先锋依据是："（一）鲁迅所处的时代，它的客观历史条件已经理下新民主主义的社会根据；（二）鲁迅虽则还不曾自觉地提出新民主主义文化这一名称，但他全部战斗劳务，却是客观地为争取新民主主义文化的胜利而发动的；（三）以鲁迅在文化上的贡献的具体内容来分析，它们也十足地反映了构成新民主主义文化的民族的、民主的、科学的以及大众的诸特征。"

文章还说："其次，鲁迅更是一贯地为争取新民主主义的文化及其政治的胜利和实现而斗争。"作者认为从五四开始到他第三期，"他的为民主主义的战斗劳务就更和进步阶级的立场和利益相密切地联结在一起，这也正足以更有力地说明鲁迅文化劳务的新民主主义性质的越发增强和越发显明"。上述两点，都以《新民主主义论》作为重要论据。同期还发表了《还须沉着》，署名巴人。此文分析当时社会的状况，最后提出："胜利的保证，我认为在于我们应有新的认识，和新的作法。坚持统一战线是必要，但这不是说放弃那对顽固派投降派作各种不同程度的斗争；但这不是仅作好空洞的信仰，而就可不去理解曲折复杂的现实结症，并克服它在发展中的困难。"

10日、11日　文论《四年来上海文艺》分两次在《南洋商报》发表，署名巴人。该文本年8月9日又在《上海周报》第4卷第7期发表，署名巴人。此文对上海四年来文艺界的历史发展做了扼要的概括和总结，全文主要结构如下：

一九三八年《鲁迅风》杂文的论争。

一九三九年关于抗战八股的论争。

一九四〇年暴露文学的口号的提出。

一九四一年表现上海的口号的提出和杂文的重振。

本月　在《野玫瑰》第1卷第2期发表《三十六着》，署名屈轶。

4月以来　巴人去美国办《华侨日报》不成，由于护照难以办理，决定留在香港。当时，巴人除继续为《上海周报》、香港《华商报》、《大众生活》等报刊写稿外，还为胡愈之在新加坡主持的《南洋商报》副刊《狮声》写稿，并连载长篇小说

《沉渣》（未完）①，受到读者欢迎。

据其《自传》所述："到了香港以后，与廖承志、刘少文同志见面，因去美国我的英文条件不好，护照难办，没有去成功。到了7月间，我决定去新加坡；王洛华不愿去南洋，就此分手。她仍回上海，由组织照顾。王洛华带着幼子返沪。……1941年12月15日，许广平被日寇捕后，王洛华安全转移了周海婴。当时王家与周家仅5分钟路程，几天后才送到周建人家。"

按谱主说法，他是在本月间到新加坡，而和他同去的陆诒回忆，他们是本年6月底到新加坡，陆诒称："1941年5月底，我和王任叔（巴人）同志由廖承志同志的派遣，从香港赴新加坡……到了5月份，有一次，廖承志和连贯同志约我到香港德辅道中的安乐园咖啡店谈话，并介绍刚从上海来香港的王任叔同志和我首次见面。……那次谈话内容是我们商量从香港去新加坡工作的问题。关于工作的步骤和分工，我们当然听从廖承志同志的指示，至于怎样动身，则由连贯同志作具体安排。我还记得在我们从香港出发之前，我曾到香江湾仔王任叔同志的临时寓所去访问过一次。那次他和我谈上海'孤岛'时期文化战线上的情况，他所熟悉的新闻界朋友如恽逸群同志、胡仲持同志也都是我的熟人，我们很快就建立了友谊。

……

5月30日这一天，我们一行五人，包括我和我的爱人、女儿，还有王任叔和张企程同志，总算通过层层关卡，搭上了英

---

① 本书作者钱英才在整理《巴人全集》时，为了完整收入这部小说，曾去香港找原件，但只找到了复印件，且文字相当模糊；后又在上海图书馆找到部分复印件，不得已根据文意补上若干字词。该小说收入《巴人全集》第4卷。

商丰庆轮，大家为此高兴。轮船起碇之前，不料香港海关人员又上船突击检查。他们借口任叔同志的种牛痘证明文件，手续还不完备，强迫他登岸补办手续，再等下一班轮船离港，这是香港海关人员强加给我们的一次小麻烦，我们只能忍气吞声和任叔同志暂别，约好下一班轮船到埠时，我去码头迎接他。……一周以后，我和王任叔通知在新加坡的码头上握手相逢。"①

8月

9日　在《上海周报》发表文论《四年来上海文艺》，署名巴人。

10日　在《知识与生活》半月刊发表杂文《漫话人权》，署名夷羿。文章从远古谈到现在，有两种人，一种人是吃人，一种人被人吃。在抗日建国过程中，民众流血流汗，却不能得到人的待遇。

16日　在《南洋商报·狮声》发表文论《略论"抗战八股"》，署名巴人。此文针对香港有家报纸提出："抗战八股是决定中国生死存亡的"，并提出四条理由。指出"现在有人提倡抗战八股化，那除要巩固少数人专制半法西斯的统治外，别无目的。"1938年底至1939年开始，"也曾有人砭刺过'抗战八股'。他们的用意，却在取消抗战，抬出和平八股来"。作者指出这两者是不同的。

25日　在《民潮：闽侨半月刊》发表杂文《说"同"》，署名王任叔。

---

① 陆诒：《忆任叔同志》，《新文学史料》，1991年第3期。

26日　在《南洋商报》发表杂文《教师节感言》，署名巴人。文章分析教师社会地位低的原因，教育界存在的问题，党派、帮派之争。最后谈华侨教育界应该注意的问题。

秋　到南侨师范任教。巴人到新加坡以后，一边在陈嘉庚办的南侨师范学校当国文教员，课余致力于写作；一边致力于党的统战和文化领导工作。与郁达夫的亲密相处，是他这一时期最难忘的事。郁达夫是一九三八年十二月十八日应《星洲日报》社之邀，偕王映霞携子郁飞离福建赴新加坡，在那里宣传抗日救国，发动侨胞支援国内抗战。巴人虽然早期创作深受郁达夫的影响，但他并不认识郁达夫。每次有要事与郁达夫会面，就一定要诗人杨骚带他去。杨骚与巴人早在一九三六年秋冬之交就认识，其时杨骚请巴人担任中国文艺协会的发起人。当时左翼作家内正在展开关于国防文学与民族革命战争的大众文学两个口号的论争，杨骚就约他写这方面的短论。杨骚与郁达夫在福建时就认识了。据巴人回忆："果然，达夫是感情十分丰富的人，就在他们见面时，巴人就强烈地感到了：'达夫是一个容易披肝沥胆的真情男子，但我们初次见面的时候，我竟惊奇于他背诵自己的创伤与恩怨，到了那样坦白的程度。'因此，他认为对达夫不能高谈阔论，只能动之以情。因为'一个感情丰富的诗人，不听你枯燥的宏论。所以常常在友情的偶谈中，涉及某些事项，使他发生兴趣，他就挺身去做'。"[1]

据林少青回忆："记得1941年秋，南侨师范在陈嘉庚亲自主持下隆重开学了。上课铃响后，从教师外庄重地走进了一个慈祥和蔼，面带笑容而文质彬彬的中年教师。他穿着朴素，白

① 钱英才：《巴人的生平与创作》，浙江文艺出版社1990年版，第191页。

衬衫，灰西裤，脚穿皮鞋，一头粗面硬的短发梳脑后，前额突出，鼻梁笔直，双眼炯炯有神，自双耳以下到尖尖的下班都残留着刮不尽的须根，他站在讲坛上，操着浓重的江浙口音作自我介绍，然后用红艳艳的朱砂掌翻开课本给我们上了一堂《关关雎鸠》的文言文课。这就是王任叔老师给我们留下的第一次不可磨灭的印象。

……

正当我们憧憬美好的未来时，1941年12月6日凌晨，阵阵凄厉的仿佛鬼哭神嚎的警报声，伴随着轰轰隆隆的炸弹声，把我们惊醒了。大家仓皇起床涌下楼梯，冲向校舍山坡旁，只见在繁星闪烁的黑幕下，串串雪亮刺眼的机枪子弹川流不息地射向天空；同时，在喧耳的枪声中，大地不断迸发出惊天动地的殷红火光。弹片在飞啸，人民在流血，房屋在倒塌。在血和火的混乱中，孕育着好几代人忘不了的仇和恨。在烟雾弥漫的清晨，我们发现王任叔老师穿着睡衣睡裤，支着手杖，镇定地倚立在山坡旁，注视着山下的火光。同学们都不约而同地涌向老师周围，仿佛他是屹立不动的靠山，是大家精神上支柱。他见我们惊慌惶恐，先安抚我们，然后指出战局的严峻，要大家作好思想准备。"[1]

9月

2日　在《南洋商报·狮声》发表杂文《土地·自由与女儿》，署名若水。文章认为："土地、自由与女儿，这三者就是反法西斯侵略战争中所要保卫的唯一的实际。"要保卫马来西

---

[1] 《我和王任叔老师相处的日子》，见《巴人先生纪念集》，人民文学出版社2001年版，第159—161页。

亚，"要建立马来西亚各民族反法西斯统一战线，使马来西亚屹立不被侵略，那么给予各民族以更大自由，在共同目标上，立刻树立比较合理的共同生活法则，怕是最有必要的！"

5日　在《南洋商报·狮声》发表杂文《关于反侵略文学》，署名巴人。文章说："文学本质上是正义的象征，故曰：'不平则鸣。'文学本质上是自由的标帜，故曰：'诗言志，歌咏唱。'舍此，文学便无生命，所以文学，本质上是反侵略的。""反侵略文学不同于反战文学，它毋宁是歌颂正义的战争，去扑灭不义的战争。"

20日　在《南洋商报·狮声》发表散文《悼木斋》，署名巴人。此文回忆作者和周木斋在"孤岛"共同战斗的日子，一起写鲁迅式的杂文，一起出过《边鼓集》《横眉集》。作者称他为"沉默的独战的战士"。

21日　在《南洋商报·狮声》发表文论《展开反法西斯文学运动》，署名巴人。全文分五个部分：

问题的提出。此节回答"提出反侵略文学运动反法西斯文学运动的现实依据是什么"，共提出四条理由。

反法西斯文学运动也是中国文学运动本身的必然发展。此节从外在的社会的决定的因素和内在的发展规律来分析。

反法西斯文学的实质。"反法西斯文学它的主场是民族的，它的远景是国际的，它的政治要求是民主的，它的当前迫切的任务是反侵略的。"

反法西斯文学的建立。文章从国内反法西斯作家联合谈到国际反法西斯作家的共同联合。还谈到打破创作上束缚和原则、题材的枯竭与缺乏，又说："浪漫主义的或现实主义的这种种创作方法的设定，在我认为今天是多余的。"

结论。反法西斯文学口号在马来西亚提出的原因。

10月

8日 在《华商报》发表杂文《关于杂文的几句话》，署名下里。文章分析杂文不盛行之原因和杂文的署名特点。

11月

2日 在新加坡《现代周刊》发表文论《鲁迅的现实主义》，署名巴人。文章认为："鲁迅的现实主义，是从三方面构成的：对中国历史社会的认识，对当前现实社会的体验，和以进化论（以后则以辩证唯物论）的观点，对于未来社会的预测。这就是说，鲁迅的现实主义，是历史的现实和理想的凝结。只是新现实主义的基本精神。"并指出这种新现实主义有两特点："其一，他以当前的现实为依据，评判过去，指示未来。""其二，他不大言高论，不谈政治原理，经济法则，哲学方法等等；而只谈生活，政治的行动，贫富的事实和实际情况的发展。"文章重点是分析鲁迅研究中国历史独特之处，和他对当前现实社会的不同之处。文章最后提出鲁迅的现实主义，是值得我们学习的。"依据现实，崇尚实际，讲求功效（见《伪自由书》等）；从'人'而剖解活事活物（如陈西滢、章士钊）；以最少的牺牲求得最大的胜利（壕堑战）；从个别战役的胜利到整个战略的胜利（见《对于左翼作家联盟的意见》）；以全体为目标而讲求个别的适应（见《关于翻译的意见》）；将文化打入于社会生活之中而求发展，推进它本身到更高阶段（见关于民族革命战争的大众文学的论争文章）……这一切都是他现实主义精神所寄的地方。"

5日　在《知识与生活》发表论文《建炎南渡后的和战大略》（未完），署名夷羿。此文讲宋高宗在金兵压境之下，同时用了战和派和主战派，以此来保全他的权位。在该刊本月12日发表《建炎南渡后的和战大略》（续完）。

16日　《乱世家庭》在《万人小说》（上海）创刊号发表，署名火山舞客。该小说目前尽见到"一、夜是死一般的静"，故事发生在江南小镇，一家人商量逃难的事。

本月　在新加坡南大酒楼为郭沫若举行五十大庆。据巴人《记郁达夫》自述："只要在我们友情的偶谈涉及某些事项，使他激发兴趣时，他就挺身去做了。达夫就是这样一个人物。在我们某次的会谈中，提及郭沫若五十大庆。达夫立刻答应下来，不等你的计划和安排，他就独当一个人干去，那里定菜，这里捐酒，什么都做得头头是道。一向双方壁垒森严的星洲文化人，在他号召之下，都齐集在南天酒楼上，在这一次庆祝大会中，他作了团结的象征。"而在巴人《论杨骚》中指出过本次活动的意义。

12月

8日　7日的太平洋战争爆发以后，文化人关注着战局如何演变，一部分文化人怀疑马来西亚当局能否坚持抗日战争，而《星华文艺工作者为了保卫马来亚告侨胞书》发布，巴人是坚定的支持者并签了名。接着，陈嘉庚领导的新加坡侨团抗敌动员委员会成立，巴人在其中工作。为了了解马来亚共产党的抗日方针，巴人还和抗敌后援会武装部一位马共同志接触，并由他介绍会见了马共的负责人。后来巴人撤离新加坡时，就是事先得到马共的通知，马共还在经济上支持他和胡愈之等人两百叻币。

据巴人《记郁达夫》自述："太平洋战争爆发后，一切文化人在研究这战局将如何演变，怀疑在星洲应否有一个抗日民众运动，迟迟不敢发出自己的声音来，而富有军事学的记者，已断定星洲在一星期中就将沦陷，且以斩钉截铁的口吻，指出沦陷后的马来亚要发动游击战争为绝对不可能。理由也很充分，马来亚没有自给自足的经济基础，有人激于孩子似的心情，说出了'知其不可为而为之'的话，却被视为笑柄了。但正当这一群前进文化人高谈阔论的时候，由达夫领衔的星洲文艺工作者支持政府抗战的宣言发出来了……之后，首先成立了星洲文化界抗战工作团，开办了干部训练班。这是不属于国民党派的文化和马共的文化人的组织，是前进文化人发起的组织，达夫被推这工作团的团长。"

1942年（壬午，民国三十一年） 41岁

▲1月1日，中、美、英、苏四国领衔，二十六个国家签名的《联合国家共同宣言》发表，世界反法西斯同盟正式形成。

▲4月3日，中共中央宣传部发出关于讨论毛泽东整顿"三风"报告的决定，成为延安整风运动开始的标志。

▲5月2日，中共中央宣传部在延安召开文艺座谈会，毛泽东两次到会讲话，后以《在延安文艺座谈会上的讲话》为题发表。

▲本年，尼·奥斯特洛夫斯基自传体小说《钢铁是怎样炼成的》由上海新知书店出版发行，译者系中共地下党员梅益。

1月

本月　参加"华侨文化界战时工作团"，该团还有胡愈之、杨骚、王纪元等多人。王谦宇："战争开始，巴人同流亡在新加坡的文化人，积极地参与抗日活动，成立了郁达夫担任团长的'星华文化节战时工作团'，巴人担任该团的宣传部长。"①

写信向在奉化大堰老家的母亲报平安。

2月

1日　新加坡处于日军的包围之中。此时，身处绝境的文化人已经不能不考虑如何脱离死地开辟生路的问题。据胡愈之所述："在这最紧张的几天中，华侨抗敌动员委员会主席陈嘉庚先生曾经向新加坡总督汤麦斯提出交涉，要求新加坡万一撤守时，应给予抗委会工作人员安全撤退的便利。可是汤麦斯总督答复不能负责。而同时据英政府方面所泄露，中国政府通过外交机关向英国交涉，也只要求英军保护中国领事馆人员及郑介民领导的军事代表团安全撤退，而对于华侨抗日领袖及民众的撤退问题，则一字不提。"②

2日　以胡愈之为首的参加抗敌委员会的一部分文化人开会，巴人参加了这次会议。鉴于新加坡沦陷在即，会议作出立

---

① 王谦宇：《巴人流亡印尼大事年表》，《上海鲁迅研究》，2011年第4期。以下简称《大事年表》，不再另注。

② 胡愈之：《郁达夫的失踪和流亡》，《民主》，1946年第1卷第48期。

即向苏门答腊撤退的决定。撤退的准备工作，由航委会劳工服务部副主任刘牡丹负责筹办。巴人《自传》中称："在新加坡沦陷的前一个礼拜，××来找我们，要我们迅速准备撤退。"

6日 拂晓，巴人与雷德容（流亡苏岛时化名刘岩）会同出亡的文化人，一共28人，乘坐一艘破旧的机动船，逃离新加坡，同行的知名人士有：胡愈之、郁达夫、唐伯涛、邵宗汉、张楚琨、王纪元、汪金丁、郑楚云、高岗（即蔡馥生）、刘道南、高云览、陈仲达、李振殿、李铁民等。

据巴人《记郁达夫》说："二月六日早晨，达夫和我们由小舢板装成的电船，穿过弹火飞机交织似的海面，到了一个小岛上。"但是，胡愈之的《郁达夫的流亡和失踪》及汪金丁的《郁达夫南洋的经历》均记为2月4日。据《大事年表》记载："当日傍晚，巴人一行所乘的机动船抵达荷属小岛加里汶。岛上荷兰当局以为日军登陆艇，进行威慑性射击，误会解除后允许上岸，因为流亡者多数人没有合法入境手续，因而在岛上滞留了两日。……6日流亡者一行离开加里汶去石叻班让，在当天晚上到达石叻班让是寥内群岛中一个叫做直名丁宜岛的首府。"

8日 登上苏门答腊岛。据《记郁达夫》所述："2月8日晚上，登上了苏岛东海岸一角的萨拉班让。经过各种荷政府的麻烦和留难，第三天晚上，达夫和愈之一行六人，出发到孟佳丽斯去。我们一些朋友留下来。我由于语言、生活的隔膜，社会关系的缺乏，不能为朋友作些可能做的事，就变作离群孤居的幽灵了。但在这荒僻的小岛上，一住就是六个月，也曾利用时间写些东西，却又破坏于敌人搜索之下。我跟愈之他们的音讯，几乎断绝了一样，只从商贩听到他们一些传奇性的消息，特别是关于达夫的。"

9日　胡愈之一行七人作为先遣队离开石叻班让去望加丽，探索回国途径。巴人没有同行，他和德容在石叻班让留了下来。

2月中旬至3月底

据《大事年表》："胡愈之一行离开石叻班让以后，巴人和刘岩在市区住了一个月。2月25日，新加坡沦陷。3月15日，日军占领了整个荷属东印度——印度尼西亚。考虑到住在市区里的安全，巴人与实际已经结成夫妻关系的刘岩，同后来才来到此地的诗人杨骚商量，希望杨骚同他们一起，找一个偏僻的山芭隐居起来。杨骚是福建人，可以同本地人沟通。经同侨的介绍，巴人和刘岩，同扮作兄长的杨骚，在距离石叻班让四个钟头的舢板路程，一个叫做'松芽生比'（按：印尼语'狭河'）的荒僻村落蛰匿起来。"

据巴人《印尼散记》所述："一九四二年三月底，我们流亡在苏门答腊省辽州的一个小岛上。这个小岛的县治市区，叫做萨拉班让，印尼语里这个名字的意思就是'长海峡'，因为这小岛是遮揽在孟佳丽斯海外，一条长长的海峡的一边。这时候星洲沦陷将有一个多月了，苏门答腊省治棉兰，听说已有日军登陆了。一个知道我姓名的朋友通知我：住在萨拉班让市区里不大好，应该找一个山芭（山芭：小乡村）吧。我和老Y（一个诗人）作了几次详谈，要求他跟我们同住。……我们在市区住了将近一月，和我们同住的是一退职的暗探。他是广东客家人，名叫郑包超。……他同意我们这意见，并说要为我们找山芭。"

4月至7月

据巴人《印尼散记》自述："一天，我和老Y跟着他去找一个山芭。那里他有熟人。这地方，当地人叫'松芽生比'（狭河）的，它在亚里附近，一个河湾的尽头。这亚里，也算是一个小市镇，距萨拉班让有四个钟头的舢板路程。但到松芽生比还要更远些。……我们就这样决定了：在四月初就搬到那里去。为了隐居避难都不料我竟因之掘发了人类的矿藏。住在那里的民族同胞，肩负着黑煤似的命运，都也燃发着黑煤似的生命的光焰。"

上半年 断断续续重写1928年写成的长篇小说《土地》（现名《莽秀才造反记》），大约写了十万字。此手稿在日寇大搜查时，被付之一炬。据《大事年表》所记："因风闻日本兵在石吻班让登陆的消息，听了寄居屋主农民的话，把稿子和书籍装在铁箱子里埋藏起来，最后终于损坏了。"

学习《列宁文选》《斯大林选集》等马列著作。雷向宇则教妇女识字。他们开始学习印尼语，调查印尼社会和华侨情况。由此得知这里的华侨生活十分贫苦。特别当他们了解到华侨一家竟靠出卖自己的孩子维持生活，内心感到极大的痛苦。巴人《印尼散记》中说："我的心境像铁椎的敲击，几乎碎裂了。我禁不住叫道：'我的祖国啊！你是否看到你飘流到海外的子孙，是如何挣扎地过着这非人的生活呢？'"

8月

本月 与胡愈之等见面，在郁达夫家短期隐居后离开。据《印尼散记》自述："我们在任生的园丘里，已经闲住了四个多月，现在已经八月中旬（一九四二年）。日本法西斯占领了苏门答腊，也已有五个多月。'秩序'在逐渐恢复，我们深深感到应该做点事了。胡老（指胡愈之）叫人带来口信：回国的希望是没有了，应该做长期打算。这就须做两件事：第一是设法解决自己的经济生活，隐蔽下去。第二是学习印度尼西亚语言，不仅是为的利于隐蔽，而且是为的迎接印度尼西亚将要到来的革命。但我想，如果要做到这两点，只有在可能范围内参加当地的反法西斯斗争。'隐蔽'在群众的斗争中，这是作为一个革命者的任务。小刘也早已潜伏不住了。于是决定去老垅，找那替胡老带信来的朋友老吴。"

据《大事年表》："八月底，得到寇文成的帮助，离开浮罗巴烟，逆锡克河（Sungai Siak）西上，经卜干巴鲁（Pekan Baru），到达巴耶公务（Payakumbu）与胡愈之会合。""巴耶公务是苏门答腊西部高原上的一座小市镇。1942年4月，化名赵廉的郁达夫一个人从彭鹤岭经过卜千巴鲁岛来到苏西，选定这里作为隐居之地。随后，胡愈之、沈兹九、邵宗汉一行也相继来到这里。郁达夫因偶然暴露了懂日语，被日本宪兵征去当翻译。为了掩蔽身份，也为了解决生活问题，这一班流落在巴耶公务的文化人，凑钱办起了一家酒厂，赵廉就是这家酒厂的老板，经理是张楚琨，而化名金子仙的胡愈之当了这个酒厂一个十分称职的会计。"

而据《记郁达夫》所述："当我到了巴耶公务的第二天，便在愈之的隐居处碰到达夫。……达夫曾经为我安排过一个去处，到巴东班浪一个嫁给印尼人的日本女人家里去寄住。我再不能蛰伏待死的生活，拒绝了。但一时没得去处，就搬到达夫家里去。……我选定这杂役室住下，算作达夫一个看屋的。……

第一个晚上达夫和我便在正厅前的客厅里细谈了半夜。我对这一个有才能的作家，很想唤回他对于过去的记忆，称誉他文学事业上的成就，希望他能够自爱，能够振作，能够重整旗鼓。这称誉似乎使他深深感叹了。……我在他家当了一个月的看门人，我似乎更理解了达夫：他有名士的积习，豪绅的横蛮与孩子的天真。他不是以理性来管理自己的感情，他是以感情的反应，所谓警觉性，来管理自己的感情。……他有时实在像个土豪劣绅，他知道怎样来制服那些野兽似的宪兵朋友，他装作很豪奢，为他们花钱，弄女人，喝酒，而自己则仅侍候在一边，力自抑制，去接近酒和女人，他想借金钱的力量，去建立起他们间的虚伪的友谊。他又常常依凭日本人的势力，来对付侨胞，那些太过没有政治知识的侨胞。他常常用恫吓去压迫他们就范。这范围都是'中国人爱护中国人，不许自相争夺、打闹和诬告、陷害'。而这些正是华侨商人的专长。他有时不惜偶一利用日本人的名义，打击这一类人。他同样也依仗日本人的权势，去阻止那些印尼人对中国人不利的行动。他实际上有强烈的爱国主义精神，甚至爱到瞧不起其他民族。他又有强烈的人道主义，和人类爱，爱到不分侵略民族与被侵略民族的关系，而贸然仅凭一个人的个别行动论列事理。"

9月

本月 化名何秀生，在棉兰得到居住证。《印尼散记》中有具体的生活记录。

10月

月初 和雷向予去苏东先达。据《大事年表》所记："月初，巴人（化名何秀生）与刘岩，离开巴耶公务经实武牙到达苏东的先达。……先达是苏门答腊东海岸仅次于棉兰的第二大城市，气候温和，环境幽美，华侨比较集中。在先达，有邵宗海在新加坡早已结识的陈松吟（陈影鹤之弟），还有巴人新加坡华师的学生李国海，宋凉赞等一批进步青年。在巴人来到之前，这里的进步知识分子已经发起成立了地下的抗日组织——'苏岛人民抗敌会'，并在青年和妇女中建立了外围组织，'健身会'和'妇女家政读书会'，以健身运动和家政学习为掩护，进行抗日斗争。青年们将各人手中的书籍集中起来进行传阅学习。巴人来到之后，对青年的学习给以指导，帮助青年正确的认识形势，鼓励青年学习印尼语。"而据《自传》所述："十月到苏东，在先达住了三个月，是邵宗汉先生安排好的。由他我们认识了那里的陈影鹤兄弟，以后，在生活上也得到他们一些接济。在这三个月里，我读了不少马列主义的书，如《斯大林文选》、《列宁文选》。这使我在政治上认识有所提高。"又在《印尼散记》中说："我这时候的家是住在××街，同住的是林天福，一个没有固定专长的小工，温州人。我们是被当作他的亲戚同住下来的。户主自然是他了。这里也可说是我们反法西斯同盟的秘密机关之一。不仅我们的秘密报发稿是从这里发出的，而且还是反法西斯同盟总部经常集会的地方，这××街和日本法西斯兵营邻近的。"

本月 成立苏岛人民反法西斯同盟（简称"反盟"）。

据陈丽水回忆："我不会忘记苏岛抗日时期胡愈之、巴人、沈滋九、郑楚云、邵宗海、刘岩等已故文化界前辈。……巴人同志还满腔热忱地置身当地工作的热潮中，成为当地民众的朋友，同他们联合起来促进人民进步事业的发展。我怀着深深的敬意怀念他们为促进华侨社会的民主进步，为增进中印尼的友谊所作的重要贡献。"①

而肖非在回忆这段经历时说："巴人与刘岩于10月间来到了此处苏东的先达。事情也巧，先达有几位青年是巴人执教于新加坡南侨师范学校的学生。其中之一的李国海（即巴人笔下的阿金）即组织我们几个同学做好掩护工作，保护他们能安全地隐蔽下来。巴人和刘岩到了先达，即以敏锐的眼光看到我们华侨。日本法西斯的统治是极其残酷的。而巴人都不顾个人安危，经常应邀到城郊的秘密据点，为反盟和健身读书会的主要成员讲课。他深入浅出地讲授社会发展史、新民主主义论、大众哲学等基本理论知识，对我们进行抗日的、革命的启蒙教育；有时以他那造诣很深的文学修养，向我们剖析《钢铁是怎样炼成的》、《铁流》以及巴金的《家》、茅盾的《腐蚀》等文学作品的内涵和主人公的革命形象，激励我们宣传正确的人生道路；有时以犀利的政治眼光，从日本人出版的报章窥测战局的演变，精辟地分析世界反法西斯战争的形势，启发我们从黑暗中看到光明，增强抗日必胜的信念。他们常常邀我们三三两两到他寓所'聊天'。……他们就是这样地以赤诚真挚的态度、进步的思想、神圣的信仰，影响我们思想感情和人生观，引导我们到实际的抗日斗争中去。"②

据以上二文推测，《中国革命问题》（遗稿）可能作在此时。巴人哲嗣王克平先生也说过抗日流亡时讲稿。此讲稿仅讲

---

① 《记苏岛人民反法西斯大同盟》，《难忘的"九·二〇"》，中国华侨出版社1993年版，第143页。

② 《忆巴人、刘岩在先达的流亡和战斗生活》，《难忘的"九·二〇"》，中国华侨出版社1993年版，第94、95页。

了《中国社会发展史略》，与题目《中国革命问题》显然相差甚远，这是未竟之作。讲稿写在蓝封面的练习簿上，共二十九页，二十四行，每行三十四字。讲稿已被水浸，但仔细辨认还可看出字迹。《中国革命问题·开场白》讲了四个部分：中国社会发展史。二、中国近代革命史略。三、现阶段的中国革命。四、中国革命与世界关系。①

关于讲课，林少青在回忆中记载："1942年的一天下午，李国海（化名阿金）兴冲冲地踏进我家，悄悄地说：'王任叔老师来了，想和南师的同学见面。'这喜讯像一声春雷驱散了周围的阴霾，无疑地在我们心中投下了一点火种。……从此，在他的教育和指引下，我们同仇敌忾，坚定地走向抗日救亡的道路，我们秘密组织了青年读书会，学习地点最初在阿杰家楼上，后来为了王任叔的安全起见，我们在郊区'甘邦万丹'租了一间简陋的木屋。为了避免邻居注目，我们在屋前安插了一位同志，以焊灯、焊锅为作业掩护，让王老师给我们上社会科学课（讲社会发展史和政治经济学），其他时间，他则埋头写作。

苏岛是一个藏龙卧虎的地方，有大革命失败后逃难南下的党员，有千里迢迢历尽艰险到延安抗大学习返回的革命青年，有陈嘉庚主办的厦大和集美的进步校友，在革命一旦需要的时候，都能挺身而出，不惜牺牲。王任叔、刘岩、邵宗汉、郑楚云等苏东后，很自然地就同他们结合起来，1942年秋组建了'苏岛人民反法西斯大同盟'的地下抗日组织，积极开展活动，我和南师的同学都参加了。李国海对各地情况较熟悉，就充当

---

① 参见周南京主编：《巴人与印度尼西亚》，南岛出版社2001年版，第457页。

王老的联络员，陪伴他四处活动。"①

此时，胡愈之在苏门答腊开展工作，与巴人曾组织"同仁社"的秘密组织，每星期聚谈一次，讨论印尼社会问题，"大家学习印尼文"②。

1943年（癸未，民国三十二年） 42岁

▲3月，《新华日报》以"中共中央召开文艺工作者会议"为题，首次在国统区报道了毛泽东《在延安文艺座谈会上的讲话》消息。

▲10月19日，《解放日报》全文发表毛泽东的《在延安文艺座谈会上的讲话》。

▲11月22—26日，中国、美国、英国三国首脑举行开罗会议，讨论对日作战及战后大计。

▲12月1日，中、美、英发表经斯大林同意的《开罗宣言》，宣称三国必战到日本无条件投降为止。

---

① 《我和王任叔老师相处的日子》，《巴人先生纪念集》，人民文学出版社2001年版，第101、102页。

② 参见胡愈之：《我的回忆》，江苏人民出版社1990年版，第65页。

1月

上旬　巴人同"人民抗敌会"的负责人多次接触商谈，同意参加活动，先达的朋友协助办理了通行证，巴人和刘岩从先达动身去棉兰。巴人在《自传》中称："1943年1月，我去了棉兰，参加华侨的'反法西斯同盟'的地下组织，负责编地下报，负责'反盟'领导。"

据《大事年表》记载："日本占领苏门答腊以后，苏东的爱国青年，组织起了两个抗日团体：'华侨抗敌协会'和'人民抗敌会'。抗日组织成立之初，组织内部发生过苏北有无条件进行抗日武装斗争论，部分激进分子，主张对日本占领者进行暗杀和武装暴动。巴人到达棉兰之后，首先的工作，一是促进两个抗日组织的协调合作，再是给予苏北的抗日斗争一个正确的斗争方针。巴人指出：苏门答腊不同于马来亚，没有以农村作为根据地开展武装斗争的可能性，故此，斗争的方针应是：（一）鼓励华侨青年学习印度尼西亚语，熟悉印度尼西亚的社会、政治、经济及历史的情况，迎接必将到来的革命风暴。（二）团结华侨爱国人士，实行对日本法西斯的不合作政策。（三）大力进行宣传，出版秘密报刊。（四）努力争取发现印度尼西亚共产党的地下组织，并发生联系，为实现印尼人民联合反抗日本法西斯开辟道路。在巴人等的努力下，实现了两个抗日组织的联合，组成'苏岛反法西斯总同盟'，实现对两个组织的统一领导。巴人参加'反盟'和'总盟'的核心领导，并负责编辑出版《前进报》。"

3月至4月

据《大事年表》记载:"3月间,刘岩同赵洪品一起被'反盟'派到马来西亚去,同乡里的抗日组织进行联系。他们返回苏东后建立了自己的核心组织,并为马来亚抗日军进行募捐。邵宗汉(化名张德生)到苏西去,同苏西的朋友(当时,胡愈之,沈兹九等仍隐居在苏西的巴耶公务)研究开张抗日斗争的问题。"

巴人在《记郁达夫》中自述:"在棉兰,我们的工作颇有些进展。我们企图和苏西的朋友们打开一条门来,把我们工作范围,扩大为全苏岛性的。宗汉为了这事,带来了我们的计划和纲领去苏西。……达夫知道我在干些什么,但绝不问我干什么。据说,他曾经在一个朋友面前说起过我。'任叔,他是要革命的。'这就认定他是不能和我接近了。宗汉到了苏西后,他没有一句话问起过我。不问起我,就是谨慎处,但他偏把这紧要消息告诉愈之。'姓王的,是谁呢?'他心里为这而惊慌是可以想见的,他关念朋友的安全,他要尽他的力量,解脱朋友的危险。"

另据《大事年表》记载:"3、4月间,被日本宪兵征用为翻译出差到亚齐的郁达夫,返程途径棉兰时,想方设法,多方寻找,终于得以同巴人见面。这是巴人在石叻班让同达夫分手后的第二次会晤,也是最后一次会晤。在这次充满戏剧性的会面中,郁达夫告诉巴人他回到苏西后,要设法从日本宪兵部脱身出来,看到郁达夫在粗暴骄横颐指气使的日本宪兵面前的无奈处境,巴人感到无限的悲哀和愤怒。"

9月

24日 日本法西斯在棉兰进行大逮捕的第五天，巴人由阿金陪同坐火车潜逃到先达。随后，阿金也把刘岩从棉兰接到先达。据《大事年表》："巴人和刘岩的安全隐蔽的任务，就由尚未被敌人发觉的盟员黄文泉和张苞担当起来。这样，巴人和刘岩由阿金和黄文泉的二妹，也就是巴人笔下那个'还是孩子，都出落得极为活泼和大胆'的黄妙珍陪伴着，在先达东南方的两个小镇，蒂加罗落（Tiga Dolok，印尼语意为三座山）和丹拿爪哇（Tanah Jawa。巴人在《从棉兰到蒂加笃落》文中，将Tian Dolak译为"三岔口"），Tanah Jawa（爪哇地，意为爪哇人聚居的地方）误为Tanjung Jawa（爪哇岬，印尼语中Tanjung意为海峡）附近流落起来，他们寄居在同侨的店铺或菜园里，每处都没有久住，不断地从一处迁到另一处，过着动荡不安的生活。住得稍为长久的，一处是蒂加罗落黄文泉二哥黄文振的咖啡店，一处是丹拿爪哇文泉家的同乡阿通伯的菜园。巴人在他的散文《从棉兰到蒂加笃罗》中，用生动的文字描绘了这段'茫茫然自己不能决定自己行止'的流亡生活。"

关于9月20日大搜捕之后巴人的行止，他在《印尼散记》有详细论述，现扼要叙述如下：九月二十日，日军发动大检举运动，首先逮捕了华侨抗敌协会的成员王桐杰，由于王桐杰的招供，不仅这个组织遭到破坏，还累及苏门答腊"反盟"个别成员。当天，巴人得到赶快离开棉兰的通知后，就赶到"反盟"的秘密印刷厂，找到地下交通员，南侨师范教书时的学生阿金，指挥他们埋好印刷机，藏好印刷品，跟着阿金隐蔽到他的老家去。这时棉兰大多数"反盟"成员都隐蔽起来，但也有一些先后被捕，巴人处境十分危险，"反盟"总部负责人之一老包就带巴人到丹绒爪哇去，以休养为名，让巴人暂住爪哇晋伯家。一周后，雷向予也由阿金带到先达，暂住在老黄家里。

本月　王任叔转移到泗拉巴耶村。据林少青回忆："1943年夏，另一抗日组织'华侨抗日协会'成员王桐杰被捕叛变，出卖了组织，日寇遂于9月20日实行大逮捕，'反盟'也受到牵连。王任叔、赵洪品等领导成员被通缉追捕，我和陈斯纲在黄文泉的带领下，疏散到奇沙兰郊区开设一家肥皂厂，作为'反盟'地下交通站之一。王任叔曾经由邻近的隐蔽处到交通站联络过一次，后来该地区日寇搜捕甚严，可能敌人已嗅到一些蛛丝马迹，王任叔遂转移到泗拉巴耶村。"[1]

据巴人《自传》所述："至九月二十日，日军大检举，另一华侨'抗敌协会'被破坏，'反盟'个别成员被牵连。我们乃从城市撤退至乡村。因为乡村为印尼人居多，很难工作，乃自行种田。另一面从敌报来分析时事，写些小传单，给城市中一些团体里同志。"

《大事年表》中则记载："本月20日，日本法西斯在苏门答腊发动了大检举，大逮捕，这就是后来被载入苏岛抗战史册的'九·二〇事件'。（原注略）1943年9月20日，几乎在全苏门答腊进行了一次大检举。但这次的矛头是针对华侨的。大检举的目的是双重的，既有政治的目的，又有经济的目的。凡是苏门答腊东海岸州的富有华侨都在被捕之列。同时又从棉兰开始，逮捕了不少华侨抗敌协会的成员和苏门答腊人民反法西斯同盟（简称反盟）的成员。日本法西斯已从一个华侨抗敌协

---

[1]　《我和王任叔老师相处日子》，《巴人先生纪念集》，人民文学出版社2001年版，第162页。

416

会的叛变分子中，获得了苏门答腊反法西斯同盟印发的秘密报刊。由于反盟组织较为严密，最初被捕的只限于一两个同华侨抗敌协会有联系的人，之后，日本法西斯又在先达发动过一次逮捕。这样，这两个组织一部分领导人就深入到农村，而整个组织的活动也就不得不停顿下来了。……在这次大逮捕中，巴人的身份没有暴露，他的住所和《前进报》的据点也未被破获，但是由于同巴人有过接触的几个反盟成员的被捕，巴人处境危险，不能不设法逃离日本法西斯军警密布的棉兰，躲藏比较安全地方去。……当天，巴人回不了住所，由阿金（李图海）用自行车载着到棉兰郊区的半路店，在阿金父亲的荣园暂时躲避起来。"

据巴人在《记郁达夫》中所述：

> 我们在棉兰，第一件事是营救九二〇事件被难的同志。关在先达监牢的五十多个同志放出来以后，证明有九个同志死在牢里，证明周斌同志被枪决于棉兰第一刑务所。证明有十二个同志解送到武吉丁宜，没有下落。虽然被处决了的消息，牢里出来的同志，也已经从印尼犯人口中得到过了，但因为爱，常希望被爱者的永生，同志们和家属之间，都似乎故意不愿听信这一"谣言"，棉兰的日本当局，不负责回答这一询问。愈之想到达夫，由达夫也许能探出一个线索来。同志们要我打了一个电报去给达夫。我自然照办了。电文去后的三日，达夫失踪的消息传到了。

关于此事，肖非在《忆巴人、刘岩在先达的流亡和战斗生活》中记载为："巴人和刘岩，在先达住了短短的三个月，因抗日斗争的需要，于1943年1月迁居到苏北首府棉兰市，参加改组后的苏岛人民反法西斯同盟的领导工作。1943年9月20日，由于叛徒的出卖，日本宪兵部于凌晨在苏北各城市进行大检举，大肆搜捕华侨抗日份子。反盟和华抗两个抗日组织一批成员被捕入狱。面对这一突然事件，作为反盟主要领导人的巴人，临危不惧，沉着果断地指挥盟友们转移隐蔽。为防不测，他随后的学生陪同着离开了棉兰，转移到别处去了。日本宪兵部的密探们拿着注有巴人本名、笔名、化名的通缉令四处追踪，巴人便由李国海陪同，在华侨的帮助下，捉迷藏似的与敌人周旋于先达、奇沙兰周围的市镇和乡村地区。那时期的生活，其困难和艰苦的程度，是可想而知的，他们凭着坚强的革命的意志和毅力，战胜了困难，最终来到先达辖区的泗拉巴耶村，'隐居'到日本投降，战争结束。"[1]

1944年（甲申，民国三十三年） 43岁

▲2月，戏剧界在桂林举行第一届戏剧展览会，是抗战时期进步戏剧界第一次大规模的集会，历时90天，有33个戏剧团参加。

---

① 伍英光等编：《难忘的"九·二〇"》，中国华侨出版社1993年版，第98页。

▲9月5日，国民参政会三届三次会议在重庆开幕。15日，林伯渠代表中共中央提出建立联合统帅部和成立联合政府的建议。

▲11月，中共中央派周恩来赴重庆，与国民党商讨建立民主联合政府，被蒋介石拒绝。

▲本年，上海物价上涨速度为战后七年来最快，是上海市民抗战中灾难最深重的一年。

1月

本月　据《大事年表》："从先达（丹拿爪哇的园丘）转移到奇沙兰（Kisaran）附近的马达波罗的菜园里。奇沙兰离先达一百多公里，巴人和刘岩由黄文泉、阿金和张苞自行车轮流运载着，抄小道到奇沙兰。黄文泉在奇沙兰开了一家肥皂厂，作为'联络点'和'守望哨'。"

2月

月初　据《印尼散记》自述："二月初，一个晴和的日子，我们三人到了新邦罗乐附近新租下的菜园……我们已经过了四个多月逃难生活，东避西躲地一向'扰帮'（意为"寄住"。收容同乡，帮助做些工作，供食宿而不付工资。）在同侨菜园里，因为怕连累别人，我们决定自开菜园。此刻以前，我们扰帮的菜园，是在马达波罗。它离从奇沙兰去兰都不拉八的铁路中心站波罗拉迦有十来条石。我们一共五人：老包、阿金、老黄和我跟小刘。老黄，一个山东大汉似的青年，还没有为日本强盗所注意：他就做了我们的'外交大臣'，负责跟外面联络。为

了生活关系，由他在奇沙兰开了一家灰水肥皂厂，作为我们的
'守望哨'。而我们自己，也为邀好菜园主人，在那里试做些肥
皂。因之，引起当地警长的光顾，意思自然是打点'抽丰'，
在印尼国度里，是叫'嚼羔杯'（福建话，要点钱喝咖啡之意）
的。我们四五个人伙在一起，不免太引人注目了。我们要另开
菜园，分散居住，这也是一个原因。……老包打算留在马达波
罗，做肥皂，自力更生，自奇沙兰至马达波罗也便当。老赵住
在兰都附近，再由老包和老赵接通，我们便可连成一线，多少
可做点事。而我如果在那家菜园里住下，先达方面，还有我们
不少同志，正可利用这交通便利条件进行联络，重整我们的反
法西斯工作。这样，我们决定租下那爪哇人的菜园了。"相关
事件还可以参看钱英才所著《巴人的生平与创作》。

8月

本月 形势变得对巴人更加不利。各种谣言四起，说日军
又要搞大检查，现在已经抓了不少人等等。为了谨慎起见，巴
人和雷向予把所有书籍和稿件包扎起来，离开辛苦劳作四个月
的菜园，来到苏门答腊东部海岸拉拉斯大农场附近的一个叫甘
光泗拉巴耶的小村。

据肖非《忆巴人、刘岩在先达的流亡和战斗生活》回忆：
"泗拉巴耶村，是马达族的小村落，非常偏僻，村边有一片未
开发的热带丛林，成群的猴子、黑猩猩及种类繁多的蛇虫出没
其间，极少有人到来。幸免于难的反盟先达支部的领导成员张
苞、宋凉赞、伍焕沾在这里避难。我是这个据点的交通联络
员。当巴人、刘岩居住的新邦罗落菜园引起敌特的注意，安全
受到威胁的时候，林克胜护送巴人转移到这里。约一周之后，

克胜和我又护送刘岩从丁宜转移到这里，同巴人团聚。……巴人不仅是位勤于笔耕的文学家，也是一位善于探索社会问题的革命家，即使在艰难的流亡岁月里，也不忘记观察社会、调查社会、搜集第一手材料。他充分利用一些机会，向华侨工人、农民、店员、小店主、小菜园主调查华侨的过去和现在；在泗拉巴耶村他以不熟练的印尼语，采访村长、近邻的村民、农村教师、失业的爪哇工人等劳动群众，仔细考察印尼社会的最底层，实地调查印尼农村衰败的现状，了解印尼民族的性格和民族精神；同时，为了深入研究印尼的社会问题和独立问题，曾委托我购买了不少有关印尼历史和社会问题的印尼文、日文的书籍。不顾劳动后疲乏的身体，几乎每晚在微弱的棕榈油灯下阅读这些书籍。战后巴人写的《论印尼的反帝斗争》、《论印尼八月革命》、《印尼社会发展概况》等专著和论文以及印尼农村为背景的散文作品，就是在泗拉巴耶村里奠下基础的。"

据林克胜回忆："在逃难隐居穷乡僻壤期间，巴人勤奋学习印尼文，大量收集各种文字的印尼材料（包括实际调查），为今后写出大量高质量的印尼问题著作创造了条件。

在泗拉巴耶村隐居期间，我每月都要为他们输送接济款、生活物资和报刊材料。当时巴人给我的印象最深刻的是他的顽强刻苦的学习精神，他年纪大了，发音不准，丝毫没有动摇过他的信心。他大量地收集各种文字的印尼资料，不懂就勤翻字典，请教其他同志，他的勤奋钻研的刻苦精神和永不衰弱的精力，令人吃惊。当时的生活条件艰苦，无香烟抽时，他就找来一些枯叶切碎，撕下一片报纸卷成烟枝抽；无肉食时，就捕捉森林中的大蝙蝠佐餐；煤油是紧缺的，灯火如豆。因此，学习条件也是很差的。如果没有高度的国际主义精神和共产党员的责任感支撑着他的毅力的话，是很难做到的。事情不负有心人，在避难期间，他根据所掌握的资料，结合他的理论水平和文学才华，完成了《印度尼西亚之歌》初稿。

由于他的刻苦学习，努力钻研，结合当时的实际，为后来写出了不少有关印尼问题的著作创造了条件。他先后写有《五祖庙》、《论印尼的反帝斗争》、《印度尼西亚革命观感》、《印尼社会发展概观》、《群岛之国——印尼》和《印度尼西亚古代史》等等。"①

11月

本月　据肖非《忆巴人、刘岩在先达的流亡和战斗》中称："1944年11月的一天中午，有关人士要我绝对安全护送一位自称'金老板'的陌生人到泗拉巴耶村。'金老板'不会骑自行车，我只好载着他出发，当我们来到市郊'邦端'橡胶园前，正要经过一座日本兵营岗哨时，哨兵突然大喝一声，吓了我一跳，以为哨兵要盘查，不料他见我们下了车，都挥手示意我们走。原来经岗哨，必须下车行走，以示敬意。真是一场虚惊！我们到了泗拉巴耶村，巴人、刘岩一见这位'不速之客'，连忙赶上前握手寒暄，欣喜若狂。经过介绍，我才知道'金老板'竟是赫赫有名的胡愈之先生。此后每当我送食物和日用品到村子，总见到胡愈之、巴人两位挚友形影不离，似有说不完的话。"一个月之后，胡愈之离开。

据《大事年表》所载："胡愈之（化名金子仙）从马达山到泗拉巴耶来探望巴人。胡愈之是巴人的同志加挚友，他的到

---

① 参见周南京主编：《巴人与印度尼西亚》，南岛出版社2001年版，第458页。

来给巴人以极大的欢欣。他们谈论时事，交换对印尼问题的看法。"

据巴人《印尼散记·在泗拉巴耶村》所述："芝轩（按：指胡愈之）从他马达山隐居地到了我们的住处，这真是突然的意外的欢慰的事情。我们不见已经有二年多了。1942年10月，我从他所隐居的苏西巴耶公务离开后，一直没有见过面，也很少通消息。芝轩到了后，我们谈得最多的是时事，我们对于开辟第二战场也有争论。但芝轩却更爱描绘战后的世界，他把这样描绘写在一册《少年航空兵》里。"而巴人在《印度尼西亚革命的观感》中称"趁愈之兄来我住处的机会，集合同住的朋友每夜由他来讲述印尼历史社会各方面的情况。"

12月

30日 巴人身体日益虚弱，染上伤寒病，因沉重的体力劳动和乡间饮食条件差所致。雷向予等把他送到医院就诊。据《印尼散记》自述："我是在一九四四年十二月三十日得病的。一九四五年的一月，就是我生命史上最危险的关头。一个月后，热完全退了。人已瘦得像几根骨头拴起来似的。一个多月的卧床，臀部已被草席焐得发炎和溃烂了。"

肖非在《忆巴人、刘岩在先达的流亡和战斗生活》中则记载："一九四四年末的一天，巴人的烈日下劳动后，突然病倒，服药后不见效，病情日益严重，后经医生诊断为伤寒症。巴人明白伤寒症的危险性，心情沉重地写下了遗言。病讯传出后，隐居在马达山化名张德生的邵宗汉立即从棉兰请来了夏立伟中医为巴人看病，由我用自行车载夏前去。经多次开方服药，巴人才基本病愈。在巴人病危期间，刘岩倾注了全部精力细心护理，并给予精神上的安慰，而她自己那白皙清秀的脸庞却渐渐消瘦下去。共患难、同命运，把一对战友和伴侣紧紧联系在一起。正是由于夏医生的高明技术和刘岩的悉心护理，巴人才能在战时极其困难的条件下，战胜了病魔，又活了下来。"

1945年（乙酉，民国三十四年） 44岁

▲4月，联合国成立大会在美国旧金山举行。

▲8月15日，日本天皇发表《终战诏书》，宣布无条件投降。

▲8月28日，毛泽东、周恩来、王若飞抵重庆，与蒋介石会谈。10月10日，国共双十协定签字。

▲9月2日，日本政府在美国战舰"密苏里"号上向美、中、英、苏等盟国签署并递交投降书。第二次世界大战结束，9日，中国战区日本投降仪式在南京举行。

1月

本月 荷兰医生诊断为肠窒扶斯（即伤寒病），无药可医，嘱咐只能卧床静养。巴人回来后，病情更重，自以为不久于人世，立即写下遗嘱：

"我在海外的一切行动，请问刘（即雷向予）就知道了。我也许犯过错误，但我尽自己能力做到不至于有负于组织的

托嘱。

"希望组织能培养我的孩子成为一个真正的共产主义的战士。

"写过一些东西，没有可以留传下来的。不要因为纪念我而出版什么。

"我这时的心境是平安的！我犯过错误，但这些年来是用行动赎自己的罪！"

而刘岩对巴人精心照料和激励，使他战胜病魔。巴人在《邻人们》中有详细叙述。

当地高明医术的中医治疗下，两个星期以后，巴人的高烧逐渐退下来了。

2月

10日　在《自由》创刊号发表短文《无线电人》，署名巴人。

本月　伤寒基本痊愈，只留下脑鸣后遗症。

5月

本月　据《印尼散记》自述："大约四个月以后，我的体力已恢复了。我们在田头上已种下花生和玉米。工作是轻微的锄草以外，就有时间读书，我几乎是做一会儿工，就回屋子看一会儿书，这样交替来打发日子的。我这时看些有关印度尼西亚的历史书籍，日文的、印尼文的和由日文译过来的西方人的著作。"

7月

本月　完成长诗《印度尼西亚之歌》初稿。此诗从1944年开始写，后又经多次修改。

据《印尼散记》自述："大概七月上旬，忽然传来一个消息，不久日本将发起一次比之一九四三年九月二十日更大的检举。黑名单已经开定了。名单上有成千上万的人，华侨人数的比例在百分之八十以上。并且还说，所有新加坡出来的文化人的名字都在名单上。……但这消息却没有震动我们，并不是因为我们住在这个山芭非常安全，而是我们对于一切恐惧已感到麻木了。如果印度尼西亚土地必须用华侨的爱国者的血来染红的话，那么，在历史上却也不是偶见的事了。从红河战役以至五祖庙，这英勇的事迹早感染了我的心，我还是泰然地写我印度尼西亚颂长诗，终于也极其粗略地完成了计划。"

8月

25日　日本15日宣布无条件投降的消息传到泗拉巴耶村。

26日　巴人由陈影祥用单车载到先达，稍事停留即由先达去棉兰，同胡愈之、沈兹九、邵宗汉等会和。至此，巴人结束四处隐蔽的逃亡生活。据《大事年表》记载："巴人回到棉兰，同隐蔽地回来的'反盟'和'华抗'两个组织的领导人会面之后，立刻投入紧张的工作。首先是恢复'反盟'的地下油印刊物《前进报》，逐日刊登收听到的新闻，分开发行。随之是协同胡愈之、邵宗汉、沈兹九等，连续召开会议，研究战后华侨工作问题。胡愈之、巴人就战后的国际形势和华侨工作的任务作了发言，提出必须反对荷印时期荷兰当局为统治华侨所实行的'甲必丹'制度，推动成立华侨青年、妇女、职工组织及华侨民主促进会，以推动华侨民主团体（即华侨总会）的成立；会议做出筹备出版中、印文《民主日报》的决定。"

烟波在《客居在印尼的王任叔》中记载为："敌人投降以后，他又回到了棉兰，过去被捕的反法西斯同盟盟员也大多出了狱。于是他重整旗鼓，把'反法西斯同盟'改名为'苏岛华侨民主同盟'，出版同盟机关刊物《前进》周刊，团结了大部分进步的青年。此外，他又和邵宗汉先生等协助当地华侨组织'棉兰华侨总会'，作为棉兰华侨的统一领导机关，进行有关华侨福利的种种工作，诸如复办学校，统办粮食等等，都办得有相当的成绩。因为华侨总会采取民族合作的态度，所以跟印尼人方面能够保持很友好的关系，而使棉兰的中华、印尼两民族，在那种种乱哄哄的局面下得以相安无事。"[1]

不久后，雷向予也来到棉兰。她在离开前，公开了巴人真实的姓名和他所进行的反法西斯工作。巴人后来了解到，这个村子的青年几乎都加入了社会主义青年团，也有一些人加入共产党，正是巴人等人在这里播下的革命种子。

9月

1日 被囚禁在先达监狱的抗日战士得到无条件释放，恢复了自由。8月26日巴人从泗拉巴耶回到先达后，多次与日方交涉，日方于9月1日宣布无条件释放全体政治犯。

6日 "反盟"在棉兰举行"九·二〇"殉难战友的追悼会。巴人在会上发表讲话，哀悼了牺牲的战友并总结了抗日斗争经验。

---

[1] 《读书与出版》，1946年复7号。

10月

月初 《民主日报》及其印尼文版*Kerakjatan*出版。印尼文版《民主日报》由巴人担任主编。印尼版《民主日报》是战后苏门答腊第一份由华人创办面向印尼群众的印尼文日报。在印尼文版《民主日报》上，巴人开始用Barhen的笔名发表评论及文章。巴人的言论受到印尼政界人士的欢迎和重视。据《大事年表》所述："自此，Pak Barhen（巴人伯伯）的名字在印尼革命群众中广为流传。"

另据《大事年表》记载，本月起："油印《前进报》停刊，改出《前进周刊》，仍由巴人担任主编。《前进周刊》乃一综合性期刊，内容包括时事评论、理论学习和文艺作品。巴人的短篇小说《一个头家》就是在这个刊物上首次发表的。"

本月 巴人打听郁达夫消息，得到证实郁达夫已去世，被日本侵略者杀害。正如巴人《记郁达夫》所说："'达夫将是日本军暴行的一个最好证人，他的危险是自然的。'但事先谁也没有想到这一点，连达夫自己也没有想到这一点，巴人十分痛惜地说：'我也一样没有想到达夫处境的危险，给他一些可作参考的意见。'"

据林克胜回忆："就在这时候，'反法西斯同盟'的领导人巴人、刘岩、赵品洪等及由新加坡撤离到苏门答腊的胡愈之、沈兹九、邵宗汉等人陆续从隐蔽处汇集到棉兰，立刻投入繁忙的工作。首先将'反盟'的秘密油印刊物《前进报》改为日报，公开出版，在苏北发行，巴人主编，经常写一些短评，以改变华侨耳目闭塞的状况，影响很大。并于1945年8、9月召开了两次重要的座谈会，参加者均是华侨社会中的知名人士，会上就国外的形势、印尼争取独立斗争的形势、中侨今后的处境及爱国华侨的工作任务等广泛交换了意见，会上胡愈之和巴人对形势和华侨工作作了方针性的发言，概括起来主要有几点：（1）强调战后不论是中国国内、华侨社会或印尼，人民的主要任务都是为争取民主而奋斗；（2）主张华侨社会大团结，成立华侨社会最高领导机构华侨总会，废除荷兰殖民地当局强加于华侨的'甲必丹'制度；（3）分析了印尼人民争取独立斗争的形势和华侨所处的地位，强调华侨必须认清形势，改变对印尼人民的民族偏见，克服大国沙文主义思想，支持印尼人民的独立斗争；（4）推动成立华侨工、农、青、妇组织，开展华侨爱国民主运动，增进中印（尼）两民族的友谊于合作；（5）建设筹办图书印务公司，出版中、印尼文版《民主日报》，主张华侨必须学习印尼文，成立'印尼问题研究会'。……巴人主编的印尼文版《民主日报》为增进中、印两国人民的友谊和相互谅解，作出了积极贡献。报纸经常介绍中国革命的有关问题，支持印尼人民争取独立的斗争，还配合各地华侨总会进行国民外交。当先达和峇眼亚比等地一度发生华侨和印尼人民之间进行的冲突时，报纸曾以'印尼研究会'的名义发表《告印尼人民书》，阐明华侨同情印尼争取独立的斗争，两国人民有相同的境遇应友好相处等主张，这对消除印尼人民对华侨的误解和猜疑起了很好的作用，从而扩大了报纸的影响和作用。特别是巴人署名的述评，很受印尼人民的赞赏和欢迎。许多印尼名流和党派领导人经常来访，要求会见巴人和报社领导人，或交流看法，或商讨问题，或接洽业务，彼此增加了理解和友谊。巴人在印尼人民心目中的地位大大提高，都称他为

'伯·巴人'（伯是印尼人对长辈的尊称）。"①

12月

10日 在新加坡《风下周刊》发表文论《中国内战会不会扩大》，署名巴人。

24日 在《风下周刊》发表杂文《略论华侨团结问题》，署名巴人。

31日及次年1月7日 文论《新民主主义的史的发展》在新加坡《风下周刊》第2卷第5—6期分两次发表，署名巴人。

本月 据《大事年表》："'反盟'及'华抗'改组为公开的'苏岛民主同盟'，以广泛团结华侨爱国民主人士推进民主运动为宗旨。1946年中，苏岛民主同盟同中国民主同盟南方总支部取得联系，经双方同意，苏岛民主同盟成为中国民主同盟南方总支部的苏岛支部。自此，巴人不再列名参与民盟的领导。"

1946年（丙戌，民国三十五年） 45岁

▲1月，政治协商会议在重庆开幕，国共双方正式签署《停战协定》。

---

① 周南京主编：《巴人与印度尼西亚》，南岛出版社2001年版，第459—461页。了解更详细有关《民主日报》可参看该书中收录的《苏岛棉兰〈民主日报〉出版前后》。

▲2月10日，重庆进步人士和群众于校场口集会，庆祝政治协商会议召开。大会遭到国民党特务破坏，出席会议的郭沫若、李公朴等被殴伤。此即"校场口事件"。

▲6月26日，蒋介石大举进攻中原解放区。

▲11月15日，民盟中央委员、西南联大教授闻一多在昆明被国民党特务暗杀。

1月

7日 在新加坡《风下周刊》发表杂文《幽默年》，署名巴人。

14日 在新加坡《风下周刊》发表文论《向社会学习》，署名巴人。

21日 在新加坡《风下周刊》发表文论《论马华智识份子的解放》，署名巴人。

本月 据《自传》所述："一九四六年一月，应胡愈之函邀，一个月后，回返。"

年初 据林克胜回忆："1946年初发生的'东北事件'可说是苏北爱国民主力量与国民党反动势力的第一次证明冲突和较量。当时国民党反动派利用'东北事件'掀起反苏反共浪潮，矛指向当地华侨爱国力量。《新中华报》在副刊上发表《回头是岸》的文章，污蔑爱国青年受'共产党的欺骗和利用'。《民主日报》义正词严地予以反击，揭露国民党反动派制造'东北事件'的真正目的和阴谋，并向侨胞作了大量的宣传解释工作。爱国青年团体非常气愤，群起反击，发动抵制《新中华报》的运动。当人们了解到《新中华报》那篇反动文章是该报主编史泽之（出身于南京中央大学）撰写的，一些进步教师和侨领便登报声明同史泽之断续友谊关系。有些从事青年工作的棉兰苏东中学校友也登报宣布同史泽之脱离师生关系（引按：史曾任苏东中学教导主任）。经过这个事件，苏北华侨开始泾渭分明，形成两个阵线，许多青年受到一次深刻的政治教育，懂得如何用政治观点和阶级立场处理人和人的关系。这次事件也扩大了《民主日报》的影响，使《新中华报》受到很大打击。"[1]

2月

9日 在《上海周报》发表通信《海外来鸿》，署名胡愈之、王任叔。先是胡愈之1月13日写信给巴人，谈及自己在印尼四年情况和写作情况。巴人1月15日复信谈及自己的状况。两封信同时发表。

本月 据林克胜所述："过后不久，《民主日报》又面临一次考验。《苏门答腊民报》社股东叶胎昌、邱毅衡突然以该报要复刊为借口，提出要收回该报印刷厂和办公处所，这无疑是企图置《民主日报》于绝境。我们经过研究后，一面进行讨价还价，拖延时间；一面加快步伐筹建自己的印刷厂。经过多方的努力，特别是杨洁如、朱培增、吕书村、王运锐、徐伯衡等人的积极争取，1946年3月爱国华侨集资经营的华商图书印务公司终于建成。这样，《民主日报》就有了自己的印刷厂，社址也搬到棉兰沙湾大街76号，结束了受制于人的历史。"[2]

---

① 周南京主编：《巴人与印度尼西亚》，南岛出版社2001年版，第478、479页。

② 周南京主编：《巴人与印度尼西亚》，南岛出版社2001年版，第479页。

3月

本月 据《自传》所述："至一九四六年三月间，我乃从荷占区进入印尼区，印尼革命政府欲聘为顾问，我坚辞未就，只担任'华侨总会联合会'的顾问，从旁协助华侨民主爱国运动。这时借住一华侨家中，寄食总会主席陈影鹤家。"

完成《五祖庙》初稿。此剧是应印尼华侨青年成立的"新中国剧艺社"的要求而写的。后来又写了第二稿，易名为《五个被吊死的苦力》。新中国成立以后，巴人乘周而复去印尼访问之际，请他帮忙调查了棉兰的五祖庙的情况，在此基础上，他又进行了一次修改、加工。直到"文革"初期，他身陷困境，仍念念不忘此剧，试图再作一次修改，并把剧名改为《点起火炬的人们》。对于一个剧，在长达二十年的时间里，不惜倾注自己的心血，反复进行加工修改，足见作者对此剧的重视。

《五祖庙》取材于印尼人写的历史著作《日里今昔》中的一节和当地华侨的传说。《日里今昔》主要记载荷兰帝国主义入侵日里大肆掠夺的情况，其中也谈到马达苦力、伽耶苦力和中国、印度苦力反对资本家剥削和奴役的斗争。《五祖庙》就是把中国苦力反抗资本家的斗争和马达人、马来人、伽耶人反抗土地掠夺的斗争结合在一起，"在最深刻意义上，反映了各民族人民联合反帝的实质"。作者的意图是："想用戏剧来表现两民族联合反帝，并且借此支援印尼革命斗争。"当时日军虽投降，仍担负"维护"当地社会秩序的责任，日军利用这一点，煽动印尼人民把矛头指向中国侨民。《五祖庙》是完全应这个形势而创作。演出效果非常地出乎意料地好。

据林少青《我和王任叔老师相处的日子》中回忆："1946年，由于荷军侵占勿老湾、棉兰，王任叔不得不转到印尼控制区先达来，他在先达期间，白天在中华中小学校代课，每周还为青年会、妇女会主办的'共学社'主讲社会科学课程，晚间和课余就集中精力，埋头写作。他关心国内政局的演变，关心'民盟'的工作，关心印尼人民的解放斗争，特别关心华侨青年和妇女的茁壮成长，他火热的言行，深得广大华侨印尼人民的爱戴。"①

本月 杂文集《学习与战斗》由上海杂志公司出版，署名王任叔，收入《巴人全集》第11卷。

5月

11日至6月8日 在新加坡《风下周刊》第2卷第23、24、期发表系列条文《青年的任务》，署名巴人。此文分五节：一、我们是活在什么时代。二、我们处在什么环境里。三、首先锻炼我们自己。四、五为《从自我锻炼到社会改造》（上、下）。还谈到怎样担负起改造社会以创造新世界的任务。

16日 在广州《现代》半月刊发表杂文《印度尼西亚民族解放与华侨》，署名王任叔。此文回顾印尼人民反抗帝国斗争的传统，从五个方面指出目前进行解放斗争的有利条件等，最后说明印尼人民与华侨的关系，以及要做的四个方面的事。

20日 在《联合晚报》发表《印尼政局的演变》，署名巴人。

本月 据《大事年表》所载："卷土重来的荷兰殖民军在

---

① 《巴人先生纪念集》，人民文学出版社2001年版，第162页。

英军的支持下，占了棉兰，建立了'荷印行政公署'。印尼军队撤离市区，占领周围乡镇，对棉兰形成包围态。印荷军队之间的武装冲突不断，印尼杂牌武装及社会中的不良分子，趁火打劫，在各地掀起排华事件，华侨的生命财产受到严重威胁。华侨社会因对国内局势和印尼独立观点的分歧，分裂成两大对立的派别。棉兰的国民党反动分子和华侨中的亲荷分子，在荷兰殖民地当局的庇护下，气焰嚣张，屡次挑起事端对民主派施以压制打击，甚至收买歹徒对民主派进行暗杀活动。民主派以《民主日报》为阵地，同反动分子展开针锋相对的斗争。"

据林克胜《巴人与印度尼西亚》一文回忆："1946年夏，荷兰殖民军在英军支持下，为镇压印尼独立斗争，到处挑起局部战争。在苏北，荷兰军队占领了勿拉湾港口和棉兰市区以及两地间的公路地带，建立了'荷印行政公署'。印尼军队则被迫撤出市区，占据周围乡镇，包围棉兰市区。荷兰军队经常袭击和骚扰印尼军民。武装冲突连绵不断。印尼杂牌民兵良莠不齐，一些不良分子和荷兰派遣的特务，经常挑起排华事件，乘机打劫，对乡镇华侨进行烧毁抢掠，无恶不作，华侨生命财产受到威胁。荷兰殖民当局就乘机煽风点火，挑拨华侨与印尼人的关系，激化民族矛盾。国民党反动派和华侨中的亲荷势力，在荷兰殖民当局庇护下，气焰十分嚣张。他们借此污蔑民盟和《民主日报》'通番'（意指勾结印尼人），'出卖华侨利益'等等，甚至图谋暗杀爱国民主运动领导人王任叔、赵洪品、邵宗汉和新生社（原华抗改组后的青年组织）主席陈洪等人……随着荷兰对棉兰等地的殖民统治不断加强，国民党反动派日益嚣张，棉兰笼罩着白色恐怖。爱国华侨一面坚守阵地，一面将部分力量转移到苏北印尼政治中心先达。王任叔、陈洪等也转移到那里。印尼文《民主日报》不得不暂时停刊。"

6月

5日 据王谦宇《日记摘抄》中记载："十时回来，途中遇到巴人先生，一同回到肥皂厂住处来。我刚到看完周楞伽的《炼狱》，因人见问。先生说：周是专门东抄西摘的，过去一个时候跟三青团走，以后落了水都说不定。我又问了一个问题：共产党在解放区实行三三制，共产党只占三分之一。如果控制不了其他的三分之二怎么办？先生笑着说：这不是控制不控制的问题，关键是共产党的政策能不能代表人民的利益。坐了一会，先生走了，借去《光荣归于民主》。"①

6日 在《世界知识》发表杂文《斗争中的印度尼西亚》，署名王任叔。《斗争中的印度尼西亚》题上标注"星加坡②通讯"，指的是身在南洋的巴人撰写了隔海通讯。

8日 午后，召开几个组织的部分负责干部会。分析当下形势，指出反动派日益猖狂……做好各团体各战线的工作，特别是要加强同印尼方面的沟通联络。会上大家踊跃发言，巴人提议，推选五位同志组成最高工作委员会，负责指导工作。据王谦宇《日记摘抄》回忆，巴人说，"学校是先达民主印度的基地和中心，工作要加强。开学在即，缺乏师资，缺少干部，缺少骨干。陈洪先生辞职，新聘校长徐剑冬来到。大家意见，请已经退休的陈琼瑶先生重新出山"，同时巴人出任初二国文的教授。

---

① 王谦宇：《赤道线上》，香港大道出版社2008年版，第19页。本书之后引用王谦宇日记均出自《赤道线上》一书，不再另行注释。

② 即新加坡。

12日 据王谦宇《日记摘抄》记载："晚饭时，巴人、叶贻东先生与一少女孩来家访父亲，谈话中晓得少女即是华中事件中的费曦女士，费振东先生的女公子。巴人先生笑着指着我说，他的爱人就是黄××，他们把华中事件编成活报剧，黄××扮演你费曦。叶和费连声说道：认识，认识。费曦女士掩着嘴咮咮的笑，笑的样子很特别。六时半，在职工会举行形势座谈会。巴人先生做时事报告，主题是中美关系，马绍尔来华、贝尔纳斯辞职，民主共和两党的矛盾，美国国内劳资纠纷。巴人先生还剖析了国民党炮制的所谓民主宪法。演讲一个半小时。"

26日 据王谦宇《日记摘抄》："晚，主持通俗演讲会。上者有天锡、国海、清林、焕沾、瑞凤、长端。接下来巴人先生作时事报告……甚长，大家有倦意……"《大事年表》也记录巴人参加通俗演讲会，作总结发言。

1947年（丁亥，民国三十六年） 46岁

▲4月18日，蒋介石宣布改组"国民政府"，并任国民政府主席。

▲5月起，"反饥饿、反内战、反迫害"的民主爱国运动遍及全国60多个大中城市。

▲7月，中国人民解放军由战略防御转入战略进攻。

▲10月10日，中国人民解放军总部发表《中国人民解放军宣言》，发出"打倒蒋介石，解放全中国"的号召。中共中央公布《中国土地法大纲》，解放区掀起土改运动。

2月

9日　据王谦宇《日记摘抄》："晚，时事报告会……巴人先生今晚的报告，尤其精彩。他总共讲了一个小时又四十分钟。"

3月

1日　在《青年知识》（香港）新19期发表短论《恩威并济》，署名洛。

6日　据王谦宇《日记摘抄》："下午，放学路上，他问我星期天的学习班级记录整理出来没有，我说这次的讲稿整理由少青负责。巴人先生催促要快些整理出来，并且半开玩笑半认真地说：要你们快些把东西整出来有一个办法，叫你们的爱人从旁上督促，上一次你不是很快就整理出来了吗。'那一天民盟的联欢茶会，妙珍没有来，你坐了一会就溜走了。后来妙珍来了，看看你不在，不上五分钟也溜走了，这还不明显。'我反复解释，缺失那天是卷子多提前退席，可是先生却一口咬定，说什么也不相信，我被他说得不好意思，脸孔都发起烧来。过去说秀才遇到兵，有理说不清，如今是学生见先生，事实辩不明了。"

16日　在《青年知识》（香港）新20期发表短论《无事可

做吗》，署名洛。

本月 据《大事年表》："巴人倡议成立'共学社'以推进青年的理论学习。'共学社'的名字是巴人起的，学生是各个群众组织的骨干，共50余人。学习方式是讲课与小组活动相结合。每星期上课两次，星期六和星期日的下午。'共学社'开设两门课程，《文学概论》和《辩证唯物论》，另穿插若干专题讲座。巴人亲自讲课，并编写了讲义分发给学员。"

4月

12日 在《风下周刊》发表杂文《时间的审判》，署名巴人。此文记叙述自己两次乘船时遇到的争论，且都有关蒋介石。一次是抗战胜利不久，那时船上的大都是说他抗战有功，而一年二个月后，船上的人批判蒋介石和国民党政府。

19日 在《风下周刊》发表杂文《印尼的青运》，署名巴人。此文讲了印尼青运（青年运动）与独立运动的关系、战后印尼青运以及缺乏统一组织的问题。

25日 14时召开学生代表大会，成立学生自治会，巴人演讲的题目是《评国民党宪法》。演讲每星期一次，下星期的题目是《如何自修》。

26日 在《风下周刊》发表散文《忆同志李福》，署名巴人。此文在1954年5月作者重新改写，后收入《巴人与印度尼西亚》（南岛出版社2001年）。此文不仅是使我们知道李福是怎样的一人，而且也侧面了解巴人那时的一些情况，为我们研究印度尼西亚华侨史提供了珍贵的史料。

本月 据巴人《自传》所述："期间，我曾两次去新加坡……另一次在一九四七年四五月间，应夏衍同志函邀，约一个月即返。"《大事年表》记录："巴人应夏衍函邀，从先达经苏西到达新加坡，在新加坡停留一个月返回。"夏衍是2月到新加坡的，在新加坡停留了7个月。据夏衍回忆："1946年秋冬之际，周恩来知道了达夫在苏门答腊殉难之后，决定要我去新加坡，了解当时还流散在南洋各地的文化界人士的情况，及向海外侨领传达第二次国共分裂之后的党的方针政策。我于1947年2月到新加坡。当我和陈嘉庚先生谈到新加坡弃守后他们的流亡生活时，他对我说，那时候达夫先生不仅掩护了我，还援救了许多被日本人逮捕的侨领。同年5月初，一位马来西亚共产党的负责和我谈话，也说这位'赵老板'（赵廉——即郁达夫）真了不起，没有他的帮助，我们的组织就会遭到不可挽救的损失。"①

5月

3日 在《风下周刊》发表杂文《五四精神一定胜利》，署名巴人。文章谈了三个问题：五四精神是什么？五四精神与反五四精神的斗争、五四精神必然胜利。

这期间，巴人从新加坡回到苏门答腊。

14日 晚，到职工会演讲。首先介绍新加坡状况，然后讲时事，分析了一个月来的国际形势，用民主潮流不可阻挡之语结束了他的演讲。

据王谦宇回忆："归寓，卧读从巴人先生借来的小说《卫察里津》，A·托尔斯泰著，曹靖华译。这次巴人先生从新加坡带回不少书籍，除小说外还有历史著作。"

---

① 《忆达夫》，《人民日报》，1985年9月20日。

17日　下午到校，共学社重新开课，开始讲授哲学课。

6月

1日　在《太平洋》发表短篇小说《掘坑》，署名屈轶。

2日　晚，参加群众大会，支援国内学生反独裁反内战运动。因下大雨人不多，巴人很不满意，作了简短沉痛的演讲。

本月　据《大事年表》记载："苏东青年总会第二次代表大会、苏东妇女代表大会和苏东工农总会代表大会在先达召开，巴人分别参加有关会议并会见应邀出席招待会的印尼党政军来宾。"

7月

14日　接受印尼记者穆罕默德的采访。在访谈中，巴人对当时华侨受印尼人的扰乱和不负责任的对待，这种革命时期难以完全避免的现象，表示理解；同时严正指出，印尼的领导人应该立即建立一个强大的安全组织，制止侵犯华侨的安全和抢夺华侨财产的行动，"希望这种混乱不要继续威胁生活在共和国统治区的多数人民的安全"。他还批评了革命政府和政党的领导人的腐败现象："他们现在只关心自己的利益和奴役自己政党的追随者，他们中有许多人同华侨商人勾结，在混乱中谋取暴利。"对于革命的前途则指出："目前的情况对印尼人的斗争极其有利，印尼拥有无限的自然资源，各种原料尚待开采。但就主观条件而论，全体人民的觉悟和组织及建设能力，尚远不能令人满意。"详情可见于《巴人谈八月革命》。

据其《自传》所述："到一九四七年七月二十七日，荷军向印尼区进攻，一星期，即占领苏岛首府先达。我也未走避。

荷军在八月六日，把我当作战俘逮捕，实际为国民党领事所策动，欲把我引渡到国内。我被荷军关在棉兰海口的俘虏集中营，中国同志仅5人，此外五百多人皆为印尼民兵。在集中营约两个月不到，因'华侨总会'不断抗议，'中国文艺家协会'也发表抗议书，印尼共和政府广播台向全世界广播抗议，并且特别是胡愈之在新加坡联络了英政府的机关报《海峡时报》中的记者，写文章抗议。荷军受舆论压力，于十月初把我释放，并驱逐出境。这样，我于一九四七年十月^①，和雷恦予同志一同回到香港。即参加香港组织生活，编在乔冠华领导的外事组里，也参加连贯同志负责的华侨委员会。"

8月

6日 巴人被荷兰军队捕，关押先达监狱，次日被押送到火车站做苦工。据王谦宇的日记记载："早餐桌上，父亲（王定一，时任先达华侨总会副主席，先达民盟分部主席）询问巴人先生情况，是否搬去'潮商'居住。正说着，哥哥慌忙从楼下上来说：巴人先生被荷兰宪兵抓走了。听讯，急忙放下饭碗……所有被捕者都集中在一起，只有巴人先生被单独带走。"

9日 被押送去棉兰，囚禁在勿拉湾的监狱。经过各方的营救抗议，荷兰当局被迫在8月26日释放巴人，并于9月14日将巴人驱逐出境，回到香港。

9日至12月27日 在《风下周刊》连载散文《邻人们》。此文记叙巴人、刘岩和阿金三人租下菜园，地点在新邦罗乐附近的乡村。写的如找人搭棚房，不算亚搭，其他材料约二十

---

① 9月14日与刘岩乘轮去香港。

盾，是这园地租费五分之一。他们开始种地，养鸡。巴人用阿金出生证，作了身份证。阿金是"外交大臣""翻译官""菜园内阁总理"。巴人和刘岩是雇工。巴人自称是"猪狗鸡练习会"。

25日 据其《印尼散记》自述："八月二十五日，正是我出狱的前一天。我忽然由政治部叫去审问了。"

本月 史学专著《论印尼反帝斗争》由上海生活书店出版，署名王任叔，收入《巴人全集》第17卷。此文谈了六个问题：一、两条路线展开在印度尼西亚的面前。二、印度尼西亚社会的特质。三、印度尼西亚社会的阶级构成极其民族运动的特质。四，现阶段印度尼西亚革命的环境。五，印度尼西亚往那里走？六，印度尼西亚革命必须克服主观的弱点。该书在结语中提出两点值得关注：

"第一，美国运用它独占资本，屈服了英国，控制了中国，从而转让独占世界以外，正准备在未来的时日中，作一次剧烈的消灭世界社会战争。"

"第二，美国固然已经要求太平洋上有它的战略据点了，然而为了太平洋与印度洋跟英国势力相互连接起来，它就需要印度尼西亚。印度尼西亚是英美最好的共同的战略根据地。美国已经企图自日本、朝鲜到中国的东北，建立起反苏的前哨。"

9月

14日 巴人、刘岩先生被荷兰当局驱逐出境，乘轮去香港。据王谦宇日记所载："日前，父亲去棉兰，托给先生带去一信录。"如下：

何先生（日军占领时期，巴人化名为何秀生）：

得悉先生将赴香港，同学们心里都很难过，大家说，这一次我们的损失太大了，陈先生（指陈丽水）说，这是断指之痛呀。纵然是断指之痛，我们还要极力镇定、沉着，准备面临更大牺牲。他又说，我们没有惧怕，没有畏缩，只有憎恨的微笑！不是么，我们是先生的学生，我们不能辱没了先生。

当先生被捕的第二天，被迫到火车站做工时，同学们流泪，哭了……先生，你放心吧，一棵大树被截倒了，但它遗下的千颗万颗的种子，埋藏在地层深深处。当着春天来到，它仍会穿破头山的冰雪，茁长出新芽。

……

先生放在这里的一部稿子，由家父带去，其余的也许要放在皮箱里一起寄去。敬祝

一路顺风并问刘岩先生安好！

学生　王谦宇
1947年9月5日

关于巴人在狱中情况，详见巴人的《在外国监牢里》，《巴人全集》第9卷。

10月

1日　在《人世间》发表散文《记郁达夫》（上），署名王任叔。

10日　在《现代日报创刊十一周年纪念特刊》发表《我的祝词》，署名巴人。文末落款"巴人敬祝九月十七日"（写作时

间）。文中批评了美国的杜鲁曼主义（即杜鲁门主义），文内还刊有巴人与槟城新闻记者会面的几张图片。

11月

1日　在《自由丛刊》发表杂文《美国的暗盘：略论美国奴役印尼的实际（附表）》，署名巴人。

19日　在《华商报·热风》发表杂文《胡适的梦》，署名巴人。此文列举胡适从美国、五四、大革命及至现在反独裁政府所做的梦。

26日　在《华商报·热风》发表杂文《文艺的宽容》，署名巴人。文章认为主张文艺宽容，并不否定文艺的阶级性。"文艺的宽容，是自由竞争的意思，看谁能争取更多的读者，这里就有各派文艺家的战斗，但按照中国老话，君子动口不动手。""人民的文艺与工农兵文艺，在现阶段的民主斗争中，前者的范围应该比后者更大，但后者应该是人民文艺的主力军。""文艺的宽容是怎样能使它有利于社会改造而为将来的文艺开辟更广大的新天地。"

本月　历史专著《中国革命问题》（遗稿）写于印尼时期。

据楼适夷《一位尊敬的战友》一文的回忆："我到香港，叶以群送来港币一百元，说是组织给我安家的。我就在以群的后房，一间黑漆漆的小屋子里，借了房东一只床，住下来。过几天我爱人也来了，当然挤在一起。可是房东太太发话了，这房是租给独身客的，如有家眷，还得加租。而且还得请请菩萨，叩过响头，才得同居，不然就下逐客令了。这时候来了救星，就是任叔。他住在九龙郊外一个农村里，面海依山，风景极佳。那村子写起来叫'九华径'，很文雅，广东语'九'，

'狗'不分，叫起来是'狗爬径'，倒是它的原名。他一听我到，远远跑来看我，一看那黑屋，就说：'你住在这儿干吗，空气坏，光线暗，房钱又那么贵，房东太太还下逐客令，何苦，搬我那儿去！'于是我搬到了'狗爬径'。这'狗爬径'后来佳宾云集，成了解放战争后期给蒋介石赶出来的穷文化人的乐土名村，但前一个发现的开山祖，是王任叔。他算是鲁滨逊，我就是'礼拜五'了。居民以打鱼为主，种些蔬果，可也是侨村。跑海外的，挣几个钱，就在家乡造座小洋楼，自己不归，留给结发老妻安居。为了挣些外快，洋楼就召些房客居住，任叔算老印尼了，还有些华侨子弟跟他回来，就找到这片胜地。我也就同他成了近邻。这段日子，大家过得很愉快，可惜，他很不幸，丧失了从海外同归的爱人，而且不久，又先我们上解放区了。"①巴人当时住香港九龙郊外青山村。在中国港澳工作委员会外事组和华侨工作委员会工作。

12月

15日 在《读书与出版》发表《书肆偶涉》，署名巴人。文章从出版情况谈中国文化界在历史、翻译与新文学建设三方面的情况，并阐述了自己对于历史研究、翻译文学与新文学的见解。

18日 在《群众》发表《在是非之间没有超然》，署名巴人。

20日 在《人世间》第2卷第2、3期合刊发表散文《记郁达夫》（下），署名王任叔。此文详细记叙作者在南洋期间与

---

① 唐弢等：《迟到的怀念与思考——关于巴人》，浙江文艺出版社1990年版，第44—45页。

郁达夫相知相交，以及侧面叙述胡愈之、沈兹九、杨骚、张楚琨、邵宗汉、王纪元等人的活动与行踪。这不仅是研究郁达夫这时期的重要文献，也是研究中国文化人在南洋抗日斗争的重要文献。

下半年　巴人到香港后，接编《青年知识》。据黄秋耘回忆："《青年知识》是一份白区地下党领导的综合性刊物，在当时颇有影响，发行数仅次于邹韬奋主编的《大众生活》，自从一九四一年创刊以来，一直由张铁生主编，我当他的助手。一九四七年夏秋之间，张铁生调去香港工委担任党的工作，自然无暇兼顾这份刊物的编务。党组织决定由巴人同志继任主编，我仍旧当他的助手。据领导同志向我介绍，巴人同志是一九二五年入党的老同志，大革命时代曾在北伐军总司令部后方留守处担任过机要秘书。根据我过去的经验，凡是在军事首脑部门当什么机要秘书、联络参谋一类职务的人物，大都是情报军官、秘密工作人员。但是共事以后，巴人同志的工作作风，待人接物的态度，在我看来，一点也不像各老谋深算、守口如瓶的情报军官，毋宁更像个大大咧咧、不拘小节的'狂士'。在白区，凡是共产党员，在公开场合，彼此都不以'同志'相称的，一般都管对方叫'先生'。巴人同志比我大十八岁，按旧社会的习惯，为了表示亲热，叫句'老弟'或者'世侄'亦无不可。但是有一天，他竟然叫我作'××同志'，这真叫我'受宠若惊'。事后我对他提了意见。他拍拍我的肩膀，解释道：'没关系，我在国民革命军里当过军官，你也在国民党部队里当过军官，彼此以'同志'相称，适足以说明有那么一种特殊身份，咱们是'国民革命军'中的同袍嘛，这岂不是更加'保险'，不必大惊小怪！'他说罢就哈哈大笑起来，似乎很欣赏自己的机智和幽默。""在我们共同编辑《青年知识》期间，巴人同志是十分认真负责的，他并不因以大作家主编小刊物掉以轻心。临近发稿日期，他就按照刊物的需要，把缺少的稿件全部赶写出来，无论是国际问题述评也好，青年修养杂谈也好，以及文艺评论也好，他都可以按时赶出来交卷。所用的笔名都是临时写上去的，什么'八戒'啊，'行者'啊，'石果'啊……谁也看不出这些不同品种、不同体裁的文章都是出自同一个作者的手笔。虽然这些'急就章'并没有几篇精品和佳品，但至少都达到可以发表的水平。假如文坛上有所谓'日试万言，倚马可待'的多面手，巴人同志确实可以当之无愧的。"[①]黄秋耘在《风雨年华》中还有相关回忆。

1948年（戊子，民国三十七年） 47岁

▲6月，北平各大学教授数百人联名发表声明，抗议美国扶植日本，表示宁愿饿死，也拒绝领取"美援"面粉。

▲7月15日，国民党军警包围昆明云南大学等学校，并向学生开枪射击，造成死伤150余人的大血案。

▲9月，辽沈战役打响，至11月结束，东北解放。

▲11月，淮海战役打响，次年1月结束，淮海地区解放。

---

① 姚玳玫编：《黄秋耘散文选集》，百花文艺出版社2004年版，第192—193页。

1月

1日 在《野草丛刊》发表散文《悼念宋千金》，署名巴人。

4日 在《华商报》发表杂文《略论华侨民主运动》，署名巴人。文章从三个方面说明华侨民主运动的广泛开展。文章指出在文化思想斗争方面还存在三个方面的缺陷。

10日 在《风下周刊》发表杂文《你怎样看事情》，署名巴人。文章先说什么是毛泽东为人民服务的观点，然后讲如何使我们有这种人民观点。文章主要分析华侨中存在的问题，要他们怎样学会看事件的方法。文章以毛泽东的《目前的形势和我们的任务》为例说明。"第一是通看一遍，抓住要点。""第二，要分段扼要，看出其整篇关联之处。""第三联系旧的，发现新的。""第四，要纵观现势，面对现实，实际应用。"

31日 在《风下周刊》发表杂文《怎样研究重要文告》，署名巴人。

本月 在《文艺生活（桂林）》光复版第18期发表《给南洋文艺青年》，署名巴人。

3月

6日 在《风下周刊》发表杂文《政党与阶级关系》，署名巴人。主要观点："一，一定的政党是产生于一定的阶级的。二，但在生意世界里以巩固生意世界为目的政党未必是能代表它所宣布代表的阶级的利益的。三，而在以建立真理世界为目的政党，在一定历史阶段，是可能代表这一历史所要求的全体大多数人民的利益；而走向无阶级的社会，最后解放了自身阶级的束缚。"

4 月

5日 在《现代华侨》发表《马来亚华侨不能忽视政治斗争》，署名巴人。

17日、24日 小说《水客和工头》在《风下周刊》第122、123期发表，署名巴人。巴人写南洋的小说共八篇，除了这一篇小说外，还有：《萨拉山》《一个头家》《章鹤鸣和方子明》《一家的故事》《第二代》《"南洋伯"》《月亮的由来》。这些属于纪实小说，具有与以前的小说不同的美学特征，即第一人称的运用、散文化和纪实性。虽然第一人称的"我"，在作家早期小说中也出现过，但两者是有区别的。早期自传体小说，是借"我"抒发作家本人的感情、经历，"我"基本上是小说的主角。而南洋篇中的"我"，只是充当叙述者、见证者，不是小说的主角。因而所处位置不一样，感觉方式不一样，视点不一样，思考和追求不一样。这八篇中，有的完全可以当作散文来读。这种结构上的"散文体式"，与作家大多作品依据"时序"来结构作品，构成一个封闭系统，体现结构的完整性不同。南洋篇是一个个片断，无矛盾冲突可言，无故事情节发展的完整性，而是呈现开放式的结构，表现出"散"的特点。但这种散，经过作家精心安排，浑然一体，巧夺天工。

本月 史学著作《印尼社会发展概观》，由上海生活书店出版，署名巴人，收入《巴人全集》第17卷。全书共十章：第一章绪言。第二章印度尼西亚社会的简描。第三章前殖民地时期印度尼西亚社会。第四、五、六章荷兰统治下的印度尼西亚社会。第七章印度尼西亚社会的结构。第八章印度尼西亚民族构成及其民族运动。第九章日本统治后印度尼西亚社会的变质。第十章印度尼西亚独立诸问题。

5月

24日 巴人在印尼期间的革命伴侣雷德容（为了革命化名刘岩）因肝病于香港玛丽医院去世。在刘岩生病期间，巴人一面照顾她的病，一面应孔另境索稿，用了一个星期时间写下《任生及其周围的一切》①。

25日 为刘岩举行葬礼，郭沫若、茅盾、沈钧儒、马叙伦、胡愈之、夏衍等人前来向她表示沉痛的哀悼。事后，郭沫若应巴人题墓碑之请，写了《大众之友刘岩墓志》，介绍其生平和革命斗争的事迹。

6月

15日 在《读书与出版》发表《关于〈印尼社会发展概观〉》，署名王任叔。该书系巴人的学术专著，同年4月已出版。

7月

1日 与茅盾等主编在香港创刊的《小说》，并在创刊号发表《读〈围城〉》，署名无咎。文章认为《围城》的作者"有封建东方文化……和西方资本主义文化的丰富教养"。"我们的作者即使有巴尔札克式的纵谈一切漫不经心的才华，但这里却偏缺少巴尔札克抓住资本社会的灵魂（金钱）的特质的那种初步的社会学观点。"而《围城》作者是"单纯的生物学观点，作

---

① 发表于《文艺春秋》1948年第6卷第2期。

了他的罗盘针，一切以恋爱为艺术的主要主题……他只看到一切生存竞争的动物性，而忽略了一切有生存竞争的社会阶级斗争意义"。文章还谈到人物描写方面的特色。

10日 在《自由丛刊》发表杂文《南洋暴风雨》，署名无咎。此文分五个部分：一、缘起。二、历史。三、矛盾。四、斗争，分别讲印度、缅甸、马来西亚斗争情况。五、远景。

本月 小说集《捉鬼篇》，由上海商务印书馆再版。

8月

8日 在《现代周刊（槟榔屿）》复刊版第116期发表杂文《从九年不食说起》，署名巴人。文章讽刺了政府及其"帮闲"者的权术与愚民政策。

本月 史学专著《远东民族革命问题》，由香港南海出版社出版，署名巴人。全书分五章：第一章战前远东各民族地位。第二章殖民地土地问题。第三章远东各民族反异族压迫斗争。第四章战后远东民族运动的一般情况。第五章远东民族革命的性质及其他。

奉命离港潜入解放区玉山李家庄，安排在中共中央统战部工作，担任第二室组长、第二处副处长以及侨务委员等职务。

9月

1日 在香港《小说》发表文论《读〈引力〉并论及其他》，署名巴人。此文探讨《引力》失败的原因。同期还发表了文论《"诗意"的破坏作用》，署名巴人。文章认为《竹林》这篇小说在展开和主题上缺少社会历史发展的正确的宇宙观，或者说，是陈腐的所谓"诗意"破坏了作者更深入的接近现实。

10月

本月　在《新文学丛刊》第一种发表《印尼新文学运动概述》，署名巴人①。

1949年（己丑）　48岁

▲1月31日，北平宣布和平解放。

▲3月5日，中国共产党在西柏坡举行七届二中全会。

▲6月30日，毛泽东发表《论人民民主专政》。

▲7月2—19日，中华全国文学艺术工作者第一次代表大会在北平举行。大会标志着中国现代文学阶段的终结，也是中国当代文学的开端。

▲9月，中国人民政治协商会议第一届全体会议在北平举行。

▲9月，全国文联机关刊物《文艺报》正式创刊。

▲10月1日，中华人民共和国成立，北京30万人在天安门集会，隆重举行开国大典。

---

①　这篇文章多次发表，还有《文化自由》和《世界文化报导》等杂志刊发过。

1月

10日　作《邻人们》的后记。

2月

1日　在《中国青年》发表杂文《南洋华侨的血泪》，署名王任叔。文章说："在南洋，六个国家中（印尼、马来亚、暹罗、缅甸、越南、菲列滨①）一共有一万万五千万人口，而华侨却占有七百多万。……帝国主义的统治，华侨商人的城市，当地民族人民的乡村。""大体上说来是：当地民族人民的'土地'，华侨的'劳动力'，和帝国主义的'资本'，这三者结合而成的。"文章介绍了华侨与帝国主义斗争以及他们的苦难。

3月

本月　随中央统战部向河北平山县迁入北平，在中南海办公，任第三室第二处副处长。

据其《自传》所述："在这期间（1948年8月至1950年8月），我研究的是东南亚各国革命情况，负责第三室第二处研究工作，任副处长。我对于这方面研究，至今还有极大的兴趣，且拟改写一册已经出版过的印度尼西亚历史，浸心在研究中，思想情绪的波动是很少的。只有两件事感到不快。其一，是我和王洛华的婚姻关系。另一件事，是孩子王克宁在一九四九年三月间，在驻营地工作中，突然吐血病死，死后两个礼拜，我才接到消息。知道是急性肺炎。这是可以设法的，因为不久前，他与我谈起身体不好，我没有为他设法检查，致

---

①　即菲律宾。

454

有此不幸。心中内疚不已。但还算能自我克制。”

5月

4日　香港文协（中华全国文艺协会）出版五四纪念特刊《知识分子的道路》，书前特载《纪念五四致国内文化界同人书》，署名的有郭沫若、茅盾、夏衍、翦伯赞、王任叔等六十四人。

25日　为劳荣书稿《脚印》作序①，署名巴人。劳荣在回忆中说："1949年5月，我把解放前和解放初期写的一些诗结为一个集子《脚印》，请他写个序，立刻就给我写来了，还期望着我：'数着过去的脚印，以此为出发，迎接全中国的解放，为着中国无产阶级的伟大事业——掌握革命的规律以城市领导乡村，从新民主主义革命过渡到社会主义革命的伟大事业——而歌唱吧！'"②

本月　与在部队的儿子克宁在北京见面。

6月

本月　专著《群岛之国——印尼》，由上海三联书店出版，署名巴人，收入《巴人全集》第9卷。本书以书信形式，即以印尼的小端给从印尼来到延安的同学小严的信，详细地向解放区介绍印尼的地理历史与现实社会，特别是第二次世界大战后印度尼西亚社会的发展变化。全书分二十三节。

---

①　序文见《脚印》，上海文化工作社1950年版。
②　《缅怀王任叔（巴人）同志》，载《巴人先生纪念集》，人民文学出版社2001年版，第138页。

7月

2日 中华全国文学艺术工作者代表大会在京开幕，被选为中华全国文学工作者协会委员。

本月 话剧《费娜小姐》（原名《前夜》），由上海海燕书店出版。

9月

7日 儿子王克宁在执行任务时病逝，被追认为革命烈士。巴人接部队发来的儿子死亡的消息后，极为悲痛。据其自述："一个没有父母管教的十七岁的孩子，自己假冒二十岁，奋身投入佳木斯的炮兵学校，经过三个月的突击训练，就参加防卫哈尔滨之战，在松花江畔挖着战壕，几个月紧守在高射炮阵地里，作为一个观察员。长时间的地道生活，使他全身发霉，生疮，身体虚弱了。之后，他又参加锦州战役，沈阳战役以至天津战役。十七八岁的青年，生得高大，但并不是发育的健全和结实的。待到他们到北京西郊飞机场休整的时候，我们会见了。他有一次写信给我说，他在上操时吐了口血。我对此也不在意，给他一点点作为父亲的温暖。而在不到二个月后，部队却送来了他死亡的消息……这件事，我深深感动自己对他不但缺少父亲的爱，而且表现为没有丝毫人情，这就不能不使我对《一个人的遭遇》中的主人公的精神感到惭愧和流泪。"① 这段话是回应《论人情》被批评的文章的，由此可以窥见巴人当年写《论人情》时个人的精神背景。

据其子王克平回忆，巴人在此事上有深深的精神创伤：

---

① 《以文代简——关于〈评〈论人情〉的答复〉》，《北京文艺》，1957年第5期。

爸爸告诉我关于我的大哥王克宁的事。

克宁十二岁只身到解放区，十四岁参军。一九四九年初，北京刚解放，爸爸在中南海办公，克宁在北京西郊飞机场高炮部队任见习参谋。休假日，克宁常到中南海看望爸爸。许广平、周海婴、克宁和爸爸还在办公室内合影留念。一次，克宁探望爸爸时，感到很不舒服，在返回部队时刻又下起了倾盆大雨。克宁想留在爸爸身边过夜，但爸爸坚决要克宁准时返回部队报到。克宁冒着雨赶回部队，当即发高烧。几天后，克宁随同首长去保定接收国民党军事学校。途中，克宁大吐血，抢救无效，竟然离开人间；时年只有十八岁。

话未说完，两行泪水不停地沿着爸爸的脸滴在他的衣服上。我受到极大震动，这是我第一次看到爸爸流泪。[①]

本月　出席中国人民政治协商会议第一次全体会议。

10月

13日　母亲九十大寿时，寄信给老母并附照片一张，并题："送九十岁的亲娘。"

19日　毛泽东签发《中央人民政府任命通知书》："任命王任叔为中央人民政府华侨事务委员会委员。"

---

　　① 王克平：《我的爸爸巴人》，见《迟到的怀念与思考——关于巴人》，浙江文艺出版社1990年版，第36页。

1950年（庚寅） 49岁

▲2月16日，毛泽东抵莫斯科会见斯大林。

▲3月，中共中央发出《严厉镇压反革命分子的指示》。

▲5月，中共中央发出《关于在全党开展整风运动的指示》。

▲6月25日，朝鲜战争爆发。

▲10月25日，中国人民志愿军赴朝，参加抗美援朝战争。

1月

本月　报告文学《任生及其周围的一切》由海燕书店出版，署名巴人。此书是写巴人在印尼时期流亡经历的。

文艺理论专著《文学初步》（再版），该书由《文学读本》《文学读本续编》合编后改名，由上海海燕书店出版。据其自述："这一册子写定于1939年与1940年间，以《文学读本》和《文学读本续编》名义先后分册出版。出版后不久，1941年3月，我就离开上海到南洋去。听说上海出版界对这书颇有予以推荐和批评的。但我自己都没有看到过这些文字，所以也无法从别人的批评来改正自己的错误。……1947年10月，不见容于荷兰帝国主义，将我抓起来，又把我赶出了境——苏门答腊。回到香港，碰到些老朋友，言谈中有提起这册东西的，且有人愿意再版它，其中之一，便是海燕书店的老友俞鸿模兄。我漫然答应了，却漫然置之，没有勇气再校看一遍，交给他去出版。荏苒至今，又近两年，全国快都解放了。解决了中国大城市，也解放了出版界。'海燕'翱翔起来，要我参加来放一顶'纸鸢'，这就又提出《文学读本》的再版。"（《再版后记》）

《文学初步》出版后，当年加印了一次，上海海燕书店改名上海新文艺出版社，该书又连印四次，计二万七千册，合计为三万四千册。《文学初步》和《文学读本》前四编在文字上没有什么改动，即文学的产生、什么是文学、文学的特质和文学的创造，增加了第五篇文学的风格及其流派、第六篇文学的种类与形态、第七篇新文学诸问题，还增加了《再版后记》。此书的结构，"大致取之苏联维诺格拉多夫的《新文学教程》"（《文学读本·后记》）。但作者仅用该书的结构，而内容和立论则不同于该书。这就是作者非常强调中国化、民族化。他说："特别应该指出的，我有三处涉及于中国文学史方面的，即为中国文学观念之史的发展，中国文学的流派，中国文学民族形式的检讨。在这里，有自己的对于中国文学的分期法和各流派的意见。"（《文学读本·后记》）这两点，是最为明显区别于《新文学教程》的。

杨幼生在他的《〈文学读本〉——巴人的一部文学理论力作》[1]一文指出该论著的三个特点："一、鲜明的马克思主义观点"；"二、实事求是的分析和启文式的论断"；"三、尽可能做到通俗"。此文是针对四十年代的《文学读本》。

---

[1] 《社会科学》，1980年第4期。

6月

18日 毛泽东签发《中央人民政府任命通知书》，任命王任叔为驻印尼大使。他8月到任。1950年1月11日，印度尼西亚联邦共和国总理兼外长哈达，致函我国外交部长，通知印度尼西亚联邦共和国成立。3月29日，我国总理兼外交部长周恩来复函哈达总理兼外长，表示中华人民共和国中央人民政府愿在平等、互利及互相尊重领土主权的基础上，与印尼建立正常外交外系。4月20日，哈达再致函周总理，对我国愿与印尼建交的意向深为满意，并提议互换外交使节，以促进两国之间的了解和友好关系。周总理于5月31日照会哈达，表示接受互换大使的建议，并提议两国互换大使。

据韩念龙回忆："1948年他从海外归国，在党中央统战部研究东南亚问题，由于任叔非常熟悉印尼的情况，组织决定他出任我国驻印首任大使。当时外交部长是周恩来总理兼任的，对外交部干部的要求十分严格。周总理在致印尼哈达总理的建交电文中，推荐王任叔为我驻印尼大使，亲笔介绍他是一位'文学家，1945年至1947年曾侨居苏门答腊，担任苏东华侨总会中的工作'。可见，周总理对任叔是很了解，很信任的。任叔出国前，在外交部做一次关于东南亚形势的报告，我也在场，他对这一地区各国人民风起云涌的反帝反殖民地运动的分析，观点入理，见解精辟，至今尚留在我的记忆里。1950年8月，任叔赴印尼莅任，在印尼当大使的时间不长，但他为中、印尼两国友好关系的建立与发展，作出了积极的努力与贡献。"[①]

---

① 韩念龙：《在巴人学术讨论会上的讲话》，载《巴人先生纪念集》，人民文学出版社2001年版，第4页。

8月

月初 巴人偕夫人马充生（经组织同意结婚）等出国赴任。马充生在外交部工作，此次作为大使夫人、翻员。他们先乘飞机到达广州，叶剑英亲切接见了他们一行，然后乘船到达印尼。大使馆未建之前，下榻于南洋大旅馆。该旅馆在雅加达市中心。

马充生（1925年6月7日—2008年12月21日）出生在山东衮州。父亲是国民党陆军中将，兄弟姐妹六人。小学、中学都受到良好的教育。1931年9月在上海中西小学读书，1937年进上海中西中学读中学。1942年9月进上海圣约翰大学，先读化学系，1944年转农学院，1947年春季毕业，取得学士学位。1944年4月，在圣约翰大学加入中国共产党。参加党领导下"反内战、反饥饿、反迫害"的斗争。1947年大学毕业后，曾担任美国进步作家安娜路易斯·史特朗的秘书。1948年调到香港地下全国学联工作。1948年底进入解放区，在河北平山县中国共产党中央统战部工作。1950年调外交部，与王任叔结婚，被派到我驻印尼大使馆工作。1952年年底回国。1953年，到朝鲜开城，在中国人民志愿军朝鲜停战谈判代表团工作。1954年，中苏英法等国在日内瓦举行会议谈判，解决朝鲜问题和越南问题，参加中国赴日内瓦代表团担任翻译。1955年调外交部工作，一直到1975年。先后任外交部亚洲司和新闻司副科长、副处长、处长。期间，1958年被评为全国妇女三八红旗手。1960年、1964年曾下乡工作。1969年，下放到外交部在江西上高县办的五七干校劳动，一直到1975年调北京图书馆任采编部部长。1978年调全国妇联任国际联络部副部长，中国人民保卫儿童委员会副秘书长。1980年调到联合国工作，在联合国儿童基金会纽约总部任高级顾问。1986年离任，在美国夏威夷停居，与美籍爱国华人林文光结婚。

14日 下午6时，巴人率钟庆发参赞和梁上苑文化专员去总统府呈递国书。巴人向苏加诺总统致词：

总统阁下：

我荣幸地向你呈递中华人民共和国中央人民政府主席任命我为驻印度尼西亚联邦共和国特命全权大使的国书。

总统阁下：在向你呈国书的时候，让我代表中华人民共和国中央人民政府主席，向你和印尼人民表示诚挚的敬意。同时并对印尼人民的兴旺与幸福，表示衷心的愿望。

总统阁下：中国及印尼人民在历史上及文化上，均有悠久而密切的关系，我相信中印两国之间新的外交关系的建立和顺利进行，将有助于两国人民间友谊的发展及世界和平的维护。

总统阁下：我向你保证：在我受任为中华人民共和国大使的职位上，我将致力于发展两国之间的友好关系。我希望你在我这些努力中，给予帮助和支持。

苏加诺答词：

大使阁下：

我欣幸地接受你为中华人民共和国第一任特命全权大使。

诚然，中国和印度尼西亚人民在历史及文化上，均有显著而密切的关系，我同意中印两国之间的友谊发展和世界和平的维护。

　　大使阁下：我代表国家和人民向你保证，我给予你所希望的一切协助。

　　巴人的大使工作，前期顺利且取得相当的成绩，但随着工作的开展，则显得越来越不适应外交环境。据黄秋耘回忆："建国后不久，巴人同志出任我国驻印度尼西亚共和国第一任大使，作为他的老朋友，老实说，我对他出任这么一个要职并不十分放心。不错，巴人同志有正确的政治主张，坚定的政治信念，但他并不适合当政治家，特别是不适合去当外交家。他不善于克制自己的感情，不善于缄藏自己的政治态度，而这些都是一个职业外交家必须具备的本领。果然，他这一任大使当了不长时间就'卸职'回国了。因为他发表了一篇对当时的印尼总统苏加诺表示大不尊敬的文章，虽然署的是化名，但印尼政府的情报人员也不是白吃干饭的，总有办法打听出这篇'大作'是出自中国大使本人的手笔。后来我有幸拜读过这篇文章，大意是说，印尼人民是富有革命精神的，敢于反帝反殖，可惜在这样一个领导人的领导下，将来难免会走上悲剧的道路。应当说，巴人同志是颇有点先见之明的，但作为一个大使，绝对不能公开发表这样干预所在国内政的政论文章。"①

---

① 《可敬爱的"莽秀才"——追念巴人同志》，《文艺报》，1985年11月16日。

1951年（辛卯） 50岁

▲1月8日，由文化部领导、全国文联协办的中央文学研究所举行开学典礼。后改名为"文学讲习所"，为现今鲁迅文学院前身。

▲3月，人民文学出版社在北京建立。

▲5月20日，毛泽东为《人民日报》写社论《应当重视电影〈武训传〉的讨论》，全国开始批评《武训传》。

▲12月1日，中共中央作出《关于实行精兵简政，增产节约，反对贪污、反对浪费和反对官僚主义的决定》。

2月至5月

在香港《文艺生活》第54至57期上连载《在外国的监狱里》，署名巴人，收入《印尼散记》和《巴人全集》第9卷①。此文记叙了巴人在印尼被荷兰殖民军队逮捕坐牢的经过，以及巴人在狱中的记闻。

本年　住雅加达，任中华人民共和国驻印尼大使。据《自

---

① 关于印尼的散文，除《在异国丛林里》发表于《江南》1981年创刊号之外，其余均收入巴人著《印尼散记》（湖南人民出版社1984年版），并据此收入《巴人全集》。

传》所述："深感自己政治水平不高，领导能力薄弱……常受外交部批评。"

1952年（壬辰） 51岁

▲1月26日，中共中央发出"在城市限期开展大规模的坚决彻底的'五反'斗争的指示"。

▲3月15日，苏联发表授予1951年文学艺术方面有卓越成绩者以斯大林奖金的决定。中国作家获奖的有：丁玲的小说《太阳照在桑乾河上》（二等奖），贺敬之、丁毅的歌剧《白毛女》（二等奖），周立波的小说《暴风骤雨》（三等奖）。

▲5月23日，全国文联召开文艺座谈会，纪念《讲话》发表十周年，郭沫若、周扬、丁玲、冯雪峰、梅兰芳等参会。

▲9月，毛泽东发表题词"百花齐放，推陈出新"。

▲12月，全国文协召开"胡风文艺思想讨论会"。

1月

本月 自印度尼西亚回国汇报工作。路过香港，去刘岩坟上祭奠。刘岩骨灰后运至北京家宅，一直放着，后葬至八宝山烈士墓。

3月

本月 回到国内，在外交部工作。据其《自传》所述："1952年3月回国后，我在外交部政策委员会工作，并参加党组。至1954年3月，我调至人民文学出版社工作。"据周而复所说："他到雅加达，出使印度尼西亚。他担任驻印尼大使不到两年，便回国了。外交工作也许不是他的所长，他的文人气质很浓，热衷文学创作和文学事业。"①

周劭《巴人哀思》中称："他在太平洋战争后到印尼苏门答腊，便在那里干抗日工作，和印尼人民非常稔熟。建国后外交人才较少；他是出使印尼的最好人选。可是文学艺术家究竟和外交家不同，印尼是资本主义国家，二次大战后虽不需再着燕尾服带高顶帽，却也要衣饰整洁，行止礼节彬彬，这对他是件苦事。"②

巴人回国后，由参赞钟庆发代理日常工作，但巴人正式卸任大使工作是1953年9月后，10月末，中组部正式批准王任叔参加外交部党组。

本月 《文学初步》，由上海新文艺出版社（第四版）再版。根据巴人要求，要求终止该书的再版、印行。出版社根据他的意见，写了《征求读者对本书的意见和批评》的公函。

本年 完成长篇政治抒情诗《印度尼西亚之歌》。作者从1944年至本年四易其稿，去世后，在《南亚与东南亚资料》1983年第5辑发表，署名巴人。

---

① 《梦的追求——忆任叔》，载《巴人先生纪念集》，人民文学出版社2001年版，第8页。

② 周邵：《巴人哀思》，见《巴人研究》，上海书店出版社1992年版，第45页。

1953年（癸巳） 52岁

▲1月 《人民日报》发表《迎接一九五三年的伟大任务》，宣布开始执行发展国民经济的第一个"五年计划"。

▲7月 朝鲜《停战协定及其临时补充协议》在板门店正式签字。

▲9月 中国文学艺术工作者第二次全国代表大会在北京举行。

▲12月 中共中央通过《关于发展农业生产合作社的决议》。

春 据庄启东回忆："全国解放后，我到北京国家计委工作，一九五三年春我们住在东城羊尾巴胡同，有一天外交部一位同志告诉我：任叔就住在隔壁胡同赵堂子二号外交部宿舍，从我们后门走，正对着他们宿舍前门。……我们一见面，又是东西南北上下古今随便谈。但对我印象最深的是任叔总喜欢谈印尼情况，他的写字台也摆上了印尼农民的木雕。这一方面是因为刚从印尼回来的缘故，另一方面他对印尼有深切的感情，仿佛印尼是他的第二故乡。"①

---

① 唐弢等：《迟到的怀念与思考——关于巴人》，浙江文艺出版社1990年版，第85页。

5月

本月　巴人带着在安徽省委办公厅工作的二女儿回乡探视母亲，住了两天。据其在《两个矛盾》中所述："五月间①，利用休假机会回了一次故乡。故乡新解放区，在天台山月横亘之处，是山区。但就是这样的偏僻山区，也放过流动电影，农民看过苏联集体农庄电影后非常羡慕苏联农民的集体生活。"②而《遵命集·编后记》则称："1953年春，我曾经为了见一见二十年不见面了的九十多岁的老母，回过故乡一次。时间很短，只停留三天。故乡的面貌完全改变了。故乡比我儿时是更为衰落了。这不用说，是国民党的残酷统治和八年抗战的结果。但在故乡普遍衰落的现象后面，却活跃着精神饱满的人！"③

袁少杰："已当了乡长的梦林（按：巴人二哥的儿子）接到县公安局的通知，说乡里要来一个中央的大人物，让他组织民兵搞好保卫，并且要住在乡政府。后来得到通知，这个大人物就是他的曾任中国驻印尼特命全权大使的叔叔。这在山村引起了大的轰动，街头巷尾、田间地头的人们都在议论，说大堰尚书昌门又出了一个尚书。王氏家族的人们也都特别欣喜、风光，奔走相告。……王任叔一行首先到乡政府，在互助组割麦的梦林急急赶回。"④

---

① 回乡时间，巴人不同文章中一说二天，一说三天。
② 《两个矛盾》，《北京日报》，1955年12月12日。
③ 巴人：《遵命集》，北京出版社1980年版，第156页。
④ 《文化巨子的真情悲剧人生——巴人传》，世界华文文学家协会（香港）出版2011年版，第386-387页。

6月

8日 马充生去朝鲜参加板门店停战和平谈判的翻译工作。临走时留下几封信件。

王老：

你前后寄的三封信都已收到了，司里的公务员都拿我开玩笑，说"王老写信太积极了"，但我仍很喜欢见到你的信。我所以没有回信给你，是因为不知正飘在何方。

你最关心的，也是我渴望的事，到朝鲜去，实现了。……

假如我真的去了，你会难过吗？你回来时，将没有小猫咪再唧唧啾啾了。你也许会感到寂寞，但是你一定不会因为要留下我而不愿我做小"志愿猫"的，我将不断写信给你。……我这次去，一定好好努力，拼命地干，不辜负党对我的信任，也不辜负你对我的期望。你相信我会有这种毅力吗？

……

我希望你不要急于回北京，还是设法多走走看看，弄些材料写点东西吧！你不能和上海文联方面安排一下，找点关系，体验一下生活吗？望你主动地利用这假期，如能写一点东西，那不是为今后归队铺平道路吗？而且尝试一下，能写出来，也会增加自己信心。写不出，干脆就不转业了。你认为我这主意如何？

……

六月八日（早）

9日　马凫生出发去朝鲜，致信巴人。

王老：

我六月九日动身了，只怕上次去杭州的信你收不到，因此又在家留了一信。

……

我带了一张你的照片，但也没有你的字在上面，暂时就那样吧，以后你再寄一张来，我会常常想念你的。相信你也会这样。

……

凫生

六月九日

又及：

我现在正等着出发。拿起一些谈判文件读一下，但读不下去，我们这次同去的有二十余人，我做副队长，责任马上加在我身上了。一方面感到责任重大，一方面感到高兴，我这次去将受到很好的考验，回来后我会坚强起来。

我又想到去年这个时候，我们在全国各地参观，看到伟大的祖国。今年我又有这样的好机会，参加有着历史意义的抗美援朝运动，参加保卫和平的谈判，参加对敌的斗争。我感到幸运，我感谢党对我的关怀帮助。多少人羡慕着我，你恐怕也会羡慕我。

充生　六月九日上午八时 [1]

24日　给爱人马充生 [2] 的信中说："这次回乡，我个人的感受大极了。第一，使我不得不对自己作一次重新的估价。党和政府几乎把我当作'宝贝'似的看待。从杭州到奉化，直到自己的家乡，一路派警卫员护送，保护备至。回到杭州，住在西泠饭店，又是出入汽车，警卫保护。回到上海，住在华东行政委员会招待所，交际处负责同志陪你参观这里，参观那里……党和同志们都把我看得这么重要，而我却总是把自己看得'一文不值'，好像生就是一个'写写文章'的人。这种自卑的思想对党和人民说来，是不应该的。我记起鲁迅的话：'有一分热，发一分光。'我必须很对地估计自己，尽自己的努力为党和人民发出可能发出来的光。第二，我到了乡下以后，就像在北京一样，凡是从北京发出的有关乡村的一切指示，都很快速在乡下传达到。"

29日　给马充生的信中说："前几天，人民文学出版社来信，要我在业务之外，帮他们做点事。第一件是审阅一下郑振铎的《插图本中国文学史》。他们要印它，要我一章一节看后，提出意见，由郑振铎修改，再来印行。我答应下来，预备八月后开始这一工作。这对我说来，很好。我又有工作来利用我业余时间了。……

---

①　马充生的信，收于《天使的母亲——马充生纪念集》，此书系个人编印，赠亲友存留，未公开出版。

②　1953年6月到1954年2月，马充生在朝鲜板门店停战代表团工作，还到开城。在巴人遗物中尚存四十余封给马充生的信，对于了解这一时期巴人的思想和生活有重要史料价值，故而选摘一部分，这些信件大多已经收录在《巴人全集》第8卷中，读者有需要可查阅。

近来，我买了一部中译本《莎士比亚戏剧集》，一共三大册，计八万五千元。莎士比亚真是个文学巨匠，语言艺术的高妙，就是从译文中也可以看出来。他讲到语言问题时说：'简洁是智慧的灵魂，冗长是肤浅的藻饰。'这真是名言。我就写不出简洁的文章，可知我缺少智慧，只有'肤浅'。……

闲下来的时候，我的思想活动就会奔向我要写的那个剧本上去；这剧本，我暂给它一个名，叫'山村的一晚'。我已对你说过那剧本的企图：要写党领导力量的强大，直贯彻到偏僻的山村；旧思想的改变，新人物的成长。但不从反面来写，而是从正面来写；要执行正确的领导，必须了解生活的实际。其中一个区长，我要把他作为正确领导人物来写的。一个青年的乡长，是作为一个循着劳动人民自己的生活规律而成长起来的青年一代来写的。其间插着两种思想体系人物的矛盾，即主观主义热情办事的人物和现实主义讲求实际的人物，在领导生产互助组中的矛盾和斗争。"

7月

12日 给马充生的信中说："写这信以前正看完他的喜剧《无事烦恼》。莎士比亚真是一个人类灵魂的雕刻匠……这种古典文学所达到的成就，是我们新文学所不能企及的。"信中又介绍了工作情况："这时期内，新文艺社送来一封征求作家写作计划的信。收到这样的信，我觉得好像是对我一个'讽刺'。事实上，我还没有什么写作计划。但我还是回了信，写上自己的希望：（一）整理已发表过的旧作，（二）整理和修改旧稿（这旧稿真实不少呢），（三）写些南洋生活的回忆。这么一回信，好像自己真的又有什么写作计划了。唉！什么时候，能让我真能有计划来写些东西呢？现在姑且从业余写作开始罢。"

25日　给马充生的信中说到："回京后，原拟在七月中写出一些东西，并且也试写了，但终于写不成功。因为，可利用的时间很零碎，思想集中不了。……前星期，《中国青年》杂志社找上门，要我为他们写篇文艺评论，介绍一下《牛虻》这小说。用三个晚上功夫，读完了二十五万字的小说，准备今天晚上或明天晚上写一篇评论文字。或者，我用在剧本中的材料，拆散来，写一篇篇小故事，送《中国青年》去发表。这倒很可以教育一下我们的青年的。……上海文艺出版社要我整理一两册旧稿，明年放在他们的出版计划里。今天我回了信：预备明年中，整理出一册《大地的咆哮》——写农民反天主教的故事。这是我旧稿中比较完整的一册。八月份开始，我拟费一个多月的时间，看完郑振铎的《文学史》，提出意见，完成人民出版社交给我的任务。"①

27日　给马充生的信中言及："做工作要上级了解，本来是不容易的事。有的人容易为上级了解，有的人不容易为上级了解。比如说，自己有如下一些本领：（一）能够自己吹，（二）能够有'内交'，（三）能够搞出些表面工作给上级看到。这样的人，上级就容易了解。真正为工作而工作，不是为自己表现而工作的人，就不容易为上级了解。……要使上级能允许我去搞文艺工作，只有我在文艺上拿出成绩来才可以。这就是我两年内的文艺计划，业余时间来搞。同时，文艺部门的领导者，过去既不在上海，并不了解我在上海一段工作。比如《鲁

---

①　《大地的咆哮》是部四十余万字的长篇小说稿。巴人去世后，该书稿以《莽秀才造反记》为书名，于1984年由人民文学出版社出版，并获得1986年"人民文学长篇小说奖"。

迅全集》（按：指1938年出版的《鲁迅全集》），是我一手编定的。现在除许广平外，谁也不知道我这一业绩，我又从来自己没有吹过。"

31日　致邵荃麟信，回复登记著作工作，并附赠诗一首。信与诗已收入《巴人全集》第8卷。

8月

1日　在《中国青年》第16期发表文论《关于〈牛虻〉》，署名巴人。文章分五个部分：一、一个革命者的典型；二、《牛虻》的历史背景；三、牛虻的成长过程；四、《牛虻》的成就；五、历史的局限性。

11日　给马充生的信中称："这一星期，我接连看了两场《彼得大帝》的片子。……这片子，很好地教导了艺术家如何来处理历史题材的方法问题。简单一句话，处理历史题材要从全面背景上，突出一点其进步的。这样不否认其进步性，也不强调其进步性，进步是有历史的限度的。……前信曾说到楼适夷要调我去人民出版社工作。昨得他来信，他已跟胡愈之详细谈过。胡老拟与乔木相商一下，然后写信给总理。这次事完全由人民出版社方面自己发动的，未知能否成功。……《中国青年》上发表一篇介绍《牛虻》的论文。这是我回国以来第一次发表文章。愿它成为我的良好的开端吧。"

9月

1日　给马充生的信中称："写了《牛虻》的批评文章后，我接着写了一篇小说，酝酿、动笔、易稿，足足经过一个多礼拜。但自头至尾写就，却在前两星期的一个礼拜天。写了《牛虹》的批评，得到很好的反应。中国青年社又要我写《远离莫斯科的地方》……我已经告诉你了没有，小说叫'和尚老爹'（按：后改名《和尚老伯》收入《龙厄》）……九月十日，开全国文代大会（按：指第二次文代会，实际召开时间1953年9月23日至10月6日）我以代表资格出席。为此，请部批准。章副部长同意外，还批道：'大使身份尚未解除，注意报上不要发表名字。'我不知道其用意所在。后来碰到他，他又告诉我，胡乔木同志曾向他调我，去文学出版社。……我的目的，是要从事写作。而文学出版社的目的，是要我负担出版中国古典文学的工作，又是行政事务。我虽然答应了，但劲头不大。现在，我仍然照预定想法：利用时间，搞出一点东西来再说。"

4日 在《光明日报》发表文论《我们看到的〈远离莫斯科的地方〉》，署名巴人。文章评论的是苏联作家阿扎耶夫的长篇小说，分四个部分：一、一首歌颂集体力量的史诗；二、突出的领导艺术的描写；三、斗争中人们的发展与改造；四、巨大的艺术教育作用。关于最后谈艺术教育这一节，作者认为作品："抓住了构成艺术品的生命和基本东西。""首先，……真实地历史地反映了苏联社会的现实……其次，……它是以充满诗的意境，以艺术的深刻的思想性去教育人们的作品。"文章最后指出它的缺陷。

6日 给马充生的信中称："我要写这样一个乡村老大娘。在土改时候，非常积极，坚决。斗地主斗得特别凶。她是一个童养媳出身，曾被人看作一个泼妇和荡妇。在斗地主中，农民对一个书呆子地主（曾中过秀才并且留学美国的），认为他是哑大树，并没有直接虐待过人，不必对他斗得太狠，可是她不放，一定要他上台'谢罪'，而且'劳动改造'。她在农会中亲自检查他每天的劳动成绩。他说，他过去中秀才，留学美国，县里报喜人经常打锣打鼓报到村里来，这就是打威势，就是压迫人，所以非好好叫他在人民面前低头不可。直到村里出了劳动模范，这回县里报喜才报种田的了。她于是说：'这样，咱们才是真正翻身了，天下才真正是咱们的了。'她才放松对那个秀才地主的管制。我是要把她写成个思想意识上真正翻身的劳动人民的形象，而且要用中秀才报喜和劳动模范报喜的对比，来显示两个时代的完全不同。"信中还以征求意见的口气说："但我将以一个突出人物性格的刻画来丰富上述的构思。你以为怎样？"

22日　给马充生的信中说："明天，就去出席文联大会。大概十天。恐没有时间写信，所以抽空写一点。第一件事，可以预先告诉你的，我的工作，大概有调动可能。从各方面得来的消息如下：胡愈老碰到乔木，谈起这事。乔木完全同意我调文学出版社，并且说，总理也同意，问题是在部里。冯雪峰在出席政府委员会时，曾对伍、章二人谈过。伍答应对此事作郑重考虑。要他正式向外交部提出。大概写信来调吧。我的考虑是：自己写点东西，不要负责太多行政工作，否则与我初愿不合。但较之今日这么做个'上不着天，下不着地'的工作，自然还是愿意离开这里。你的意见如何？……第三，关于我去文学社，不是没有顾虑的。你大概不大了解。文艺界里多少有些'宗派'意见。雪峰对周扬总是不能很好合作的，文艺见解也有出入。雪峰这人是好的，但脾气大，也不易合作。虽然我多少还有点涵养，也多少能坚持一些党的原则，是则是之，非则非之，但进去麻烦也会有不少的。"

23日　参加全国第二次文代会，被选为文协理事。

29日 给马充生的信中："自二十三日起，我即参加文联、文协大会。听报告、参加小组讨论，确也很忙，并且对我说来也很有启发。幸而我所修改的《文学初步》还没有出版，约定给我看最后清样，还可将过去认识不足、不妥和错误的改正一下。任何事、任何工作要看得毫无偏差，实在是困难的，哪怕这一行，你是老手。这次文代中得到毛主席、周总理关于文艺方面的几点指示，一向搞文艺领导工作的同志，例如周扬，都有些自我批评。这是很好的，实在是很好的。……前信说，我有调工作的可能。但观察近来'气象'，这可能性又不大了……我虽然愿意调至文艺方面工作，但对于出版社也并不感到很大兴趣，还是让时间来决定吧。"

10 月

1日 到天安门观礼，感到国防力量强大了。

4日 给马充生的信中说："我很想写一篇《小高射炮手》（按：指牺牲的大儿子王克宁）呢。可惜我缺少战争经验，不知道一九四七年松花江防守情形、锦州战役和天津战役的情形。但这小高射炮手的性格，我是熟稔的。我常常想起这个小高射炮手生前的两个愿望：要见一回毛主席，要去苏联学习军事。这两个愿望是崇高的。要是他还活着，他也许参加过抗美援朝战争，也许是个极英雄的战士。……杨骚患了脑溢血症，幸而血压低，还没有死，但已半身不遂，不知能医好否。徐悲鸿在文代大会第一天当了五小时主席，脑充血复发，死掉了。"

6日 给马充生的信中说："正在文代会开会时，总理召开一次会议，其中随便谈到我的工作问题（我刚好未出席）。总理不知道我也是文协理事之一，竟去开会。同时，又以为我好久不搞文艺了，对国内生活也荒疏了，还搞什么文艺呢？但又说：'巴人我是知道的，过去我也常看他的文章，这次文联文协都没有把他的名字放上，这是我要负责的，但他自己也要负责的，怎么自己不写文章呢？'柯、宦、杨诸同志提到我的《文学初步》，成为大中学校必读的参考书。他又说：'怎么这事我一点不知道呢？'——这透露了一个消息，即去年我写给总理的信，部里没有交上去是事实了。……但总理并没有决定：让乔木同志把我调去，或者不。把这件事交给了两位副部长。我呢，已经对章副部长口头上表示过，希望部里放我走。他说，他们再相商一下，年内日子也不多了，意思是年外可以放走。现在，在人民文学出版社方面，不知抱如何态度了。看来反映是不热的。原因是楼适夷要我去，雪峰则有些'烫手'。他喜欢完全听话的干部，又希望人能埋头出版工作，不要占时间来写作。适夷在这方面的确是他得力的助手。但他不敢以此期望我，可是谈话中就暗示这点。"

17日 给马充生的信中说："两篇书评，似乎引起了很好反响。《北京日报》、《光明日报》记者都来找上门，要稿子。《人民日报》要我为他们写纪念鲁迅的文章。可是我却没有时间，让自己集中脑子来'应差'。现在，我为上海《文艺日报》写《列宁》长诗的介绍。……今天，我已写了一封信给章、伍两位，要求调动工作。部内正在精简人员，调动的可能性是很大很大的。据楼适夷说，伍已回了乔一个条子：'内部正调整人员，所说事稍待时日，再作答复。'不论怎么，就是名义上被人看来好像精简掉的也不要紧，反正我的终身事业，决定在文艺方面了。"

同日 在《文艺学书刊介绍》第8期发表文论《读〈列

宁〉》，署名巴人，又在同年12月《文艺月刊》转载，收入《从苏联作品看苏维埃人》。文章分三部分：一、政治与诗；二、《列宁》的构思；三、一些感想。文中说："社会主义现实主义和过去现实主义的最突出的不同的一点，即前者是以马克思列宁主义的世界观观察、研究、分析现实，并进而发掘现实的本质的，作者对现实是具有主观的能动性的；因之，作者表现现实的手法也将必然地不同于过去现实主义的表现手法——即由于作者世界观与现实的矛盾而产生的那种朴素的真实的描写和缺少主观能动精神的表现。"还谈到对传统文学的继承以及努力塑造英雄。

11月

1日 参加侨务扩大会议。

2日 给马充生的信中说："写了《远离莫斯科的地方》的书评，却堆上了不少'文债'。北京三家报馆都找上门，好意难却，我都想应付一点。但至今未动笔——这就是我的生活。李太白诗，'白发三千丈，缘愁似个长'，而我呢，'白发满头霜，总为构思忙，惜哉为日短，难尽腹中藏'。……调不调工作，我已不放在脑子里了。前两天，部里给我一份通知看：中组部正式批准我参加党组。这怕是部里给我一个非正式的回答，调动工作不必谈起了……你对《石菊》长诗的意见很好。《作家通讯》（文艺内部刊物）登载着作家们的讨论，其中有一个人的意见，正如你所说的，作者想以'自己对艺术的忠诚'和'劳动人民对革命的忠诚'结合为一，因而构想出这个神话式的故事。但作者忘却了这样一个真理：只有革命取得了胜利，艺术才能获得解放。……此外，我觉得用民歌形式，写革命故事的一枝一节，如《王贵与李香香》是可以的。写革命的大场面就不行。十六岁的青年穿十岁的衣服，就太窄了一点。"

9日　给马充生的信中说："几十年来，总是听组织分派，干点杂务。仿佛在杂务中也干出一些'名堂'来了，取得了组织的信任，交给我重要的任务，出国当了'一任大使'。可是，由于自己的无能，又突然从'浪头'抛落在'浪峡'里。虽然没有沉下溺死，其中的辛酸苦辣滋味，实在是不好尝的。回头来，又想去搞文学了。……前星期五，部务会以后，伍部长跟我说：'对你的要求，部里基本同意。'……前天，应《人民日报》拉稿，写了一篇《苏联人民的英雄形象》，大概会登出，或许你也会看到的。现在，读《钢与渣》，应《北京日报》的拉稿，怕又要费一个礼拜以上的工夫。"

10日　在《文艺月报》发表文论《一点感想》，署名巴人。文章强调纪念鲁迅，不要把他当化石，要继承他的精神。比如写文章不要八股化、教条化，要像鲁迅那样说老实话，多学些知识。

19日　在《人民日报》发表文论《从苏联作品看苏维埃人》，署名巴人。文章从《铁流》《夏伯阳》《毁灭》《士敏土》《时间呀，前进》《普通一兵》和《真正的人》等一系列苏联作品中看到，苏联人民全部团结在列宁、斯大林的旗帜下，在社会主义的劳动所创造的物质的和精神的基础上，克服了一切困难，击退了一切敌人。"在苏联文学中，劳动已经成为重要主题。"而朝着理想前进，"也是苏联人民的性格特征之一"。

同日　给马充生的信中说："人总有些惰性。而对我最大的危害倒不是一定是惰性，是这样一种情绪；忽然有时感到自己什么都不行，写东西也不行。这大概是缺乏自信心的表现吧。或者说，在我思想里有一种非常要不得的东西——虚无主义的残余。我自己知道：这种坏思想和坏情绪，是少时读庄子的影响。庄子的思想，曾使我在二十岁左右时发生非常悲观的思想，甚至赞美死。这是一种原因。另外，也许过去生活中挫折太多，养成性格上有些忧郁。这种坏思想和坏情绪总会在孤居寡闻时冲出头来，竟像幽灵似的。但如果工作忙，朋友多，那就觉得有自信心了。这一星期多来，不是没有晚间的空暇，就是不愿动笔。

……

据我们乡下来信：那里是荒年，我侄子家生活大有困难，老娘要我负担赡养。侄子家听说要打发自己媳妇到上海做娘姨，但又怕找不到工作做。他们向我来讨'救兵'了。今天我写了封信去，叫他的媳妇不必外出，就算我请她服侍老娘吧。九十二岁的人，晚上独自一人睡在孤零零的屋子里。天冷了，脱衣服自己无力脱掉，可没有人帮她，只好坐在床上哭，还是邻居听到了，走过去帮她脱下来。听到这种消息，实在叫人难受。就说是别人的娘吧，也会可怜她，何况是自己的亲娘呢？因之，我准备嗣后每月寄一份钱给她。要他们开一个数目来，每月寄多少，并且要他们负责看顾。"

23日 给马充生的信中说："这两个月来，不知怎么的，我的文章'市场'突然兴起来了。北京的一些报刊都打电话来要我写文章。今天上午，就接到三方面的电话……近来很想为《文艺报》写篇杂文，题目是《略论市侩主义》，想揭露一下那种做任何工作，只为自己打算，因而不惜用一切虚伪手段的那种作风。这正也是在学习总路线的时候，要跟资产阶级思想划清界限之一。……总之，目前要求去朝鲜还谈不到。但如果转业成了人民出版社允许我做一个特约编辑，而我主要以写作的劳动来养活自己的时候，那么，通过一些关系，像巴金那样去朝鲜考察，这也很有可能。……可是，我近来的思想活动，更多的是写些小说，记录一些我经历过的生活。例如，描写一九四五年和四六年印尼革命，就是我常常想到的。其中不少人物，也常现在我脑子里。……印尼人民这一斗争，对我说来，不仅用脑子、用宣传为他们努力过；而且用肉体的苦难（坐过集中营）、用眼泪和爱抚育过他们。我是有权利来写这东西的，也是有义务来写这东西的。同时，我在这方面也有一些笔记材料。"

12月

1日 在《中国青年》发表杂文《总路线的灯塔照耀着我们》，署名巴人。此文一开头讲建国四年来祖国的成就，然后讲总路线的意义，及要在总路线指导下工作和学习。

6日 给马充生的信中说："《人民日报》上那篇文章（按：《从苏联作品中看苏维埃人》），我主要指出苏联文学中劳动创造世界这一真理的重要性。其中有几段高尔基的话和列宁、斯大林的话，给他们删了。……他们近来又来信要我写杂感——短文。我还没有动笔。……星期三，苏联大使库兹涅佐夫回国，总理请他吃饭。李部长也来了，我才第一次碰到他。吃饭时，我和他刚好坐在邻桌，他对我提起你。他很称道你：说你已经有领导能力，也敢说话，群众关系好，工作积极。他特别强调你'敢说话'，揣摩他的意思，好像在暗示我不说话，不好。……也在欢送库兹涅佐夫的席上，我碰到作家协会负责人邵荃麟。他告诉我一个消息：文化部周扬知道部内基本同意我调去的消息后，他曾打电话给部里，部里又表示不可能。周扬要我去人民文学出版社或者编《文艺报》，但部里不放。这消息有点奇怪。我本想当即找周扬问个明白。但散会后，找不到了。第二天我即写信去蒋天佐，探问情况，却至今未复。……如果能使我成为一个专业的作家，我想，我是会深入生活去的。我对生活是热烈爱好的，工农群众和青年我总是容易接近的。我检查一些旧的东西，写农民生活的占百分之六十以上。虽然写得不好，但这至少是一种倾向。这倾向也表明我对他们有感情。而在未发表的积稿中，可以说全部是这一方面的。因此，我时常浮起'十年写作'的想头。但愿明年就开始我'十年写作'的第一年。"

8日　在《北京日报》发表文论《人类的〈钢与渣〉》，署名巴人。全文分：一、深刻的主题思想；二、故事的经纬；三、生动的人物形象。

11日　在《人民日报》发表杂文《"我"的摆法》，署名马前卒。文章批评凡事从"我"出发，而应该以"我们"的态度对待。

12日　在《北京日报》发表杂文《两个矛盾》，署名马前卒。文章谈到农民走集体农庄道路和工商业界人士走国家资本主义路的矛盾思想。

27日　给马充生的信中说自己准备买中华书局出的《四部备要》，或者买商务版的《四部丛刊》，但钱不够。又说："新作家对中国古典文学呢，那是很少很少知道的。任何一个民族，新文化总是从旧文化的基础上出发和发展的。而我们这些自称有些'马列主义理论'的学者，文人，对自己中国的东西，实在懂得太少了。鲁迅之所以伟大，就在于他的根基厚。

毛主席领导之所以正确，就在于他熟稔中国历史与社会。"

本年　作独幕剧《山村一夜》（遗稿），存奉化区档案馆，收入《巴人全集》第15卷。此剧是巴人回乡见家乡解放后的变化后，写的农村展开互助组的故事。

作小说《和尚老伯》，收入小说集《龙厄》。小说写和尚老伯因儿子参军前后思想的变化。

1954年（甲午）　53岁

▲5月，中国人民对外文化协会在北京成立。

▲9月15日，第一届全国人民代表大会第一次会议在北京开幕。20日通过中华人民共和国宪法。毛泽东当选国家主席，朱德为副主席，刘少奇为全国人大常委会委员长。大会任命周恩来为国务院总理。

▲9月，《文史哲》发表李希凡、蓝翎《关于〈红楼梦简论〉及其他》，批评俞平伯在《红楼梦》研究中的唯心主义观点。10月16日，毛泽东给中央政治局委员和其他人写了《关于'红楼梦研究'问题的一封信》。随后，全国展开了对《红楼梦》研究中资产阶级立场、观点、方法的批判，同时展开了对胡适思想的批判。

1月

5日 在《中国青年》发表文论《为共产主义而奋斗的人们》，署名巴人。文章在介绍《斯大林时代的人》时说："崇高的共产主义的理想，为祖国从社会主义过渡到共产主义而忘我劳动，深刻地记住先辈不断奋斗过来的每一业绩，大胆地在工作中创造先进经验的斯塔汉诺夫式的工作方法，把战斗与劳动的每一进展都看作是保卫世界和平的每一个胜利，苏联的共产主义社会的建成也将是世界人类有可能永远免于战争的标志。——这一切，就是斯大林时代的人的精神特质，以真人真事为基础而写成的波列伏依的这一特写集，正是抓住了这一种精神特质，并在集子的首篇和集子的尾部，加写了苏联人的精神品质给予世界工人阶级和和平战士们的影响。"

17日 给马充生的信中说："今天上午，我以前的一位学生，在马列学院念书的，来看我。他毕业后调到出版总署下时代出版社做负责工作。他跟出版总署人事负责同志谈起，知道我调到文学出版社去，中宣部已得周总理同意。现在他们正考虑给我什么'地位'。如此云云。晚上，我去看胡老。我希望不担什么负责工作，'有时间写东西'。他不大知道事情经过，但又说，要不搞行政负责工作，恐怕不大可能。——我还想争取一下。"

24日 给马充生的信中说："九点钟我和愈之去颐和园，不是游园，是看朋友去的。山东大学校长华岗来了北京，暂住颐和园，是老朋友，特地去看看他。同时，沈钧儒老先生也住在那里休养，在他老人家大病时，我始终没能去看他。……在那里，碰到了冯雪峰。据他说，我明后天就得去文学社了。问他详细情况，他说，适夷在接头。适夷说的，他自己也不大知道。这么说来，我大概就可以离开了。"

28日 马宛生给巴人的信中称：

> 看你的信，想想你的生活及工作问题，也是很麻烦，不够顺利。不知道什么时候，你才能真正摆脱外交部。很希望在我可能回去之前，你的问题解决了吧。你为什么不坚决一些呢，直接去找总理吧！这也算最后一次去找了。我老催你，但你老不动，自己苦恼一番，何必呢！
>
> 宛生 一月二十八日

31日 给马宛生的信中说："因为《文学论稿》的校样寄来，厚厚的一叠，共计三十万字以上。我一方面要校看，审查字句和理论；另一方面又要我找未注明出处的'注'的出处。……目前写文章真不容易。几个月前还谈的'新民主主义革命'，现在这样说就犯政治上的错误了。在《文学论稿》中，论到文学服务于政治，你总不能不谈到这一点。……文学出版社方面要我搞什么工作，没有具体确定。听他们的口气，是要我当副社长去的。如果是这样，我想写作的希望又缩小了。不过工作的性质跟自己的所长更是接近了。"

同日 在《文艺报》发表文论《读〈初雪〉》，署名巴人。文章赞扬路翎小说《初雪》，巴人认为"诗意不是什么神秘的东西。它是生活的最高真实"。而"它的描写是真实的，所以也有诗意。它的描写是生动的、细致和具体的"。又说："路翎，应该说是一个有才能的作家。但错误的文艺思想，也曾引导他走了些弯路。"

2月

1日 在《文艺学习》发表文论《高尔基的〈母亲〉》，署名巴人。文章指出《母亲》概括了20世纪初，俄国的"广泛的罢工运动和农民骚动从自发斗争走向自觉斗争这一个基本特征"。文章分析了母亲这一人物形象，指出："母亲这一形象是统摄了出现在书中的各种工人阶级人物特点的：被压迫者的苦痛的烙印，为正义事业而斗争的荣誉感和追求真理的崇高理想——这真是人类母亲的伟大精神。"《母亲》"为俄国工人阶级创造了一个英雄形象——伯惠尔，去鼓舞他们的自信心，增强他们的自觉精神，并教导他们应该怎样坚持斗争和应该怎样为社会主义事业而献策，仅就是这一点说，《母亲》这部小说给予列宁所领导的俄国革命斗争帮助是不会太小的"。

8日 在《光明日报》发表文论《关于〈士敏土〉》，署名巴人。全文分四部分：一、历史背景；二、题材的主要方面；三、思想战线上的阶级斗争；四、艺术的成就。

同日 给马充生的信中说："我们在这里，关于总路线的讨论还算热烈的。目前中国革命性质问题，是社会主义革命。这一点中央已肯定了。……有时，人怕必须尽自己的能力多'表现'一些。'表现'本身就是'贡献'。因为近来写了一些文章，人们又记起这个'巴人'来了。昨天中国青年出版社，要印行我那册《文学初步》，打电话来相商。可是这书已交新文艺出版社，但至今尚没有把校样交来，说是月底可交来，大概两月后可出版。他们就要求我转让，我若答应出版后再谈，或者其中还有须修改处。中国青年出版社是国营的，一出版，就将是几十万册。这使那书有更多读者接触了。出版后，我的确想在再版时转让。"

收到马充生来信，信中说到："评功是每年有一次的。上级有统一规定，凡能一贯安心、积极钻研，工作成绩优良的都可以立三等功一次。如果成绩显著优良，有突出贡献，可立二等功。我是副队长，做领导工作的，那就要看思想领导和培养干部做得好不好。评的结果，大家认为我是各队长中比较好的，提出了我。又在开全体军人大会上，大家通过够不够条件，最后是通过了。"

13日　给马充生的信中说："我已于十一日脱离了外交部，准备在十五日，即下星期一到文学出版社去办公。工作初步谈了一谈，名义上是个副社长。责任主要是看稿，大概侧重于古典文学出版方面的，还要对译稿作文学上的审查。出版古典文学就是一个繁重的工作。文学社出版了《水浒》、《红楼梦》和《三国演义》，仅这三部就出了许多毛病。《红楼梦》就有一百多处的错误。稍有研究的读者就写信来责问，但一般读者又要求迫切，一出版就卖空，需要再版，而要再版则非重新校勘不可。这不过一个例子说明工作的繁重。雪峰倒同意我半天到社办公室，余外时间可在家工作，或自己写些东西……在三天中，我竟乱看起印度、印度尼西亚的历史书籍来了。也看印度大使夫人送你的那些《拉摩耶那》的研究。有趣得很，我在那书里发现，《西游记》的牛魔王，身上长着十个头子的，却和《拉摩耶那》的一个魔王，叫拉凡那的一个样。牛魔王的儿子红孩儿，本领高强，骑风火轮的，又和拉凡那的儿子印特拉农一个样。至于孙行者么，更不用说，是那书中猴王哈奴曼了。你还记得吗，有一次罗姆叫我们去南洋旅馆看印尼戏，演的是一个猴子和一个巨魔打仗，最后猴王打胜了巨魔，罗姆对我说过，这猴王名叫哈奴曼。我看了这书，才记起这个名字来。我很想看完这本书后写一篇《〈西游记〉与〈拉摩耶那〉》。"

15日 去人民文学出版社工作，任副社长、总编辑，社长冯雪峰。由于冯雪峰在作协和《文艺报》还担任领导职务，所以巴人一到出版社，就主持全社的日常工作。

据楼适夷回忆："千里姻缘一线牵，想不到到了1954年，又与他碰到一起，在一个出版社工作。他作风泼辣，大刀阔斧，领导重视，群众爱戴，把工作大大地开展起来。"①周而复回忆："1954年终于回到文学岗位，担任人民文学出版社副社长和副（按：实际是正的）总编辑，可以大展他平生抱负了。他斗志昂扬，创作力旺盛，在编辑之余，写大量文章，杂文更多。"②

23日 给马充生的信中说："（一）《初雪》实在是很好，我读了就写了一篇评论。可是文艺报社那里人认为太过称赞了，删节了些，搞得文章上下不接。因为路翎是胡风派，他们总有点就人论文，而不就文论人。（二）我转了业，搞文学了，但更正确说是搞文学事业。……人民文学出版社要我修改《印尼历史》，我想把这列为工作计划之一。其次编一个旧作的集子。再次写些在印尼时《短篇记事》。再次应差写些文章。在今年内，我想写几篇苏联作品的书评，集成一个册子，交青年出版社去出版。这些书评，几月来，引起青年很大的反应，一致要我多写。（三）杂文，不免就是社会坏现象的批评。马林

① 《一位尊敬的战友——纪念巴人逝世十年》，《巴人先生纪念集》，人民文学出版社2001年版，第29、30页。

② 《梦的追求——忆任叔》，《巴人先生纪念集》，人民文学出版社2001年版，第8、9页。

科夫报告后，对这一点，苏联是展开了。可是在中国一时还不易展开。杂文从你看来是有所针对的，但从一般人看来却是社会现象。而我正也是作为社会现象而进行批评的。"

　　本月　在《新中国妇女》第4号发表文论《读〈斯大林〉时代的人》，署名巴人。这是苏联作家波列依的特写集。是写苏维埃几代人，他们有共同的精神品质。

　　在《文艺报》第4期发表《读〈浪涛中有人们〉》，署名巴人。

6月

　　本月　文学论著《文学论稿》，由上海新文艺出版社出版（初版），署名巴人。全书分上、下两部分，是在《文学初步》基础上改写的。此书出版后，得到广大读者，特别是高校文科学生的热烈欢迎，不到一年时间内加印五次，在1955年第五次印刷时总数已达44080部。文学理论著作在短时间达到这样的数字，确实破天荒。新中国成立以来，这是较早的具有马克思主义思想的文艺理论著作，在中国现代文艺理论批评史有重要地位，奠定了巴人马克思主义文艺理论家的地位。

　　1955年4月23日茅盾给巴人信中谈到此书时说："蒙赠《文学论稿》，谢谢。你说你对此书不满意，'没有创见，是一种编写性质的东西'，可是我认为这也就很有用。我看过你这部书，也介绍别人看；这书比其他同类的书（解放后出版的）要好些，即在于解释清楚，对入门者方便。"

　　《文论论稿》先后共有五种版本，四种为上海文艺出版社出，另一种为翻译成朝鲜文，由延边人民出版社出版（仅出上册，后因巴人被打成修正主义分子，停出）。收入《巴人全集》

的是初版本。

7月

本月 据王克平回忆："一九五四年，爸爸回国任人民文学出版社副社长（后提为社长）。他写信叫我去北京相见。……那时，爸爸的行政、业务工作以及社会活动都很繁忙。虽然每天早出晚归，但一回家，爸爸马上伏案写作。我在书房外偷看，只见里面烟雾腾腾，爸爸一支又一支地抽烟，手中的笔飞快地在纸上移动。……回沪那天，爸爸却亲自送行。我一下子钻进了那辆黑色的老福特车，顿时感到舒服极了。……火车即将开动，我还在回味老福特的滋味。爸爸开口了：'你要做一个正直勤劳的普通人。记住，不劳动者不得食，用劳动养活自己，用劳动对社会作出贡献。'"①

8月

26日 在《北京日报》发表散文《印度尼西亚的舞蹈艺术》，署名巴人。此文对印度尼西亚舞蹈团的演出内容和表现形式作了详细分析。同报还发表了评论《关于〈战斗的火焰〉》，署名巴人。

本月 在《文艺学习》发表文论《〈青年近卫军〉的艺术构成及其人物形象》，署名巴人。文章把初版《青年近卫军》和新版《青年近卫军》作比较，指出："新的《青年近卫军》的艺术成就，就显得非常丰富、广阔和深厚"。小说首先描写普通的苏维人，他们具有丰富多彩的优美景色品质，以此来

---

① 《我的爸爸巴人——纪念父亲逝世十周年》，载《迟到的怀念与思考——关于巴人》，浙江文艺出版社1990年版，第29、30页。

衬托书中着力描写的英雄人物。其次，以老一辈的英雄人物，使青年形象更丰富、更有生命力。文章大部是分析这些英雄形象。

9月

本月 在《人民文学》发表杂文《今日的恐龙》，署名无咎。此文控诉殖民主义对亚洲人民犯下的罪恶。亚洲人民要在五大原则基础上团结起来粉碎帝国主义独霸世界建立新的殖民帝国的计划。

10月

本月 在《大众电影》发表文论《意大利进步电影片〈偷自行车的人〉》，署名巴人。文章分：（一）关于失业及意大利的社会现实，（二）单纯的故事与生动的画面，（三）但还不够。文章指出这部电影的艺术特点，就在于它以单纯的故事和丰富而生动的生活画面相穿插起来，使电影在浓厚的实际生活气氛之中，突出一个失业工人所遭遇的不幸和他绝望的挣扎，并向观众提出了一系列的问题，使观众浸沉在电影所给予的那些生活画面的暗示力量下去思索，去自己解答问题。它在暴露资本主义社会制度不合理方面，有强烈的启示作用。

本月开始，人民文学出版社的实际领导工作由巴人承担。冯雪峰因压制"小人物"而遭批判。巴人在担任领导工作期间提携帮助了很多作家，其中有李乔，他有详细回忆①。

---

① 参见李乔：《怀巴人同志》，载《巴人先生纪念集》，人民文学出版社2001年版，第77—79页。

11月

9日 在《人民日报》发表文论《评苏联电影〈收获〉》，署名巴人。电影根据小说《收获》改编。文章说电影更强调党的领导作用；强调农业生产中工业化的重要性；电影更掌握了小说所写主要人物的性格；电影虽然仅仅采取小说的片断，但它本身的艺术构成是有机的。

本月 在《人民中国》第11期发表《关于〈回忆鲁迅〉》，署名巴人。

1955年（乙未） 54岁

▲1月，中共中央批转中宣部《关于开展批判胡风思想的报告》。

▲6月1日，中国科学院哲学社会科学学部成立大会在北京召开。经国务院全体会议第十次会议批准，茅盾、周扬、何其芳、冯至、郑振铎、郭沫若、阳翰笙等为哲学社会科学学部常务委员会委员。

▲10月，中共中央举行七届六中全会，通过《关于农业合作化问题的决议》。

▲12月27—30日，中共中央宣传部召开关于"丁玲、陈企霞事件"的传达报告会。

2月

本月　出访苏联，巴人为团长，王子野为副团长，率中国代表团访问苏联，向苏联出版界、文学界的朋友、同行介绍新中国文学创作和出版情况。

在《读书杂志》发表《一本描写苏联工人阶级生活的书——介绍〈茹尔宾一家〉》。

3月

本月　在《读书杂志》发表文论《〈拖拉机站长和总农艺师〉给我的印象和感想》，署名巴人。

春末夏初　据周而复回忆："1955年夏天，访问印度和缅甸之后，我又奉命和郑振铎同志一道率领中国文化代表出访印度尼西亚。离开北京以前，我到人民文学出版看望任叔。他兴高采烈地谈完了出版社的计划后，雄心勃勃地谈到他个人的创作，又提到五祖庙，希望这次访问印尼，找机会去五祖庙看看，还托我搜集一些有关五位英雄的事迹。"[1]

5月

30日　在《人民日报》发表《胡风——最阴险的阶级敌人》，署名巴人。

6月

本月　在《读书月报》发表文论《〈拖拉机站长和总农艺

---

[1]　《梦的追求》，收入《巴人先生纪念集》，人民文学出版社2001年版，第10、11页。

师〉给我的印象和感想》，署名巴人。

7月

本月 在《学文化》发表文论《一本反革命的小说》，署名巴人。此文批判路翎的小说《朱桂花的故事》。

夏 委托去印尼访问的周而复收集与《五祖庙》相关的资料。

本年 领导制定人民文学出版社中外古今文学著作选题规划。

1956年（丙申） 55岁

▲1月14—20日，中共中央召开关于知识分子问题会议，周恩来作《关于知识分子问题的报告》。

▲4月28日，毛泽东在中共中央政治局扩大会议上讲话，正式提出把"百花齐放、百家争鸣"作为繁荣和发展当代中国文化、科学事业的一项基本方针。

▲8月24日，毛泽东与部分音乐工作者谈话，涉及古为今用、洋为中用、推陈出新等问题。

▲9月24日，中国作协主席团举行会议，改选书记处。茅盾任第一书记，老舍、邵荃麟、刘白羽、曹禺等任书记。

▲9月，中国共产党第八次代表大会在北京召开。

1月

本月　在《文艺学习》发表文论《一部反对保守主义的作品——读〈拖拉机站站长和总农艺师〉》，署名巴人。文章指出这部反保守主义的小说的现实意义，分析小说人物、成功之处以及存在的严重缺点。

在《人民文学》第1期发表文论《读〈农村散记〉》，署名巴人，收入1957年11月北京出版社出版的《遵命集》。这篇文章从巴人自己的小说《白眼老八》说起，进而认为秦兆阳的《农村散记》成就："在于作者的艺术的方向：描写人的精神境界。"分析了三类人的不同精神境界。又指出《农村散记》的艺术风格："是明朗的，纯朴的，并且富有生活气息。"最后指出："作者富有诗人气质的，但从作品来看作者对于生活熟稔程度，我觉得还有不够的地方。新的生活面貌，积极的人物形象，作者还仅能描绘出他们的一些气质和一般的轮廓。"

23日　小女儿王高潮（乳名：高高）出生。高潮于1978年10月25日因车祸离别人世。追悼会由全国妇联、北京染料厂、北京师范学院共同在八宝山革命公墓礼堂举行。关于她的生平可参考《天使在人间——高潮纪念集》（内部发行2011年）一书。

2月

本月　小女儿王高潮满月，高朋聚会。据庄启东所述："记得1956年春节期间，他以女儿满月为名，邀请老朋友，大多数是上海'孤岛'时期的朋友，大家聚聚，吃一顿饭。就在这样热闹的一天，我到家时，看见他还在修改五十多万言的

《文学论稿》。"①此时已搬至宽街10号，花了一万元人民币买房。

4月

本月　在《文艺报》第8期发表《典型问题随感》，署名巴人。文中强调典型形象是什么？就是代表人物。人物既然是代表，那就有他所代表的社会力量。文章认为人物应该有人类的共同性和阶级的特殊性，有阶级的共同性和个人的特殊性。

在《学习》第4期发表杂文《"肯定"与"否定"》，署名巴人。文章说自己怕写杂感，又要通过写杂感暴露自己的缺点与问题。

5月

6日　在《人民日报》发表杂文《况钟的笔》，署名马前卒。评论界对此文很认可，据黄源说："解放后，我搞了一个《十五贯》，巴人写了《况钟的笔》。这篇文章点到了要害，当官的笔可置人民于死地，是千斤重的。况钟代表了注重调查研究人物，反面是主观主义。这和当时提出反对主观主义、反对官僚主义是相配合的。这文章很小，作用很大。"②而陈丹晨认为："这篇杂文可称解放以后杂文史上的代表作。他也是鲁迅旗下出现的杂文大家之一。"③

本月　在《人民文学》发表杂文《生活本身是公式化的

---

① 《人们不会忘了你的，任叔同志》，《巴人先生纪念集》，人民文学出版社2001年版，第46页。

② 《以血代墨，死而后已——巴人学术讨论会发言摘记》，《丹东师专学报》，1987年第1期。

③ 《以血代墨，死而后已——巴人学术讨论会发言摘记》，《丹东师专学报》，1987年第1期。

吗？》，署名巴人。一些作家对面对读者批评某些作品公式化、概念化，而责怪文艺批评指导就是公式化、概念化，还有生活本身是公式。文章指出某些作品公式化、概念化是由于作家对生活没有深入理解、对于人物理解片面化，还和作家的创作方法有关。同期发表杂文《作家应该有丰富的知识》，署名巴人。文章提出作家："没有丰富的知识，就不能理解丰富的生活。"

本月先后去上海、广州等地组稿。19日在上海出席新文艺出版社、文艺月报社、上海文化生活出版社、少年儿童出版社、萌芽社等出版机构联合邀请在国际饭店的宴会，时华东作协会议闭幕。在广州，应广州作协邀请，为广州文学青年作《关于创作》的报告。报告发表于1956年第10期《作品》。

6月

5日 在《文汇报》发表文论《关于"百花齐放，百家争鸣"——为苏联〈文学报〉迎接中共八大召开而作》，署名巴人。文章引用陆定一有关双百方针的背景，然后讲明理由。从春秋战国、汉唐吸收外来文化，谈到中国丰富的文学遗产，分析解放后文学界作家的状况、存在的问题，而双百方针的提出是有的放矢的。

本月 在《文学书籍评论丛刊》发表文论《英雄主义文学》，署名巴人。

7月

本月 在《文艺报》发表文论《论诗两句》，署名巴人。此文认为顾工的《将军》一诗中一节表达方式不当。其中一句是"以敌人的头颅作句点"。

8月

7日 在《人民日报》发表杂文《关于删改》，署名马前卒，收入《遵命集》。此文针对有些编辑随意改别人文章，导致文章风格"干巴巴的"。

22日 在《人民日报》发表杂文《"难言之隐"》，署名马前卒，收入《遵命集》。此文谈做编辑也有难言之隐，因编委过三关：社会批评关、读者关、检讨关，为此提出："编辑应负的是政治责任，除此之外，文责概由作家自负。"

23日 在《工人日报》发表杂文《关于"氏族社会"》，署名巴人，收入《点滴集》。文章提到广州一个浴池和西安一个大棚中，几十户人家过着"氏族社会"的生活，而局长们都圈起大院，占地三四亩。作者对此提出委婉的批评，说："我看到这些，深深觉得：氏族社会的生活虽然是原始的，但共产主义的道德，却是'斐然可观的'。"

本月 在《新观察》发表杂文《略谈生活的公式化》，署名巴人。此文从汉口三轮车的合作化管理的公式化、地方报纸从内容到排版形式都与《人民日报》一样，这是公式化，是考虑不全面产生的，但我国人民的整个生活是丰富多彩的。作家不应把创作公式化归之生活本身公式化。

文论《介绍〈拖拉机站站长和总农艺师〉》收入《为新事物开辟道路的人》一书。

9月

6日 在《人民日报》发表杂文《"一反其道而行之"》，署名马前卒。文章批评只讲艺术不讲政治，有"一反其道而行之"的气概，应该还是政治第一，艺术第二。

本月 在《新观察》发表杂文《不可磨灭的真理》，署名巴人。此文讲埃及宣布收回运河的当天，正是英国巡洋舰对亚历山大港进行为期六天访问的时候，作者认为："埃及人民这行动，是实现了人类历史的真理的。"

在《中国青年》发表文论《关于集体主义》，署名巴人。文章列举了许多地方，把集体主义变成"一体主义……一律主义，以这来代替培养个性、发挥独立思考能力，以个人的专长贡献于集体的集体主义了，这做法怕是很不妙的吧"。

在《文艺报》发表杂文《"题材"杂谈》，署名巴人。此文强调文学创作题材扩大化，然后分析了三类作家的情况，即老作家、青年作家和老干部，而真正写出作品来的还是青年作家，这是不够的。

在《北京文艺》发表文论《真的人的世界——为鲁迅逝世二十周年而作》，署名巴人。文章说鲁迅一生的奋斗，就是为了建立一个真的人的世界。而"今天的中国——一个真的人的世界"。不过还有"吃过人的人"，并举了例子说明。

10月

1日 在《人民日报》发表杂文《国庆有感》，署名马前卒。此文谈及作者家乡奉化大堰和他当上干部的侄儿的变化。

本月 在《文艺杂志》发表杂文《杂忆、杂感和杂抄——纪念鲁迅先生》，署名巴人。此文是谈文艺上的宽容。

在《中国青年》第19期发表杂文《唯动机论者》，署名巴人。文章批评一些人不看效果，很少依据事实，往往凭印象发议论，不是用行动的效果来检验动机，而是相反，出现唯动机论者。

在《文艺报》发表重要文论《鲁迅小说的艺术特点》，署名巴人。文章首先谈"鲁迅作品中的故事情节和人物形象的形成过程"。其次论述作家创造阿Q这个典型人物的构思过程。最后谈"鲁迅小说的艺术风格是：行文简练，思想精辟和表现含蓄这三者之完满的结合"。并对含蓄作更具体的阐述。说"含蓄"是一切艺术的主要特征，"那么他是用怎样的含蓄的表现手法，来传达他那精辟的思想呢？""其一是，采取事实或生活的一端，用简练的客观的纯粹白描的手法，来刻画出人物的面貌和性格。"其次鲁迅小说的艺术结构是经过匠心苦思地剪裁的。"总是用生活片断和场景的互相衔接来代替故事情节的进展；用人物的言谈、行动的鲜明对比，对照或补充的办法，来突现出主人的性格（也同时区别了其他人物不同的性格），由此而反映出生活事件的重大社会意义。"

在《新观察》发表杂文《略谈要爱人》，署名巴人。文章批评一些领导行事粗暴简单，主观推断办事，冤枉好人。

专著《鲁迅的小说》，由上海新文艺出版社出版，署名巴人。该书主要讲鲁迅的生平、思想及其小说的特点。文章说："鲁迅的创作观，是完全功利主义的。""鲁迅小说的最显著的特点，是他那深广的生活感受，同深刻的思想威力，两者浑然无间的结合。"接着谈鲁迅的艺术方法。首先是谈"鲁迅作品中的故事情节和人物形象的过程"。又谈鲁迅作品的艺术结构、多种多样的艺术表现方法。此文可以与《鲁迅小说艺术特点》一文对照阅读，作者的基本观点是一致的。

在《作品》发表文论《关于创作》，署名巴人。文章是作者在广州组稿时的讲座，提出要从文艺理论的清规中解放出来。接着谈创作的一些过程。"作家经过了生活、感受、回忆、思考，然后进入想象、概括，这是创作的必然过程。"并以《阿Q正传》为例说明。接着谈怎样写的问题。

新版《鲁迅全集》1—3卷为纪念鲁迅逝世20周年由人民文学出版社出版。据王士菁回忆："任叔同志主持出版的工作是很认真严肃的。他严格要求自己，也严格要求在他领导工作的同志。当时的出版社非常强调工作计划，每年都要编制发稿计划和出书计划，每月都由任叔同志检查各编辑室的发稿工作。由于《鲁迅全集》（10卷本）的发稿工作不能如期完成计划，我即经常受到他的批评，有时甚至相当严厉的。同时，他还以自己在'孤岛'时期（1936年在上海坚持出版《鲁迅全集》20卷本）的生动事实教育我要把这件工作做好。他说：'现在，你们的工作条件多好，那时，我就坐在三轮车上，跑工厂，看校样，出版了《鲁迅全集》。'后来，我对他解释说注释工作需要查考许多原始资料，而有些资料不在手边，要跑到北京图书馆或外地图书馆去找，有些注释稿件还要送请有关领导机关和文艺界有关领导审阅，往返过程中也耽搁了一些时间。他在了解了我们的工作情况之后，也体谅了我们的困难。1956年10月，在鲁迅先生逝世20周年时，终于出版了《鲁迅全集》1—3卷，他也表示满意了。"①

11月

19日　在《文汇报》发表杂文《关于"巴人"》，署名巴人。此文谈及自己的各种笔名的由来。诸如毁堂、八戒、行

---

① 《怀念任叔同志》，《出版史料》，1987年第3期。

者、巴人。还谈南洋师范教书时，有人向他抗议用巴人笔名。又谈及自己生下来就死去的事。

本月 在《文艺报》发表文论《重读〈毁灭〉随笔》，署名巴人。文章先谈作品吸引了我们的原因，然后分析作品。"从人物发展故事，描写生活，并以人物的精神面貌和性格去感染人，我以为这是现代艺术创作所达到的高峰。""法捷耶夫创造这些人物形象时，没有一个不赋予以复杂的思想和感悟。这是一种以某种的基本的阶级特征为主线而与其他阶级的杂质相掺和着的复杂的思想感情。也就是说，他们都赋予阶级战士的刚强、勇敢和坚毅，但又各自具有不同的那人类本性的弱点和缺点。现实的人决不是单纯的'阶级性'的体现者，而是具体的'阶级的人性'的体现者。"

12 月

5日 在《中国青年》发表杂文《热情与狂热》，署名巴人。此外讲什么是热情，什么是狂热，以及它们之间的区别。

17日 在《人民日报》发表杂文《"多"和"拖"》，署名马前卒。文章说我们国家机关有两大特色：一个是"多"，一个是"拖"。

本月 《文学论稿》（第二版），由上海新文艺出版社出版。

本月 巴人跟随以茅盾为团长，周扬、叶圣陶和老舍为副团长的中国作家代表团，出席在新德里召开的亚洲作家会议。这是以亚洲为名召开的第一次作家会议。会议的宗旨是反帝、反殖，消除殖民主义、帝国主义的影响，复兴和发展民族文化。这是新中国成立后我国作家开展的第一次国际活动。巴人在大会上作了中国作家的文学创作和文学出版的情况的报告，产生了广泛的影响。

归国后，巴人同周扬、叶圣陶、老舍等先后去了昆明、重庆和西安，会见了当地文联的同志和一些作家。对各地的创作情况作了深入调查了解，听取出版意见并组稿，抽空还对青年作家创作作了辅导报告。

本年　作杂文《再论"生活本身是公式化的吗"？》，未见发表①，收入《遵命集》和《巴人杂文选》。作者发表了《生活本身是公式化的吗？》一文后，仍有一个问题需要补充论述："生活中确实有公式化现象存在……作家描写时如何才能摆脱掉？"对于读者这个疑问，作者又写了这篇文章。作者认为文学反映现实，但不是抄写现实。"艺术取材于生活，但又高出于现实生活"。

作文论《也谈学点文学》，收入《点滴集》《巴人文艺短论选》。文章说："文学就是生活。学点文学就是更多懂得点生活。生活如长江大河，有古有今，生活如大海巨洋，有中有外。而个人生活毕竟有限，生活则是无限的。""而文学中所包括的生活，就是古今中外都有的。一个无产阶级的战士，能够不学点文学？"

作文论《〈三里湾〉读后感——为〈中苏友好报〉而作》，收入《遵命集》。文章指出："《三里湾》描写的全面性和故事的完整性，并赋予这景的规划和瞻望，这是小说的一个成就。""其次，《三里湾》的成就还在于因农业生产合作社的发展而带来的农村生活面貌变化的刻画。""再次，《三里湾》的成就还在于几个人物的精神面貌的刻画上。"此文副标题所示，

---

① 《巴人文艺短论选·编后记》中说此文"被《人民文学》退回"。

应原载苏联《中苏友好报》，笔者未查到。

本年《人民日报》提倡繁荣杂文创作，由于主持文艺部的人是孤岛时期巴人的朋友林淡秋，所以巴人以马前卒为笔名写了不少杂文，发表渠道还有《文艺报》《新观察》等。因此后来巴人受了批判。特别要说明的是有一些学者将《人民日报》署名克约的杂文归于巴人名下是不对的，这些文章现在都被收录到中共中央统战部原副部长张执一同志的文集中。

1957年（丁酉） 56岁

▲2月27日，毛泽东在最高国务会议上作《关于正确处理人民内部矛盾的问题》的报告。

▲3月6—13日，中共中央在北京召开有关党外人士参加的全国宣传工作会议，毛泽东作重要讲话，强调贯彻"百花齐放、百家争鸣"的方针。

▲4月27日，中共中央发布《关于整风运动的指示》。

▲4月，《人民日报》等报刊相继开展关于现实主义、社会主义现实主义问题的讨论。

1月

15日　杨骚在广州病逝。16日成立以陶铸为首的治丧委员会，王任叔为治丧委员。

本月 在《新港》发表重要文论《论人情》，署名巴人。此文主要提了共同人情、人性问题。文章认为我们当代文学作品缺少一种"人人相通"的"人情"，也就是"人性"，使读者"不喜欢看"。于是作者呼吁，让人情回归到文学作品中来，因为文学作品应当是"充满人情味"的，并呼唤道："魂兮归来，我们文艺作品中的人情啊！"此文发表后，首先发难的是姚文元，到1959年则由康生定性为"地主资产阶级人性论"的典型。之后，长达三年的批判浪潮，一浪高过一浪。

作杂文《"敲草榔头"之类》，收入《点滴集》。文章从自己小时候听来的傻子借米的故事说："我因此知道：粗暴不仅出于无知和傻气，粗暴往往是想把自己的过错转嫁给别人的表现。但当他一使起权力的时候，也就不把锅子当锅子，不把祖父当祖父——一句话：再也不把人当人了。"

2月

27日 郑振铎致信巴人，谈关于《插图本中国文学史》插图问题。

任叔同志：

1.《希腊神话》已付排否？希望能多附"插图"。不知你那里有什么"插图"材料？有没有准备插入正文里？我所有的这一类材料，有许多已经被毁掉，保存的已不多，恐不能照原来样子印出，但也有些新的"材料"，总要化若干时间来整理。

2.《插图本中国现代文学史》的问题，也就在"插图"

方面。要不要增加若干？要不要抽换若干？也有不少材料可以加入，故考虑能增加些。

3.能否将已发稿的书早些印出？《文学史》如发稿，若干时间可以印出？（据上海方面估计，《文学史》在三个月之内即可印出）。

本月 《文学论稿》（修订本），由上海新文艺出版社出版（第二版），署名巴人。此书由原来的五十九万字删到近五十一万字。其原因在该书《修订本出版说明》提出三条。二版第一次印了四万五千册，半年内加印一次，总数达十万五千册。

3月

16日 在《人民日报》发表杂文《"上得下不得"》，署名马前卒。此文批评一些干部只能上不能下，这是由于"习惯势力给予人们的灵魂的影响"。

本月 在《北京文艺》发表杂文《"拿出货色来"》，署名巴人。文章认为："什么是社会主义现实主义或者社会主义现实主义要得要不得的争论，虽然很重要，但现在的问题还是'拿出货色来'。我这里所谓'货色'是指两个方面，其一是优秀作品，其二是湛深的批评。"文章列举反对社会主义现实主义的两种观点，并加以分析。

在《作品》发表散文《记杨骚》，署名巴人。文章记载与杨骚认识是1936年，1941年在新加坡又重逢。由杨骚介绍认识郁达夫，后又一起到达苏门答腊的萨拉班让。而后巴人以杨骚妹夫的身份作为掩护。1950年相见雅加达。1952年杨骚回国，

1956年巴人去广州组稿，又相见。

4月

25日　在《人民日报》发表杂文《消亡中的"哀鸣"》，署名马前卒。此文是针对小品文要不要问题而写的。文章认为还是要的，因为"在社会主义民主的时代也难免产生不民主的事实"。思想革命是不断的，并举了自家女工为例。最后指出写小品文有压力，且是"自某些上面下来的"。

本月　在《新港》第4期发表《给〈新港〉编辑部的信》，署名巴人。此公开信进一步说明《论人情》一文的基本论点："'通的是人情，达的是无产阶级的道理。'前者是'手段'，后者是目的。"并对此文的正面意见再次加以引证。"文艺必须为阶级斗争服务，但其终极则为解放全人类，解放人类本性。忘记这一点是不行的。"

5月

11日　作《遵命集》的《编后记》，于本年7月发表于《人民文学》，署名巴人。此文谈到作者对《在延安文艺座谈会上的讲话》的理解，回忆1953年回故乡的情况。

本月　在《北京文艺》发表杂文《以简代文》，署名巴人。此文是对《新港》编辑部寄来一文《评〈论人情〉》的答复，文中涉及肖洛霍夫的《一个人的遭遇》。

7月

16日　在《新观察》发表杂文《"今不如昔"及其他》，署名巴人。此文是针对萧乾的文章而作。萧乾认为现在出版社不如新中国成立前的出版社对作者照顾和体贴。作者举自己在商务印书出版《流沙》等是由于郑振铎的照顾，而投稿《文学季刊》的《海啸》则退回来了。投开明的《革新者》也被退回，还谈到光明书店、晨光、大江书店……而新中国成立后出版的《文学论稿》所得之报酬，较之过去何止十百倍。

本月 在《文艺报》发表文论《闲话〈夜归〉》，署名巴人，收入《点滴集》。文章说艾芜《夜归》八篇小说每篇都像散文诗，又说是一幅幅描写社会主义社会生活的漫画。文章还谈到短篇小说如何处理题材，以此来说《夜归》中作品的成功。又谈到艾芜如何从侧面来反映出生活的本质力量，最后谈到艾芜人物形象塑造深度不够。

作杂文《劳动人民爱美吗？》，收入《遵命集》。此文针对一些女同志怕别人说奢华，不朴素，生活作风不艰苦，于是穿着破烂，男同志也只好"奉陪"了。于是有人说劳动人民不爱美。因为美是劳动人民创造的，怎么会不爱美呢？

8月

16日 在《新观察》发表杂文《人事工作·放心·容忍》，署名巴人。此文是回应萧乾的《放心·容忍·人事工作》中的疑问。此文三部分：一、题解；二、论"看人论事"；三、萧乾①的文风。这是反驳萧乾的《放心·容忍·人事工作》一文，对人事部门是派出所一文而发。

21日 在《人民日报》发表杂文《"螳臂"录》，署名马前卒。文章节录回春的《"蝉噪居"漫笔》五则，点明回春心

---

① 在当时的报刊上，肖与萧作为姓氏经常混用，今都作萧乾。

目中的"高级干部"和"领导"是"不学""无术"，靠"两个秘密"吃饭，是"顺从主子而又制服主子"如袭人一样的"奴才而已"。

本月　在《文艺报》发表杂文《驳"有种好像永远都是正确的人"》，署名巴人。

9月

本月　在《人民文学》发表杂文《几篇杂文的杂感》，署名巴人。文章回应了徐懋庸(回春)的杂文《关于杂文的通信》《"蝉噪居"漫笔》。

在《文艺报》发表杂文《"士为知己者死"考》，署名马前卒。此文考证"士为知己者死"是针对陈企霞而发的。

长篇小说《证章》(修订本)，由上海新文艺出版社出版。

10月

18日　在《人民日报》发表诗《卫星与长虹》，署名巴人。此诗歌颂我国人造卫星上天。

本月　在《文艺报》发表散文《欢迎印度尼西亚马鲁古艺术友好访问团》，署名巴人。此文介绍了马鲁古和这次演出的内容。

11月

本月　在《文艺报》发表文论《从〈毁灭〉到〈青年近卫军〉》，署名巴人，收入《点滴集》。文章说："我觉得《毁灭》的艺术是精湛的，但《青年近卫军》的艺术是丰富多彩的，《毁灭》的艺术结构是单纯而简练的，但《青年近卫军》的艺术结构是宏伟浩瀚、气象万千的，《毁灭》的人物刻画，是非常精致的，个性也都很突出，但《青年近卫军》的人物刻画，非常生动，在具有共同的社会主义思想品质的基础上，又显出不同的独特的个性。我以为两者都是杰作，都描写了那些人物所处的时代生活的真实，但后者，在社会主义精神教育人民方面来说，应该说是超过了前者。"文章作了具体分析。

在《诗刊》发表文论《也谈徐志摩诗》，署名巴人，收入《巴人文艺短论》。文章不同意陈梦家对徐志摩诗的意见，作者仍坚持1937年在《新诗的踪迹与其出路》一文的意见。即把"新月派"的诗，"是看作失掉了革命性的资产阶级的诗派"。"他们把五四前后革命文学的大众化的形式，幻化成另一种美术的装饰画了。"并提出了三点看法：第一，"他诗里的生活内容越到后来越空虚，因而他的诗的形式也越到后来越做作，叫人读了'莫名其妙'"。其次，"徐志摩有些'同情'穷苦人的诗，也有些反对军阀的诗，但那些诗所表现的人道主义，是虚伪的，不真实的，是脱离不了他那资产阶级的施舍观点的"。最后，在他的诗里表达"痛恨无产阶级文学"。所以他算不上是一个革命诗。但也不能否定徐志摩诗还是有一定成就的。

杂文集《遵命集》，由北京出版社出版，收入《巴人全集》第10卷。此杂文集内收：《读〈农村散记〉》《〈三里湾〉读后感》《劳动人民爱美吗？》《典型问题随感》《作家应该有丰富的知识》《生活本身是公式化的吗？》《况钟的笔》《"题材"杂谈》《"难言之隐"》《再论"生活本身公式化吗"》《"一反其道而行之"》《略谈"百花齐放、百家争鸣"》《鲁迅小说艺术特点》《"杂忆、杂感和杂抄"》《国庆杂感》《关于"巴人"》《重读〈毁灭〉随笔》《热情与狂热》《论杨骚》《"拿出货色来"》

《"上得下不得"》《"鲁迅风"话旧》。

12月

本月　在《萌芽》发表杂文《"历史是无情的"》，署名巴人。文章认为历史是无情的，是资产阶级个人历史观；历史是有情的，是无产阶级的唯物主义的历史观。

本年　作杂文《〈鲁迅风〉话旧》，收入《遵命集》。文章回顾孤岛时《鲁迅风》诞生时的一段历史以及《鲁迅风》停刊原因。最后指出："杂文的作者必须是个坚强的战士。"

作文论《关于阅读文艺作品问题》，收入《点滴集》。文章首先指出青年阅读文艺作品的两种偏向，其一，从文艺作品找理论或政策，出现教条主义和公式化倾向。其二，单纯当作"消遣"。指出阅读文艺作品，首先要从理解作品所描写的社会生活各方面开始，丰富我们的生活知识，积累我们的生活经验，然后再把这种生活跟我们的社会指导思想——例如马克思主义和毛泽东思想——相参证。

1958年（戊戌）　57岁

▲1月8日，《人民文学》改组编辑委员会，张天翼任主编。

▲6月1日，《红旗》杂志创刊，第一期刊登毛泽东的《介绍一个合作社》，同期发表周扬的《新民歌开拓了诗歌的新道路》，

其中介绍了毛泽东关于革命现实主义与革命浪漫主义相结合的艺术方法。第3期发表郭沫若《浪漫主义和现实主义》等文章。

▲9月至10月，各地报刊刊文，对革命现实主义和革命浪漫主义相结合的创作方法展开热烈讨论。10月31日至12月26日，《文艺报》编辑部连续召开了7次座谈会，进一步讨论革命现实主义与革命浪漫主义相结合的问题。

▲11月，中共八届六中全会召开，通过了《关于人民公社若干问题的决议》。

1月

本月　在《文学书籍评论丛刊》发表文论《我们生活在英雄人物中——为苏联〈教师报〉而作》，署名巴人。同刊还发表了《读〈红缨〉和〈白兰花〉书后》，署名巴人。作者认为："它们不是'诗人'的诗，而是战士的诗，惟战士能深入人民的心，所以它们又是人民的诗，是深透地反映了人民的血和泪、思想与感情的史诗。""《白兰花》正式采取了民歌的风格，以生活的语言，'兴''比'的手法和抑扬顿挫，回环往复的调子，震响了人民的共同的思想感情。它的章节长短，句法变换，一出于自然，而又不陷于既定民歌格式。""《红缨》显然是一首优美的长诗，但它都是沿着中国过去新诗的道路走下去的。它感情洋溢，气象豪迈，当我一开始读它的时候，就不期然地想到郭沫若的。"

《文艺报》编委会改组，巴人成为编委。

2月

本月　在《人民文学》发表文论《略论"英雄人物"》，署名巴人。此文批评冯雪峰的关于创造英雄人物的相关论述，以及"典型化并非'理想化'"的论点。

3月

3日起　致浩然信，收入《巴人全集》第8卷。巴人从1958年3月3日至1959年9月先后写过6封信给浩然。

第一封信是3月3日以作家出版社第一编辑组名义，要浩然自己写《喜鹊登枝》的前言后记。第二封信是3月8日，以巴人名义，告诉浩然作了三点修改："1.缺乏普遍性的'土话'，我们改为普通常用的词汇。""2.不合实际的话，酌予改正。""3.不能引起读者联想的语句，也有些删改。"第三封是3月11日，信中说："你是有写作才能的，文章风格清新可爱，对新事物有敏感。你这小说集中，确实写出了我国新农村的新人物的新面貌。以后，你应注意的是对人物的新的精神要更深入加以挖掘，使每一个新人物都有自己鲜明的个性，不仅是表现一般的新面貌和新精神。在这里，就需要有强大的艺术概括力和丰富的生活基础。希望你继续写。可能在你写作的再一步提高和跃进的时候，会遇到一些困难，或者写得更差了，但不要失却信心，突破这一难关，就会百尺竿头，更进一步。"

巴人对浩然的帮助是十分明显的，这些信件对于研究50年代乡土作家的成长也有一定帮助。

12日　在《光明日报》发表文论《共同前进——读太原作协会议指导后》，署名巴人。

24日 在《人民日报》发表杂文《写大字报的好处》，署名马前卒。文章说："写大字报不仅可以改进工作，革新集体，改造领导，还可以改造自己。"

同日 在《文汇报》发表杂文《读篇偶记》，署名巴人。

本月 在《文艺报》发表文论《略谈鲁迅的文章》，署名马前卒。文章认为："鲁迅的文章为什么这么大的吸引力呢？这是因为鲁迅爱说老实话，说话不摆架势，说自己的话，说错了也并不遮掩。""鲁迅文章之所以那么亲切动人，就因为他能以真正平等的态度待人！正惟鲁迅能以真正平等的态度待人，所以也能以最不平等的态度对付敌人。"同期《文艺报》发表《为文学艺术大跃进扫清道路》的座谈会发言，巴人的发言在其中。他在发言中引用周扬的讲话与冯雪峰的文章《有进无退》作比较，显示出冯雪峰的自大，文章还谈到了自己思想发展的历程。

4月

本月 在《文艺月报》发表文论《谈小说〈青春之歌〉》，署名巴人。文章指出小说的主要成就有二："其一是由于作者以学生运动为主线，概括了当时革命斗争的各方面，斗争的复杂性和由此而引起的各种阶级关系的变化，构成了作品情节的生动性。其二，它是以共产主义的思想的光辉照亮了一群青年革命者的精神面貌。这就使艺术表现上也是热情洋溢，促人奋发的。""从艺术的表现方面来说，也正由于作者有了这种共产主义思想的照耀，使他的笔调带着引人入胜的激情。可以说，全部小说，作者是以流畅的文体，简净的叙述和热情的笔调贯彻始终。"文章也指出这部小说在人物刻划方面、历史事件安排方面的不足。

在《文艺报》发表文论《漫谈〈百炼成钢〉》，署名巴人。文章认为《百炼成钢》是部好作品，不仅是题材重大，主要是作品写得引人入胜。文章指出作品重视细节描写。"因之，生活细节的描写也加强了作品的思想性和典型性。这一点，也是这部作品成功的地方。"作品描写许多典型人物也很成功，但也有不足之处。《百炼成钢》正面人物描写得很好，反面人物描写得差，如张福全。

20日 在《人民日报》发表诗《交心篇》，署名巴人。诗云："向党要交心，私心化公心。公心是党性，一心为人民。"

5月

5日 在《世界知识》（半月刊）第9期发表杂文《"无指导的民主"》，署名马前卒。文章指出美帝对印度尼西亚的叛乱集团的支持，是为了反对苏加诺的有指导民主。那么他们实行的无指导的民主，而实际上是有指导的侵略。同期还发表了杂文《"维系和平的芦苇"》，署名马前卒。此文针对杜勒斯高唱和平，实质是"玩火改革"。杂文《弦外之音》，署名马前卒。再问针对菲律宾总统加西亚同意美国在菲律宾建立导弹基地，还表示要美国表明对印度尼西亚的态度。在这一点上美国人比他聪明。美国人帮印尼叛军已了然了。

14日 在《北京日报》发表杂文《也谈厚古薄今》，署名马前卒。此文实在是自我思想的检查。比如人民文学出版社在巴人领导下，以文学古籍刊行社名义出过一批古典文学。作者说："这缘起整个精神是厚今薄古的，即要使古人为今人服务。但实际上出书就有厚古薄今的倾向。这原因说来也简单，第一，起拟这缘起的领导干部，懂得整理古籍的道理，可就对具体的书不懂得，不懂得也不钻研；第二，搞实际工作的编辑的思想，都有自己的经验和爱好，而书稿究竟是靠编辑一手完成的，于是所谓'内行'就经过所谓'外行'的手送到社会上去了。编辑的经验和爱好也就代替了方针和政策。想起来，做过这项领导工作的我，实在不寒而栗。"文章还谈到："接受五四新文化的，大部分对古典总抱着虚无主义的态度，我自己就以此为警惕。"以此推论，以为大家都如此。实际上情况并非如此，复古的幽灵一直是存在的。

20日　在《世界知识》（半月刊）第10期发表杂文若干，署名马前卒。包括《历史的铁权》，此文讲印尼中苏门答腊的叛军已经基本消灭，而杜勒斯却对印尼进行威胁，但历史是无情的，1946年、1951年荷兰导演的共和国都失败，如今，"历史的铁拳，一定会粉碎帝国主义者和卖国贼的阴谋！"《"法律上没有义务去控制"》反对杜勒斯以"法律上没有义务去控制"为借口，抵赖美国支持印度尼西亚叛军的事实。泰国航空公司因亏损辞退27个美国人，美国以取消国际合作相威胁。《唱不响的帮腔》说印尼发生叛乱后，马来西亚总理拉赫曼在东南亚建立联防，而南朝鲜①—发言人要求自由世界集体行动，支持印尼叛军。《法西斯与神经病》说美国日趋法西斯化，而美国空军人员67.3%患有神经性的神经病。

本月　在《新观察》发表散文《怀印度尼西亚人民》，署名巴人。此外谈及苏加诺指导民主的四大政党"互助内阁"和民族委员会，也回忆自己在那里流亡五年，念及那里的人民。

---

① 现称韩国。

在《读书》发表文论《广阔的生活，集中的描写——略评〈百炼成钢〉》，署名巴人。文章认为《百炼成钢》，是一部有益于生活的教科书，"首先在作者的湛深的构思和浑然一体的布局"。同时也指出小说中某些人物刻画不够鲜明。

在《旅行家》发表散文《浮罗巴烟——西上散记》发表，署名巴人，收入《印尼散记》。文章写作者等人1942年8月间离开萨拉班让任生家到老垅，这是浮罗巴烟这个市镇旁的一个乡村，靠近原始森林，居民常在夜晚出去打野猪和老虎。文章还谈及郁达夫在老垅不远一个小村开店来掩护自己。

6月

5日　在《世界知识》发表杂文若干，署名马前卒。《艾森豪威尔主义就是战争》列举了世界多处发生战争，都与美国有关。《"大选"与民意》讲日本的大选代表不了民意。日本议会61%反对日中贸易，而民众80%是支持日中贸易的。《挨打的背后》揭示尼克松访问南美洲的真正原因。杂文《杜勒斯的三部曲》说杜勒斯对印度尼西亚采取："前三部曲是以舆论攻势、政治发动开始，后三部曲都以经济'支援'、政治攻势落潮。"

20日　在《世界知识》发表杂文若干，署名马前卒。杂文《戴高乐上台》讲了戴高乐上台干了几件事，如阿尔及利亚之行、封官许愿，暴露了他的法西斯面目。杂文《一个灵魂，两种声音》仍针对戴高乐而发。文中说他到阿尔及利亚宣布为法国土地，还说："法国永远在这里，肩负一千年之久的使命，用三个字来表现就是自由、平等、博爱。"批判戴高乐把他国土地作为法国土地，还有什么自由、平等、博爱可讲。杂文《岸信介的两张牌》说岸信介投靠美国、拉拢蒋邦。

本月　在《文艺报》发表文论《略谈赵树理同志的创作》，署名巴人。作者认为赵树理"在他的作品中善于抓住时代跳动的脉搏，反映了农民群众的最带有普遍性的生活面貌和重要的斗争生活，并且创造出一系列有生气的人物形象，所以它能够得到中国广大工农群众的喜爱，并且转过来成为鼓舞他们生活的力量"。又谈到赵树理作品的艺术特色，新中国成立后一般作家大都沿着五四以来的新文学形式（更多的传承与西洋文学的形式），而"赵树理同志的作品是一贯沿着民族形式这条路发展下来。这怕是他的作品容易为工农群众所接受的原因之一吧"。文章还谈到赵树理作品的语言、文体和体裁、生活基调和精神气质等等。

7月

5日　在《世界知识》发表若干杂文，署名马前卒。《"自由世界的良心"》批判美国总统艾森豪威尔因匈牙利政府分别判处纳吉及其同伴死刑或徒刑，说这件事震动了"自由世界的良心"。《"替罪羊"与吸血蛇》，批判美国对南越经济的破坏，遭到越南人民的反抗。《策士与帮凶》说美国出兵帮助黎巴嫩政府镇压人民起义，而英国则主张由联合国出面派兵镇压。

20日　在《世界知识》发表杂文若干，署名马前卒，包括《"无烟的战争"》《帝国主义的逻辑》《必须予打击者以打击》。

27日　在《光明日报》发表杂文《石油与人血》，署名马前卒。文章诉说英美帝国主义掠夺中东石油，吸取一百二十万以上的石油工人的血汗。

本月　在《文艺报》发表杂文《叛徒的嘴脸》，署名巴人。此文批判南斯拉夫总统的演说。

9月

5日　《世界知识》发表杂文若干，署名马前卒。《两条道路》，说一是伊拉克所走的独立道路，另一个是黎巴嫩所走的独立道路。《狼和狐狸》说印度尼西亚剿灭叛乱分子获得胜利和伊拉克独立成功，美帝国主义改变战术，即"硬打不如软拉，威胁不如利诱"。《从原子讹诈到"投降"》讲美国三个为国防工作的非营利性研究机构，因为感到苏联军事的优势，研究什么情况下投降比较好。

8日　在《人民日报》发表杂文《听候祖国的召唤》，署名巴人。此外讲美帝要侵犯我国沿海岛屿，中国人民随时听候祖国召唤，抗击来犯的敌人。

11日　在《光明日报》发表杂文《战争狂人》，署名巴人。文章指出艾森豪威尔、杜勒斯是战争狂人，他们把中国的台湾当作他们的领土，我们要团结一切可能团结的力量，把绞索拉得更紧。

20日　在《世界知识》发表杂文若干，署名马前卒。《和平主义者》讲"保卫和平的战士，不同于和平主义者。和平主义者单纯反对战争，既不辨战争的正义与非正义的性质，也不考虑保卫和平正是要保卫人民的正义事业"。《"捣乱"和"紧张"》指责美国在世界各地捣乱，制造紧张局势，但注定失败。《杜勒斯掷下骰子》讲杜勒斯等人要保卫金门马祖，是冒险掷下的骰子。

24日　在《光明日报》发表杂文《正义的声音》，署名巴人。此文是读了陈毅外长对杜勒斯的严正警告后写的文章，指出战争狂人休想占领台湾及沿海岛屿。

27日 在《光明日报》发表杂文《这是一个方向》，署名巴人。此文是祝贺北京大学一九五五级学生编写的《中国文学史》由人民文学出版社出版。

本月 在《人民文学》发表杂文《一支攻击党的领导的毒草》，署名马前卒。此文批判李国文的小说《改选》所描写的工会改选，是用经过精心的结构和经过仔细推敲的语言来装扮这株"毒草"。

作杂文《艾克走希特勒的老路》，署名巴人。此文驳斥了艾森豪威尔说台湾不是中国的领土以及解放台湾是侵略等错误言论。

在《读书》发表文论《读〈红缨〉与〈白兰花〉书后》，署名巴人，收入《点滴集》。此文评述王群生的长诗《红缨》和长诗《白兰花》。作者认为："它们不是'诗人'的诗，而是战士的诗，惟战士能深入人民的心，所以它们又是人民的诗，是深透地反映了人民的血和泪、思想与感情的史诗。"作者对两首诗分别给予高度评价："《白兰花》正式采取了民歌的风格，以生活的语言，'兴''比'的手法和抑扬顿挫，回环往复的调子，震响了人民的共同的思想感情。它的章节长短，句法变换，一出于自然，而又不陷于既定民歌格式。""《红缨》显然是一首优美的长诗，但它都是沿着中国过去新诗的道路走下去的。它感情洋溢，气象豪迈，当我一开始读它的时候，就不期然地想到郭沫若的。"

10月

5日 在《世界知识》发表杂文，署名马前卒，《嘴巴与行动打架》针对杜勒斯一方面在联大发言，说我们要收复自己领土沿海岛屿金门马祖，是"武力扩张"，另一方面指示第七舰队在三海里的界线止步，又承认是我国领土。《独眼魔鬼》讲杜勒斯是独眼魔鬼，列举不少的例子。其中有关中国加入联大，印度这次提出，杜勒斯就是看不到。《"压力"与"礼貌"》说在中国加入联合国问题上，苏外长葛罗柯说，大多数国家受到美国的压力，而美国代表洛奇则认为："对于在这里政策恰好一致的国家说这样的话，这是一件有礼貌的令人愉快的事？"

20日　在《世界知识》发表杂文若干，署名马前卒。《迟过不如早过》中说，《人民日报》提出美国必须过五关："一曰停止'护航'；二曰停止侵犯中国大陆的领海领空；三曰停止军事挑衅和战争威胁；四曰停止干涉中国内政；五曰从台湾撤出全部武装力量。"而美国只过了第一关，而第二关只过了一半。对美国来说，"这五道关，总是迟过不如早过。"《坏事终于要变做好事的》认为法国戴高乐上台和修改宪法，这是一件坏事，但如他无法解决法国各项主要问题，那么法国人民会很快转而反对他，"坏事终于要变做好事"。

本月　巴人带领人民文学出版社部分编辑人员外出组稿。据王仰晨回忆："1958年10月上旬，任叔同志带领出版社人事处、外国文学编辑部的同志各一人和我，一同去了次南方。……我们在芜湖、安庆和合肥等地都曾稍事逗留。……后来我们又去了九江、南昌，参观了八一纪念馆，看望了方志敏烈士的夫人缪敏同志。其后出版社同来的两位同志去瑞金参观访问，我则陪同任叔同志去了上海。在上海，蒯斯曛同志接待了我们（他见到任叔同志那充满感情的'任叔'的亲切唤声，这时仿佛还在我身边回响）；谢澹如同志则带领我们参观了中共一大会址等，任叔同志还分别看望了一些旧友和著译者。……任叔同志是一位满腹经纶、著作等身又热情洋溢的爱国主义作家和原则极强的英勇的战斗者。无论在'孤孤岛'时期的上海那样极其险恶的政治环境下，以他犀利的笔写下了大量的战斗杂文……他有时虽则貌似严峻，实则和蔼可亲，平易近人，毫无闻人学者的架子。在和他相处的那些日子里，这方面他为我留下了特别深的印象。"①

据王克平回忆："一九五八年，爸爸亲自到全国各地组稿，路过上海，他乘电车到我的学校。但爸爸首先进入党委办公室，向组织了解情况。接着爸爸又和我班的党员班长交谈。爸爸说，孩子不是他私有的，而应该是国家的。他把孩子交给组织，并希望将来能对社会有所贡献。"②

12 月

本月　在《中国建设》发表文论《我们在创造人民斗争的史诗》，署名巴人。

年末　巴人致王仰晨的信，王仰晨在《任叔同志的一封信及其他》中有相关回忆。此信部分内容如下：

仰晨同志：

　　你的旧作直到今天才看，并且看完了。拖了这么久，实在不是对待一个同志的态度，希望原谅！……

---

① 《任叔同志的一封信及其他》，见《巴人先生纪念集》，人民文学出版社2001年版，第101—102页。

② 《我的爸爸巴人——纪念父亲逝世十周年》，《迟到的怀念与思考——关于巴人》，浙江文艺出版社1990年版，第31—32页。

你这本旧作中的生活是不广阔的。……作品的生活内容没有突入到社会阶级斗争的核心，没有突入到人民生活的内脏，如果作品的生活内容只限于上面这些，那在今天说来，就没有太多的社会意义了。

……在你的作品中充分可以看出，你对事物的看法凭感性而很少凭理性，重主观而忽略客观。至于你文章的调子，总是那么带感情的，甚至是忧郁的。一个作家，仅凭感觉接触事物是不行的。……主观主义使你作品内容比较贫弱，是你的主观主义使你笔头带感情而对客观事物成为你主观抒写的影子。

仰晨同志，你是工人阶级出身的，但怎样会有这么多的小资产阶级的情调呢？社会给你的影响，书本给你的影响，都是原因。而在你的艰苦的生活中，没有及早接受党的斗争的教育也是原因。但那两种影响中不健康的因素，就在你的灵魂中生长了，是不是这样呢？但你是个纯洁的人，正直的人，如果你能够更多读些马列主义的著作，毛主席的著作，描写新生活和革命斗争的作品，积极地参加生活斗争，我认为你能摆脱旧作所表达的这种思想感情。我对你的希望是第一，心情开朗，第二，心情开朗，第三，还是心情开朗！只有心情开朗，才能眼光扩大。眼光扩大，对写作者是非常重要的，而这对你说来是培养共产主义风格的第一步！……我还想找时间和你面谈！

任叔

1959年（己亥） 58岁

▲1月,《人民文学》第一期发表郭沫若《就目前创作中的几个问题答〈人民文学〉编者问》，谈革命现实主义与革命浪漫主义相结合的创作方法。

▲4月至7月，周扬、林默涵、钱俊瑞、邵荃麟、刘白羽、陈荒煤、何其芳、张光年等在北戴河召开会议，提出改进文艺工作中的十个问题（即"文艺十条"）。

▲4月，郭沫若、周扬编选的《红旗歌谣》出版。

▲5月4日，首都举行"五四运动"四十周年纪念大会。

▲7月至8月，中共中央在庐山先后举行政治局扩大会议和八届八中全会。会后在全党开展"反右倾"斗争。

1月

5日　在《世界知识》发表杂文《谨防"将欲取之，必先予之"》，署名马前卒。文章要求大家看清帝国主义本质，不要为一些表面现象所迷惑。

8日　致浩然信。此信告诉浩然，叶圣陶已写了介绍他的文章，"老作家是不容易赞许人的"。并告诉他，自己现负责人民文学出版社，作家出版社已分出去了。"但你有稿件尽管寄来。"

本月 《文学论稿》（新版）由上海文艺出版社（新文艺出版社更名）出版。它的基本内容和观点没有改变，但1957年冯雪峰、丁玲被打成右派，该书有关于丁玲作品分析、冯雪峰文艺理论、文学作品的引用不得不删除。1958年10月，巴人开始遭受批判，此书也受到批评。该书持续影响时间较长，每版印数也都较多。

在《文艺报》发表文论《略谈短篇小说六篇》，署名巴人。此文是对人民文学出版社出版的《文学小丛书》所作的评论。《文学小丛书》共收六个短篇小说。作者特别推荐《新结识的伙伴》无论艺术的完整性和作品的深远的思想意义方面来说，这一篇是最好的。文章对六篇小说都逐一作了分析。

2月

本月 在《文学评论》发表文论《是现实主义还是反现实主义——对冯雪峰的"现实主义"理论的初步批判》，署名巴人。此篇长文分三个方面：一、旧现实主义与社会主义现实主义；二、冯雪峰的所谓"反映论"；三、冯雪峰的"现实主义"的中心内容。

关于第一节，作者把冯雪峰的现实主义理论内容归纳为二点："其一，文艺作家为认识现实的手段，是反映论的。其二，文艺的最高人物是'写真实'。"冯雪峰抹杀现实主义与社会主义现实主义的区别。

谈冯雪峰的反映论，作者归为与冯反映论有联系的是三点："第一，为了反对'公式主观主义'或'教条主义'，他强调'感性生活'决定一切。第二，为了否定马克思主义，他强调'人的思想只要反映客观现实，就是真理'。第三，但当他说到作家与现实的关系时，则又认为：作家必须以内心力或理想力肉搏现实，这样才能产生艺术力，而有艺术作品。"作者然后对这三点逐一进行分析，指出他的错误。

作者把冯雪峰的现实主义内容归纳为四点："（一）他强调作家的创作实践，企图用它来代替作家的生活实践和革命实践。（二）他有时强调艺术与政治的统一，而有时又强调艺术与政治的矛盾，企图使艺术代替政治。（三）他还反对所谓'写政策'，来反对党对文艺运动的领导，反对作家学习政策对于认识生活的指导作用。（四）他以对现实的'客观反映'为借口，来代替社会主义艺术的党性。"

专著《谈〈青年近卫军〉》，由上海文艺出版社出版，该书列入该出版社的《读书运动辅导丛书》。全书分：一、描写共产主义新人的史诗。二、伟大苏联卫国战争的艺术画卷。三、老一代布尔什维克的不朽形象。四、青年近卫军的英雄群像。五、法捷耶夫创造英雄人物的原则。

在《文学书籍评论丛刊》发表文论《关于两条腿走路——读〈毛泽东论文艺〉随笔》，署名巴人。

3月

22日　致浩然信，说："形式是应该探索的，但更重要的是探索人物的精神世界。你的作品有一个共同特点，写出了人物的一些精神状态，但不够深。这里关键在哪里呢？仅从两篇看（按：指浩然的《脚跟》《苹果要熟了》），就可以看出你总是一些'外来条件'，使人物的思想感情突然'转变'过来了，看不出他内心的斗争和变化。"

本月　在《人民文学》发表文论《有关短篇小说创作的几个问题》，署名巴人。文章分析短篇小说创作匮乏的原因，并说："大事件可以做小文章，小事件也可做大文章。""日常生活是肯定可以写。"一些记载真人真事的作品，作家也可以"作为素材作为母题，写成短篇小说"。"写成像王愿坚的《党费》这集子一样的短篇小说的。""而短篇小说本身，正也是永远不会消失的一种独立的艺术体裁。"

4月

18日　作文论《关于外国文学中的现实主义问题》，作为遗作曾在《丹东师专学报》1988年第3期发表，署名巴人。此文是作者在关于外国文学的现实主义问题讨论会上的发言。全文提了十点：一、创作方法，不能仅限于说是艺术的表现方法。二、凡是历史上最伟大的作家或者伟大作家的作品，一般说来都是浪漫主义和现实主义相结合的（不过，必须首先声明一句，这里所谓浪漫主义是指积极的浪漫主义的）。三、浪漫主义的倾向充分些或现实主义的倾向充分些，即使在一个作家身上也还不是不变动。四、把文学和哲学同样划分为两大阵线，把现实主义或反现实主义，完全和哲学等同起来，怕是太机械了太简单了。五、浪漫主义有积极消极两种。六、从十八世纪到十九世纪，从古典主义到浪漫主义到现实主义。七、现实主义仅仅描写真实是不够的。这不仅涉及作家的世界观，包括作家的认识论。八、关于恩格斯的现实主义定义。九、世界与创作方的矛盾，不能机械地看。十、现实主义，一般讲总与唯物主义思想有联系。

本月　在《解放军文艺》发表文论《读短篇集〈台湾来的

渔船〉》，署名巴人。这个小说集共十四篇，作者对作品内容作了简要介绍以外，并对小说集艺术特色作了重点分析。首先指出："作者对于题材的取舍都是经过细心剪裁的。""其次，这一短篇集的艺术风格和形式是极为多样化的。"

本月　在《文艺报》发表文论《鲁迅对待民族文化遗产的态度》，署名巴人，收入《点滴集》。此文主要阐发鲁迅对文化遗产的基本态度是批判继承，强调古为今用。

5月

12日　在苏联的《文学报》发表《人民英雄史》，署名巴人。

24日　作文论《争论之外》，署名巴人，发表于《诗刊》本年第6期，收入《点滴集》。文章从作者在师范读书时老师谈诗说起，谈到诗意的重要性。关于诗体，主张"从民歌基础发展"。"诗的语言应该是更精练的描绘，是将各种意象或景象织锦似的组织起来的一幅画。"

31日　作文论《闲话〈夜归〉》，在本年6月《文艺报》发表，署名巴人。文章说，艾芜《夜归》八篇小说都"有散文诗的意境，怕正由于这种引入欢乐的光辉的主题吧"。文章要求我们注意怎样处理题材写作短篇，又说《夜归》作老于"横断面"描写。最后指出作者塑造人物深度不够。

7月

本月　在《读书》发表文论《重读〈夜读偶记〉》，署名巴人。文章说《夜读偶记》引起作者注意的有两点："第一，这书战斗性强；第二，这书的理论是从实际出发的。"文章认为：

"《夜读偶记》可以说，是我们文艺理论批评上一大收获。"

8月

本月　在《新观察》发表杂文《说"劲"》，署名巴人。文章说干劲有不同，"但真正要持久不懈地保持冲天干劲，则必须加上'入地的钻劲'"。

在《解放军文艺》发表文论《创作琐谈——在部队短篇小说创作座谈会上的发言》，署名巴人。这是座谈会上的翻译，涉及面较多，如如何写人物，个性和共性的关系，作家才、学、识。如何从特殊生活中找到普遍性，写短篇构思时间要长些等等。

9月

5日　在《光明日报》发表诗《叠砖歌》。此诗歌颂祖国这座高耸入云的大厦。

17日　在《人民日报》发表杂文《经不起一嘘》，署名巴人。此文反击美国对中国共产党的八届八中全会公报和决议的歪曲。

19日　致浩然信。此信回答浩然来信中提及工作与创作有时会有矛盾的问题，提了两条办法。信中还谈及浩然的创作，说："你是有创作才能的，特征是你的语言艺术是有基础的，但还需从古典文学作品吸取一些语汇。同时，你的创作构思，即编故事情节是有本领的，但还需丰富的生活基础。我倒有个想头，你现在还应该多下工厂，和工厂同志多接触，对农民看来你是比较熟悉了。但你作品中还没有看到工人阶级特征的农民，而正是我们农民将来发展的前途，农民也是要工人阶级化的。"

20日 在《世界知识》发表杂文《国庆前夕书感》，署名巴人。文章歌颂十年来祖国伟大成就，中国人民正以大鹏一样的雄姿和雄心飞向未来，让这些斥鹦去讥笑、鼓噪吧。

秋 反右倾机会主义运动席卷人民文学出版社，巴人成了运动的对象。据许觉民回忆："至1959年秋，巴人在出版陷入了困境。缘起于'反右倾'批判彭德怀的政治运动开始，有关部门在搜索'右倾'的靶子，巴人恰在那年初写了篇《论人情》的文章……由于批判高潮的不断升级，巴人的论点还与国际间的'反修'思潮相联系，确定为一种'修正主义思潮'了。……于当时的情势看，正是继着秦兆阳的论文《现实主义——广阔的道路》的反'左'理论之后又一次响起了石破天惊之音。不用说，结果是铺天盖地而来的大张挞伐，最后定了'罪名'，并撤去他领导职务而告终。"①

10月

15日 作诗《自题小照》，收入《巴人全集》第8卷。诗云：

> 忘病忘老工作，力求自强不息；
> 斩断资产根子，犹如壮士断臂；
> 立定无产脚跟，万事兢兢业业；
> "鞠躬尽瘁"听命，"死而后已"何惜。

18日 在《光明日报》发表散文《悼念振铎》，署名巴人。此文回忆作者与郑振铎的三十多年的交往，认为在"从事

---

① 《漫忆巴人》，载《巴人先生纪念集》，人民文学出版社2001年版，第97页。

于文学事业，他无疑是我的导师和益友。这不仅因为他在许多的著作中，使我增加了不少的文艺知识，而且还因为他的一些著作中某些健康的思想，使我敢于直面人生。他高歌过'我是少年'，他提倡过战斗的'血泪文学'，这些不用说对那时年轻而幼稚的我是一种鼓舞。但对我感受最深切的，却是当我正沉浸于悲愁和颓伤的心境的时候，我读到了这样一段文字而得以'自救'了"。这就是当年发表在《小说月报》上的一段"补白"。文章还回顾郑振铎1927年因抗议国民党反共屠杀而被迫去英国留学，1937年后的"孤岛"一起参加抗日救亡运动以及新中国成立后的情况。

本月　在《文艺报》第19、20期合刊发表诗《大鹏歌》，署名巴人。此诗是为庆祝新中国成立十周年而作。作者说，诗是"取庄子《逍遥游》的构想，并一反其意，而成《大鹏歌》，用以祝福于给我以生命力的党和祖国"。

11月

本月　在《人民文学》发表文论《略谈〈喜鹊登枝〉及其他》，署名巴人。文章说："从浩然同志的大多数作品看，我觉得我们的作者是有才华的。对新鲜事物的敏感和那来自人民群众的干净利落的艺术语言，就是他在作品中显示才华的地方。但作品的思想和艺术的深度都还显得有些不足。"比如1957年以前，农村中两条道路斗争，只有个别作品得以反映。还谈到"还应善于抓住人物性格的特征，并善于使用性格化的语言"。最后还谈到小说集《喜鹊登枝》以外的小说。

12 月

本月 在《长江文艺》第11、12期合刊发表文论《也谈反映人民内部矛盾》，署名马前卒。文章以《在延安文艺座谈会上的讲话》等为指导，说明文学作品如何正确地表现人民内部矛盾，《讲话》已经讲得很清楚。当然，作家能不能正确反映人民矛盾，还涉及作家思想问题。

作文论《论〈西游记〉》，收入《巴人全集》第12卷。此文为未完成的遗稿，写作在1954年至1959之间的一段时间。1954年2月13日，巴人给马充生的信中谈到他看了印度《拉摩耶那》（现译作《罗摩衍那》）。现在我们看到的全文分几个部分：

一、《西游记》是一部神话小说。作者认为《西游记》不是"谈经说道的故事，或者把它看作神魔小说，以区别于神话和叙事诗"。而"《西游记》从其基本精神上来看，实在是一部神话小说"。行文中谈到鲁迅的看法。"鲁迅先生自己则认为'其故殆尤在神鬼之不别。天神地祇人鬼，古者虽若有辨，而人鬼亦得为神祇。人神混杂，则原始信仰无由蜕尽；原始信仰存则类于传说之言日出而不已，而旧有者于是僵死，新出者亦更无光焰'。因此，《西游记》不过是六朝以来鬼神志怪书衍变出来的神魔小说，是不能单纯地看作神话小说的。……《西游记》这一小说如果让我们仅从其取材方面来说，怕正是这样形成的，虽然它不是以叙事诗的形式出现，而以近代小说的形式出现。同时如果让我们从其艺术的基本核心——'神''人''鬼'这三方面的矛盾和斗争——来看，那么，它又和印度的叙事诗《罗摩耶那》之类，并没有什么基本区别。

神话本来就是要使'人'发挥其无限的精神力量，成为'神'一般的伟大，用来征服自然的'魔'力的。"

二、产生《西游记》的社会原因。这部分论述以下诸问题。第一个是关于中国古代为什么没有神话巨著。作者认为："中国人民在纪元前二千二百多年以前，已在氏族社会基础上，组织成为一个强大的部落联盟，并且已经能够很好地发挥出自己征服自然的伟大力量。在他们被组织起来现实地跟自然斗争过程中，并且从而取得了胜利的时候，这就显示出他们自己对自然的威力，自然而然地减少了他们的神话的想象了。相反地，在中国古代，往往把现实的历史的记载和传说，作为教育中国人民征服自然和指导生活的教本的：'构木为巢，以避群害'的有巢氏，'钻木取火，以化腥臊'的燧人氏，'作为网罟，以佃为渔'的庖牺氏，'斫木为耜，揉木为耒'的神农氏，都是古代的劳动英雄，本来可以上升为神话中的神，但中国都把他们还原为现实的历史极为尊重的民族里，就很难有组织地有系统地产生和成立起来。所以，直到殷代确立了奴隶制社会，也没有人将原始公社时代可能有的神话的构思，予以利用和制作，写出为巨大篇幅的叙事诗。……因之，我们似乎可以这样的立一个假说：因为中国古代社会，开化得早，氏族社会基础之上的部落联盟的组织相当庞大，并且具有国家组织的规模，这就使被组织起来的中国人民对自然的魔力，能凭自己的智慧和力量予以征服，因而使在中国古代社会里没有产生巨大的神话编制的必要了。"其次，为什么到了明朝反而产生了《西游记》这样的神话小说？作者说："我以为，在中国明朝的时候，竟产生了像《西游记》那样的神话小说，应该从三世纪就开始建立起来的中央集权的专制主义封建社会的长期'停滞'状态中，从陈胜吴广揭竿而起的数百次农民起义每一次总遭失败的事实中，去求得解决的'钥匙'。"为此，作者作了详尽的论证，得出"从农民大起义中驱逐那时蒙古统治而取得胜利果实的朱元璋，给予农民的又是什么呢？依然是残酷的封建剥削与奴役，这就不得不使农民在'痛定思痛'之余，将唐宋传来的唐僧取经的故事，穿织上许多神话的想象，来寄托他们那种反抗'人类暴君'与征服'自然暴君'的希望与欲求，并相互口头流传"。《西游记》在明朝隆庆、万历之间写成，"那时的中国社会已在工商方面有了巨大的发展……宋时印刷术已经发明，至明又有活板的印刷术，物质生产的进步带来文学艺术传播形式的改变，民间神话传说，不如用便于歌唱流传的叙事诗的形式，而可以用近代小说的形式来写定和流传了。近代的小说，就是古代的叙事诗，其间并无甚大区别。"

三、该书还论述了印度神话给予《西游记》的影响。指出《西游记》"是吸收了印度神话传说的想象与幻想的因素"。

本年　巴人被免去了人民文学出版社的领导职务。自他1954年进入人民文学出版社后，人民文学出版社进入高迅发展的全盛时期，以其高质量高水准的出版业绩，奠定了国内一流文学出版社的地位。到1956年，出版社的事业如日中天，每年出书达二百种，优秀图书不断问世：古典文学方面，出版了自《诗经》《楚辞》至名家的《中国古典文学读本丛书》《中国古典文学理论丛书》等；现当代文学方面，先后出版了《鲁迅全集》《茅盾文集》《沫若文集》《巴金文集》《叶圣陶文集》《郑振铎文集》，同时还出了一系列反映新时代新人物的当代优秀作品；外国文学方面，翻译出版了《莎士比亚全集》《泰戈尔全集》以及《外国古典文学名著丛书》《外国现代文学名著丛书》等。

巴人在人民文学出版社工作期间，取得巨大成就，相关回忆为后人研究作为出版家的巴人提供了重要材料，现择要摘录。许觉民回忆说："自从他调任人民文学出版社的领导之后，我逐渐地体察到他不仅是位作家，而且是一位出版事业家。他在擘画文学出版社工作的前景时，完整的构思中蕴含着惊人的胆识，他抛弃了那种平凡的工作模式，一心专注于以大胆拓展为事业的取向。他的设想是一个可行的发展蓝图，他运行对文学和翻译界情况的熟悉，广泛地选择最适当的作家、编辑家和翻译家参与此事……有中国古典文学自《诗经》、《楚辞》至近代诸名家的选本，古代小说的名著，古代文学、诗话、词话系列；中国现代文学的作家全集、文集和选集；外国文学的欧美文学、俄罗斯文学中重要作家的多卷和全集、外国文论著述，以及当代中外新创作系列等。"①

王士菁则回忆称："从1955年起，在取得上级领导机关同意之后，人民文学出版社又以文学古籍刊行社的名义重印文学古籍，以供古典文学研究家、作家和古典文学爱好者的阅读和参考研究。当时曾陆续出版了一批文学古籍（后来通过协商和分工，这部分文学古籍分别由北京中华书局和中华书局上海编辑所出版）。在每本书之前都印有《重印文学古籍缘起》，这个《缘起》就是任叔同志在征求郑振铎同志等专家（意见）之后，由他执笔并经多次修改而成的。从这时候起，在周总理亲自关怀下，人民文学出版社又出版了一套《中国古典文学读本丛书》，这套《丛书》也是由任叔同志和文学研究所的领导共同

---

① 《漫忆巴人》，《巴人先生纪念集》，人民文学出版社2001年版，第96—97页

协商并制定编选计划的。后来，又有了出版中国古典文学‘十大作家集’的倡议，据我所知，这个‘倡议’也是由任叔同志最早提出并得到了北京的邵荃麟、金灿然等同志和上海的李俊民同志的赞成。现在这个计划也分别逐步落实了，我们不能不想起最初倡议者之一的王任叔同志。"①

江秉祥提到："他首先抓出版方针，奠定了出版基础，系统地制定了出版计划，出版中外古今名著和优秀创作。……亲自管理编辑工作，带领到全国各地组稿，亲自审稿，帮助青年作家改稿，管理出版印刷工作，特别注意封面设计。他是真正的出版家，对自己要求非常严格，他没有为自己出一本书。……任叔同志很重视中国古籍的整理，搞了一个文学古籍刊行社，出版了几十套丛书，是他亲自抓选题出版的。后来受到上级的批评，‘玩弄版本’，除关门大吉外还要写检讨。"②

巴人不仅制订出古今中外的出版读物的庞大计划，而且十分注意培养和提高编辑业务素质，也制定了计划。王士菁在《怀念任叔同志》中回忆为："我们培养干部，初步形成了一种制度：大体是每年工作（看稿）八个月，接触社会（当时叫‘出门办社’，外出组稿，以及参加各种社会活动，和作家、读者联系等）三个月，坐下来读书一个月，读书的范围大致根据这个进修书目。试行结果，大部分的编辑同志是满意的。"

---

① 《怀念任叔同志》，《出版史料》，1987年第3期。
② 《巴人学术讨论发言摘记》，《出版史料》，1987年第3期。

1960年（庚子） 59岁

▲1月，《文艺报》《文学评论》等报刊开始对巴人、钱谷融等关于"人道主义""人性论"的批判。

▲7月22日—8月13日，第三次全国文学艺术界代表大会在北京举行。周扬作《我国社会主义文学艺术的道路》的报告。

▲9月30日，《关于一九六一年国民经济计划控制数字的报告》提出"调整、巩固、充实、提高"八字方针。

▲11月，周扬召开历史剧座谈会，号召历史学家编写历史题材的戏，并请吴晗负责编"中国历史剧拟目"。

3月

本月　被定为"反党反社会主义分子"，撤销党内外一切职务，降级降职为亚洲研究所编译室主任。

本年开始，巴人开始系统地研读马列著作。据王克平在《我的爸爸巴人》一文中回忆："爸爸制定了一个庞大的读书计划，即全部地详尽地阅读《列宁全集》、《马克思恩格斯全集》。爸爸要求我也读一些马列著作，特别是哲学方面的书。他寄给我《大众哲学》、《哲学笔记》、《马克思主义哲学原理》等书籍。……我向爸爸建议，改为讨论文学。我写了几首充满激情的马雅可夫斯基式的诗，寄给爸爸，请他评论。爸爸也很快回信，但与第一次回信大不相同。开头便是批语：'狗屁不通！'接着就是劝我不要再作诗人梦了。爸爸说，许多人以为写诗最方便，并以诗人自居，但诗却是最难写的。写诗需要真挚的感情，需要扎实的文学修养，需要极高的写作技巧。爸爸告诉我，他早在一九二〇年左右就开始写白话诗，这在当时是很时髦的。虽然有不少诗在当时报刊上发表过，但现在看来，自己也觉脸红。……爸爸说，他搞了几十年文学创作，但遗憾的是科学技术知识太少。而生产技术高度发展的时代，作家也需要有现代的科学文化知识，否则就不能适应形势的需要。"[1]

本年　在康生授意下，巴人被当作文艺界修正主义的代表人物，遭受全国各报刊长达一年之久的批判，批判文章60余篇。据王克平《怀念我的爸爸巴人》回忆："60年爸爸在家办公……为了更有效地工作，爸爸严格地使生活规律化。每天早上6时起床，在院子里小跑步，皮拖鞋敲着地面发出'叭哒叭嗒'的声音。做自编的'快速自由体操'，无非是踢腿、伸手、摇头。爸爸性子急，他不愿慢慢地摸空气，打太极拳。然后吃早点并收听新闻节目、阅读《人民日报》、《光明日报》、《参考资料》。8时正，爸爸伏案工作，中间很少休息直到午饭时刻。饭后打个瞌睡，又继续写作，直至黄昏。晚饭前，爸爸浇水，管理种植在院子里的庄稼。饭后，稍看电视或聊天，又回书房看书写作。每晚10时左右爸爸就寝，不多会，呼噜呼噜的呼噜声就会破窗而出。"[2]

---

① 宋应离等主编：《20世纪中国著名编辑出版家研究资料汇辑》第5辑，河南大学出版社2005年版，第80—82页。
② 《西湖》，1982年第7期。

1961年（辛丑） 60岁

▲1月14—18日，中共八届九中全会在北京召开，正式通过"调整、巩固、充实、提高"八字方针，并决定在农村深入贯彻《十二条》，进行整风整社。

▲3月，中共中央在广州举行工作会议，制定《农村人民公社工作条例（草案）》。

▲10月，吴南星（吴晗、邓拓、廖沫沙）的杂文随笔开始在《前线》杂志的《三家村札记》专栏发表。

2月

本月　任人民文学出版社编译室主任。

4月

本月　在廖承志关心下，调中国社科院东南亚研究所任编辑室主任。重新开始研究印度尼西亚历史。据庄启东《人们不会忘了你的，任叔同志！》中回忆："1961年4月任叔调到中国科学院东南亚研究所，任编译室主任，专门研究印度尼西亚历史。他对新工作有基础和兴趣，更感到这是党和人民的事业，决心把有生之年，全部贡献研究印尼的历史。但这是一颗苦果。他先花三年时间做些准备工作，阅读大量外文书籍资料，翻译几百万字的学术论文……"①

本年　开始撰写《印度尼西亚近代史》。

儿子王克平获准参军。据王克平在《我的爸爸巴人》中回忆："爸爸嘱我'部队不同于地方，组织性纪律性特别严明，一定要服从命令听指挥'。"

1962年（壬寅）　61岁

▲1月至2月，中共中央在北京召开扩大的中央工作会议。刘少奇代表中央作报告。毛泽东作民主集中制问题的讲话。

▲4月23日，毛泽东《在延安文艺座谈会上的讲话》发表二十周年，各地举行纪念会、报告会或座谈会，全国各主要报刊都发表社论。

▲8月2—16日，中国作协在大连召开农村题材短篇小说创作座谈会（又称"大连会议"），由邵荃麟主持，茅盾、周扬、邵荃麟、赵树理等参加。邵荃麟在会上发表"矛盾往往集中在中间人物身上"的讲话。

▲9月，毛泽东在中共八届十中全会上提出"千万不要忘记阶级斗争"的号召。各行各业开始强调"以阶级斗争为纲"。

---

① 《新文学史料》，1986年第3期。

本年 不再有机会发表文学论文和创作，继续撰写《印度尼西亚近代史》，精读马列著作。学习、阅读日文、英文、印尼文专业书籍；翻译、整理与印尼史相关的资料。

1963年（癸卯） 62岁

▲3月，中共中央发布关于在全国开展新"五反"运动的指示。

▲4月，全国文联在北京召开第三届全国委员会第二次扩大会议，周扬作《加强文艺战线，反对修正主义》的报告。

▲12月12日，毛泽东在中宣部文艺处编印的关于上海举行故事会活动的材料上作出批示。

7月

21日 作《庐山组诗》（遗稿），收入《巴人全集》第8卷。本日作了其中的《庐山水咏》《无题》。

22日 作《无题》。

26日 作《仙人洞》《御碑亭》。

27日 作《无题》。

8月

2日　作《静观亭》。

4日　作《无题》。

6日　作《无题》。

7日　作《望秀峰飞瀑》《五老峰》《绕山下望》。

8日　作《无题》。

10日　作《无题》。

12日　作《无题》。

1964年（甲辰）　63岁

▲1月1日，《毛主席诗词》由人民文学出版社和文物出版社同时出版。

▲《文艺报》1月号发表社论《努力反映伟大的社会主义时代》。

▲6月27日，毛泽东在《中央宣传部关于全国文联和所属各协会整风情况报告》的草稿上作批示，指出大多数协会和刊物"十五年来，基本上（不是一切人）不执行党的政策，做官当老爷，不去接近工农兵，不去反映社会主义的革命和建设。最近几年，竟然跌到了修正主义的边缘。如不认真改造，势必在将来的某一天，要变成匈牙利裴多菲俱乐部那样的团体"。该批示于7月11日作为正式文件下发。

▲9月，中央歌剧舞剧团创作演出大型芭蕾舞剧《红色娘子军》。

1月

本月 正式开始撰写《印度尼西亚古代史》。本月日记尚保留，收入《巴人全集》第8卷，现择要摘录，其文字可直接呈现巴人心境。

1日 "不知不觉又滑过了一年。什么成绩也没做出来……下午，为明日写《印尼史话》做准备，翻出《印度尼西亚石器时代》一书来看，又参考一下《中国史稿》，揣摩其写法。……晚间看《朝阳沟》，常香玉豫剧团演出之现代戏，认为是戏改中杰出之作。"

2日 "打开报纸就知道《毛主席诗词》出版了，共有词三十七首，其中新增十首。很想去买一本，先睹为快。……开始写第一节：《原始人群出现前的印度尼西亚的地理环境》。（按：后改为《原始人群的出现》）到下午约略写成。乃去王府井，到文物出版社买主席诗词，不料店员说卖完了，过几天再去买。但窗柜上明摆着三四十本，自然是看人出卖，不愿卖给我这样的人吧。这是什么作风呢？"

3日 "八时半去所。在小店里买了五包长风烟，计二元七角半。到所后，所有人都在图书馆开会，编辑组××未去。大约是张铁生去南洋研究所及东南亚研究所，回来作报告。"

4日 "整个上午看《参考》。下午看《石器时代》，和前曾写过的稿子。还是下笔不了。今日，各报都登载了毛主席未发表诗词十首。七律，《答友人》。一九六一年作《答友人》一诗，颇难解。和郭沫若同志，突出其反意而作，'僧是愚氓犹

544

可训，妖为鬼蜮必成灾'，则三打白骨精为修正主义矣。"

5日　"上午，看《参考》。下午，看材料，准备明天再写一节。……晚，电视演出哈尔滨话剧《千万不要忘记》。这是表现在和平环境中工人阶级的子弟怎样受到社会上和家族亲戚中资产阶级影响，几乎贻误大事的剧本。是一场无形的阶级斗争，是潜移默化的资产阶级思想争夺青年的斗争。觉得就像我自己由于生活改善和某些影响，也在退步和落后了。可怕得很。"

6日　"写第二节，几乎蘑菇了一天，只写了二页。但看来还不行，须下次着手时再改，有些古生物学上术语，不知怎样译好。科学知识还是不够……明天去领薪水了。"日记中称准备寄给王克平20元，王梦林女儿学费140元，另外两家各寄20元。

7日　"八时半，去所。……回家，读《毛主席诗词》，不觉技痒，乃成《菩萨蛮》一阕：雄鸡一唱天下白，截山断流意风发。诗词余事耳，字字亦珠玑。祖国山河好，红旗卷日飘。咏梅贬傲骨，报春迎春色。"

8日　"今日总算得以续写第二节。主张大体上写下去后，回头细改。"

9日　"今天又开始续第二节。一天中只写三页。难。写后，翻阅过去也曾试写过的原稿，觉得有些意见还可保存。待再写时将今天所写进行修改。"

10日　"上午去所。与印尼小组略谈，取了《参考》……工作方法也像作战一样进行的。政治挂帅第一，经验有十条。实在了不起，须再三仔细看看。"

11日　"整天写史稿。完了第二节，大致根据旧稿。旧稿实在有可取之处，亦有个别独见之处。"

12日 "下午，略写史稿。晚间得克平信。自病院来。他做了打气摄片试验，很痛苦。医院总认为他的高血压乃系嗜铬细胞瘤在肾脏内之故。须切除才行。想到他一人，并无亲人，病情到底如何，不知。"

13日 "整天写稿。写完第三节一大部分，有些见解，是驳斥《世界通史》的。未知适当否。足足写了三四千字，较快。"

14日 "下午，看学术资料。"

15日 "上午将第二节有关《苏拉威西的旧石器时期》的一段写完[①]。完成了第一章。准备第二章，《氏族社会时期》，整体翻阅一些有关材料。"

16日 "下午三时，联络部×××他们来，说中央决定要成立东南亚研究所，苏联东欧研究所，北非西亚研究所。这三所由××部管。另成立印度研究所，属××部，日本研究所，属××部。同我商谈东南亚研究所有什么干部可调。谈了两小时回去了。"

17日 "看参考半天又看不完。××又送来亚非资料稿。看来明天又不能写作。真难呵！"

18日 "整天审阅亚非资料稿。稿子只有一篇是有力的，在广泛的资料中概括出来的，其他是抄抄摘摘成篇的，实在谈不到研究。这些文章并不是对问题真研究，觉得有所发现而写的。我在有些篇上签了意见，但不做决定。"

19日 "接克平函，说出院了，身体很好，血压也降低了。

---

① 正式出版的《印度尼西亚古代史》第一章没有这一节。第二章的第一节有"三种中石器文化"。

思想仍无进步，只想在外找屋子住。不行，当去信驳斥。"

20日 "写了一整天。把爪哇中石器时代写了。下午四时，党小组长来电话，说六时开支部大会。……支部大会乃社务会议决定的传达，增设了三个研究组的小组长，及一些制度。传达后，办公室主任又传达学部二个通知。一为大庆石油报告的保密。一为学部下有些单位发生不正当男女关系的通知。"

21日 "写苏拉威西，可是进行得非常慢。写了三页，不行，尚须重新概括。乃再看资料。"

22日 "整天写稿，写完了苏拉威西这一段。……晚间又写了一页，这使我在夜间睡觉极不落实了。以后必须禁止夜间写作。"

23日 "写了一整天，写完第二章第一节。着手写第二节时，又得看材料和一些历史著作。"

24日 "去时去所听传达，报告中央成立各国际研究所的决定。有些做法我自己早想过，也说过。但当时未必能听得进，今天才有可能了。"

25日 "整体看《世界通史》、《苏门答腊民族志》、《太平洋民族学》。为的是要从那些材料中看出远古的印度尼西亚人民的生活。可以说，大体上有一些概念了。晚上，又看了一次《千万不要忘记》。"

27日 "昨晚得通知，今天在学部派人参加的社会主义教育运动的试点上，要开大斗争会，叫一些高级人员去参加。到后，×××也在。但不久得通知，斗争大会不开了，开三级干部会，集会的人都走散了。……下午，重新写历史。写完第二章第一节。"

28日 "整天写历史，开手写第二章第二节。未完。"

547

29日 "昨日发布了中法建交公报，只简单一两句。……整天写历史，总算写完第二节。"（同上）

31日 "想动手写印尼新石器时代，换了四页纸，写了一页。觉得不对头。再看材料，在屋子里踱，构思。下午，想找一本《古代越南史》来看，找不到，整了一下书桌。后来在卧室的书架中找到了。读第一章，关于石器时代，谈得很简单，此书亦为苏联《世界通史》参考书之一。看来，并不写得怎么好。"

本年日记保存下来的到此为止。根据这些日记，读者可大致了解巴人日常工作、生活和写作的关系，全文可见《巴人全集》第8卷。

1965年（乙巳） 64岁

▲5月，文化部领导大改组。茅盾仍为部长，南京军区第二政委肖望东任第一副部长、党组书记，上海市委书记处书记石西民为第二副部长、党组副书记。

▲11月10日，姚文元的《评新编历史剧〈海瑞罢官〉》在《文汇报》发表。

本年 撰写《关于印度尼西亚民族起源及其形成过程》《印度尼西亚古代文化杂谈》《六世纪以前印度尼西亚古国考》

《阿陵·阇婆及其他试探——关于上世纪至二十世纪的爪哇历史的考察》，以上未见发表。《昆仑及昆仑民族考》在1989年5月《东南亚论丛》发表，署名巴人。《室利佛逝及三佛齐试探》在1987年《东方研究》发表，署名巴人。《四世纪前中国通南海所发现的国家》在《学术月刊》1991年第9期发表，署名巴人。《法西斯炼狱之火中新生》在《南亚东南亚评论》1990年发表，署名王任叔。

　　将自置宽街十号住宅的房产上交给国家。翻译《印度时代》等数百万字史学资料，但下落不明。

1966年（丙午）　65岁

　　▲2月12日，中共中央转发以彭真为组长的文化革命五人小组提出的《关于当前学术讨论的汇报提纲》。

　　▲5月4—26日，中共中央政治局扩大会议在北京召开。16日会议通过由毛泽东主持制定的《五·一六通知》。

　　▲8月，中共八届十一中全会在北京举行，通过了《关于无产阶级文化大革命的决定》。

　　▲8月18日，毛泽东首次在天安门接见全国各地来京串联的红卫兵和群众，到11月下旬，先后8次接见了1300万群众和红卫兵。

1月

本月　完成《印度尼西亚近代史》一书，计70万字，上交所在研究所。周恩来总理对此甚为重视。本书于1995年由北京大学出版社出版，收入《巴人全集》第19卷。

5月

本月　开始受到严厉批判。

8月

本月　上缴存款一万五千元。

下半年　被批判和搜查，彻底失去写作权利。其中被人民文学出版社召回批斗一次。

1967年（丁未）　66岁

▲1月，姚文元在《红旗》发表《评反革命两面派周扬》。17日，中共中央正式发布《关于文艺团体无产阶级文化大革命的决定》。

▲5月23日，现代京剧《智取威虎山》等八个"样板戏"同时在北京舞台上演，历时37天，演出218场。

▲5月29日，《林彪同志委托江青同志召开的部队文艺工作座谈会纪要》在《人民日报》公开发表。本月，中央文化革命小组

成立文艺组，江青任组长，戚本禹、姚文元任副组长。

本年 在《苏门答腊随笔》发表《巴人（王任叔）谈印尼八月革命》，后收入《巴人与印度尼西亚》，香港南岛出版社2001年出版。

被多次批斗。造反派把他从研究所的牛棚揪回到出版社，将在敌人的集中营与牢狱中幸存下来的部分同志，当作叛徒。

1968年（戊申） 67岁

▲3月23日，于会泳在《文汇报》发表《让文艺舞台永远成为毛泽东思想的阵地》，提出"三突出"口号：在所有人物中突出正面人物来，在正面人物中突出主要英雄人物来，在主要英雄人物中突出最主要的中心人物来。

▲7月28日，"工人、解放军毛泽东思想宣传队"进驻清华大学。此后，工军宣队相继进驻文艺界和其他有关单位。

▲10月13—31日，中共八届十二中全会在北京举行，开除刘少奇党籍，并撤销其在党内外一切职务。

▲12月22日，《人民日报》发表毛泽东关于"知识青年到农村去，接受贫下中农的再教育"的指示，全国掀起了知识青年上山下乡运动。

年初　被"隔离审查",关在北京张自忠路人民大学校舍内。

本年　继续撰写《印度尼西亚古代史》。

上缴存款三千多元。

1969年（己酉）　68岁

▲4月1—24日,中国共产党第九次代表大会在北京举行。

▲7月—9月,文化部所属各单位和文联各协会全部工作人员,分别下放到湖北咸宁、天津静海等五·七干校及部队农场等地,搞"斗、批、改"。

▲9月30日,《红旗》杂志第10期发表文章,提出"学习革命样板戏,保卫革命样板戏"口号。

11月

14日　被迫与妻子马宵生和女儿高潮分离。巴人精神受到极大打击。

20日　致儿子克平信。信中说:"一位同志交给了我这信,并且说:告诉你那写信来的人,以后不要写'××××内'字样,这样一写,不是暴露了所的地址了吗?原来所谓××所,是××信箱而来的……十五日,星期天,一早醒来,只五点多一点,于是起床,突然晕倒在床上,脑子还清楚。挣扎着,从桌上摸到茶杯,喝了一口冷茶,刺激自己一下。慢慢好一点,但禁不住大便在裤里了。你看，人已到了这个样子。……我住进来，是他们意见。形势紧张，未定案的，住进来本也应该。直说就好了。可是他们说房子要退；我问：'我的书和家具呢？'又说房子要派用场。……今天，去宽街十号（按：巴人在北京的住所）看看。那进门的一块空地上挖了二个防空洞，三米八深，几乎无路可走了。……我是不是还可以回去住？要看形势，要看结论，要看以后住进去走动方便不方便。……你的意见对，不必向上级请求处理。我自己知道：心急、思乱、工粗；一生没做出过像样而有益于人民的事。而现在还搞《印尼历史》，也搞不出什么名堂的。但我还是打起精神，坚持着搞派定的工作。现在写《原始社会时期》，搞那一套我从未在学校里学过的考古学方面的东西。这东西实在也花过我前几年中两三年时间。我说，搞近代吧。近代史资料，有一大盒我早在六六年一月交了。现在不知道在哪里。他们说从头搞起，近代史资料找找看。"该信收录于《巴人全集》第8卷。

12 月

14日　写下《王任叔遗嘱》，内容如下：

十一月十六日、十一月二十八日、十二月十三日，三次突然晕倒，大便失禁。第三次情况相当严重，自六时至十一时，尚未十分清醒。此后如何，很难预料，为此写了几句于后。

1.我的案尚未定下，自然是我自己最关心的，也是我亲属所关心的。我确已交待了我的政治问题，除已交待的以外，再没有与国民党或国民党分子有所勾结。在这本子里，我写下几桩可作反证的事，也可从这反证调查清楚。

2.我所有存款，都来自稿费，或稍有工资节余。主要稿费来自新文艺出版社《文学论稿》。一查账即可明白；绝对没有过所谓金圆券。我五三年上缴存款二万；说五四年地安门银行报告我去兑金圆券；此中似有线索可探。我于四八年九月间与许立一起潜入解放区，不仅可向许立查证，而且进去时过下关遍身搜查，连表都会被没收，根本无重要东西可带。当时统战部副秘书长童小鹏也可作证。

3.六六年八月我又上缴一万五六千元，当时我对×××说："存款算来是合法的，但是不合理的，这是社会主义社会中资产阶级法权观点的残余。"六八年间，我又将三千多元存款上缴。之后，我本为自动减薪节余的约一千多元给冻结起来。（我准备运动后期上缴的。）上述这些款项，自应归还国家和人民，不应为我亲属所应有。

4.今年三月间，准备下放；曾建议将家中家具及书籍上缴公家。后我和×××分别得到通知："个人的东西还是属于个人的，公家不要这些东西。这不像运动初期，冻结了一些东西。"但我认为，公家还是可以做主处理。如果公家认为可由我亲属处理，我就指定王克平代我处理。

5.在处理书籍时，如果我奉化中学的图书馆缺书，可尽量选择拿去。说是参加革命吧，我是从那里教书时开始的。

6.遗憾的是不能完成我希望搞的《印尼历史》，也是对人民欠下的一笔债。

7.如果允许的话：死后火化，分骨灰为两瓶，一送我出生地大堰，在我们宅后竹山上埋下，一投入于海——我依然关心印度尼西亚的革命胜利！

王任叔

一九六九年十二月十四日

21日 致儿子克平信。信中说："十二日早晨，我竟一睡不醒了。所里一位同志在早晨八九点钟，看我还不起来，进来一看，原来我已失了知觉，他们给我穿上衣服，我也不知道，大便又失禁了。……已去了两次，大夫也说不出什么病。一个说，也许是血管硬化；一个说，如果是心脏病，那是要有痛的感觉的，不会仅仅晕倒而已。给的药却是一样的。已经有一个星期了，精神尚未回复正常；头痛还是常事。……前几天，我想到自己身体不行，写了几句，留在一个提包里。万一'不行'，也算是我的'遗书'吧。现在抄一份于后，使你知道我是怎样处理后事的。那个提包里有一抄本，是过去学习时随便写下些摘要。其中也有一份整党学习时我的检查稿。可他们中断了我的学习，这检查发言稿始终未用。但我当时是这样诚心来检查自己的，所以没有撕去。如果我有'不幸'，你可向他们要去看看，以作儆戒。"

29日 致儿子克平信。信中说："你给这里单位的信，我是从根华那里知道的。我们这里留下的两个人，一管房子、工资，一管我的专案的。就是此人对根华说的。我以为已经有信给你了，原来还是'不理'。我也写了一个条子给他们两人。想到自己晕倒竟至失去知觉五个小时，很难想到自己今后怎样，希望能快点定案。……我的身体是年纪到家了。夹在三种矛盾之中：健康情况与工作的矛盾，健康、工作与未定案的相互矛盾。对我政治上说，定案是矛盾主要的一面。而我现在，则只有抓住工作。为了工作，健康也管不得了。因为只有工作，才能表明我对党对人民的态度，因为工作倒下去，我也心甘情愿，只是完成不了①，仍然还不了对人民的欠债而已。"

---

① 指撰写《印度尼西亚历史》。

1970年（庚戌） 69岁

▲ 4月24日，我国成功发射第一颗人造地球卫星。

▲ 12月，周恩来主持华北会议，揭发批判陈伯达罪行。

1月

3日 致儿子克平信。信中说："三十一日给你一信，说我又搬到宽街来住了。叫我搬去，又叫我搬来。搬去后，没有谈过一句话，没有要我做什么事，除我自己写历史，既不问，又不管。……根华回去那天，曙华来了，同所里一个姓×的谈了谈。曙华提到你来信问单位负责人，能否来北京。他说，来了又有什么用，他们也做不了主。一请示就需一个月云云。我不知这话是否实情。总之，你是不必来的。除非问题最后解决了。我前次所以写这样的信，留存你身边，也是为的防突然完了。我所以写上'骨灰'的事。一个没有定案的人，便是'骨灰'也得他们做出决定的。"

6日 致儿子克平信。信中说："一月二日的信，今天收到。是根华去所里领薪水时带来的。她二日帮着搬家，三日又来料理一下。今天六日又来了。以后大约隔二天或三天来一次。真的，我没有他们帮助，实在无法生活。……你还是不了解我们这里情况。我所留守人员，负责的两个人，但四个所合起来，就有十来个人。整党学习，是四所合在一起。另外还有些来下放的女同志及老弱病残的，大概有二十几个人。此外，四所共三四百人，全下放了。在整党学习初期，康生对中联部有指示：定案处理等，下放的一摊由下放方面搞；未下放的，在机关的就由机关搞，分别进行。……如果问题搞不清楚，那也应该同我谈一谈，扩大教育面。我进去后三个月，却没有一个人同我谈过一次话。我要求×××两三次，都是一句话：'整党还没有结束'，就打回来了。……相信群众，相信党。这两条是完全应该遵守的。也许，你有一点想法是对的。要等下放的我所这摊子负责人提出定案意见，然后报部批准的。但还有另一条，即暂时挂起来。"

22日 外出撞倒在马路边的电线杆旁，被路人抬到了派出所，却无人过问。晚上醒来时，自己被置于附近部队营房外面。据周而复《梦的追求——忆任叔》回忆："他有时独自出去，不知怎么的撞倒在电线杆去，失去了知觉，经路人抬到派出所去，发觉他是'专政对象'，就无人问了。深夜醒来，他茫茫然在黑夜中走去，神态已经不清楚，幸亏碰到解放军，伸出援助之手，把他搭救了。"[1]外甥女毛曙华知道这个危急病情后，就电告在上海的王克平。儿子从远道赶来，为他父亲治病奔走，结果既不准住院治疗，又不准动用被抄的存款支付医疗费用。毛裕俭在《巴人和他的夫人张福娥》[2]中称："悲愤中的巴人当时曾戏谑称自己是一只没人要的掐瘪的臭虫。这时，乡下的张福娥听到了巴人的情况，面对巨大的政治压力，坦然

---

[1] 该文见于巴人：《五祖庙》，花城出版社1986年版，第10页。
[2] 《经济新闻报》，1989年10月7日。

地说：'我一个妇道人家，没有什么舍不掉的，也没有什么好怕。'于是便给女儿写了信……"

3月

5日　在中联部相关同志的管理下，由克平陪同，离开北京宽街10号。

8日　被送到奉化大堰。遣送人还向公社出示中联部军管小组的通知：说明巴人的罪状、定性和规定。宣布了对巴人的四条规定：第一，回乡后，不能乱说乱动，不能随意同群众接触；第二，公社要教育群众，注意对他的监督；第三，巴人有病，应在附近医院就医，不得离开公社；第四，巴人可以看报、听广播，但不能使用无线电收音机。说完，当众夺下巴人随身带去的半导体收音机。留下随身所带的几件衣服和两大箱印尼历史资料和《印度尼西亚古代史》书稿。此外还要求大堰公社革委会派出专人监管。在生活上，规定每月生活费七十元，三十元给照顾生活的人和付居住费，二十元以作食费，二十元作吸烟零用。

袁少杰在《文化巨子的真情悲剧人生——巴人传》中称："王任叔的心情是复杂的。因为自己从二十年代末离开发妻之后又有了三次的婚姻经历，同发妻虽没有正式离婚，但实质上已是死亡了的婚姻。如今遭难了，再住到一个屋檐下，自己感到羞愧，无地自容，也恐受到社会上舆论的鄙视与责难。张福娥是一位农村妇女，与自己已分了四十余年，思想、性格、感情差距很大，难以融合，所以就不想住到自己的家里，而是选择了离家只隔两间房的侄媳芙凤的家，并请芙凤照顾自己的起居生活。这使张福娥非常生气。……四十多年过去，如今须髯皆白的丈夫落难了，她觉得，接纳他是顺理成章的事。丈夫不想住到家里，是如何也不能理解的。她不停地哭诉着，怨责着，理论着。"[1]

10月

7日　农历九月初八日，是巴人七十大寿。王欣荣、袁少杰等研究者定在1971年10月19日，系误解。按中国农村，特别是浙江农村习俗，均按虚岁做生辰，而不是按周岁做生辰，且1971年10月巴人已被送到精神病院。袁少杰在《文化巨子的真情悲剧——巴人传》叙述为："一九七一年十月十九日，农历九月初八，是王任叔的七十寿辰。张福娥老人拿出了女儿孝敬她的自己没舍得吃的食品，为王任叔作寿。梦林、芙凤等侄儿、侄媳早就作了周到地筹备；梦林的姐姐秀惠，一早就拎着鸡、肉、寿面等寿礼来给叔叔作寿。像五三年那次回乡一样，仍请王任叔本家侄子、务本学堂的同学祥生掌勺。寿席间，王任叔破例地接过梦林敬的酒，一饮而尽。……最令王任叔感动的是一位远道客人的来访。他自称是四十九年前王任叔在慈溪普迪小学任教时的学生。施毕深深的鞠躬礼之后，从行囊中拿出笋干、年糕、芝麻团等孝敬老师的礼物。王任叔不可能认识年过半百的汉子，更不可记住他的名字。而这位学生，却因王任叔等老师在报上发表'迎经'，驳斥遗老的文字成为'赤化分子'而牢牢记住他的名字。"[2]

---

①　袁少杰:《文化巨子的真情悲剧人生——巴人传》，世界华文文学家协会出版社2011年版，第443页。
②　袁少杰:《文化巨子的真情悲剧人生——巴人传》，世界华文文学家协会出版社2011年版，第453页。

本年　继续撰写、修改《印度尼西亚古代史》著作。巴人患有脑血栓症兼严重神经官能症。年底，神志不清，饮食无味，著述辍笔。侄儿王梦林回忆为："回乡后开始几个月，他精神正常，天天埋头编写印尼历史。我劝他：'你搞文字的罪还少吗？就休息休息吧！'他苦笑说：'趁脑子清醒着不能浪费时间。别的能丢，这支笔不能丢。遗憾的是，我已不可能在活着时完成这部稿子了。'"王梦林遗憾地说："有时更已深，他房间窗口灯亮着，他熬夜写作。听到连续的疲乏的咳嗽声，唉，心里真难受，他为什么丢不下那支笔？"①

　　《印度尼西亚古代史》从1967年至1970年，历时五年间而由巴人坚持写完七十三万多字。马充生在该书序言中说："作者去世后，这部《印尼古代史》在他的家乡浙江省奉化县大堰村的那间小屋中，没有人保管，更没有人懂得其学术价值，其中的封建社会第一部分，被一张张地撕下来，引火烧饭，付诸一炬。这部分未完成的《印尼古代史》又带上新的创伤，随后被扔到某个黑暗的角落里达七八年之久，直到1977年5月，作者的冤案得以平反。这部《印尼古代史》劫后余生，现在能出版问世，实在来之不易呀！"（《印度尼西亚古代史·代序》）

　　此书于1987年12月由中国社会科学出版社出版，史料丰硕，著作厚实。在当时环境下，他引用中文书籍八十八种（包括译著）、日文书籍七种、印尼书籍十一种、西文书籍四十三种。任何学术著作，占有资料是立足的根本，尤其是历史著作，均需以史实说话，特别是原始史料，不以理论推断，更不能以想象来说话。对巴人来说，掌握史料困难重重。他《关

---

　　①　马充生：《印度尼西亚古代史·代序》，见《巴人全集》第18卷，第1页。

于编本书的一些说明》中说："不消说，如果我们要正确地掌握印度尼西亚的历史规律，掌握印度尼西亚社会发展的历史分期，那就必须占有大量的历史资料，并且对这些资料做系统的、周密的研究。可是这对于一个没有望见过大学学府之门的人来说，是很不容易克服的困难。因为我们研究的对象是外国历史，语言的障碍一时不大容易逾越。"他在给马充生的信中说："搞这一套，我从未学过考古学方面的东西，这东西实在花过我几乎几年中二三年时间。"甲骨文、古碑、化石等古文物，对于不是科班出身，不是从事这方面工作的巴人来说，确实难度很大，是巨大的挑战。另外，史料难求，特别是第一手古代资料，如印度尼西亚历史文件（即贝叶书）。尤其史料的辨别非常不容易，为了更好地写这本书，掌握国外学者所提供的史料，他从日文、印尼文翻译了几百万字的历史资料。

对巴人来说，以一个外国人的身份写印度尼西亚史，确实困难重重，而其中印度尼西亚民族的起源及其形成过程和印度尼西亚古代史的分期问题，是首先要解决的难题。比如，关于印度尼西亚的历史分期，他是按照马克思主义有关社会发展规律来划分的，即原始公社时代、奴隶制时代、封建时代以及殖民时代等，而不是按照"印度时代"或"印度化时代"来划分的。

该书《编后说明》称由于在某些历史时期时原稿残损，"经周南京和丘立本两位先生的整理，他们从补缺、校订、注释、文字整理、统一全书的人名、地名和各种专有名词的译名及书后附参考书目、历史年表、人名、地名译名对照表等方面做了大量工作"。

1971年（辛亥） 70岁

▲7月9日，基辛格秘密访问北京。

▲9月13日，林彪等坠机于蒙古温都尔汗地区。

▲10月25日，中华人民共和国恢复在联合国的一切合法权利。

年初 巴人发生脑血栓病变，披头散发，穿着短裤，挂着糖果，赤脚在雪地跑。为此，他的子侄多次写信给中联部军管组，要求同意巴人到外地治疗，结果都未应允。其家乡大堰村干部群众多次写信到中联部。

3月

本月 中联部派人调查，同意巴人到奉化溪口疗养院治疗。由于精神严重受挫，后发展为精神分裂。据回忆，巴人在笔记本上写下了他的遗嘱：

1.我的病什么时候死，可想而知。

2.在死之前，希望组织对我政治生活有个明确结论。

3.编写的印尼历史，是否付印可由组织确定，近代史修改也即将定稿，是否录用也由组织决定。

4.死后安葬，可用一堆干柴在沙滩上烧掉，把骨灰分成两半，一半用一把小锄头在后门山上挖个洞，葬在后门山上；另一半托人带到上海，洒在黄浦江上。"①

10月

本月 转至杭州精神病院（现为杭州第七人民医院）治疗。病重后"梦林又两次写报告请求治疗。单位电告克平，由他找人安排，同意出县或省内看病。克平经多方联系，才得以去杭州精神病院治疗。住院达半年之久。以为是不治之症而推手。不得已，又返回大堰"。②

1972年（壬子）　71岁

▲2月28日，中美双方发表联合公报，开辟中美关系新前景。

▲2月29日，中日两国政府发表联合声明，宣布中日邦交正常化。

▲4月，浩然长篇小说《金光大道》第一部由人民文学出版社出版。

春 病情恶化。据袁少杰《文化巨子的真情悲剧人生——

---

① 袁少杰：《文化巨子的真情悲剧人生——巴人传》，世界华文文学家协会出版社2011年版，第454—455页。

② 袁少杰：《文化巨子的真情悲剧人生——巴人传》，世界华文文学家协会出版社2011年版，第455页。

巴人传》所叙述："一九七二年春，王任叔的病情发展到大小便不能自禁，精神严重失常的程度。他不分昼夜，常不穿衣服在街巷溪畔颠行。梦林无奈，只得含泪用一条围巾将它（他）捆绑在座椅上。他可怜巴巴地重念说：'我失去自由了，我已经被绑起来了……'"①

7月

22日　嘴唇突然发紫，呼吸急促，送奉化医院抢救无效。

25日下午　口里不断流血，心脏终止跳动，时年七十一岁。袁少杰《文化巨子的真情悲剧人生——巴人传》叙述为："七月二十五日，逝世于奉化医院。弥留之际，身边没有亲人，没有熟人，他孤寂地离开了人间。王任叔去世的消息传回大堰，张福娥痛哭伤悲，但一个年逾古稀的妇道人家，无力处理后事，还是委托梦林料理。梦林与其嫂芙凤赶到县医院。克平也从上海过来，置棺材遗体入殓。"②巴人并没有被火葬，也未如愿把他的骨灰撒到黄浦江；他的墓在大堰村的后山，坐北朝南，面向村庄、溪水，最远处是大海。墓碑上镌刻着他的好友胡愈之书写的九个大字：王任叔巴人同志之墓。1981年11月3日，发妻张福娥病逝，享年八十三岁。逝世后与巴人合葬同一墓穴里。

1979年3月6日　错案得以平反昭雪。人民文学出版社党

①　袁少杰：《文化巨子的真情悲剧人生——巴人传》，世界华文文学家协会出版社2011年版，第459页。

②　袁少杰：《文化巨子的真情悲剧人生——巴人传》，世界华文文学家协会出版社2011年版，第462页。

委作出《关于王任叔同志问题的复查意见》，主要内容如下：
"王任叔同志，男，1901年生，家庭出身富农，本人成分学生，1938年重新入党，原任人民文学出版社社长兼总编辑。1959年反右倾运动中被划分反动分子，1960年3月经文化部中央国家机关党委监委批准给予撤销党内外职务的处分，后调至中科院哲学社会科学部工作，1972年逝世。原结论的主要错误事实第12页的根据是王任叔同1956年至1957年整风反右前发表的《关于"氏族社会"》、《关于集体主义》、《"多"和"拖"》、《真正的人的世界》、《论人情》等十六篇杂文。原结论认为王的这些文章是'反党反社会主义的文章'，'从社会主义制度到人民生活，从政治思想到文艺政策，从历次运动到日常工作'都进行攻击。在理论上是'贩卖修正主义'，'鼓吹'人性论和'人道主义'等等。现经复查，其中一部分文章主要是针对某些部门存在的官僚主义，管理不善，作风简单粗暴等缺点，或对某一方面的工作和社会生活中某些现象，以杂文的形式进行批评和揭露，从他文章的全部内容看，都是从维护社会主义制度，改进工作为出发点的善意的批评，文章的观点也基本是正确的，不是反党反社会主义的文章。他的另一部分文章如《论人情》、《关于创作》、《杂忆、杂感和杂抄》等是属于文艺方面的学术性论述。根据'百花齐放，百家争鸣'的方针，应允许发表不同意见，不应作政治结论。而且这些文章是针对了当时文学创作，文艺批评中存在的问题，是有利于繁荣社会主义文艺的，将其定为反党文章是错误的。……根据上述核实情况，原定王任叔同志为反党分子属于错划，应予平反，恢复名誉，并撤销文化部党委1960年所作'关于王任叔同志所犯错误的结论'，撤销党内外处分，回复原职级别待遇。"

1979年6月20日　巴人冤案平反昭雪，追悼会在北京八宝山举行。王子野在追悼会上致悼词，主要内容为："今天，我们怀着极其沉痛的心情，在这里悼念中国共产党党员、卓越的无产阶级革命文化战士、著名的文艺理论家、作家王任叔同志。……早在一九二五年，王任叔同志就参加了反帝反封建的民主革命斗争。他曾担任北伐军总司令部后方留守处机要书记和秘书、中共宁波地委宣传部委员等职。……他从事进步的新闻出版工作，他也是一九三八版的《鲁迅全集》出版委员会的负责人之一。王任叔同志一九三八年加入中国共产党。一九四一年，党组织派他去新加坡和印尼，在华侨间进行抗日救亡和爱国民主运动。一九四七年调中共港澳工作委员外事组和华侨工作委员会工作。……王任叔同志长期在白区坚持党的工作。三十年代在上海时。他在团结进步作家反国民党反动派的文化'围剿'方面，在文化界开展抗日救亡运动和统战工作等方面，都做了大量的工作。在主持社会科学大学时，向进步青年传播马列主义，并在这基础上为新四军大量培养和输送了干部。在印尼工作期间，他在被日寇通缉的险恶和艰苦的环境下，深入工农和华侨群众，坚持抗日斗争活动，在当地人民和广大华侨中产生了积极和广泛的影响。……王任叔同志曾长期从事东南亚问题的研究。在研究工作中，他坚持实事求是和理论联系实际的科学态度，以马列主义观编写了《印尼社会发展概况》一书；在东南亚研究所工作期间，他以顽强的毅力带病坚持工作，编译了大量资料和写出了《印尼历史》初稿，为研究印尼历史提供了富有参考价值的材料。……"

1979年6月28日　《王任叔同志追悼会在京举行》在《人

民日报》《光明日报》发表，其中说到：

耿飚、廖承志、姬鹏飞、沈雁冰、庄希泉以及中联部、国家出版事业管理局、中央统战部、中央宣传部、国务院侨务办公室、外交部、文化部、社会科学院、全国文联、中国作家协会等单位和有关方面负责人以及文艺界知名人士黄镇、周扬、李维汉、张爱萍、阳翰笙、巴金、谢冰心、曹靖华、冯至、梅益、楚图南、王昆仑、林林等送了花圈。人大常委会副委员长姬鹏飞，有关方面负责人和王任叔同志的生前好友三百多人参加了追悼会。追悼会由中联部副部长张致祥主持，国家出版事业管理局副局长王子野致悼词。

王任叔一九〇一年生于浙江奉化县，一九二五年参加革命，一九三八年加入中国共产党，曾参加发起组织"左翼作家联盟"，主持过社会科学大学。他是一九三八年版《鲁迅全集》出版委员会负责人之一。全国解放后，曾任我国首任驻印度尼西亚大使、人民文学出版社社长、总编辑、党委书记等职。王任叔同志长期在国民党统治区坚持斗争，为革命事业兢兢业业地工作。他坚持党的革命路线，在党的文化工作、统战工作和抗日救亡工作方面做出了贡献，在文化出版事业方面也做出了显著成绩。他在文学方面有很深的造诣，是一位十分勤奋的作家和学者。他留下了许多创作和理论著作，为无产阶级革命事业贡献了自己的全部精力。

后世影响

一、巴人逝世后出版和发表的著作

1.《旅广手记》(散文遗稿),署名巴人,人民文学出版社 1981年12月出版。此书有王克平先生写的《写在前面的几句话》:"父亲生前早有撰写回忆录的愿望,并在1963年完成了《旅广手记》初稿。但由于某些原因,工(写)作未能继续下去。"书后附有《忆宁波建党初期》。

2.《印度尼西亚古代史》(上下册),署名巴人,中国社会科学出版社1987年12月出版。

3.《杂滴集》(杂文、文论),署名巴人,浙江人民出版社 1982年2月出版。内收:

《论人情》《给〈新港〉编辑部的信》《以简代文》《真的人的世界》《"敲草榔头"之类》《唯动机论者》《略谈要爱人》《消亡中的"哀鸣"》《关于氏族社会》《关于集体主义》《"多"和"拖"》《也谈学点文学》《略谈赵树理同志的创作》《闲话〈夜归〉》《有关短篇小说创作的几个问题》《读〈红缨〉与〈白兰花〉书后》《争论之外》《关于〈牛虻〉》《从〈毁灭〉到〈青年近卫军〉》等文章。

4.《文学论稿》,署名巴人,上海新文艺出版社1982年重版。

5.《巴人小说选》，署名巴人，人民文学出版社1983年2月出版。内收：

《雄猫头的死》《运秧驼背》(原名《疲惫者》)《白眼老八》(原名《孤独的人》)《顺民》《殉》《灾》《牛市》《追剿》《乡长先生》《隔离》《老石工》《浇香膏的妇人》《保镖黄得胜》《有张好嘴子的女人》《悲剧的性格》《没落的最后》《一个谋杀亲夫的妇人》《三个偷火柴的人》《灵魂受伤者》《查夜》《"为人在世"》《姜尚公老爷列传》《证章》。

6.《冲突》(中篇小说，1953年重写)，署名巴人，黑龙江人民出版社1983年5月出版。

7.《莽秀才造反记》，署名巴人，人民文学出版社1984年2月出版。

8.《六横岛》(30年代遗稿)，署名巴人，载《小说界》1984年第3期。

9.《某夫人》(长篇)，署名巴人，黑龙江人民出版社1984年4月重版。

10.《堕民》(中篇小说)，署名巴人，人民文学出版社1988年9月出版。

11.《印尼散记》，署名巴人，湖南人民出版社1984年8月出版。

12.《巴人文艺论集》，署名巴人，人民文学出版社1984年12月出版。内收：

《文艺短论》《高尔基底创作的手法》《叛逆的灵魂》《新诗的踪迹与其出路》《救亡时期的文学问题》《文艺杂谈》《短论三题》《评〈谷〉及其他》《剪裁》《扪虱谈》《中国气派与中国作风》《地主性格》《直立起来的〈科尔沁旗草原〉》《略评〈新

生代〉第一部》《民族形式与大众文学》《论鲁迅的杂文》《关于〈牛虻〉》《我所看到的〈远离莫斯科的地方〉》《读〈列宁〉》《关于〈土敏土〉》《高尔基的〈母亲〉》《读〈初雪〉》《〈青年近卫军〉的艺术构成及其人物形象》《读〈农村散记〉》《典型问题随感》《关于创作》《鲁迅小说的艺术特点》《也谈徐志摩的诗》《谈小说〈青春之歌〉》《漫谈〈百炼成钢〉》《果戈里——封建制度的掘墓人》《闲话〈夜归〉》《创作琐谈》《论〈西游记〉》（未完稿）。

13.《巴人杂文选》，署名巴人，人民文学出版社1985年8月出版。内收篇目较多不再列入。但其中《清淡新解》《一句古话》是误收，实为穆子沁所作。

14.《女工秋菊》（长篇小说），署名巴人，北方文艺出版社1986年3月出版。

15.《五祖庙》（小说、戏剧），署名巴人，花城出版社1986年5月出版。内收：

小说：《一家的故事》《水客和工头》《一个头家》《萨拉山》《第二代》《章鹤鸣和方子明》《"南洋伯"》《月亮的由来》。

戏剧：《五祖庙》。

16.小说集《龙厄》，署名巴人，文化艺术出版社1986年9月出版。内收：

《母亲》《河豚子》《剪发的故事》《疲惫者》《监狱》《"唔"》《谁的罪》《殉》《黄绶马褂》《倩华》《龙厄》《友谊》《一个发羊癫病的》《野兽派作家》《恋爱神圣主义曲》《回家》《失掉了枪枝》《猫的威权》《额角运与断眉运》《我们那校长跟爸爸》《蛙虫》《故居》《自杀尝试者》《雾》《阴沉的天》《勘灾》《茶社里》《皮包和烟斗》《革新者》《天才》《惊梦》《喜

事》《和尚老伯》。

《巴人文艺短论选》，署名巴人，花城出版社1988年7月出版。内收篇目较多不再列入。

17.《风子》（中篇小说），署名巴人，人民文学出版社1991年9月出版。内收4篇作品：《风子》《死线上》《阿贵流浪记》《六横岛》。

18.《印度尼西亚近代史》（上下册），署名巴人，北京大学出版社1995年10月出版。

19.《王任叔杂文集》，三联书店1997年8月出版。内收篇目较多不再列入。

20.《巴人文集》（分批出版），宁波出版社。具体情况如下：

《巴人文集·戏剧卷》，1996年10月。

《巴人文集·回忆录卷》，1997年9月。

《巴人文集·长篇小说卷》，1997年10月。

《巴人文集·中篇小说卷》，1997年10月。

《巴人文集·短篇小说卷》，2000年5月。

《巴人文集·诗歌序跋日记书信卷》，2001年10月。

21.《明日》（长篇小说）（作于1927年），署名巴人，人民文学出版社2011年出版。

22.《巴人全集》，清华大学出版社、宁波出版社联合出版，2018年4月一次出齐。

《巴人全集·卷一短篇小说》。

《巴人全集·卷二短篇小说》。

《巴人全集·卷三短篇小说》。

《巴人全集·卷四短篇小说》。

《巴人全集·卷五长篇小说》。

《巴人全集·卷六长篇小说》。

《巴人全集·卷七长篇小说》。

《巴人全集·卷八诗歌序跋日记书信》。

《巴人全集·卷九散文》。

《巴人全集·卷十杂文》。

《巴人全集·卷十一杂文》。

《巴人全集·卷十二文论》。

《巴人全集·卷十三文论》。

《巴人全集·卷十四文论》。

《巴人全集·卷十五戏剧》。

《巴人全集·卷十六翻译》。

《巴人全集·卷十七史学论稿》。

《巴人全集·卷十八印度尼西亚古代史（上）》。

《巴人全集·卷十九印度尼西亚古代史（下）》。

《巴人全集·卷二十印度尼西亚近代史（上）》。

《巴人全集·卷二十一印度尼西亚近代史（下）》。

二、历次巴人研究学术讨论会和纪念会

1.全国首届巴人学术讨论会于1986年10月6日—8日在宁波市举行。

为纪念巴人诞生八十五周年，由中国作家协会、人民文学出版社、中国文艺理论研究学会、文艺报、浙江省文联、中国作协浙江分会、浙江社科院文学研究所、浙江文艺出版社、杭州大学中文系、奉化县人民政府等十二单位联合发起，宁波师院中文系、宁波市文联主办，在宁波市举行首次巴人学术讨论会。《浙江日报》《宁波日报》《光明日报》《文学报》《新民晚

报》等报纸都作了报道。

其中，11月25日《文艺报》所载新闻称：

"巴人二十年代走上革命道路和新文学道路，1972年受迫害含恨离世，一生写下一千余万字的著作。柯灵说，作为共产党员作家的巴人，以他的一生实践了他"用文字为党呐喊"的自我要求。许杰说，他坚持文学是人学，文学是研究人的科学的观点，体现了五四新文学运动的基本潮流，应该予以肯定。"

与会者认为孤岛时期是新中国成立前巴人从事文学事业三十年里最光辉的时期。黄源、楼适夷、骆宾基等人在会上或书面发言中，谈到这一时期巴人在上海所作的许多极有意义的工作，至今鲜为人知。如在许广平、郑振铎等的支持下，巴人承担了编辑出版我国第一本《鲁迅全集》二十卷本的工作，并亲自撰写了《鲁迅全集总目提要》；他写了许多捍卫鲁迅的论文、杂文，创办了提倡战斗性的《鲁迅风》杂志；他先后主持并参与编辑《译报·大家谈》、《译报周刊》和《上海周报》等报刊，用大量杂文随笔与日伪进行斗争，并刊发介绍中国共产党及其军队的文章，号召人民奋起抗战；他还参与组办"上海社会科学讲习所"，为党抗日武装培养了一批文化骨干。

巴人著作等身，"门类"齐全，使与会者为之惊叹。许多评论家和学者在发言中指出，巴人不仅是以鲁迅为首的最优秀的杂文大家之一，是我国早期马克思文艺理论家之一，而且是著有大量长、中、短篇小说的著名小说家和新诗史上始终不辍、写了一生的诗人。流亡南洋时间，他躲避日寇通缉，生活在原始丛林的小村中，写作了长达二千三百多行的中国现代最长的叙事诗之一，《印度尼西亚之歌》；新中国成立后，他改写出版的《文学论稿》成为个人写作文艺概论的开山之作。晚年撰写一百五十万字的《印度尼西亚历史》也是中国学者中罕见的外国史著作。

与会者认为，解放后巴人的《论人情》等十六篇文章与他的人格同样真诚和有价值。他因为倡导文学表现人情、人性，批评官僚主义、批评创作公式化，而在五十年代末被打成"反党反社会主义分子"，是不公正的。好的作品应该是人生，是会思考的人和有血有肉有丰富内心的人的艺术体现。巴人在三十年代提出的这种美学观，已经超越了当时人们对现实主义的一般解释。这在当时是十分难能可贵的。

巴人留下几百万字的遗稿。长篇小说《莽秀才造反记》等都是他逝世后才出版的。周而复说，巴人是个了不起的"业余"作家。一些作家往往一成为专业便是创作薄弱的开始。他们生前没有存稿，死后没有遗作。而世界上许多大作家都是有大量遗稿的。巴人就是这样的作家。

相关情况还可参见《高尚品格堪景仰 宏丰著述赢高评——首次巴人学术讨论会综述》（《宁波师院学报》1986年第4期）。会后，由浙江文艺出版社出版巴人研究学会编的《迟到的怀念与思考——关于巴人》。

2. 全国第二次巴人学术讨论会1990年5月10日在辽宁丹东举行。大会由丹东师专和辽宁社会科学院文学研究所联合召开。出席会议的有来自北京、上海、浙江、安徽、山东、辽宁等省市的大专院校、科研、出版部门的专家学者。

会议就巴人的文艺思想、文学观、小说、诗歌、散文、鲁迅研究等方面进行深入讨论。

大会收到王克平提供的巴人遗稿《关于劳动》《劳动、语言、思维的关系及历史发展》。大会收到有关巴人论文十多篇，传记、撰著两种。

3.全国第三届巴人学术讨论会1991年10月在宁波召开。

为纪念巴人诞辰九十周年，由中国作协、人民文学出版社、《文艺报》社、华东师范大学、上海鲁迅纪念馆、浙江省文联、浙江省作协、浙江省社科院、宁波市文联、宁波师院、宁波电视台、奉化市文联、奉化市档案局共同发起，由宁波市文联、宁波师院、奉化市文联主办的第三届全国巴人学术讨论会于10月11日到13日在宁波召开。时任中顾委委员的韩念龙、全国政协委员周而复、中国作协书记处书记邓友梅、人民文学出版社社长兼总编辑陈早春、《文艺报》副主编吴泰昌、当年与巴人共同抗日战斗的原印尼苏门答腊反法西斯大同盟的林克胜、陈永祥，以及著名作家学者庄启东、王西彦、钱谷融、贾植芳、卢豫冬等以及举办单位负责人近百人与会。会后，《学术月刊》1992年第1期、《宁波文联简报》第1期1991年10月31日、《宁波师院学报》1992年第1期、《丹东师专学报》1992年第2期进行了报道。

4.全国第四届巴人学术讨论会1996年10月在宁波召开。

5.巴人诞辰九十五周年纪念会1996年12月在上海虹口区曲阳图书馆举行。

6.巴人诞辰一百周年座谈会2001年10月在北京现代文学馆召开。人民文学出版社于2001年10月出版《巴人先生纪念集》，上海鲁迅纪念馆编。

7.纪念巴人诞辰一百周年大会2001年10月在宁波召开。

8.2001年10月，在上海图书馆举行巴人诞辰一百周年版本手稿展。

9.2005年5月，上海虹口唐山路三益村举办"追思巴人话忠诚演讲会"。1936年巴人在此居住。

10.2011年11月10日，在上海鲁迅纪念馆举行巴人诞辰一百一十周年纪念会。

11.《巴人全集》（版权页为2017年）首发式暨巴人学术研讨会在2018年4月23日至25日在巴人故里宁波市奉化区大堰镇举行。新华社于4月26日报道。出席大会的有中国作协、浙江省作协、宁波市宣传部、上海左联纪念馆、上海鲁迅纪念馆、清华大学出版社、宁波出版社、巴人研究专家以及巴人的家属一百多人。奉化区区长张文斌出席活动并致辞，中国作协名誉主席蒋子龙、省网络作协主席曹启文等讲话。大会邀请《巴人全集》主编钱英才、清华大学出版社总编吴培华、奉化区文联主席王亦建、巴人之子王克平进行网络直播采访。

三、巴人研究相关资料

（一）著作与论文集

1.王欣荣：《大众情人传——多视角下的巴人》，上海社会科学院出版社，1990年。

2.钱英才：《巴人的生平与创作》，浙江文艺出版社，1990年。

3.王欣荣：《巴人年谱》，全国巴人研究学会内部刊行，经山东新闻出版局批准内部发行，1990年。在此基础上，陈福康发表了《〈巴人年谱〉增补条目》[《宁波大学学报》（教育科学版），1996年第4期]；金传胜、邱晶晶发表了《〈巴人年谱〉再补遗》（《上海鲁迅研究2016·秋》，上海社会科学院出版社，2016年）。

4.唐弢主编：《迟到的怀念与思考——关于巴人》，浙江文艺出版社，1990年。

5.王欣荣：《王任叔巴人论》，文化艺术出版社，1991年。

6.韩念龙主编：《巴人研究》，上海书店出版社，1992年。

7.袁少杰：《巴人评传》，辽宁大学出版社，1994年。

8.上海鲁迅纪念馆：《巴人先生纪念集》，人民文学出版社，2001年。

9.王谦宇：《赤道线上》，香港大道出版社，2008年。

10.上海鲁迅纪念馆：《巴人影像》，上海文化出版社，2011年。

11.袁少杰：《文化巨子的真情悲剧人生——巴人传》，香港世界华文文学家协会，2011年。

12.上海社会科学院文学研究所编：《上海"孤岛"文学回忆录》（上、下），中国社会科学出版社，1984年、1985年。该书虽然不是研究巴人的，但不少文章都与巴人有关。

（二）论文和回忆文章

1.西谛：《对王任叔〈对于一个散文诗作者表一些敬意〉一文的附言》，《文学旬刊》1922年第37期。

2.西谛：《通讯：信和"恶魔"都拜读过了……》，《文学旬刊》1922年第40期。

3.张天一：《宁波的文学界》，《文学旬刊》1924年第123期。

4.钱杏邨：《关于〈评短裤党〉：读王任叔〈评短裤党〉以后》，《太阳月刊》1928年第2期。

5.许杰：《王任叔的"天才"》，《立报·言林》1936年11月29日。

6.许杰：《王任叔的"故居"》，《立报·言林》1936年11月

29 日。

7.宗珏：《文学的战术论》，《鲁迅风》1939年第4期。

8.鹰隼：《守成与发展》，《译报·大家谈》1939年10月19日。

9.米尔：《介绍〈文学读本〉》，《上海周报》1940年第10期。

10.不鸣：《前夜》，《上海周报》1940年第12期。

11.孔另境：《记"廖化时代"的王任叔》，《上海文化》1946年第8期。

12.洛黎扬：《王任叔》，《世界日报》1946年10月3日。

13.森国：《忆王任叔》，《幸福月刊》1948年第5期。

14.筱斋：《王任叔的语言天才》，《亦报》1949年10月25日。

15.张文勋：《关于文学艺术的特征问题——对巴人同志"文学论稿"的几点意见》，《文史哲》1956年第8期。

16.张学新：《"人情论"还是"人性论"》，《新港》1957年第3期。

17.姚文元：《批判巴人的〈文学论稿〉》，《读书月报》1957年第3期。

18.李希凡：《"人情论"》，《北京文艺》1957年第12期。

19.姚文元：《略论辩证法片面性和折衷主义——和巴人同志讨论两个问题》，《文汇报》1959年2月25日。

20.王金陵、水建馥：《批判巴人〈文学论稿〉中的修正主义思想》，《读书月报》1959年第6期。

21.陆耀东：《关于鲁迅小说中的典型塑造问题——对巴人同志的"观念形象化"的意见》，《长江文艺》1956年第7期。

22.王子野:《人性、人情、人道主义》,《新观察》1959年第24期。

23.姚文元:《批判巴人的"人性论"》,《文化报》1960年第2期。

24.华夫:《"见异求同"解》,《文艺报》1960年第2期。

25.水建馥:《世界观与创作方法——批判巴人"文学论稿"中的修正正义文艺思想》,《文学评论》1960年第2期。

26.任大心、冯南江:《文艺与政治的关系——批判巴人"文学论稿"中的修正主义文艺思想》,《文学评论》1960年第2期。

27.天津师大中文系文艺评论组:《巴人遵谁的命——〈遵命集〉批判》,《文艺哨兵》1960年第3期。

28.颜振奋:《反对巴人以"人性论"观点否定我们的剧本》,《剧本》1960年第3期。

29.钱俊瑞:《坚持文学的党性原则,彻底批判现代修正主义》,《文艺报》1960年第8期

30.曾恋禅、刘传桂:《巴人对无产阶级战士光辉形象的歪曲》,《新建设》1960年第5期。

31.甘新:《略谈反映自然景物的文艺作品的阶级性——批判巴人的人性论》,《光明日报》1960年5月9日。

32.伍精忠:《敌对阶级之间能"通情达理"吗?》,《中国青年》1960年第11期。

33.北京师院中文系批判修正主义小组:《谈古典作品的艺术生命力与所谓普遍人性》,《文艺报》1960年第11期。

34.马文兵:《在"人性"问题上两种世界观的斗争》,《文艺报》1960年第12期。

35.北京大学中文系红旗文艺评论组俄语系十月文艺评论组:《论山水诗景物画的阶级性并论美感的阶级性——批判巴人抹煞文艺作品阶级宣传不同阶级有共同美的谬论》,《北京大学学报》1960年第3期。

36.侯爵良:《"诗的唯一任务,就在于发展人的本质吗?"》,《星星》1960年第9期。

37.章建新:《驳巴人对〈阿Q正传〉的歪曲》,《安徽文艺》1960年第11期。

38.黄俊东:《提倡"鲁迅风"的王任叔》和《王任叔的〈遵命集〉》,《现代中国作家剪影》,香港友谊出版社,1977年。

39.林万青:《中国作家在新加坡及其影响》(相关文章),新加坡万里书店,1978年。

40.新华社:《王任叔同志追悼会在京举行》,《光明日报》1979年6月28日。

41.范民声:《重评巴人的〈论人情〉》,《东海》1979年第11期。

42.黄俊东:《边鼓集·窄门集》,《猎书小记》,香港明窗出版社,1979年12月。

43.庄其荣:《功罪自有评说时》,《新文学论丛》1980年第1期。

44.劳荣:《挽歌两章》,《新港》1980年第2期。

45.博树声:《重读巴人的〈论人情〉》,《新港》1980年第6期。

46.杨幼生:《〈文学读本〉——巴人的一部文学理论力作》,《社会科学》1980年第4期。

47.应国靖:《文中有人在——读王任叔同志在"孤岛"期

间写的论文、杂文》，《社会科学》1980年第4期。

48.毛翼虎：《忆巴人》，《宁波文艺》1980年第2期。

49.谷斯范：《人性美和人情味》，《东海》1980年第11期。

50.唐弢、严家炎：《中国现代文学史（有关巴人的章节）》，人民文学出版社，1980年。

51.王国物等：《在巴人的故乡》，《雪窦寺》（奉化）1980年第1期。

52.直笔：《王任叔编〈自由谈〉的始末》，《战地》1980年第2期。

53.谷斯范：《巴人之死》，《文汇增刊》1980年第6期。

54.柯灵：《关于"孤岛"文学》，《光明日报》1981年1月25日。

55.南溪：《王任叔和初版〈鲁迅全集〉》，《工人创作》1981年第5期。

56.欣荣：《关于巴人同志的死》，《文学欣赏与评论》，浙江人民出版社，1982年。

57.王欣荣：《"雪花社"与〈文学〉》，《1981年文学年刊》，浙江文学学会内部刊物，1982年。

58.周南京：《巴人谈印尼八月革命》，《东亚和东南亚通讯》1982年第1期。

59.邓牛顿：《王任叔的〈情诗〉集》，《新文学史料》1984年第1期。

60.王欣荣：《〈河豚子〉跋》，《小说界》1982年6月第3期。

61.毛翼虎：《十年生死寄心情——纪年王任叔同志逝世十周年》，《宁波日报》1982年7月25日。

62.朱惠民:《王任叔文学生涯片断》,《宁波日报》1982年7月25日。

63.王欣荣:《当记湖山胜地,曾留烈士血痕——读王任叔同志〈游杭诗〉》,《西湖》1982年第7期。

64.王克平:《怀念我的爸爸巴人》,《西湖》1982年第7期。

65.王克平:《巴人爱故乡》,《宁波文艺》1982年第5期。

66.王欣荣:《孤岛时期巴人为阐发毛泽东文艺思想所作的贡献》,《抗战文艺研究》1982年第4期。

67.谷斯范:《不宁静的城·后记》,《不宁静的城》,福建人民出版社,1982年。

68.伍士:《一幅时代的剪影》,《文学书窗》,人民文学出版社1983年3月。

69.金戈:《写在〈冲突〉出版的时候》,《龙江书苑》1983年第11期。

70.王克平:《关于父亲的笔名》,《北疆》1983年第1期。

71.王欣荣:《一部扎实的自叙传性质的文艺作品——〈冲突〉代跋》,巴人:《冲突》,黑龙江人民出版社,1983年5月。

72.王欣荣:《记巴人小说〈冲突〉》,《宁波师院学报》1983年第2期。

73.王欣荣:《试论关于"鲁迅风"的论争》,《鲁迅研究》1983年第4期。

74.王欣荣:《孤岛时期巴人的文艺理论建树》,《杭州大学学报》1983年第3期。

75.程造之:《写在重版〈地下〉之后》,《地下》,福建人民出版社,1983年12月。

76.马仑:《浅写文坛巨匠——王任叔》,《新马华文作家群象》，新加坡风云出版社，1984年11月。

77.袁少杰：《巴人的早期文学活动和小说创作——兼及巴人在新文学史上的地位》，《丹东师专学报》1984年第1期。

78.南溪：《道不同不相为谋》，《抗战文艺研究》1984年第1期。

79.王大明：《介绍三种抗战时期的刊物》，《抗战文艺研究》1984年第1期。

80.吴德铎：《〈亚瑟王之死〉与黄素封》，《解放日报》1984年4月3日。

81.欣荣：《巴人和大堰乡》，《东海》1984年第4期。

82.欣荣：《不屈者的吟哦》，《东海》1984年第10期。

83.程造之：《我与巴人先生，兼述我的长篇小说〈地下〉出版经过》，《朔方》1984年第4期。

84.李乔：《感激之余》，《文学报》1984年5月10日。

85.王克平：《巴人的〈莽秀才造反记〉》，《文学报》1984年6月7日。

86.王欣荣：《初论巴人的剧作〈费娜小姐〉和〈两代的爱〉》，《文艺论丛》1984年6月第20辑。

87.江达飞：《巴人与〈莽秀才造反记〉》，《东海》1984年第9期。

88.关志昌：《王任叔》，台湾《传记文学》1984年第3期。

89.骆宾基：《边陲线上·重版自序》，《边陲线上》，吉林人民出版社，1984年。

90.王克平：《巴人一篇未曾刊出的佚文》，《古旧书讯》1984年第6期。

91.周佩红：《巴人和他的诗歌创作》，《新时代人》1985年第1期。

92.周南京、王克平：《巴人和〈印度尼西亚之歌〉》，《东方世界》1985年第1期。

93.王克平：《巴人和〈五祖庙〉》，《清明》1985年第6期。

94.王欣荣：《王任叔传略》，《浙江师大学报》1985年第2期。

95.王欣荣：《独具一格的画卷——评〈浮渣〉》，《江南》1985年第2期。

96.周文文：《巴人点滴》，《厦门日报》1985年7月5日。

97.王克平：《王任叔（巴人）传略》，《晋阳学刊》1985年第4期。

98.李启涵：《巴人笔下的奉化风俗》，《风俗》1985年9月第2期。

99.姜振昌：《评王任叔和唐弢等人的杂文集〈边鼓集〉及〈横眉集〉》，《抗战文艺研究》1985年第3期。

100.黄秋耘：《可敬爱的"莽秀才"——追念巴人同志》，《文艺报》，1985年11月16日。

101.钱英才：《郁达夫与王任叔》，《杭州师院学报》1986年第2期。

102.王欣荣：《王任叔别名笔名考录》，《杭州师院学报》1986年第2期。

103.周南京：《一首被埋没了四十年的长诗——巴人的〈印度尼西亚之歌〉》，《丹东师专学报》1986年第1期。

104.钱英才：《论巴人小说的创作特色》，《创作艺术》1986年创刊号。

105.盛钟健：《巴人论文学的民族化和大众化》，《宁波师院学报》1986年第3期。

106.骆进之:《大堰溪畔话巴人》,《随笔》1986年第6期。

107.王欣荣:《巴人早期的诗作与诗论》,《丹东师专学报》1986年第2期。

108.王克平:《王任叔著译书目》,《新文学史料》1986年第3期。

109.陈子善:《王任叔在新加坡报刊作品目录》,《新文学史料》1986年第3期。

110.浩然:《巴人同志指导我学习创作》,《新文学史料》1986年第3期。

111.高云:《论巴人的杂文》,《语文学习》1986年第8期。

112.柳和城:《是投枪,也是艺术——读〈巴人杂文选〉》,《书讯》1986年9月29日。

113.《宁波师院学报》1986年第3期发表了一系列纪念和研究巴人的文章。

114.古远清:《人情的呼唤——读巴人的文学论著》,《文学报》1986年10月9日。

115.陈福康:《巴人对鲁迅杂文研究的贡献》,《文学报》1986年10月16日。

116.柯灵:《由衷的崇敬》,《解放日报》1986年10月26日。

117.王欣荣:《青年王任叔的诗人之路》,《社会科学》1986年第10期。

118.陈松柏:《试谈巴人的讽刺文学理论》,《零陵师专学报》1987年第1期。

119.袁少杰:《碧落黄泉唱哀歌——王任叔未问世的早期诗作〈髑髅哀歌〉研究》,《丹东师专学报》1987年第1期。

120.吴秀明：《把艺术笔触伸向民族和土地的深处》，《在历史与小说之间》，时代文艺出版社，1987年。

121.王克平：《以血代墨，死而后已——巴人学术讨论会发言摘记》，《丹东师专学报》1987年第1期。

122.钦鸿：《中国文坛上的几位"巴人"》，《人民日报》（海外版）1987年5月13日。

123.张炳隅：《三十年代"大墙文学"杰作——巴人〈监房手记〉略论》，《中文自修指导》1987年第3期。

124.王欣荣：《王任叔的鲁迅思想研究》，《东岳论丛》1987年第3期。

125.陈梦熊：《左联十年时期的王任叔》，《西北师院学报》1987年第3期。

126.钱英才：《微型小说的精品——析王任叔的〈河豚子〉》，《语文学习》1987年第8期。

127.王振科：《巴人留给新加坡华人的纪念》，《香港文学》1987年第32期。

128.应国靖：《在新文学莽原中辛勤垦殖——评巴人解放前的文艺论文》，《文坛边缘》，学林出版社，1987年8月。

129.袁少杰：《巴人在新文学史、文化史上的贡献与历史地位（上）》，《丹东师专学报》1987年第3期。

130.李伟：《从巴人"孤岛"杂文看巴人的抗暴精神》，《丹东师专学报》1987年第3期。

131.王欣荣：《王任叔编辑生涯述评》，《出版史料》1987年第3期。

132.王欣荣：《王任叔与〈鲁迅全集〉、"鲁迅风"论争、〈鲁迅风〉、"鲁迅座谈会"》，《鲁迅研究动态》1987年第11期。

133.王欣荣：《巴人对鲁迅杂文的研究》，《山东师大学报》1987年第6期。

134.王欣荣：《试论王任叔的鲁迅小说研究》，《鲁迅研究资料》第20辑，中国文联出版公司，1989年2月。

135.王克平：《郑振铎与王任叔》，《新文学史料》1989年第4期。

136.曾梅筠：《一部沉甸甸的著作——推荐〈印度尼西亚古代史〉》，《世界历史》1988年第6期。

137.徐安如：《王任叔及其〈五祖庙〉》，《纵横》1989年第3期。

138.方凡人：《巴人南洋流浪记》，《小说家》1990年第1期。

139.钱英才：《论巴人的纪实小说》，《杭州师院学报》1990年第1期。

140.贾进者：《王任叔在"孤岛"——日记摘抄》，1990年内部刊行。

141.陈福康：《王任叔与左联》，《丹东师专学报》1990年第3期。

142.王铁仙：《"最好的文艺是大众文艺"——略论巴人的文艺大众化思想及其在今天的意义》，《丹东师专学报》1990年第3期。

143.李军：《巴人旧体诗词述评》，《宁波师院学报》（社会科学版），1996年第4期。

144.张永、石爱国：《巴人乡土小说论》，《常熟理工学院学报》2009年第1期。

145.王锡荣：《纪念一位使用鲁迅笔名的作家》，《上海鲁迅研究》2011年第4期。

146.杨西北:《苦难中人性的诗意与悲怆——读巴人散文〈任生及其周围的一群〉》,《上海鲁迅研究》2011年第4期。

147.王永东:《浅谈巴人文学评论的艺术特征——巴人对现当代作家作品的研究》,《上海鲁迅研究》2011年第4期。

148.王谦宇:《巴人流亡印尼大事年表(1942.2.4—1947.9.14)》,《上海鲁迅研究》2011年第4期。

149.傅珠秀:《巴人档案》,《浙江档案》2014年第2期。

150.马晶照:《巴人及其文学论著对我国现代文学理论教材建设的影响》,《出版广角》2016年第9期。

151.王棱:《巴人杂文研究》,西南大学硕士学位论文,2020年。

主要参考文献

1.王欣荣：《大众情人传——多视角下的巴人》，上海社会科学院出版社，1990年。

2.钱英才：《巴人的生平与创作》，浙江文艺出版社，1990年。

3.王欣荣：《巴人年谱》，全国巴人研究学会内部刊行，1990年。

4.唐弢主编：《迟到的怀念与思考——关于巴人》，浙江文艺出版社，1990年。

5.王欣荣：《王任叔巴人论》，文化艺术出版社，1991年。

6.韩念龙主编：《巴人研究》，上海书店出版社，1992年。

7.袁少杰：《巴人评传》，辽宁大学出版社，1994年。

8.上海鲁迅纪念馆：《巴人先生纪念集》，人民文学出版社，2001年。

9.王谦宇：《赤道线上》，香港大道出版社，2008年。

10.上海鲁迅纪念馆：《巴人影像》，上海文化出版社，2011年。

11.袁少杰：《文化巨子的真情悲剧人生——巴人传》，香港世界华文文学家协会，2011年。

12.上海社会科学院文学研究所编：《上海"孤岛"文学回忆录》（上、下），中国社会科学出版社，1984年、1985年。

13.《巴人全集》，清华大学出版社、宁波出版社联合出版，2017年。